第二次全国残疾人抽样调查资料

河北卷

河北省第二次全国残疾人抽样调查办公室 编

中国统计出版社
China Statistics Press

(京)新登字041号

图书在版编目（CIP）数据

第二次全国残疾人抽样调查资料．河北卷／河北省第二次全国残疾人抽样调查办公室编．
—北京：中国统计出版社，2007.12

ISBN 978-7-5037-5282-7

Ⅰ．第…
Ⅱ．河…
Ⅲ．残疾人－抽样调查－统计资料－河北省
Ⅳ．D669.69

中国版本图书馆CIP数据核字（2007）第157948号

第二次全国残疾人抽样调查资料—河北卷

作　　者／河北省第二次全国残疾人抽样调查办公室
责任编辑／姚　立
封面设计／杨燕超
出版发行／中国统计出版社
通信地址／北京市西城区月坛南街57号
邮政编码／100826
办公地址／北京市丰台区西三环南路甲6号
网　　址／www.stats.gov.cn/tjshujia
电　　话／邮购（010）63376907　书店（010）68783172
印　　刷／河北天普润印刷厂
经　　销／新华书店
开　　本／880×1230毫米　1/16
字　　数／1600千字
印　　张／50.5　3插页
版　　别／2007年12月第1版
版　　次／2007年12月第1次印刷
书　　号／ISBN 978-7-5037-5282-7/D・163
定　　价／350.00元

本书附同版本CD-ROM一张，光盘内容以书面文字为准。
中国统计版图书，如有印装错误，本社发行部负责调换。

《第二次全国残疾人抽样调查资料》
（河北卷）

编 辑 人 员

总 编 辑：杨生春

副总编辑：李运谦　卢连才　王成福

编　　辑：罗中秋　于锡亭　张子玉　于　尧

李亚洁　刘德双

河北省第二次全国残疾人抽样调查
被抽中县（市、区）分布示意图

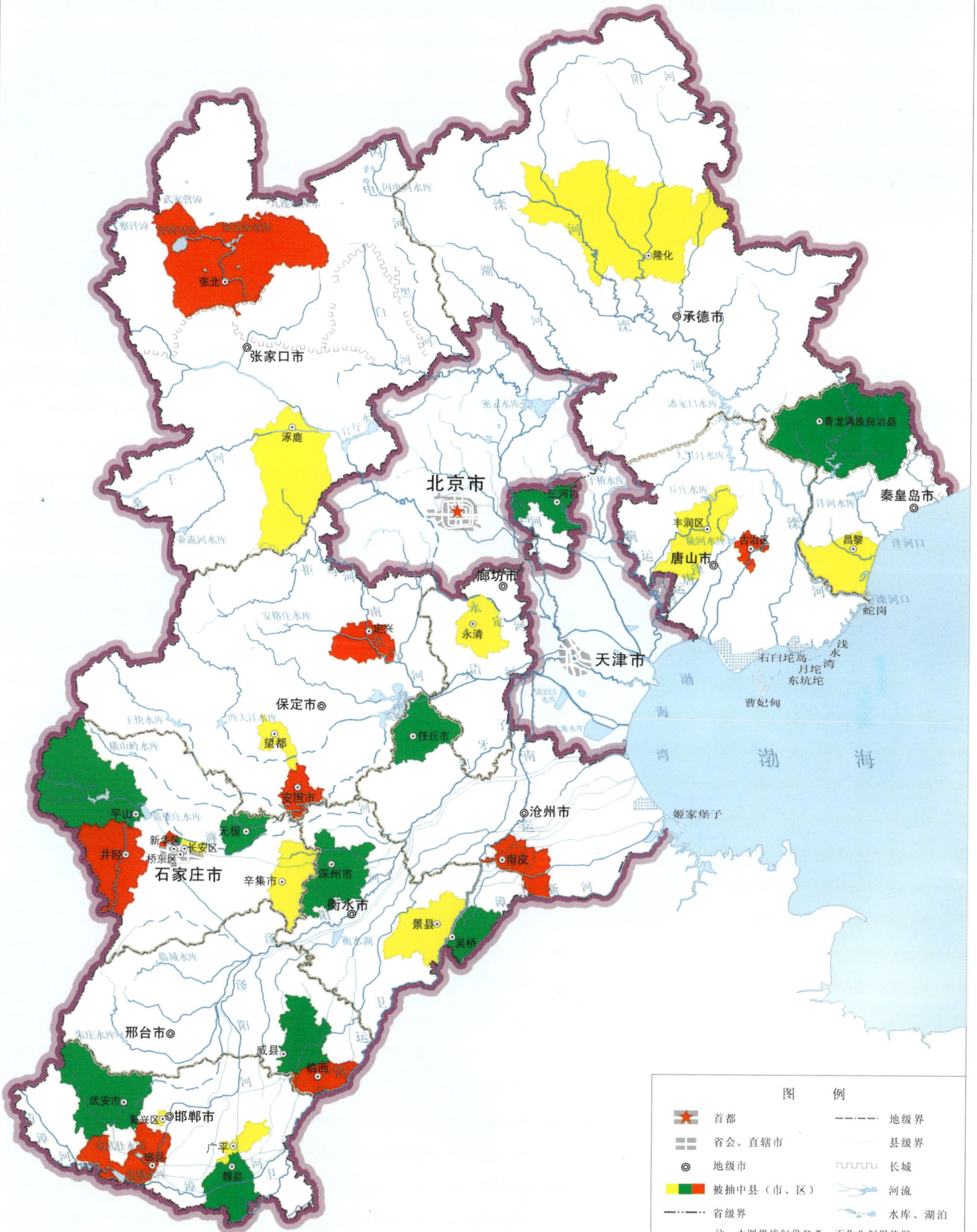

冀S[2007]24号

编 辑 说 明

我国以2006年4月1日零时为标准时间进行了第二次全国残疾人抽样调查，这是1987年第一次全国残疾人抽样调查19年后进行的又一次全国范围内大规模的残疾人专项调查。在省委、省政府的领导下，在有关部门、社会各方面的大力支持配合下，按照第二次全国残疾人抽样调查领导小组的统一部署，历时两个月的时间，对抽中的 31个县、市、市辖区，124个乡、镇、街道的248个调查小区进行了入户调查和残疾评定。调查获得了丰富翔实的资料。为了满足政府部门、科研单位和社会各方面的需要，现将经计算机汇总处理的数据资料编辑出版。

为方便读者准确地使用本资料，现将有关情况说明如下：

一、调查的对象是具有中华人民共和国国籍，并在被抽中调查小区内常住的人（指自然人，下同）。调查采用按常住人口登记的原则，以户为单位填报，只调查家庭户，不调查集体户。此次不调查中国人民解放军现役军人和武装警察（包括军队管理的离退休干部）。

应当在本调查小区进行登记的人包括：

1．居住本调查小区，户口在本乡、镇、街道；

2．居住本调查小区半年以上，户口在外乡、镇、街道；

3．居住本调查小区不满半年，离开户口所在地半年以上；

4．居住本调查小区，户口待定。

二、第二次全国残疾人抽样调查使用三种调查表，一是《住户调查表》，二是《残疾人调查表》，三是《社区调查表》。调查项目共有52个，包括调查样本人群的家庭及其个人的状况，重点调查残疾人的致残原因、生活状况及其主要需求。

三、本资料是按照现场调查登记直接汇总的数据，未作任何调整。请读者在使用本资料时，特别是推算总体时，对以下因素予以充分注意：

1．本资料不含调查漏登的人口数；

2．本资料数据抽样比为 1.52‰；

3. 作为一次多指标的抽样调查，有些分组较细的指标，代表性相对较低。

四、本次调查的城乡划分口径为：城镇包括街道和镇的居委会，农村包括乡和镇的村委会。

五、本资料中空项表示无该项数据。

六、由于计算机运算中采取四舍五入的处理，个别汇总表分栏数据之和与合计数存在微小的差别，不影响对数据的使用。

七、为帮助读者准确使用本资料，附录中编印了《河北省第二次全国残疾人抽样调查主要数据公报》、《第二次全国残疾人抽样调查方案》、《第二次全国残疾人抽样调查残疾标准》、《第二次全国残疾人抽样调查住户调查表》和填写说明、《第二次全国残疾人抽样调查残疾人调查表》和填写说明、《第二次全国残疾人抽样调查社区（村、居委会）调查表》和填写说明、《河北省第二次全国残疾人抽样调查实施方案》、《河北省第二次全国残疾人抽样调查设区市、样本县（市、区）领导小组，办公室，调查队名单》等。

编 者

2007 年 9 月

编辑说明

目 录

第一部分 调查人口的基本状况

第二部分 残疾人口的基本状况

第五部分　社区和住户基本情况

附　录

第一部分　调查人口的基本状况

1－1 各地区调查样本基本情况

地 区	调查的县(市、区)数(个)	调查的乡(镇、街道)数(个)	调查的小区数(个)	调查的总户数(户)	调查的总人口数(人)			调查的残疾人数(人)		
					合计	男	女	合计	男	女
总 计	**31**	**124**	**248**	**31203**	**104169**	**52624**	**51545**	**7529**	**3810**	**3719**
唐山市丰润区	1	4	8	1132	3359	1711	1648	260	133	127
石家庄市新华区	1	4	8	1088	3453	1674	1779	373	153	220
石家庄市长安区	1	4	8	1161	3410	1658	1752	322	163	159
石家庄市桥东区	1	4	8	1189	3389	1651	1738	409	192	217
邯郸市复兴区	1	4	8	1080	3339	1639	1700	200	105	95
唐山市古冶区	1	4	8	1185	3424	1679	1745	181	94	87
任丘市	1	4	8	973	3508	1785	1723	236	126	110
武安市	1	4	8	893	3359	1742	1617	254	131	123
辛集市	1	4	8	956	3412	1723	1689	232	117	115
深州市	1	4	8	1113	3406	1701	1705	184	89	95
三河市	1	4	8	977	3520	1778	1742	260	132	128
安国市	1	4	8	966	3429	1723	1706	262	134	128
昌黎县	1	4	8	1064	3204	1621	1583	186	95	91
永清县	1	4	8	934	3418	1754	1664	280	135	145
定兴县	1	4	8	952	3242	1555	1687	189	105	84
无极县	1	4	8	868	3218	1598	1620	172	89	83
望都县	1	4	8	931	3448	1754	1694	225	105	120
魏 县	1	4	8	777	3432	1688	1744	222	99	123
威 县	1	4	8	1049	3307	1665	1642	268	120	148
临西县	1	4	8	851	3112	1606	1506	238	116	122
广平县	1	4	8	867	3577	1776	1801	243	119	124
景 县	1	4	8	1044	3149	1541	1608	191	100	91
吴桥县	1	4	8	986	3131	1578	1553	190	104	86
南皮县	1	4	8	994	3476	1803	1673	238	117	121
青龙满族自治县	1	4	8	908	3224	1713	1511	266	146	120
隆化县	1	4	8	965	3075	1577	1498	261	147	114
涿鹿县	1	4	8	1299	3615	1979	1636	251	135	116
磁 县	1	4	8	919	3441	1733	1708	287	133	154
平山县	1	4	8	996	3462	1787	1675	234	123	111
井陉县	1	4	8	969	3453	1780	1673	200	114	86
张北县	1	4	8	1117	3177	1652	1525	215	139	76

1－2 分年龄、性别的人口

单位：人

年 龄	调查人口				调查的残疾人口			
	合计	男	女	性别比(%)	合计	男	女	性别比(%)
总 计	**104169**	**52624**	**51545**	**102**	**7529**	**3810**	**3719**	**102**
0-4	**5964**	**3207**	**2757**	**116**	**125**	**82**	**43**	**191**
0岁	1257	662	595	111	16	8	8	100
1岁	1390	751	639	118	25	17	8	213
2岁	1039	545	494	110	23	15	8	188
3岁	1179	652	527	124	34	25	9	278
4岁	1099	597	502	119	27	17	10	170
5-9	**4643**	**2491**	**2152**	**116**	**92**	**50**	**42**	**119**
5岁	1076	589	487	121	30	14	16	88
6岁	893	484	409	118	14	9	5	180
7岁	907	478	429	111	19	14	5	280
8岁	846	445	401	111	10	7	3	233
9岁	921	495	426	116	19	6	13	46
10-14	**6667**	**3540**	**3127**	**113**	**116**	**71**	**45**	**158**
10岁	995	522	473	110	14	9	5	180
11岁	1150	609	541	113	20	11	9	122
12岁	1366	732	634	115	21	18	3	600
13岁	1547	812	735	110	27	13	14	93
14岁	1609	865	744	116	34	20	14	143
15-19	**9860**	**5115**	**4745**	**108**	**152**	**77**	**75**	**103**
15岁	2004	1037	967	107	21	5	16	31
16岁	1922	989	933	106	34	12	22	55
17岁	2095	1084	1011	107	34	18	16	113
18岁	2136	1089	1047	104	31	16	15	107
19岁	1703	916	787	116	32	26	6	433
20-24	**7403**	**3622**	**3781**	**96**	**180**	**92**	**88**	**105**
20岁	1397	684	713	96	31	13	18	72
21岁	1285	613	672	91	25	11	14	79
22岁	1402	702	700	100	40	21	19	111
23岁	1679	850	829	103	34	23	11	209
24岁	1640	773	867	89	50	24	26	92
25-29	**6666**	**3371**	**3295**	**102**	**155**	**86**	**69**	**125**
25岁	1466	765	701	109	40	22	18	122

1－2 续表 1

单位：人

年 龄	调查人口				调查的残疾人口			
	合计	男	女	性别比(%)	合计	男	女	性别比(%)
26岁	1474	734	740	99	29	17	12	142
27岁	1347	661	686	96	32	17	15	113
28岁	1217	623	594	105	24	12	12	100
29岁	1162	588	574	102	30	18	12	150
30-34	**7124**	**3531**	**3593**	**98**	**260**	**144**	**116**	**124**
30岁	1159	584	575	102	37	21	16	131
31岁	1172	568	604	94	41	21	20	105
32岁	1407	703	704	100	43	25	18	139
33岁	1595	781	814	96	73	43	30	143
34岁	1791	895	896	100	66	34	32	106
35-39	**9388**	**4698**	**4690**	**100**	**372**	**205**	**167**	**123**
35岁	1911	967	944	102	75	43	32	134
36岁	1882	919	963	95	75	43	32	134
37岁	1959	970	989	98	82	46	36	128
38岁	1739	882	857	103	67	34	33	103
39岁	1897	960	937	102	73	39	34	115
40-44	**9437**	**4712**	**4725**	**100**	**423**	**236**	**187**	**126**
40岁	1935	962	973	99	91	51	40	127
41岁	1897	957	940	102	91	56	35	160
42岁	2442	1216	1226	99	100	54	46	117
43岁	2073	1049	1024	102	94	52	42	124
44岁	1090	528	562	94	47	23	24	96
45-49	**8004**	**4028**	**3976**	**101**	**433**	**251**	**182**	**138**
45岁	1287	642	645	100	55	29	26	112
46岁	1485	786	699	112	83	50	33	152
47岁	1587	807	780	103	109	63	46	137
48岁	1869	918	951	97	96	56	40	140
49岁	1776	875	901	97	90	53	37	143
50-54	**8731**	**4389**	**4342**	**101**	**593**	**309**	**284**	**109**
50岁	1898	939	959	98	96	45	51	88
51岁	1730	893	837	107	111	61	50	122
52岁	1820	894	926	97	129	57	72	79
53岁	1684	857	827	104	133	78	55	142
54岁	1599	806	793	102	124	68	56	121

1-2 续表 2

单位：人

年龄	调查人口				调查的残疾人口			
	合计	男	女	性别比(%)	合计	男	女	性别比(%)
55-59	**6347**	**3240**	**3107**	**104**	**694**	**344**	**350**	**98**
55岁	1547	794	753	105	146	75	71	106
56岁	1394	728	666	109	154	70	84	83
57岁	1148	584	564	104	122	59	63	94
58岁	1167	581	586	99	136	64	72	89
59岁	1091	553	538	103	136	76	60	127
60-64	**4208**	**2103**	**2105**	**100**	**612**	**317**	**295**	**107**
60岁	1180	589	591	100	141	71	70	101
61岁	807	404	403	100	109	60	49	122
62岁	725	359	366	98	114	55	59	93
63岁	773	384	389	99	124	71	53	134
64岁	723	367	356	103	124	60	64	94
65-69	**3626**	**1816**	**1810**	**100**	**822**	**417**	**405**	**103**
65岁	698	340	358	95	123	70	53	132
66岁	708	345	363	95	155	81	74	109
67岁	725	376	349	108	152	81	71	114
68岁	781	398	383	104	200	95	105	90
69岁	714	357	357	100	192	90	102	88
70-74	**3065**	**1480**	**1585**	**93**	**1013**	**495**	**518**	**96**
70岁	740	362	378	96	216	112	104	108
71岁	656	324	332	98	188	93	95	98
72岁	606	294	312	94	209	101	108	94
73岁	564	283	281	101	197	107	90	119
74岁	499	217	282	77	203	82	121	68
75-79	**1794**	**796**	**998**	**80**	**814**	**367**	**447**	**82**
75岁	485	222	263	84	194	96	98	98
76岁	390	156	234	67	175	71	104	68
77岁	322	154	168	92	151	74	77	96
78岁	336	143	193	74	163	69	94	73
79岁	261	121	140	86	131	57	74	77
80-84	**881**	**366**	**515**	**71**	**473**	**198**	**275**	**72**
80岁	261	109	152	72	121	51	70	73
81岁	216	89	127	70	118	50	68	74
82岁	169	67	102	66	93	37	56	66
83岁	143	57	86	66	89	34	55	62
84岁	92	44	48	92	52	26	26	100
85+	**361**	**119**	**242**	**49**	**200**	**69**	**131**	**53**

1－2a　城镇分年龄、性别的人口

单位：人

年　龄	调查人口				调查的残疾人口			
	合计	男	女	性别比(%)	合计	男	女	性别比(%)
总　计	**17800**	**8680**	**9120**	**95**	**1381**	**657**	**724**	**91**
0-4	**762**	**382**	**380**	**101**	**13**	**10**	**3**	**333**
0岁	135	70	65	108	1		1	
1岁	174	82	92	89	3	2	1	200
2岁	136	67	69	97	3	3		
3岁	168	87	81	107	2	2		
4岁	149	76	73	104	4	3	1	300
5-9	**828**	**421**	**407**	**103**	**10**	**3**	**7**	**43**
5岁	165	86	79	109	4		4	
6岁	157	81	76	107	3	2	1	200
7岁	183	84	99	85	2		2	
8岁	172	86	86	100	1	1		
9岁	151	84	67	125				
10-14	**863**	**469**	**394**	**119**	**10**	**5**	**5**	**100**
10岁	158	92	66	139	1	1		
11岁	191	97	94	103	2		2	
12岁	179	98	81	121	4	3	1	300
13岁	180	91	89	102	3	1	2	50
14岁	155	91	64	142				
15-19	**1069**	**537**	**532**	**101**	**14**	**7**	**7**	**100**
15岁	209	104	105	99	1		1	
16岁	212	104	108	96	4		4	
17岁	244	132	112	118	3	2	1	200
18岁	237	115	122	94	2	1	1	100
19岁	167	82	85	96	4	4		
20-24	**984**	**466**	**518**	**90**	**15**	**8**	**7**	**114**
20岁	136	67	69	97	3	2	1	200
21岁	123	49	74	66	1	1		
22岁	160	85	75	113	1		1	
23岁	266	132	134	99	5	4	1	400
24岁	299	133	166	80	5	1	4	25
25-29	**1406**	**651**	**755**	**86**	**21**	**15**	**6**	**250**
25岁	284	128	156	82	8	6	2	300

1－2a 续表 1

单位：人

年 龄	调查人口				调查的残疾人口			
	合计	男	女	性别比(%)	合计	男	女	性别比(%)
26岁	269	127	142	89	2	2		
27岁	297	117	180	65	2	1	1	100
28岁	253	131	122	107	3	2	1	200
29岁	303	148	155	95	6	4	2	200
30-34	**1594**	**767**	**827**	**93**	**29**	**10**	**19**	**53**
30岁	296	145	151	96	6	3	3	100
31岁	266	130	136	96	4	2	2	100
32岁	311	151	160	94	6	2	4	50
33岁	349	160	189	85	7	1	6	17
34岁	372	181	191	95	6	2	4	50
35-39	**1741**	**842**	**899**	**94**	**52**	**28**	**24**	**117**
35岁	390	192	198	97	9	5	4	125
36岁	335	154	181	85	14	5	9	56
37岁	389	170	219	78	16	10	6	167
38岁	291	150	141	106	7	5	2	250
39岁	336	176	160	110	6	3	3	100
40-44	**1618**	**809**	**809**	**100**	**58**	**29**	**29**	**100**
40岁	297	135	162	83	11	6	5	120
41岁	297	151	146	103	10	7	3	233
42岁	434	223	211	106	15	6	9	67
43岁	414	218	196	111	13	5	8	63
44岁	176	82	94	87	9	5	4	125
45-49	**1429**	**712**	**717**	**99**	**74**	**41**	**33**	**124**
45岁	223	120	103	117	15	8	7	114
46岁	287	145	142	102	10	6	4	150
47岁	263	125	138	91	15	8	7	114
48岁	360	188	172	109	19	11	8	138
49岁	296	134	162	83	15	8	7	114
50-54	**1554**	**761**	**793**	**96**	**94**	**48**	**46**	**104**
50岁	314	152	162	94	13	8	5	160
51岁	340	184	156	118	20	9	11	82
52岁	326	143	183	78	16	5	11	45
53岁	296	149	147	101	19	9	10	90
54岁	278	133	145	92	26	17	9	189

1－2a 续表 2

单位：人

年龄	调查人口				调查的残疾人口			
	合计	男	女	性别比(%)	合计	男	女	性别比(%)
55-59	**1070**	**520**	**550**	**95**	**113**	**56**	**57**	**98**
55岁	276	139	137	101	25	15	10	150
56岁	230	116	114	102	26	11	15	73
57岁	193	93	100	93	17	5	12	42
58岁	199	94	105	90	27	14	13	108
59岁	172	78	94	83	18	11	7	157
60-64	**769**	**345**	**424**	**81**	**101**	**44**	**57**	**77**
60岁	173	78	95	82	18	5	13	38
61岁	117	53	64	83	19	11	8	138
62岁	143	61	82	74	15	4	11	36
63岁	170	73	97	75	21	12	9	133
64岁	166	80	86	93	28	12	16	75
65-69	**927**	**445**	**482**	**92**	**238**	**111**	**127**	**87**
65岁	175	81	94	86	35	18	17	106
66岁	195	89	106	84	51	22	29	76
67岁	177	85	92	92	32	14	18	78
68岁	190	93	97	96	57	25	32	78
69岁	190	97	93	104	63	32	31	103
70-74	**688**	**325**	**363**	**90**	**253**	**116**	**137**	**85**
70岁	189	97	92	105	67	32	35	91
71岁	155	67	88	76	49	19	30	63
72岁	146	67	79	85	64	28	36	78
73岁	112	56	56	100	37	20	17	118
74岁	86	38	48	79	36	17	19	89
75-79	**322**	**153**	**169**	**91**	**174**	**77**	**97**	**79**
75岁	81	40	41	98	42	20	22	91
76岁	75	35	40	88	36	14	22	64
77岁	44	21	23	91	24	10	14	71
78岁	73	30	43	70	42	19	23	83
79岁	49	27	22	123	30	14	16	88
80-84	**133**	**63**	**70**	**90**	**82**	**39**	**43**	**91**
80岁	47	26	21	124	27	15	12	125
81岁	34	16	18	89	21	11	10	110
82岁	23	10	13	77	13	5	8	63
83岁	18	5	13	38	14	4	10	40
84岁	11	6	5	120	7	4	3	133
85+	**43**	**12**	**31**	**39**	**30**	**10**	**20**	**50**

1-2b 农村分年龄、性别的人口

单位：人

年 龄	调查人口				调查的残疾人口			
	合计	男	女	性别比(%)	合计	男	女	性别比(%)
总 计	**86369**	**43944**	**42425**	**104**	**6148**	**3153**	**2995**	**105**
0-4	**5202**	**2825**	**2377**	**119**	**112**	**72**	**40**	**180**
0岁	1122	592	530	112	15	8	7	114
1岁	1216	669	547	122	22	15	7	214
2岁	903	478	425	112	20	12	8	150
3岁	1011	565	446	127	32	23	9	256
4岁	950	521	429	121	23	14	9	156
5-9	**3815**	**2070**	**1745**	**119**	**82**	**47**	**35**	**134**
5岁	911	503	408	123	26	14	12	117
6岁	736	403	333	121	11	7	4	175
7岁	724	394	330	119	17	14	3	467
8岁	674	359	315	114	9	6	3	200
9岁	770	411	359	114	19	6	13	46
10-14	**5804**	**3071**	**2733**	**112**	**106**	**66**	**40**	**165**
10岁	837	430	407	106	13	8	5	160
11岁	959	512	447	115	18	11	7	157
12岁	1187	634	553	115	17	15	2	750
13岁	1367	721	646	112	24	12	12	100
14岁	1454	774	680	114	34	20	14	143
15-19	**8791**	**4578**	**4213**	**109**	**138**	**70**	**68**	**103**
15岁	1795	933	862	108	20	5	15	33
16岁	1710	885	825	107	30	12	18	67
17岁	1851	952	899	106	31	16	15	107
18岁	1899	974	925	105	29	15	14	107
19岁	1536	834	702	119	28	22	6	367
20-24	**6419**	**3156**	**3263**	**97**	**165**	**84**	**81**	**104**
20岁	1261	617	644	96	28	11	17	65
21岁	1162	564	598	94	24	10	14	71
22岁	1242	617	625	99	39	21	18	117
23岁	1413	718	695	103	29	19	10	190
24岁	1341	640	701	91	45	23	22	105
25-29	**5260**	**2720**	**2540**	**107**	**134**	**71**	**63**	**113**
25岁	1182	637	545	117	32	16	16	100

1-2b 续表 1

单位：人

年 龄	调查人口				调查的残疾人口			
	合计	男	女	性别比(%)	合计	男	女	性别比(%)
26岁	1205	607	598	102	27	15	12	125
27岁	1050	544	506	108	30	16	14	114
28岁	964	492	472	104	21	10	11	91
29岁	859	440	419	105	24	14	10	140
30-34	**5530**	**2764**	**2766**	**100**	**231**	**134**	**97**	**138**
30岁	863	439	424	104	31	18	13	138
31岁	906	438	468	94	37	19	18	106
32岁	1096	552	544	101	37	23	14	164
33岁	1246	621	625	99	66	42	24	175
34岁	1419	714	705	101	60	32	28	114
35-39	**7647**	**3856**	**3791**	**102**	**320**	**177**	**143**	**124**
35岁	1521	775	746	104	66	38	28	136
36岁	1547	765	782	98	61	38	23	165
37岁	1570	800	770	104	66	36	30	120
38岁	1448	732	716	102	60	29	31	94
39岁	1561	784	777	101	67	36	31	116
40-44	**7819**	**3903**	**3916**	**100**	**365**	**207**	**158**	**131**
40岁	1638	827	811	102	80	45	35	129
41岁	1600	806	794	102	81	49	32	153
42岁	2008	993	1015	98	85	48	37	130
43岁	1659	831	828	100	81	47	34	138
44岁	914	446	468	95	38	18	20	90
45-49	**6575**	**3316**	**3259**	**102**	**359**	**210**	**149**	**141**
45岁	1064	522	542	96	40	21	19	111
46岁	1198	641	557	115	73	44	29	152
47岁	1324	682	642	106	94	55	39	141
48岁	1509	730	779	94	77	45	32	141
49岁	1480	741	739	100	75	45	30	150
50-54	**7177**	**3628**	**3549**	**102**	**499**	**261**	**238**	**110**
50岁	1584	787	797	99	83	37	46	80
51岁	1390	709	681	104	91	52	39	133
52岁	1494	751	743	101	113	52	61	85
53岁	1388	708	680	104	114	69	45	153
54岁	1321	673	648	104	98	51	47	109

1-2b 续表 2

单位：人

年 龄	调查人口				调查的残疾人口			
	合计	男	女	性别比(%)	合计	男	女	性别比(%)
55-59	**5277**	**2720**	**2557**	**106**	**581**	**288**	**293**	**98**
55岁	1271	655	616	106	121	60	61	98
56岁	1164	612	552	111	128	59	69	86
57岁	955	491	464	106	105	54	51	106
58岁	968	487	481	101	109	50	59	85
59岁	919	475	444	107	118	65	53	123
60-64	**3439**	**1758**	**1681**	**105**	**511**	**273**	**238**	**115**
60岁	1007	511	496	103	123	66	57	116
61岁	690	351	339	104	90	49	41	120
62岁	582	298	284	105	99	51	48	106
63岁	603	311	292	107	103	59	44	134
64岁	557	287	270	106	96	48	48	100
65-69	**2699**	**1371**	**1328**	**103**	**584**	**306**	**278**	**110**
65岁	523	259	264	98	88	52	36	144
66岁	513	256	257	100	104	59	45	131
67岁	548	291	257	113	120	67	53	126
68岁	591	305	286	107	143	70	73	96
69岁	524	260	264	98	129	58	71	82
70-74	**2377**	**1155**	**1222**	**95**	**760**	**379**	**381**	**99**
70岁	551	265	286	93	149	80	69	116
71岁	501	257	244	105	139	74	65	114
72岁	460	227	233	97	145	73	72	101
73岁	452	227	225	101	160	87	73	119
74岁	413	179	234	76	167	65	102	64
75-79	**1472**	**643**	**829**	**78**	**640**	**290**	**350**	**83**
75岁	404	182	222	82	152	76	76	100
76岁	315	121	194	62	139	57	82	70
77岁	278	133	145	92	127	64	63	102
78岁	263	113	150	75	121	50	71	70
79岁	212	94	118	80	101	43	58	74
80-84	**748**	**303**	**445**	**68**	**391**	**159**	**232**	**69**
80岁	214	83	131	63	94	36	58	62
81岁	182	73	109	67	97	39	58	67
82岁	146	57	89	64	80	32	48	67
83岁	125	52	73	71	75	30	45	67
84岁	81	38	43	88	45	22	23	96
85+	**318**	**107**	**211**	**51**	**170**	**59**	**111**	**53**

1-3 调查家庭户类别

单位：户

家庭户规模	合计	一代户	二代户	三代户	四代户及以上
总　计	**31203**	**8285**	**16470**	**6208**	**240**
一人户	2244	2244			
二人户	6991	5941	1050		
三人户	8779	81	8540	158	
四人户	7209	13	5739	1454	3
五人户	3801	5	947	2826	23
六人户	1660		162	1387	111
七人户	367	1	28	261	77
八人户	132		4	105	23
九人户	20			17	3

1-4　各地区分性别、户口登记状况的人口

单位：人

地　区	调查人口			住本调查小区，户口在本乡、镇、街道		
	合计	男	女	小计	男	女
总　计	**104169**	**52624**	**51545**	**96852**	**49112**	**47740**
唐山市丰润区	3359	1711	1648	3101	1593	1508
石家庄市新华区	3453	1674	1779	2732	1346	1386
石家庄市长安区	3410	1658	1752	2571	1253	1318
石家庄市桥东区	3389	1651	1738	2628	1288	1340
邯郸市复兴区	3339	1639	1700	2543	1267	1276
唐山市古冶区	3424	1679	1745	3137	1556	1581
任丘市	3508	1785	1723	3372	1722	1650
武安市	3359	1742	1617	3029	1553	1476
辛集市	3412	1723	1689	3049	1556	1493
深州市	3406	1701	1705	3355	1665	1690
三河市	3520	1778	1742	3412	1724	1688
安国市	3429	1723	1706	3180	1625	1555
昌黎县	3204	1621	1583	2991	1526	1465
永清县	3418	1754	1664	3319	1708	1611
定兴县	3242	1555	1687	3155	1517	1638
无极县	3218	1598	1620	3144	1571	1573
望都县	3448	1754	1694	3306	1681	1625
魏　县	3432	1688	1744	3276	1593	1683
威　县	3307	1665	1642	3262	1647	1615
临西县	3112	1606	1506	3032	1566	1466
广平县	3577	1776	1801	3350	1691	1659
景　县	3149	1541	1608	3008	1470	1538
吴桥县	3131	1578	1553	3072	1553	1519
南皮县	3476	1803	1673	3448	1785	1663
青龙满族自治县	3224	1713	1511	3168	1686	1482
隆化县	3075	1577	1498	2837	1465	1372
涿鹿县	3615	1979	1636	3487	1911	1576
磁　县	3441	1733	1708	3264	1630	1634
平山县	3462	1787	1675	3353	1733	1620
井陉县	3453	1780	1673	3167	1609	1558
张北县	3177	1652	1525	3104	1622	1482

1-4 续表

单位：人

地区	住本调查小区半年以上，户口在外乡、镇、街道			住本调查小区不满半年，离开户口所在地半年以上			住本调查小区，户口待定		
	小计	男	女	小计	男	女	小计	男	女
总　计	**6708**	**3197**	**3511**	**104**	**46**	**58**	**505**	**269**	**236**
唐山市丰润区	248	111	137	3	2	1	7	5	2
石家庄市新华区	662	303	359	51	21	30	8	4	4
石家庄市长安区	822	397	425	9	4	5	8	4	4
石家庄市桥东区	748	356	392	12	7	5	1		1
邯郸市复兴区	782	365	417	4	2	2	10	5	5
唐山市古冶区	282	121	161				5	2	3
任丘市	109	50	59	3	1	2	24	12	12
武安市	301	173	128	2		2	27	16	11
辛集市	340	155	185	7	4	3	16	8	8
深州市	51	36	15						
三河市	92	47	45				16	7	9
安国市	238	93	145	2	1	1	9	4	5
昌黎县	210	93	117				3	2	1
永清县	90	43	47				9	3	6
定兴县	78	34	44	1		1	8	4	4
无极县	73	27	46				1		1
望都县	135	70	65	1		1	6	3	3
魏　县	54	36	18				102	59	43
威　县	34	13	21				11	5	6
临西县	77	38	39				3	2	1
广平县	177	57	120				50	28	22
景　县	130	65	65	1		1	10	6	4
吴桥县	58	25	33				1		1
南皮县	14	10	4				14	8	6
青龙满族自治县	39	21	18	6	3	3	11	3	8
隆化县	230	109	121	1	1		7	2	5
涿鹿县	128	68	60						
磁　县	61	40	21				116	63	53
平山县	92	45	47				17	9	8
井陉县	285	170	115				1	1	
张北县	68	26	42	1		1	4	4	

1-5 各地区分户口登记状况、户口性质的人口

单位：人

地 区	调查人口			住本调查小区，户口在本乡、镇、街道		
	合计	农业	非农业	小计	农业	非农业
总 计	**103664**	**82937**	**20727**	**96852**	**80435**	**16417**
唐山市丰润区	3352	2446	906	3101	2321	780
石家庄市新华区	3445	970	2475	2732	797	1935
石家庄市长安区	3402	195	3207	2571	3	2568
石家庄市桥东区	3388	249	3139	2628	2	2626
邯郸市复兴区	3329	570	2759	2543	438	2105
唐山市古冶区	3419	768	2651	3137	717	2420
任丘市	3484	3423	61	3372	3349	23
武安市	3332	2536	796	3029	2375	654
辛集市	3396	2979	417	3049	2698	351
深州市	3406	3265	141	3355	3255	100
三河市	3504	3372	132	3412	3337	75
安国市	3420	2978	442	3180	2845	335
昌黎县	3201	2714	487	2991	2622	369
永清县	3409	3282	127	3319	3240	79
定兴县	3234	3147	87	3155	3109	46
无极县	3217	3142	75	3144	3111	33
望都县	3442	3263	179	3306	3210	96
魏 县	3330	3280	50	3276	3261	15
威 县	3296	3235	61	3262	3220	42
临西县	3109	2984	125	3032	2960	72
广平县	3527	3408	119	3350	3304	46
景 县	3139	2947	192	3008	2878	130
吴桥县	3130	2816	314	3072	2796	276
南皮县	3462	3394	68	3448	3391	57
青龙满族自治县	3213	3112	101	3168	3093	75
隆化县	3068	2602	466	2837	2433	404
涿鹿县	3615	3104	511	3487	3072	415
磁 县	3325	3205	120	3264	3192	72
平山县	3445	3375	70	3353	3317	36
井陉县	3452	3069	383	3167	3037	130
张北县	3173	3107	66	3104	3052	52

1-5 续表

单位：人

地区	住本调查小区半年以，上户口在外乡、镇、街道			住本调查小区不满半年，离开户口所在地半年以上		
	小计	农业	非农业	小计	农业	非农业
总计	**6708**	**2438**	**4270**	**104**	**64**	**40**
唐山市丰润区	248	122	126	3	3	
石家庄市新华区	662	140	522	51	33	18
石家庄市长安区	822	186	636	9	6	3
石家庄市桥东区	748	244	504	12	3	9
邯郸市复兴区	782	132	650	4		4
唐山市古冶区	282	51	231			
任丘市	109	71	38	3	3	
武安市	301	161	140	2		2
辛集市	340	276	64	7	5	2
深州市	51	10	41			
三河市	92	35	57			
安国市	238	132	106	2	1	1
昌黎县	210	92	118			
永清县	90	42	48			
定兴县	78	37	41	1	1	
无极县	73	31	42			
望都县	135	52	83	1	1	
魏　县	54	19	35			
威　县	34	15	19			
临西县	77	24	53			
广平县	177	104	73			
景　县	130	68	62	1	1	
吴桥县	58	20	38			
南皮县	14	3	11			
青龙满族自治县	39	13	26	6	6	
隆化县	230	169	61	1		1
涿鹿县	128	32	96			
磁　县	61	13	48			
平山县	92	58	34			
井陉县	285	32	253			
张北县	68	54	14	1	1	

1－6 6岁及以上人口分年龄、性别的受教育程度

单位：人

年 龄	调查人口			不 识 字		
	合计	男	女	小计	男	女
总 计	**97129**	**48828**	**48301**	**9689**	**2410**	**7279**
6-9	**3567**	**1902**	**1665**	**264**	**140**	**124**
6岁	893	484	409	237	124	113
7岁	907	478	429	20	13	7
8岁	846	445	401	5	3	2
9岁	921	495	426	2		2
10-14	**6667**	**3540**	**3127**	**36**	**18**	**18**
10岁	995	522	473	9	5	4
11岁	1150	609	541	3	1	2
12岁	1366	732	634	7	5	2
13岁	1547	812	735	7	4	3
14岁	1609	865	744	10	3	7
15-19	**9860**	**5115**	**4745**	**61**	**32**	**29**
15岁	2004	1037	967	8	2	6
16岁	1922	989	933	15	6	9
17岁	2095	1084	1011	11	4	7
18岁	2136	1089	1047	14	8	6
19岁	1703	916	787	13	12	1
20-24	**7403**	**3622**	**3781**	**105**	**52**	**53**
20岁	1397	684	713	19	9	10
21岁	1285	613	672	14	6	8
22岁	1402	702	700	22	13	9
23岁	1679	850	829	21	10	11
24岁	1640	773	867	29	14	15
25-29	**6666**	**3371**	**3295**	**107**	**42**	**65**
25岁	1466	765	701	19	8	11

1-6 续表 1

单位：人

年龄	调查人口			不识字		
	合计	男	女	小计	男	女
26岁	1474	734	740	28	13	15
27岁	1347	661	686	19	7	12
28岁	1217	623	594	20	6	14
29岁	1162	588	574	21	8	13
30-34	**7124**	**3531**	**3593**	**200**	**52**	**148**
30岁	1159	584	575	23	4	19
31岁	1172	568	604	24	7	17
32岁	1407	703	704	36	8	28
33岁	1595	781	814	60	21	39
34岁	1791	895	896	57	12	45
35-39	**9388**	**4698**	**4690**	**342**	**105**	**237**
35岁	1911	967	944	58	17	41
36岁	1882	919	963	71	21	50
37岁	1959	970	989	63	20	43
38岁	1739	882	857	67	21	46
39岁	1897	960	937	83	26	57
40-44	**9437**	**4712**	**4725**	**363**	**85**	**278**
40岁	1935	962	973	67	22	45
41岁	1897	957	940	63	13	50
42岁	2442	1216	1226	83	18	65
43岁	2073	1049	1024	88	24	64
44岁	1090	528	562	62	8	54
45-49	**8004**	**4028**	**3976**	**794**	**147**	**647**
45岁	1287	642	645	91	13	78
46岁	1485	786	699	124	25	99
47岁	1587	807	780	173	39	134
48岁	1869	918	951	193	27	166
49岁	1776	875	901	213	43	170
50-54	**8731**	**4389**	**4342**	**1270**	**246**	**1024**
50岁	1898	939	959	229	36	193
51岁	1730	893	837	237	43	194
52岁	1820	894	926	259	44	215
53岁	1684	857	827	268	69	199
54岁	1599	806	793	277	54	223

1-6 续表 2

单位：人

年 龄	调查人口			不 识 字		
	合计	男	女	小计	男	女
55-59	**6347**	**3240**	**3107**	**965**	**208**	**757**
55岁	1547	794	753	256	58	198
56岁	1394	728	666	208	49	159
57岁	1148	584	564	158	32	126
58岁	1167	581	586	191	38	153
59岁	1091	553	538	152	31	121
60-64	**4208**	**2103**	**2105**	**801**	**163**	**638**
60岁	1180	589	591	205	36	169
61岁	807	404	403	130	24	106
62岁	725	359	366	146	31	115
63岁	773	384	389	172	37	135
64岁	723	367	356	148	35	113
65-69	**3626**	**1816**	**1810**	**1081**	**258**	**823**
65岁	698	340	358	167	33	134
66岁	708	345	363	196	48	148
67岁	725	376	349	199	46	153
68岁	781	398	383	265	72	193
69岁	714	357	357	254	59	195
70-74	**3065**	**1480**	**1585**	**1399**	**388**	**1011**
70岁	740	362	378	301	78	223
71岁	656	324	332	267	74	193
72岁	606	294	312	285	87	198
73岁	564	283	281	273	80	193
74岁	499	217	282	273	69	204
75-79	**1794**	**796**	**998**	**1081**	**283**	**798**
75岁	485	222	263	294	85	209
76岁	390	156	234	242	50	192
77岁	322	154	168	195	62	133
78岁	336	143	193	198	50	148
79岁	261	121	140	152	36	116
80+	**1242**	**485**	**757**	**820**	**191**	**629**

1-6 续表 3

单位：人

年　龄	未上过学			小　学		
	小计	男	女	小计	男	女
总　计	**421**	**188**	**233**	**29352**	**14464**	**14888**
6-9	**41**	**30**	**11**	**3259**	**1730**	**1529**
6岁	33	22	11	623	338	285
7岁	3	3		882	460	422
8岁	2	2		839	440	399
9岁	3	3		915	492	423
10-14	**11**	**6**	**5**	**4299**	**2316**	**1983**
10岁	2	1	1	982	514	468
11岁	1		1	1129	602	527
12岁	5	3	2	1198	656	542
13岁	2	2		667	375	292
14岁	1		1	323	169	154
15-19	**3**	**1**	**2**	**895**	**457**	**438**
15岁				200	109	91
16岁	2	1	1	157	84	73
17岁				191	90	101
18岁				194	89	105
19岁	1		1	153	85	68
20-24	**6**	**3**	**3**	**767**	**327**	**440**
20岁				163	62	101
21岁				137	48	89
22岁				142	64	78
23岁	4	2	2	153	74	79
24岁	2	1	1	172	79	93
25-29	**3**	**1**	**2**	**864**	**409**	**455**
25岁				168	77	91

1－6 续表 4

单位：人

年龄	未上过学			小学		
	小计	男	女	小计	男	女
26岁				193	84	109
27岁	1	1		176	86	90
28岁	1		1	153	68	85
29岁	1		1	174	94	80
30-34	**3**	**1**	**2**	**1362**	**570**	**792**
30岁				163	70	93
31岁	1	1		219	86	133
32岁				268	126	142
33岁				329	131	198
34岁	2		2	383	157	226
35-39	**19**	**4**	**15**	**2262**	**941**	**1321**
35岁	1	1		455	191	264
36岁	7	1	6	455	182	273
37岁	5	2	3	458	189	269
38岁	1		1	434	177	257
39岁	5		5	460	202	258
40-44	**21**	**5**	**16**	**1879**	**751**	**1128**
40岁	5		5	459	193	266
41岁	2	1	1	403	173	230
42岁	9	2	7	441	167	274
43岁	4	1	3	369	146	223
44岁	1	1		207	72	135
45-49	**27**	**9**	**18**	**1946**	**747**	**1199**
45岁	7	3	4	239	93	146
46岁	2	1	1	301	109	192
47岁	4	2	2	377	146	231
48岁	8	2	6	527	187	340
49岁	6	1	5	502	212	290
50-54	**42**	**15**	**27**	**3269**	**1511**	**1758**
50岁	5	2	3	607	257	350
51岁	11	4	7	544	254	290
52岁	9	2	7	726	321	405
53岁	10	5	5	703	326	377
54岁	7	2	5	689	353	336

1-6 续表 5

单位：人

年龄	未上过学			小学		
	小计	男	女	小计	男	女
55-59	**36**	**14**	**22**	**3158**	**1560**	**1598**
55岁	10	3	7	702	342	360
56岁	12	8	4	676	336	340
57岁	6	2	4	583	278	305
58岁	5		5	612	309	303
59岁	3	1	2	585	295	290
60-64	**27**	**11**	**16**	**1798**	**929**	**869**
60岁	8	3	5	523	269	254
61岁	4	1	3	364	174	190
62岁	2	1	1	301	158	143
63岁	5	3	2	301	161	140
64岁	8	3	5	309	167	142
65-69	**48**	**22**	**26**	**1578**	**914**	**664**
65岁	8	3	5	304	164	140
66岁	7	4	3	311	174	137
67岁	13	7	6	321	189	132
68岁	12	3	9	328	189	139
69岁	8	5	3	314	198	116
70-74	**73**	**32**	**41**	**1160**	**714**	**446**
70岁	19	7	12	283	170	113
71岁	21	11	10	265	162	103
72岁	14	6	8	224	129	95
73岁	10	3	7	214	143	71
74岁	9	5	4	174	110	64
75-79	**36**	**19**	**17**	**534**	**370**	**164**
75岁	7	4	3	138	93	45
76岁	7	3	4	111	79	32
77岁	3	3		103	71	32
78岁	8	3	5	107	70	37
79岁	11	6	5	75	57	18
80+	**25**	**15**	**10**	**322**	**218**	**104**

1-6 续表 6

单位：人

年龄	初中			高中		
	小计	男	女	小计	男	女
总计	**42020**	**23188**	**18832**	**9680**	**5447**	**4233**
6-9	**3**	**2**	**1**			
6岁						
7岁	2	2				
8岁						
9岁	1		1			
10-14	**2315**	**1197**	**1118**	**5**	**2**	**3**
10岁	2	2				
11岁	17	6	11			
12岁	156	68	88			
13岁	870	431	439	1		1
14岁	1270	690	580	4	2	2
15-19	**6315**	**3377**	**2938**	**2170**	**1046**	**1124**
15岁	1716	896	820	67	26	41
16岁	1270	658	612	413	207	206
17岁	1159	649	510	634	291	343
18岁	1157	618	539	655	322	333
19岁	1013	556	457	401	200	201
20-24	**4908**	**2449**	**2459**	**613**	**328**	**285**
20岁	889	454	435	197	100	97
21岁	892	441	451	114	63	51
22岁	995	496	499	80	48	32
23岁	1112	566	546	107	57	50
24岁	1020	492	528	115	60	55
25-29	**3968**	**2108**	**1860**	**602**	**319**	**283**
25岁	896	505	391	136	69	67

1-6 续表 7

单位：人

年 龄	初 中			高 中		
	小计	男	女	小计	男	女
26岁	883	464	419	126	73	53
27岁	798	412	386	121	54	67
28岁	731	398	333	116	65	51
29岁	660	329	331	103	58	45
30-34	**4162**	**2211**	**1951**	**603**	**309**	**294**
30岁	694	364	330	96	52	44
31岁	690	358	332	97	54	43
32岁	802	409	393	136	71	65
33岁	923	498	425	116	54	62
34岁	1053	582	471	158	78	80
35-39	**5338**	**2906**	**2432**	**793**	**419**	**374**
35岁	1102	602	500	137	73	64
36岁	1058	567	491	150	77	73
37岁	1107	598	509	200	100	100
38岁	1001	559	442	133	75	58
39岁	1070	580	490	173	94	79
40-44	**5052**	**2658**	**2394**	**1631**	**920**	**711**
40岁	1104	580	524	184	102	82
41岁	1077	572	505	255	137	118
42岁	1331	707	624	446	245	201
43岁	1052	549	503	458	267	191
44岁	488	250	238	288	169	119
45-49	**3263**	**1918**	**1345**	**1697**	**1038**	**659**
45岁	583	318	265	323	184	139
46岁	612	367	245	393	247	146
47岁	647	387	260	348	216	132
48岁	723	440	283	342	218	124
49岁	698	406	292	291	173	118
50-54	**2878**	**1791**	**1087**	**948**	**634**	**314**
50岁	699	418	281	293	191	102
51岁	603	366	237	248	168	80
52岁	591	379	212	164	109	55
53岁	520	329	191	133	96	37
54岁	465	299	166	110	70	40

1-6 续表 8

单位：人

年龄	初中			高中		
	小计	男	女	小计	男	女
55-59	**1660**	**1102**	**558**	**258**	**189**	**69**
55岁	441	298	143	87	60	27
56岁	393	263	130	54	44	10
57岁	296	203	93	48	34	14
58岁	260	163	97	41	32	9
59岁	270	175	95	28	19	9
60-64	**1213**	**769**	**444**	**167**	**105**	**62**
60岁	358	222	136	32	21	11
61岁	256	170	86	27	18	9
62岁	207	129	78	34	19	15
63岁	219	139	80	33	20	13
64岁	173	109	64	41	27	14
65-69	**534**	**357**	**177**	**110**	**74**	**36**
65岁	137	86	51	30	20	10
66岁	106	63	43	23	16	7
67岁	112	80	32	21	11	10
68岁	105	79	26	26	17	9
69岁	74	49	25	10	10	
70-74	**257**	**208**	**49**	**54**	**44**	**10**
70岁	87	70	17	10	6	4
71岁	51	38	13	19	15	4
72岁	47	42	5	11	10	1
73岁	45	38	7	10	9	1
74岁	27	20	7	4	4	
75-79	**98**	**84**	**14**	**18**	**15**	**3**
75岁	32	28	4	5	3	2
76岁	19	15	4	4	3	1
77岁	15	13	2	1	1	
78岁	17	14	3	4	4	
79岁	15	14	1	4	4	
80+	**56**	**51**	**5**	**11**	**5**	**6**

1-6 续表 9

单位：人

年龄	中专			大学专科		
	小计	男	女	小计	男	女
总计	**2740**	**1382**	**1358**	**2106**	**1108**	**998**
6-9						
6岁						
7岁						
8岁						
9岁						
10-14	**1**	**1**				
10岁						
11岁						
12岁						
13岁						
14岁	1	1				
15-19	**343**	**168**	**175**	**62**	**30**	**32**
15岁	13	4	9			
16岁	65	33	32			
17岁	92	47	45	8	3	5
18岁	99	43	56	15	8	7
19岁	74	41	33	39	19	20
20-24	**485**	**232**	**253**	**368**	**169**	**199**
20岁	75	36	39	44	19	25
21岁	58	30	28	56	23	33
22岁	75	36	39	68	35	33
23岁	135	69	66	105	54	51
24岁	142	61	81	95	38	57
25-29	**535**	**244**	**291**	**400**	**158**	**242**
25岁	113	52	61	91	37	54

1－6 续表 10

单位：人

年 龄	中 专			大学专科		
	小计	男	女	小计	男	女
26岁	131	59	72	79	30	49
27岁	115	52	63	81	34	47
28岁	96	34	62	66	30	36
29岁	80	47	33	83	27	56
30-34	**297**	**146**	**151**	**300**	**133**	**167**
30岁	83	45	38	61	26	35
31岁	55	22	33	48	19	29
32岁	61	34	27	63	30	33
33岁	54	27	27	73	31	42
34岁	44	18	26	55	27	28
35-39	**192**	**102**	**90**	**268**	**131**	**137**
35岁	53	30	23	67	35	32
36岁	45	22	23	60	32	28
37岁	32	17	15	52	23	29
38岁	32	17	15	48	21	27
39岁	30	16	14	41	20	21
40-44	**143**	**76**	**67**	**223**	**135**	**88**
40岁	39	20	19	46	23	23
41岁	28	15	13	40	22	18
42岁	39	19	20	62	41	21
43岁	25	14	11	50	33	17
44岁	12	8	4	25	16	9
45-49	**97**	**44**	**53**	**133**	**90**	**43**
45岁	12	7	5	23	15	8
46岁	20	12	8	26	19	7
47岁	17	6	11	20	11	9
48岁	21	6	15	37	28	9
49岁	27	13	14	27	17	10
50-54	**140**	**66**	**74**	**132**	**92**	**40**
50岁	28	12	16	28	19	9
51岁	34	19	15	39	27	12
52岁	31	14	17	28	17	11
53岁	20	10	10	21	15	6
54岁	27	11	16	16	14	2

1－6 续表 11

单位：人

年龄	中专			大学专科		
	小计	男	女	小计	男	女
55-59	**151**	**80**	**71**	**93**	**67**	**26**
55岁	25	11	14	19	17	2
56岁	30	13	17	18	14	4
57岁	35	21	14	19	12	7
58岁	31	17	14	22	17	5
59岁	30	18	12	15	7	8
60-64	**125**	**67**	**58**	**32**	**27**	**5**
60岁	31	20	11	6	6	
61岁	13	7	6	9	7	2
62岁	23	12	11	4	2	2
63岁	24	9	15	10	9	1
64岁	34	19	15	3	3	
65-69	**151**	**94**	**57**	**54**	**43**	**11**
65岁	31	16	15	9	8	1
66岁	40	21	19	12	10	2
67岁	34	24	10	10	7	3
68岁	20	18	2	8	7	1
69岁	26	15	11	15	11	4
70-74	**59**	**46**	**13**	**31**	**23**	**8**
70岁	23	18	5	6	3	3
71岁	15	9	6	9	8	1
72岁	12	12		6	3	3
73岁	5	5		5	4	1
74岁	4	2	2	5	5	
75-79	**17**	**15**	**2**	**7**	**7**	
75岁	6	6		2	2	
76岁	5	4	1	2	2	
77岁	2	1	1	2	2	
78岁	1	1		1	1	
79岁	3	3				
80+	**4**	**1**	**3**	**3**	**3**	

1－6 续表 12

单位：人

年 龄	大学本科			研 究 生		
	小计	男	女	小计	男	女
总 计	**1090**	**626**	**464**	**31**	**15**	**16**
6-9						
6岁						
7岁						
8岁						
9岁						
10-14						
10岁						
11岁						
12岁						
13岁						
14岁						
15-19	**11**	**4**	**7**			
15岁						
16岁						
17岁						
18岁	2	1	1			
19岁	9	3	6			
20-24	**150**	**62**	**88**	**1**		**1**
20岁	10	4	6			
21岁	14	2	12			
22岁	20	10	10			
23岁	42	18	24			
24岁	64	28	36	1		1
25-29	**174**	**86**	**88**	**13**	**4**	**9**
25岁	43	17	26			

1-6 续表 13

单位：人

年 龄	大学本科			研 究 生		
	小计	男	女	小计	男	女
26岁	31	11	20	3		3
27岁	32	15	17	4		4
28岁	31	19	12	3	3	
29岁	37	24	13	3	1	2
30-34	**191**	**106**	**85**	**6**	**3**	**3**
30岁	38	22	16	1	1	
31岁	36	20	16	2	1	1
32岁	38	24	14	3	1	2
33岁	40	19	21			
34岁	39	21	18			
35-39	**169**	**86**	**83**	**5**	**4**	**1**
35岁	38	18	20			
36岁	36	17	19			
37岁	41	20	21	1	1	
38岁	22	11	11	1	1	
39岁	32	20	12	3	2	1
40-44	**121**	**79**	**42**	**4**	**3**	**1**
40岁	31	22	9			
41岁	28	23	5	1	1	
42岁	29	16	13	2	1	1
43岁	26	14	12	1	1	
44岁	7	4	3			
45-49	**46**	**35**	**11**	**1**		**1**
45岁	9	9				
46岁	7	6	1			
47岁	1		1			
48岁	17	10	7	1		1
49岁	12	10	2			
50-54	**51**	**33**	**18**	**1**	**1**	
50岁	8	3	5	1	1	
51岁	14	12	2			
52岁	12	8	4			
53岁	9	7	2			
54岁	8	3	5			

1－6 续表 14

单位：人

年龄	大学本科			研究生		
	小计	男	女	小计	男	女
55-59	**26**	**20**	**6**			
55岁	7	5	2			
56岁	3	1	2			
57岁	3	2	1			
58岁	5	5				
59岁	8	7	1			
60-64	**45**	**32**	**13**			
60岁	17	12	5			
61岁	4	3	1			
62岁	8	7	1			
63岁	9	6	3			
64岁	7	4	3			
65-69	**70**	**54**	**16**			
65岁	12	10	2			
66岁	13	9	4			
67岁	15	12	3			
68岁	17	13	4			
69岁	13	10	3			
70-74	**32**	**25**	**7**			
70岁	11	10	1			
71岁	9	7	2			
72岁	7	5	2			
73岁	2	1	1			
74岁	3	2	1			
75-79	**3**	**3**				
75岁	1	1				
76岁						
77岁	1	1				
78岁						
79岁	1	1				
80+	**1**	**1**				

1－7 15岁及以上分年龄、性别的文盲人口

单位：人、%

年龄	调查人口			文盲人口			文盲人口占调查人口的比例		
	合计	男	女	小计	男	女	小计	男	女
总 计	**86895**	**43386**	**43509**	**9389**	**2252**	**7137**	**10.80**	**5.19**	**16.40**
15-19	**9860**	**5115**	**4745**	**61**	**32**	**29**	**0.62**	**0.63**	**0.61**
15岁	2004	1037	967	8	2	6	0.40	0.19	0.62
16岁	1922	989	933	15	6	9	0.78	0.61	0.96
17岁	2095	1084	1011	11	4	7	0.53	0.37	0.69
18岁	2136	1089	1047	14	8	6	0.66	0.73	0.57
19岁	1703	916	787	13	12	1	0.76	1.31	0.13
20-24	**7403**	**3622**	**3781**	**105**	**52**	**53**	**1.42**	**1.44**	**1.40**
20岁	1397	684	713	19	9	10	1.36	1.32	1.40
21岁	1285	613	672	14	6	8	1.09	0.98	1.19
22岁	1402	702	700	22	13	9	1.57	1.85	1.29
23岁	1679	850	829	21	10	11	1.25	1.18	1.33
24岁	1640	773	867	29	14	15	1.77	1.81	1.73
25-29	**6666**	**3371**	**3295**	**107**	**42**	**65**	**1.61**	**1.25**	**1.97**
25岁	1466	765	701	19	8	11	1.30	1.05	1.57
26岁	1474	734	740	28	13	15	1.90	1.77	2.03
27岁	1347	661	686	19	7	12	1.41	1.06	1.75
28岁	1217	623	594	20	6	14	1.64	0.96	2.36
29岁	1162	588	574	21	8	13	1.81	1.36	2.26
30-34	**7124**	**3531**	**3593**	**200**	**52**	**148**	**2.81**	**1.47**	**4.12**
30岁	1159	584	575	23	4	19	1.98	0.68	3.30
31岁	1172	568	604	24	7	17	2.05	1.23	2.81
32岁	1407	703	704	36	8	28	2.56	1.14	3.98
33岁	1595	781	814	60	21	39	3.76	2.69	4.79
34岁	1791	895	896	57	12	45	3.18	1.34	5.02

1-7 续表 1

单位：人、%

年龄	调查人口			文盲人口			文盲人口占调查人口的比例		
	合计	男	女	小计	男	女	小计	男	女
35-39	**9388**	**4698**	**4690**	**342**	**105**	**237**	**3.64**	**2.23**	**5.05**
35岁	1911	967	944	58	17	41	3.04	1.76	4.34
36岁	1882	919	963	71	21	50	3.77	2.29	5.19
37岁	1959	970	989	63	20	43	3.22	2.06	4.35
38岁	1739	882	857	67	21	46	3.85	2.38	5.37
39岁	1897	960	937	83	26	57	4.38	2.71	6.08
40-44	**9437**	**4712**	**4725**	**363**	**85**	**278**	**3.85**	**1.80**	**5.88**
40岁	1935	962	973	67	22	45	3.46	2.29	4.62
41岁	1897	957	940	63	13	50	3.32	1.36	5.32
42岁	2442	1216	1226	83	18	65	3.40	1.48	5.30
43岁	2073	1049	1024	88	24	64	4.25	2.29	6.25
44岁	1090	528	562	62	8	54	5.69	1.52	9.61
45-49	**8004**	**4028**	**3976**	**794**	**147**	**647**	**9.92**	**3.65**	**16.27**
45岁	1287	642	645	91	13	78	7.07	2.02	12.09
46岁	1485	786	699	124	25	99	8.35	3.18	14.16
47岁	1587	807	780	173	39	134	10.90	4.83	17.18
48岁	1869	918	951	193	27	166	10.33	2.94	17.46
49岁	1776	875	901	213	43	170	11.99	4.91	18.87
50-54	**8731**	**4389**	**4342**	**1270**	**246**	**1024**	**14.55**	**5.60**	**23.58**
50岁	1898	939	959	229	36	193	12.07	3.83	20.13
51岁	1730	893	837	237	43	194	13.70	4.82	23.18
52岁	1820	894	926	259	44	215	14.23	4.92	23.22
53岁	1684	857	827	268	69	199	15.91	8.05	24.06
54岁	1599	806	793	277	54	223	17.32	6.70	28.12
55-59	**6347**	**3240**	**3107**	**965**	**208**	**757**	**15.20**	**6.42**	**24.36**
55岁	1547	794	753	256	58	198	16.55	7.30	26.29
56岁	1394	728	666	208	49	159	14.92	6.73	23.87
57岁	1148	584	564	158	32	126	13.76	5.48	22.34
58岁	1167	581	586	191	38	153	16.37	6.54	26.11
59岁	1091	553	538	152	31	121	13.93	5.61	22.49

1－7 续表 2

单位：人、%

年 龄	调查人口			文盲人口			文盲人口占调查人口的比例		
	合计	男	女	小计	男	女	小计	男	女
60-64	**4208**	**2103**	**2105**	**801**	**163**	**638**	**19.04**	**7.75**	**30.31**
60岁	1180	589	591	205	36	169	17.37	6.11	28.60
61岁	807	404	403	130	24	106	16.11	5.94	26.30
62岁	725	359	366	146	31	115	20.14	8.64	31.42
63岁	773	384	389	172	37	135	22.25	9.64	34.70
64岁	723	367	356	148	35	113	20.47	9.54	31.74
65-69	**3626**	**1816**	**1810**	**1081**	**258**	**823**	**29.81**	**14.21**	**45.47**
65岁	698	340	358	167	33	134	23.93	9.71	37.43
66岁	708	345	363	196	48	148	27.68	13.91	40.77
67岁	725	376	349	199	46	153	27.45	12.23	43.84
68岁	781	398	383	265	72	193	33.93	18.09	50.39
69岁	714	357	357	254	59	195	35.57	16.53	54.62
70-74	**3065**	**1480**	**1585**	**1399**	**388**	**1011**	**45.64**	**26.22**	**63.79**
70岁	740	362	378	301	78	223	40.68	21.55	58.99
71岁	656	324	332	267	74	193	40.70	22.84	58.13
72岁	606	294	312	285	87	198	47.03	29.59	63.46
73岁	564	283	281	273	80	193	48.40	28.27	68.68
74岁	499	217	282	273	69	204	54.71	31.80	72.34
75-79	**1794**	**796**	**998**	**1081**	**283**	**798**	**60.26**	**35.55**	**79.96**
75岁	485	222	263	294	85	209	60.62	38.29	79.47
76岁	390	156	234	242	50	192	62.05	32.05	82.05
77岁	322	154	168	195	62	133	60.56	40.26	79.17
78岁	336	143	193	198	50	148	58.93	34.97	76.68
79岁	261	121	140	152	36	116	58.24	29.75	82.86
80-84	**881**	**366**	**515**	**570**	**141**	**429**	**64.70**	**38.52**	**83.30**
80岁	261	109	152	169	39	130	64.75	35.78	85.53
81岁	216	89	127	127	29	98	58.80	32.58	77.17
82岁	169	67	102	114	27	87	67.46	40.30	85.29
83岁	143	57	86	100	25	75	69.93	43.86	87.21
84岁	92	44	48	60	21	39	65.22	47.73	81.25
85+	**361**	**119**	**242**	**250**	**50**	**200**	**69.25**	**42.02**	**82.64**

1－7a 城镇15岁及以上分年龄、性别的文盲人口

单位：人、%

年龄	调查人口			文盲人口			文盲人口占调查人口的比例		
	合计	男	女	小计	男	女	小计	男	女
总计	**15347**	**7408**	**7939**	**547**	**77**	**470**	**3.56**	**1.04**	**5.92**
15-19	**1069**	**537**	**532**	**5**	**1**	**4**	**0.47**	**0.19**	**0.75**
15岁	209	104	105						
16岁	212	104	108	2		2	0.94		1.85
17岁	244	132	112	1		1	0.41		0.89
18岁	237	115	122	1		1	0.42		0.82
19岁	167	82	85	1	1		0.60	1.22	
20-24	**984**	**466**	**518**	**5**	**1**	**4**	**0.51**	**0.21**	**0.77**
20岁	136	67	69	2	1	1	1.47	1.49	1.45
21岁	123	49	74						
22岁	160	85	75						
23岁	266	132	134	1		1	0.38		0.75
24岁	299	133	166	2		2	0.67		1.20
25-29	**1406**	**651**	**755**	**5**	**2**	**3**	**0.36**	**0.31**	**0.40**
25岁	284	128	156	2	1	1	0.70	0.78	0.64
26岁	269	127	142	1	1		0.37	0.79	
27岁	297	117	180	1		1	0.34		0.56
28岁	253	131	122						
29岁	303	148	155	1		1	0.33		0.65
30-34	**1594**	**767**	**827**	**5**	**2**	**3**	**0.31**	**0.26**	**0.36**
30岁	296	145	151	1		1	0.34		0.66
31岁	266	130	136	1	1		0.38	0.77	
32岁	311	151	160	1	1		0.32	0.66	
33岁	349	160	189						
34岁	372	181	191	2		2	0.54		1.05

1－7a 续表 1

单位：人、%

年龄	调查人口			文盲人口			文盲人口占调查人口的比例		
	合计	男	女	小计	男	女	小计	男	女
35-39	**1741**	**842**	**899**	**5**	**3**	**2**	**0.29**	**0.36**	**0.22**
35岁	390	192	198						
36岁	335	154	181	1		1	0.30		0.55
37岁	389	170	219	2	2		0.51	1.18	
38岁	291	150	141	1	1		0.34	0.67	
39岁	336	176	160	1		1	0.30		0.63
40-44	**1618**	**809**	**809**	**6**	**3**	**3**	**0.37**	**0.37**	**0.37**
40岁	297	135	162	2	1	1	0.67	0.74	0.62
41岁	297	151	146						
42岁	434	223	211	1	1		0.23	0.45	
43岁	414	218	196						
44岁	176	82	94	3	1	2	1.70	1.22	2.13
45-49	**1429**	**712**	**717**	**15**	**4**	**11**	**1.05**	**0.56**	**1.53**
45岁	223	120	103	4	1	3	1.79	0.83	2.91
46岁	287	145	142	3		3	1.05		2.11
47岁	263	125	138						
48岁	360	188	172	4	1	3	1.11	0.53	1.74
49岁	296	134	162	4	2	2	1.35	1.49	1.23
50-54	**1554**	**761**	**793**	**28**	**2**	**26**	**1.80**	**0.26**	**3.28**
50岁	314	152	162	4	1	3	1.27	0.66	1.85
51岁	340	184	156	4		4	1.18		2.56
52岁	326	143	183	6		6	1.84		3.28
53岁	296	149	147	4		4	1.35		2.72
54岁	278	133	145	10	1	9	3.60	0.75	6.21
55-59	**1070**	**520**	**550**	**40**	**6**	**34**	**3.74**	**1.15**	**6.18**
55岁	276	139	137	10	2	8	3.62	1.44	5.84
56岁	230	116	114	9	1	8	3.91	0.86	7.02
57岁	193	93	100	7	1	6	3.63	1.08	6.00
58岁	199	94	105	10	2	8	5.03	2.13	7.62
59岁	172	78	94	4		4	2.33		4.26

1－7a 续表 2

单位：人、%

年龄	调查人口			文盲人口			文盲人口占调查人口的比例		
	合计	男	女	小计	男	女	小计	男	女
60-64	**769**	**345**	**424**	**32**	**7**	**25**	**4.16**	**2.03**	**5.90**
60岁	173	78	95	4		4	2.31		4.21
61岁	117	53	64	6	2	4	5.13	3.77	6.25
62岁	143	61	82	3	1	2	2.10	1.64	2.44
63岁	170	73	97	13	2	11	7.65	2.74	11.34
64岁	166	80	86	6	2	4	3.61	2.50	4.65
65-69	**927**	**445**	**482**	**73**	**8**	**65**	**7.87**	**1.80**	**13.49**
65岁	175	81	94	10	2	8	5.71	2.47	8.51
66岁	195	89	106	11	1	10	5.64	1.12	9.43
67岁	177	85	92	13		13	7.34		14.13
68岁	190	93	97	17	3	14	8.95	3.23	14.43
69岁	190	97	93	22	2	20	11.58	2.06	21.51
70-74	**688**	**325**	**363**	**126**	**11**	**115**	**18.31**	**3.38**	**31.68**
70岁	189	97	92	20	1	19	10.58	1.03	20.65
71岁	155	67	88	26	3	23	16.77	4.48	26.14
72岁	146	67	79	32	4	28	21.92	5.97	35.44
73岁	112	56	56	23	1	22	20.54	1.79	39.29
74岁	86	38	48	25	2	23	29.07	5.26	47.92
75-79	**322**	**153**	**169**	**125**	**18**	**107**	**38.82**	**11.76**	**63.31**
75岁	81	40	41	26	2	24	32.10	5.00	58.54
76岁	75	35	40	28	4	24	37.33	11.43	60.00
77岁	44	21	23	17	4	13	38.64	19.05	56.52
78岁	73	30	43	34	5	29	46.58	16.67	67.44
79岁	49	27	22	20	3	17	40.82	11.11	77.27
80-84	**133**	**63**	**70**	**50**	**4**	**46**	**37.59**	**6.35**	**65.71**
80岁	47	26	21	16	2	14	34.04	7.69	66.67
81岁	34	16	18	10	1	9	29.41	6.25	50.00
82岁	23	10	13	10		10	43.48		76.92
83岁	18	5	13	11	1	10	61.11	20.00	76.92
84岁	11	6	5	3		3	27.27		60.00
85+	**43**	**12**	**31**	**27**	**5**	**22**	**62.79**	**41.67**	**70.97**

1－7b 农村15岁及以上分年龄、性别的文盲人口

单位：人、%

年龄	调查人口			文盲人口			文盲人口占调查人口的比例		
	合计	男	女	小计	男	女	小计	男	女
总 计	**71548**	**35978**	**35570**	**8842**	**2175**	**6667**	**12.36**	**6.05**	**18.74**
15-19	**8791**	**4578**	**4213**	**56**	**31**	**25**	**0.64**	**0.68**	**0.59**
15岁	1795	933	862	8	2	6	0.45	0.21	0.70
16岁	1710	885	825	13	6	7	0.76	0.68	0.85
17岁	1851	952	899	10	4	6	0.54	0.42	0.67
18岁	1899	974	925	13	8	5	0.68	0.82	0.54
19岁	1536	834	702	12	11	1	0.78	1.32	0.14
20-24	**6419**	**3156**	**3263**	**100**	**51**	**49**	**1.56**	**1.62**	**1.50**
20岁	1261	617	644	17	8	9	1.35	1.30	1.40
21岁	1162	564	598	14	6	8	1.20	1.06	1.34
22岁	1242	617	625	22	13	9	1.77	2.11	1.44
23岁	1413	718	695	20	10	10	1.42	1.39	1.44
24岁	1341	640	701	27	14	13	2.01	2.19	1.85
25-29	**5260**	**2720**	**2540**	**102**	**40**	**62**	**1.94**	**1.47**	**2.44**
25岁	1182	637	545	17	7	10	1.44	1.10	1.83
26岁	1205	607	598	27	12	15	2.24	1.98	2.51
27岁	1050	544	506	18	7	11	1.71	1.29	2.17
28岁	964	492	472	20	6	14	2.07	1.22	2.97
29岁	859	440	419	20	8	12	2.33	1.82	2.86
30-34	**5530**	**2764**	**2766**	**195**	**50**	**145**	**3.53**	**1.81**	**5.24**
30岁	863	439	424	22	4	18	2.55	0.91	4.25
31岁	906	438	468	23	6	17	2.54	1.37	3.63
32岁	1096	552	544	35	7	28	3.19	1.27	5.15
33岁	1246	621	625	60	21	39	4.82	3.38	6.24
34岁	1419	714	705	55	12	43	3.88	1.68	6.10

1－7b 续表 1

单位：人、%

年 龄	调查人口			文盲人口			文盲人口占调查人口的比例		
	合计	男	女	小计	男	女	小计	男	女
35-39	**7647**	**3856**	**3791**	**337**	**102**	**235**	**4.41**	**2.65**	**6.20**
35岁	1521	775	746	58	17	41	3.81	2.19	5.50
36岁	1547	765	782	70	21	49	4.52	2.75	6.27
37岁	1570	800	770	61	18	43	3.89	2.25	5.58
38岁	1448	732	716	66	20	46	4.56	2.73	6.42
39岁	1561	784	777	82	26	56	5.25	3.32	7.21
40-44	**7819**	**3903**	**3916**	**357**	**82**	**275**	**4.57**	**2.10**	**7.02**
40岁	1638	827	811	65	21	44	3.97	2.54	5.43
41岁	1600	806	794	63	13	50	3.94	1.61	6.30
42岁	2008	993	1015	82	17	65	4.08	1.71	6.40
43岁	1659	831	828	88	24	64	5.30	2.89	7.73
44岁	914	446	468	59	7	52	6.46	1.57	11.11
45-49	**6575**	**3316**	**3259**	**779**	**143**	**636**	**11.85**	**4.31**	**19.52**
45岁	1064	522	542	87	12	75	8.18	2.30	13.84
46岁	1198	641	557	121	25	96	10.10	3.90	17.24
47岁	1324	682	642	173	39	134	13.07	5.72	20.87
48岁	1509	730	779	189	26	163	12.52	3.56	20.92
49岁	1480	741	739	209	41	168	14.12	5.53	22.73
50-54	**7177**	**3628**	**3549**	**1242**	**244**	**998**	**17.31**	**6.73**	**28.12**
50岁	1584	787	797	225	35	190	14.20	4.45	23.84
51岁	1390	709	681	233	43	190	16.76	6.06	27.90
52岁	1494	751	743	253	44	209	16.93	5.86	28.13
53岁	1388	708	680	264	69	195	19.02	9.75	28.68
54岁	1321	673	648	267	53	214	20.21	7.88	33.02
55-59	**5277**	**2720**	**2557**	**925**	**202**	**723**	**17.53**	**7.43**	**28.28**
55岁	1271	655	616	246	56	190	19.35	8.55	30.84
56岁	1164	612	552	199	48	151	17.10	7.84	27.36
57岁	955	491	464	151	31	120	15.81	6.31	25.86
58岁	968	487	481	181	36	145	18.70	7.39	30.15
59岁	919	475	444	148	31	117	16.10	6.53	26.35

1－7b 续表 2

单位：人、%

年 龄	调查人口			文盲人口			文盲人口占调查人口的比例		
	合计	男	女	小计	男	女	小计	男	女
60–64	**3439**	**1758**	**1681**	**769**	**156**	**613**	**22.36**	**8.87**	**36.47**
60岁	1007	511	496	201	36	165	19.96	7.05	33.27
61岁	690	351	339	124	22	102	17.97	6.27	30.09
62岁	582	298	284	143	30	113	24.57	10.07	39.79
63岁	603	311	292	159	35	124	26.37	11.25	42.47
64岁	557	287	270	142	33	109	25.49	11.50	40.37
65–69	**2699**	**1371**	**1328**	**1008**	**250**	**758**	**37.35**	**18.23**	**57.08**
65岁	523	259	264	157	31	126	30.02	11.97	47.73
66岁	513	256	257	185	47	138	36.06	18.36	53.70
67岁	548	291	257	186	46	140	33.94	15.81	54.47
68岁	591	305	286	248	69	179	41.96	22.62	62.59
69岁	524	260	264	232	57	175	44.27	21.92	66.29
70–74	**2377**	**1155**	**1222**	**1273**	**377**	**896**	**53.55**	**32.64**	**73.32**
70岁	551	265	286	281	77	204	51.00	29.06	71.33
71岁	501	257	244	241	71	170	48.10	27.63	69.67
72岁	460	227	233	253	83	170	55.00	36.56	72.96
73岁	452	227	225	250	79	171	55.31	34.80	76.00
74岁	413	179	234	248	67	181	60.05	37.43	77.35
75–79	**1472**	**643**	**829**	**956**	**265**	**691**	**64.95**	**41.21**	**83.35**
75岁	404	182	222	268	83	185	66.34	45.60	83.33
76岁	315	121	194	214	46	168	67.94	38.02	86.60
77岁	278	133	145	178	58	120	64.03	43.61	82.76
78岁	263	113	150	164	45	119	62.36	39.82	79.33
79岁	212	94	118	132	33	99	62.26	35.11	83.90
80–84	**748**	**303**	**445**	**520**	**137**	**383**	**69.52**	**45.21**	**86.07**
80岁	214	83	131	153	37	116	71.50	44.58	88.55
81岁	182	73	109	117	28	89	64.29	38.36	81.65
82岁	146	57	89	104	27	77	71.23	47.37	86.52
83岁	125	52	73	89	24	65	71.20	46.15	89.04
84岁	81	38	43	57	21	36	70.37	55.26	83.72
85+	**318**	**107**	**211**	**223**	**45**	**178**	**70.13**	**42.06**	**84.36**

1－8 15岁及以上人口分年龄、性别的婚姻状况

单位：人

年龄	调查人口			未婚			初婚有配偶		
	合计	男	女	小计	男	女	小计	男	女
总计	**86895**	**43386**	**43509**	**15908**	**9143**	**6765**	**63472**	**31385**	**32087**
15-19	**9860**	**5115**	**4745**	**9817**	**5107**	**4710**	**42**	**8**	**34**
15岁	2004	1037	967	2000	1036	964	4	1	3
16岁	1922	989	933	1917	988	929	4	1	3
17岁	2095	1084	1011	2090	1083	1007	5	1	4
18岁	2136	1089	1047	2124	1086	1038	12	3	9
19岁	1703	916	787	1686	914	772	17	2	15
20-24	**7403**	**3622**	**3781**	**3952**	**2219**	**1733**	**3426**	**1392**	**2034**
20岁	1397	684	713	1258	661	597	139	23	116
21岁	1285	613	672	980	551	429	304	62	242
22岁	1402	702	700	717	424	293	683	278	405
23岁	1679	850	829	587	355	232	1083	490	593
24岁	1640	773	867	410	228	182	1217	539	678
25-29	**6666**	**3371**	**3295**	**697**	**466**	**231**	**5851**	**2835**	**3016**
25岁	1466	765	701	269	175	94	1173	573	600
26岁	1474	734	740	169	114	55	1282	604	678
27岁	1347	661	686	113	76	37	1212	575	637
28岁	1217	623	594	84	56	28	1112	555	557
29岁	1162	588	574	62	45	17	1072	528	544
30-34	**7124**	**3531**	**3593**	**249**	**203**	**46**	**6594**	**3169**	**3425**
30岁	1159	584	575	44	31	13	1070	533	537
31岁	1172	568	604	43	32	11	1088	510	578
32岁	1407	703	704	45	42	3	1312	631	681
33岁	1595	781	814	68	56	12	1462	691	771
34岁	1791	895	896	49	42	7	1662	804	858

1-8 续表 1

单位：人

年 龄	调查人口			未 婚			初婚有配偶		
	合计	男	女	小计	男	女	小计	男	女
35-39	**9388**	**4698**	**4690**	**273**	**255**	**18**	**8718**	**4255**	**4463**
35岁	1911	967	944	71	67	4	1760	861	899
36岁	1882	919	963	48	42	6	1746	843	903
37岁	1959	970	989	59	56	3	1811	868	943
38岁	1739	882	857	44	42	2	1632	811	821
39岁	1897	960	937	51	48	3	1769	872	897
40-44	**9437**	**4712**	**4725**	**219**	**205**	**14**	**8774**	**4272**	**4502**
40岁	1935	962	973	54	50	4	1795	871	924
41岁	1897	957	940	52	48	4	1759	866	893
42岁	2442	1216	1226	52	47	5	2273	1107	1166
43岁	2073	1049	1024	37	37		1928	945	983
44岁	1090	528	562	24	23	1	1019	483	536
45-49	**8004**	**4028**	**3976**	**140**	**139**	**1**	**7394**	**3660**	**3734**
45岁	1287	642	645	23	22	1	1195	583	612
46岁	1485	786	699	21	21		1373	720	653
47岁	1587	807	780	31	31		1460	729	731
48岁	1869	918	951	34	34		1725	840	885
49岁	1776	875	901	31	31		1641	788	853
50-54	**8731**	**4389**	**4342**	**169**	**166**	**3**	**7980**	**3977**	**4003**
50岁	1898	939	959	34	34		1757	860	897
51岁	1730	893	837	27	27		1586	809	777
52岁	1820	894	926	31	31		1654	811	843
53岁	1684	857	827	45	44	1	1529	766	763
54岁	1599	806	793	32	30	2	1454	731	723
55-59	**6347**	**3240**	**3107**	**150**	**146**	**4**	**5588**	**2857**	**2731**
55岁	1547	794	753	30	30		1402	719	683
56岁	1394	728	666	35	34	1	1258	645	613
57岁	1148	584	564	35	34	1	993	510	483
58岁	1167	581	586	26	26		1003	502	501
59岁	1091	553	538	24	22	2	932	481	451

1－8 续表 2

单位：人

年 龄	调查人口			未 婚			初婚有配偶		
	合计	男	女	小计	男	女	小计	男	女
60-64	**4208**	**2103**	**2105**	**90**	**89**	**1**	**3437**	**1779**	**1658**
60岁	1180	589	591	27	27		995	507	488
61岁	807	404	403	12	12		671	347	324
62岁	725	359	366	14	14		599	309	290
63岁	773	384	389	18	17	1	613	318	295
64岁	723	367	356	19	19		559	298	261
65-69	**3626**	**1816**	**1810**	**77**	**77**		**2661**	**1456**	**1205**
65岁	698	340	358	20	20		531	276	255
66岁	708	345	363	14	14		534	282	252
67岁	725	376	349	14	14		537	304	233
68岁	781	398	383	22	22		546	314	232
69岁	714	357	357	7	7		513	280	233
70-74	**3065**	**1480**	**1585**	**39**	**38**	**1**	**1861**	**1038**	**823**
70岁	740	362	378	11	11		500	278	222
71岁	656	324	332	6	6		405	223	182
72岁	606	294	312	5	5		361	200	161
73岁	564	283	281	12	11	1	330	199	131
74岁	499	217	282	5	5		265	138	127
75-79	**1794**	**796**	**998**	**21**	**21**		**801**	**472**	**329**
75岁	485	222	263	6	6		244	139	105
76岁	390	156	234	7	7		199	100	99
77岁	322	154	168	4	4		134	88	46
78岁	336	143	193				131	85	46
79岁	261	121	140	4	4		93	60	33
80-84	**881**	**366**	**515**	**13**	**11**	**2**	**285**	**174**	**111**
80岁	261	109	152	5	5		96	53	43
81岁	216	89	127	3	3		60	40	20
82岁	169	67	102				48	32	16
83岁	143	57	86	3	2	1	55	33	22
84岁	92	44	48	2	1	1	26	16	10
85+	**361**	**119**	**242**	**2**	**1**	**1**	**60**	**41**	**19**

1－8 续表 3

单位：人

年 龄	再婚有配偶			离 婚			丧 偶		
	小计	男	女	小计	男	女	小计	男	女
总 计	**1388**	**625**	**763**	**735**	**513**	**222**	**5392**	**1720**	**3672**
15－19				**1**		**1**			
15岁									
16岁				1		1			
17岁									
18岁									
19岁									
20－24	**6**	**1**	**5**	**17**	**10**	**7**	**2**		**2**
20岁									
21岁				1		1			
22岁	1		1	1		1			
23岁	2	1	1	6	4	2	1		1
24岁	3		3	9	6	3	1		1
25－29	**44**	**22**	**22**	**70**	**45**	**25**	**4**	**3**	**1**
25岁	6	4	2	17	12	5	1	1	
26岁	9	6	3	12	9	3	2	1	1
27岁	9	3	6	13	7	6			
28岁	6	3	3	14	8	6	1	1	
29岁	14	6	8	14	9	5			
30－34	**151**	**68**	**83**	**116**	**86**	**30**	**14**	**5**	**9**
30岁	25	7	18	18	13	5	2		2
31岁	18	8	10	21	17	4	2	1	1
32岁	25	11	14	21	16	5	4	3	1
33岁	40	18	22	23	15	8	2	1	1
34岁	43	24	19	33	25	8	4		4

1－8 续表 4

单位：人

年 龄	再婚有配偶			离 婚			丧 偶		
	小计	男	女	小计	男	女	小计	男	女
35-39	**195**	**79**	**116**	**152**	**90**	**62**	**50**	**19**	**31**
35岁	39	16	23	33	20	13	8	3	5
36岁	45	16	29	39	18	21	4		4
37岁	48	20	28	28	19	9	13	7	6
38岁	29	11	18	23	12	11	11	6	5
39岁	34	16	18	29	21	8	14	3	11
40-44	**211**	**90**	**121**	**130**	**99**	**31**	**103**	**46**	**57**
40岁	41	12	29	27	23	4	18	6	12
41岁	47	19	28	23	19	4	16	5	11
42岁	55	24	31	31	25	6	31	13	18
43岁	49	27	22	35	24	11	24	16	8
44岁	19	8	11	14	8	6	14	6	8
45-49	**192**	**81**	**111**	**88**	**65**	**23**	**190**	**83**	**107**
45岁	29	14	15	21	16	5	19	7	12
46岁	39	20	19	20	14	6	32	11	21
47岁	38	18	20	15	11	4	43	18	25
48岁	47	14	33	17	12	5	46	18	28
49岁	39	15	24	15	12	3	50	29	21
50-54	**170**	**63**	**107**	**71**	**50**	**21**	**341**	**133**	**208**
50岁	37	14	23	15	10	5	55	21	34
51岁	35	16	19	19	14	5	63	27	36
52岁	43	17	26	10	7	3	82	28	54
53岁	29	8	21	12	9	3	69	30	39
54岁	26	8	18	15	10	5	72	27	45
55-59	**125**	**58**	**67**	**38**	**29**	**9**	**446**	**150**	**296**
55岁	28	10	18	5	2	3	82	33	49
56岁	27	18	9	8	6	2	66	25	41
57岁	24	7	17	9	6	3	87	27	60
58岁	22	11	11	9	8	1	107	34	73
59岁	24	12	12	7	7		104	31	73

1-8 续表 5

单位：人

年龄	再婚有配偶			离婚			丧偶		
	小计	男	女	小计	男	女	小计	男	女
60-64	**95**	**42**	**53**	**21**	**16**	**5**	**565**	**177**	**388**
60岁	25	13	12	4	3	1	129	39	90
61岁	19	6	13	3	3		102	36	66
62岁	13	4	9	4	2	2	95	30	65
63岁	22	12	10	5	4	1	115	33	82
64岁	16	7	9	5	4	1	124	39	85
65-69	**102**	**54**	**48**	**17**	**12**	**5**	**769**	**217**	**552**
65岁	26	15	11	3	2	1	118	27	91
66岁	20	10	10	2	1	1	138	38	100
67岁	18	9	9	6	5	1	150	44	106
68岁	19	8	11	3	2	1	191	52	139
69岁	19	12	7	3	2	1	172	56	116
70-74	**54**	**35**	**19**	**9**	**6**	**3**	**1102**	**363**	**739**
70岁	11	7	4	1	1		217	65	152
71岁	11	7	4	3	2	1	231	86	145
72岁	14	10	4	2	2		224	77	147
73岁	9	5	4	1		1	212	68	144
74岁	9	6	3	2	1	1	218	67	151
75-79	**34**	**27**	**7**	**2**	**2**		**936**	**274**	**662**
75岁	8	6	2				227	71	156
76岁	4	4		1	1		179	44	135
77岁	8	5	3				176	57	119
78岁	5	4	1	1	1		199	53	146
79岁	9	8	1				155	49	106
80-84	**7**	**3**	**4**	**3**	**3**		**573**	**175**	**398**
80岁	2	1	1				158	50	108
81岁	3	1	2	2	2		148	43	105
82岁	1	1					120	34	86
83岁				1	1		84	21	63
84岁	1		1				63	27	36
85+	**2**	**2**					**297**	**75**	**222**

1－9 15岁及以上人口分性别、受教育程度的婚姻状况

单位：人

受教育程度	调查人口			未婚			初婚有配偶		
	合计	男	女	小计	男	女	小计	男	女
总计	**86895**	**43386**	**43509**	**15908**	**9143**	**6765**	**63472**	**31385**	**32087**
不识字	9389	2252	7137	573	501	72	5944	1268	4676
未上过学	369	152	217	29	24	5	244	98	146
小学	21794	10418	11376	1917	1272	645	17401	7947	9454
初中	39702	21989	17713	9284	5280	4004	28939	15857	13082
高中	9675	5445	4230	2708	1370	1338	6624	3903	2721
中专	2739	1381	1358	730	373	357	1890	951	939
大学专科	2106	1108	998	465	235	230	1553	831	722
大学本科	1090	626	464	190	85	105	858	518	340
研究生	31	15	16	12	3	9	19	12	7

1－9 续表

单位：人

受教育程度	再婚有配偶			离婚			丧偶		
	小计	男	女	小计	男	女	小计	男	女
总计	**1388**	**625**	**763**	**735**	**513**	**222**	**5392**	**1720**	**3672**
不识字	184	30	154	47	35	12	2641	418	2223
未上过学	12	2	10	2	2		82	26	56
小学	416	163	253	206	176	30	1854	860	994
初中	518	290	228	330	226	104	631	336	295
高中	146	72	74	84	48	36	113	52	61
中专	44	26	18	30	14	16	45	17	28
大学专科	45	26	19	26	8	18	17	8	9
大学本科	23	16	7	10	4	6	9	3	6
研究生									

1－10　分年龄、性别的经济活动人口

单位：人

年　龄	调查人口			在业人口			不在业人口		
	合计	男	女	小计	男	女	小计	男	女
总　计	**86895**	**43386**	**43509**	**63285**	**34242**	**29043**	**23610**	**9144**	**14466**
15-19	**9860**	**5115**	**4745**	**4307**	**2360**	**1947**	**5553**	**2755**	**2798**
15岁	2004	1037	967	361	210	151	1643	827	816
16岁	1922	989	933	637	354	283	1285	635	650
17岁	2095	1084	1011	963	539	424	1132	545	587
18岁	2136	1089	1047	1214	637	577	922	452	470
19岁	1703	916	787	1132	620	512	571	296	275
20-24	**7403**	**3622**	**3781**	**6262**	**3233**	**3029**	**1141**	**389**	**752**
20岁	1397	684	713	1099	556	543	298	128	170
21岁	1285	613	672	1074	528	546	211	85	126
22岁	1402	702	700	1200	639	561	202	63	139
23岁	1679	850	829	1462	789	673	217	61	156
24岁	1640	773	867	1427	721	706	213	52	161
25-29	**6666**	**3371**	**3295**	**6114**	**3268**	**2846**	**552**	**103**	**449**
25岁	1466	765	701	1326	734	592	140	31	109
26岁	1474	734	740	1352	710	642	122	24	98
27岁	1347	661	686	1237	646	591	110	15	95
28岁	1217	623	594	1122	605	517	95	18	77
29岁	1162	588	574	1077	573	504	85	15	70
30-34	**7124**	**3531**	**3593**	**6622**	**3437**	**3185**	**502**	**94**	**408**
30岁	1159	584	575	1088	572	516	71	12	59
31岁	1172	568	604	1088	551	537	84	17	67
32岁	1407	703	704	1306	688	618	101	15	86
33岁	1595	781	814	1468	749	719	127	32	95
34岁	1791	895	896	1672	877	795	119	18	101
35-39	**9388**	**4698**	**4690**	**8772**	**4544**	**4228**	**616**	**154**	**462**
35岁	1911	967	944	1785	936	849	126	31	95
36岁	1882	919	963	1757	890	867	125	29	96
37岁	1959	970	989	1828	936	892	131	34	97
38岁	1739	882	857	1616	858	758	123	24	99
39岁	1897	960	937	1786	924	862	111	36	75

1－10 续表

单位：人

年 龄	调查人口			在业人口			不在业人口		
	合计	男	女	小计	男	女	小计	男	女
40-44	**9437**	**4712**	**4725**	**8780**	**4527**	**4253**	**657**	**185**	**472**
40岁	1935	962	973	1809	922	887	126	40	86
41岁	1897	957	940	1771	921	850	126	36	90
42岁	2442	1216	1226	2269	1164	1105	173	52	121
43岁	2073	1049	1024	1924	1015	909	149	34	115
44岁	1090	528	562	1007	505	502	83	23	60
45-49	**8004**	**4028**	**3976**	**7177**	**3828**	**3349**	**827**	**200**	**627**
45岁	1287	642	645	1183	609	574	104	33	71
46岁	1485	786	699	1345	758	587	140	28	112
47岁	1587	807	780	1428	759	669	159	48	111
48岁	1869	918	951	1654	867	787	215	51	164
49岁	1776	875	901	1567	835	732	209	40	169
50-54	**8731**	**4389**	**4342**	**7127**	**3964**	**3163**	**1604**	**425**	**1179**
50岁	1898	939	959	1630	891	739	268	48	220
51岁	1730	893	837	1445	815	630	285	78	207
52岁	1820	894	926	1475	812	663	345	82	263
53岁	1684	857	827	1344	751	593	340	106	234
54岁	1599	806	793	1233	695	538	366	111	255
55-59	**6347**	**3240**	**3107**	**4427**	**2597**	**1830**	**1920**	**643**	**1277**
55岁	1547	794	753	1140	660	480	407	134	273
56岁	1394	728	666	1026	611	415	368	117	251
57岁	1148	584	564	776	456	320	372	128	244
58岁	1167	581	586	794	457	337	373	124	249
59岁	1091	553	538	691	413	278	400	140	260
60-64	**4208**	**2103**	**2105**	**2115**	**1316**	**799**	**2093**	**787**	**1306**
60岁	1180	589	591	692	415	277	488	174	314
61岁	807	404	403	435	260	175	372	144	228
62岁	725	359	366	363	232	131	362	127	235
63岁	773	384	389	340	222	118	433	162	271
64岁	723	367	356	285	187	98	438	180	258
65+	**9727**	**4577**	**5150**	**1582**	**1168**	**414**	**8145**	**3409**	**4736**

1－11 人口分年龄、性别的职业状况

单位：人

年龄	在业人口			国家机关、党群组织、企业、事业单位负责人			专业技术人员			办事人员和有关人员		
	合计	男	女	小计	男	女	小计	男	女	小计	男	女
总 计	**63285**	**34242**	**29043**	**628**	**520**	**108**	**2388**	**989**	**1399**	**1875**	**1386**	**489**
15-19	4307	2360	1947	1	1		53	11	42	94	71	23
20-24	6262	3233	3029	11	7	4	277	88	189	184	113	71
25-29	6114	3268	2846	41	30	11	447	153	294	246	151	95
30-34	6622	3437	3185	71	58	13	356	108	248	251	168	83
35-39	8772	4544	4228	80	59	21	359	117	242	210	159	51
40-44	8780	4527	4253	120	98	22	316	151	165	240	168	72
45-49	7177	3828	3349	98	84	14	224	108	116	237	178	59
50-54	7127	3964	3163	107	91	16	204	114	90	231	203	28
55-59	4427	2597	1830	76	72	4	95	87	8	115	110	5
60-64	2115	1316	799	15	13	2	28	25	3	48	46	2
65+	1582	1168	414	8	7	1	29	27	2	19	19	

1－11 续表

单位：人

年龄	商业、服务业人员			农、林、牧、渔、水利业生产人员			生产、运输设备操作人员及有关人员			不便分类的其他从业人员		
	小计	男	女	小计	男	女	小计	男	女	小计	男	女
总 计	**5720**	**2875**	**2845**	**39388**	**18273**	**21115**	**13267**	**10184**	**3083**	**19**	**15**	**4**
15-19	661	256	405	1723	916	807	1769	1102	667	6	3	3
20-24	886	369	517	2981	1213	1768	1921	1441	480	2	2	
25-29	808	388	420	2919	1232	1687	1652	1313	339	1	1	
30-34	735	339	396	3542	1496	2046	1662	1264	398	5	4	1
35-39	800	403	397	5302	2269	3033	2021	1537	484			
40-44	690	347	343	5697	2436	3261	1716	1326	390	1	1	
45-49	493	290	203	4928	2189	2739	1195	977	218	2	2	
50-54	362	250	112	5336	2499	2837	886	806	80	1	1	
55-59	163	134	29	3647	1878	1769	330	315	15	1	1	
60-64	68	53	15	1871	1101	770	85	78	7			
65+	54	46	8	1442	1044	398	30	25	5			

1－12 人口分性别、受教育程度的职业状况

单位：人

受教育程度	在业人口			国家机关、党群组织、企业、事业单位负责人			专业技术人员			办事人员和有关人员		
	合计	男	女	小计	男	女	小计	男	女	小计	男	女
总 计	**63285**	**34242**	**29043**	**628**	**520**	**108**	**2388**	**989**	**1399**	**1875**	**1386**	**489**
不识字	4177	1132	3045	1		1	1		1	10	9	1
未上过学	172	72	100	1	1					1	1	
小 学	16237	8057	8180	64	54	10	47	31	16	94	85	9
初 中	32210	18800	13410	204	168	36	378	189	189	529	436	93
高 中	6259	3933	2326	149	126	23	365	178	187	382	295	87
中 专	1759	920	839	48	37	11	502	174	328	233	144	89
大学专科	1611	846	765	90	74	16	659	235	424	401	255	146
大学本科	838	470	368	69	58	11	421	176	245	221	157	64
研究生	22	12	10	2	2		15	6	9	4	4	

1－12 续表

单位：人

受教育程度	商业、服务业人员			农、林、牧、渔、水利业生产人员			生产、运输设备操作人员及有关人员			不便分类的其他从业人员		
	小计	男	女	小计	男	女	小计	男	女	小计	男	女
总 计	**5720**	**2875**	**2845**	**39388**	**18273**	**21115**	**13267**	**10184**	**3083**	**19**	**15**	**4**
不识字	75	37	38	3935	968	2967	155	118	37			
未上过学	7	3	4	147	55	92	16	12	4			
小 学	732	412	320	13292	5874	7418	2005	1598	407	3	3	
初 中	3272	1643	1629	19289	9806	9483	8526	6550	1976	12	8	4
高 中	999	492	507	2561	1487	1074	1802	1354	448	1	1	
中 专	363	141	222	127	65	62	485	358	127	1	1	
大学专科	207	108	99	34	16	18	218	156	62	2	2	
大学本科	64	39	25	3	2	1	60	38	22			
研究生	1		1									

1－13 分年龄、性别的未工作人口

单位：人

年龄	未工作人口			在校学生		
	合计	男	女	小计	男	女
总　计	**23610**	**9144**	**14466**	**5343**	**2650**	**2693**
15-19	**5553**	**2755**	**2798**	**4979**	**2463**	**2516**
15岁	1643	827	816	1550	778	772
16岁	1285	635	650	1177	589	588
17岁	1132	545	587	1006	481	525
18岁	922	452	470	796	389	407
19岁	571	296	275	450	226	224
20-24	**1141**	**389**	**752**	**350**	**178**	**172**
20岁	298	128	170	185	91	94
21岁	211	85	126	82	41	41
22岁	202	63	139	30	16	14
23岁	217	61	156	33	18	15
24岁	213	52	161	20	12	8
25-29	**552**	**103**	**449**	**11**	**7**	**4**
25岁	140	31	109	3	3	
26岁	122	24	98	4	2	2
27岁	110	15	95	3	1	2
28岁	95	18	77	1	1	
29岁	85	15	70			
30-34	**502**	**94**	**408**	**1**	**1**	
30岁	71	12	59			
31岁	84	17	67			
32岁	101	15	86	1	1	
33岁	127	32	95			
34岁	119	18	101			

1－13 续表 1

单位：人

年龄	未工作人口			在校学生		
	合计	男	女	小计	男	女
35-39	**616**	**154**	**462**	**1**	**1**	
35岁	126	31	95	1	1	
36岁	125	29	96			
37岁	131	34	97			
38岁	123	24	99			
39岁	111	36	75			
40-44	**657**	**185**	**472**			
40岁	126	40	86			
41岁	126	36	90			
42岁	173	52	121			
43岁	149	34	115			
44岁	83	23	60			
45-49	**827**	**200**	**627**			
45岁	104	33	71			
46岁	140	28	112			
47岁	159	48	111			
48岁	215	51	164			
49岁	209	40	169			
50-54	**1604**	**425**	**1179**	**1**		**1**
50岁	268	48	220			
51岁	285	78	207			
52岁	345	82	263	1		1
53岁	340	106	234			
54岁	366	111	255			
55-59	**1920**	**643**	**1277**			
55岁	407	134	273			
56岁	368	117	251			
57岁	372	128	244			
58岁	373	124	249			
59岁	400	140	260			

1－13 续表 2

单位：人

年 龄	未工作人口			在校学生		
	合计	男	女	小计	男	女
60-64	**2093**	**787**	**1306**			
60岁	488	174	314			
61岁	372	144	228			
62岁	362	127	235			
63岁	433	162	271			
64岁	438	180	258			
65-69	**2562**	**1058**	**1504**			
65岁	441	173	268			
66岁	493	198	295			
67岁	498	210	288			
68岁	582	236	346			
69岁	548	241	307			
70-74	**2656**	**1153**	**1503**			
70岁	611	263	348			
71岁	572	255	317			
72岁	530	236	294			
73岁	493	224	269			
74岁	450	175	275			
75-79	**1701**	**727**	**974**			
75岁	452	197	255			
76岁	373	144	229			
77岁	304	142	162			
78岁	323	132	191			
79岁	249	112	137			
80-84	**867**	**353**	**514**			
80岁	259	107	152			
81岁	211	84	127			
82岁	168	66	102			
83岁	138	53	85			
84岁	91	43	48			
85+	**359**	**118**	**241**			

1－13 续表 3

单位：人

年龄	离退休			料理家务		
	小计	男	女	小计	男	女
总 计	**4449**	**2422**	**2027**	**6082**	**515**	**5567**
15－19				**71**	**8**	**63**
15岁				11	2	9
16岁				11	1	10
17岁				16	1	15
18岁				17	2	15
19岁				16	2	14
20－24				**385**	**8**	**377**
20岁				34	1	33
21岁				50	1	49
22岁				92	2	90
23岁				104	3	101
24岁				105	1	104
25－29				**335**	**3**	**332**
25岁				83	2	81
26岁				72		72
27岁				71		71
28岁				54	1	53
29岁				55		55
30－34				**302**	**4**	**298**
30岁				43		43
31岁				51		51
32岁				70	2	68
33岁				67	1	66
34岁				71	1	70

1-13 续表 4

单位：人

年 龄	离退休			料理家务		
	小计	男	女	小计	男	女
35-39	**1**		**1**	**346**	**14**	**332**
35岁				77	5	72
36岁				67	1	66
37岁	1		1	72	3	69
38岁				74	2	72
39岁				56	3	53
40-44	**23**	**6**	**17**	**317**	**9**	**308**
40岁				57	1	56
41岁	3	1	2	65	1	64
42岁	5	1	4	80	4	76
43岁	10	4	6	74	1	73
44岁	5		5	41	2	39
45-49	**148**	**17**	**131**	**339**	**15**	**324**
45岁	11	1	10	45	1	44
46岁	21	3	18	62	3	59
47岁	22	2	20	58	2	56
48岁	44	5	39	93	5	88
49岁	50	6	44	81	4	77
50-54	**666**	**173**	**493**	**580**	**23**	**557**
50岁	92	10	82	106	1	105
51岁	136	37	99	89	1	88
52岁	154	38	116	127	3	124
53岁	138	41	97	118	8	110
54岁	146	47	99	140	10	130
55-59	**755**	**348**	**407**	**706**	**52**	**654**
55岁	158	62	96	143	5	138
56岁	161	71	90	128	7	121
57岁	144	68	76	138	13	125
58岁	138	65	73	146	10	136
59岁	154	82	72	151	17	134

1－13 续表 5

单位：人

年 龄	离 退 休			料理家务		
	小计	男	女	小计	男	女
60-64	**790**	**484**	**306**	**773**	**74**	**699**
60岁	174	106	68	202	21	181
61岁	118	77	41	155	18	137
62岁	142	82	60	121	6	115
63岁	174	107	67	158	13	145
64岁	182	112	70	137	16	121
65-69	**975**	**609**	**366**	**771**	**96**	**675**
65岁	181	110	71	145	15	130
66岁	198	117	81	149	16	133
67岁	190	121	69	149	21	128
68岁	208	134	74	179	18	161
69岁	198	127	71	149	26	123
70-74	**685**	**467**	**218**	**671**	**113**	**558**
70岁	186	129	57	155	23	132
71岁	159	102	57	153	27	126
72岁	145	94	51	136	27	109
73岁	112	85	27	122	20	102
74岁	83	57	26	105	16	89
75-79	**270**	**215**	**55**	**354**	**72**	**282**
75岁	72	58	14	102	26	76
76岁	63	49	14	97	18	79
77岁	42	32	10	61	12	49
78岁	55	40	15	54	10	44
79岁	38	36	2	40	6	34
80-84	**110**	**83**	**27**	**105**	**20**	**85**
80岁	40	32	8	38	6	32
81岁	22	19	3	35	6	29
82岁	22	13	9	13	5	8
83岁	15	10	5	14	3	11
84岁	11	9	2	5		5
85+	**26**	**20**	**6**	**27**	**4**	**23**

1－13 续表 6

单位：人

年龄	丧失劳动能力			毕业后未工作		
	小计	男	女	小计	男	女
总　计	**5921**	**2599**	**3322**	**688**	**360**	**328**
15-19	**69**	**38**	**31**	**365**	**200**	**165**
15岁	6	3	3	57	30	27
16岁	17	4	13	61	31	30
17岁	12	6	6	87	52	35
18岁	17	10	7	83	43	40
19岁	17	15	2	77	44	33
20-24	**86**	**47**	**39**	**240**	**122**	**118**
20岁	14	6	8	45	22	23
21岁	10	5	5	61	35	26
22岁	19	12	7	45	24	21
23岁	15	9	6	45	23	22
24岁	28	15	13	44	18	26
25-29	**61**	**33**	**28**	**59**	**31**	**28**
25岁	15	10	5	19	12	7
26岁	10	5	5	16	9	7
27岁	14	6	8	5		5
28岁	9	5	4	12	6	6
29岁	13	7	6	7	4	3
30-34	**78**	**44**	**34**	**16**	**4**	**12**
30岁	9	3	6	5	2	3
31岁	16	11	5	3	1	2
32岁	7	3	4	2	1	1
33岁	26	17	9	5		5
34岁	20	10	10	1		1

1－13 续表 7

单位：人

年龄	丧失劳动能力			毕业后未工作		
	小计	男	女	小计	男	女
35-39	**126**	**77**	**49**	**2**	**1**	**1**
35岁	22	13	9			
36岁	26	15	11			
37岁	23	15	8	1		1
38岁	27	14	13			
39岁	28	20	8	1	1	
40-44	**150**	**82**	**68**	**1**	**1**	
40岁	31	17	14			
41岁	30	18	12			
42岁	44	24	20			
43岁	28	13	15			
44岁	17	10	7	1	1	
45-49	**136**	**88**	**48**			
45岁	21	15	6			
46岁	19	10	9			
47岁	37	25	12			
48岁	31	21	10			
49岁	28	17	11			
50-54	**231**	**126**	**105**			
50岁	36	14	22			
51岁	36	19	17			
52岁	43	23	20			
53岁	69	45	24			
54岁	47	25	22			
55-59	**369**	**164**	**205**	**1**		**1**
55岁	72	37	35			
56岁	64	25	39	1		1
57岁	76	34	42			
58岁	71	33	38			
59岁	86	35	51			

1－13 续表 8

单位：人

年龄	丧失劳动能力			毕业后未工作		
	小计	男	女	小计	男	女
60–64	**518**	**220**	**298**			
60岁	106	42	64			
61岁	98	48	50			
62岁	98	38	60			
63岁	100	42	58			
64岁	116	50	66			
65–69	**800**	**342**	**458**	**1**		**1**
65岁	109	44	65			
66岁	143	63	80			
67岁	158	68	90			
68岁	191	80	111			
69岁	199	87	112	1		1
70–74	**1286**	**562**	**724**	**1**	**1**	
70岁	266	107	159	1	1	
71岁	259	125	134			
72岁	247	114	133			
73岁	257	118	139			
74岁	257	98	159			
75–79	**1064**	**435**	**629**	**1**		**1**
75岁	275	112	163			
76岁	213	77	136			
77岁	199	96	103			
78岁	210	81	129	1		1
79岁	167	69	98			
80–84	**644**	**248**	**396**	**1**		**1**
80岁	181	69	112			
81岁	152	58	94			
82岁	132	48	84			
83岁	106	39	67			
84岁	73	34	39	1		1
85+	**303**	**93**	**210**			

1－13 续表 9

单位：人

年 龄	因单位原因失去原工作			因本人原因失去原工作		
	小计	男	女	小计	男	女
总 计	**611**	**309**	**302**	**268**	**136**	**132**
15-19				**11**	**9**	**2**
15岁						
16岁				1	1	
17岁				3	2	1
18岁				3	3	
19岁				4	3	1
20-24	**5**	**2**	**3**	**39**	**10**	**29**
20岁				13	4	9
21岁				3		3
22岁	1		1	4	1	3
23岁	3	2	1	8	2	6
24岁	1		1	11	3	8
25-29	**20**	**8**	**12**	**49**	**14**	**35**
25岁	4	1	3	14	2	12
26岁	1		1	14	5	9
27岁	3	2	1	12	5	7
28岁	6	2	4	6	1	5
29岁	6	3	3	3	1	2
30-34	**57**	**15**	**42**	**24**	**11**	**13**
30岁	6	3	3			
31岁	6		6	4	2	2
32岁	12	3	9	7	4	3
33岁	14	5	9	6	3	3
34岁	19	4	15	7	2	5

1－13 续表 10

单位：人

年 龄	因单位原因失去原工作			因本人原因失去原工作		
	小计	男	女	小计	男	女
35-39	**94**	**37**	**57**	**33**	**13**	**20**
35岁	16	8	8	7	1	6
36岁	18	6	12	11	6	5
37岁	24	9	15	7	4	3
38岁	17	5	12	2		2
39岁	19	9	10	6	2	4
40-44	**123**	**55**	**68**	**29**	**19**	**10**
40岁	29	15	14	7	5	2
41岁	22	12	10	2	1	1
42岁	31	14	17	9	5	4
43岁	26	7	19	8	6	2
44岁	15	7	8	3	2	1
45-49	**160**	**54**	**106**	**28**	**16**	**12**
45岁	18	7	11	4	4	
46岁	29	8	21	6	3	3
47岁	33	13	20	7	5	2
48岁	37	16	21	6	2	4
49岁	43	10	33	5	2	3
50-54	**86**	**74**	**12**	**25**	**21**	**4**
50岁	28	20	8	4	2	2
51岁	13	11	2	9	9	
52岁	15	15		1	1	
53岁	8	7	1	5	4	1
54岁	22	21	1	6	5	1
55-59	**59**	**57**	**2**	**20**	**16**	**4**
55岁	22	21	1	9	7	2
56岁	11	11		3	3	
57岁	8	8		4	3	1
58岁	11	11		4	3	1
59岁	7	6	1			

1－13 续表 11

单位：人

年 龄	因单位原因失去原工作			因本人原因失去原工作		
	小计	男	女	小计	男	女
60-64	**3**	**3**		**3**	**2**	**1**
60岁	3	3		2	2	
61岁						
62岁						
63岁				1		1
64岁						
65-69	**3**	**3**		**2**	**2**	
65岁	2	2				
66岁	1	1				
67岁						
68岁				1	1	
69岁				1	1	
70-74	**1**	**1**		**2**	**2**	
70岁						
71岁						
72岁						
73岁						
74岁	1	1		2	2	
75-79				**3**	**1**	**2**
75岁				1		1
76岁						
77岁				1	1	
78岁						
79岁				1		1
80-84						
80岁						
81岁						
82岁						
83岁						
84岁						
85+						

1－13 续表 12

单位：人

年 龄	承包土地被征用			其 他		
	小计	男	女	小计	男	女
总 计	**12**	**9**	**3**	**236**	**144**	**92**
15-19				**58**	**37**	**21**
15岁				19	14	5
16岁				18	9	9
17岁				8	3	5
18岁				6	5	1
19岁				7	6	1
20-24				**36**	**22**	**14**
20岁				7	4	3
21岁				5	3	2
22岁				11	8	3
23岁				9	4	5
24岁				4	3	1
25-29				**17**	**7**	**10**
25岁				2	1	1
26岁				5	3	2
27岁				2	1	1
28岁				7	2	5
29岁				1		1
30-34	**1**	**1**		**23**	**14**	**9**
30岁				8	4	4
31岁				4	3	1
32岁				2	1	1
33岁	1	1		8	5	3
34岁				1	1	

1－13 续表 13

单位：人

年 龄	承包土地被征用			其 他		
	小计	男	女	小计	男	女
35-39	**1**	**1**		**12**	**10**	**2**
35岁				3	3	
36岁				3	1	2
37岁				3	3	
38岁	1	1		2	2	
39岁				1	1	
40-44	**3**	**2**	**1**	**11**	**11**	
40岁				2	2	
41岁	1		1	3	3	
42岁	1	1		3	3	
43岁	1	1		2	2	
44岁				1	1	
45-49	**2**	**2**		**14**	**8**	**6**
45岁	1	1		4	4	
46岁				3	1	2
47岁	1	1		1		1
48岁				4	2	2
49岁				2	1	1
50-54	**1**		**1**	**14**	**8**	**6**
50岁				2	1	1
51岁				2	1	1
52岁				4	2	2
53岁	1		1	1	1	
54岁				5	3	2
55-59	**1**	**1**		**9**	**5**	**4**
55岁				3	2	1
56岁						
57岁				2	2	
58岁	1	1		2	1	1
59岁				2		2

1-13 续表 14

单位：人

年 龄	承包土地被征用			其 他		
	小计	男	女	小计	男	女
60-64	**1**	**1**		**5**	**3**	**2**
60岁				1		1
61岁	1	1				
62岁				1	1	
63岁						
64岁				3	2	1
65-69	**1**		**1**	**9**	**6**	**3**
65岁	1		1	3	2	1
66岁				2	1	1
67岁				1		1
68岁				3	3	
69岁						
70-74	**1**	**1**		**9**	**6**	**3**
70岁	1	1		2	2	
71岁				1	1	
72岁				2	1	1
73岁				2	1	1
74岁				2	1	1
75-79				**9**	**4**	**5**
75岁				2	1	1
76岁						
77岁				1	1	
78岁				3	1	2
79岁				3	1	2
80-84				**7**	**2**	**5**
80岁						
81岁				2	1	1
82岁				1		1
83岁				3	1	2
84岁				1		1
85+				**3**	**1**	**2**

1－14 分年龄、性别的未工作者主要生活来源

单位：人

年 龄	未工作人口			离退休金			领取基本生活费		
	合计	男	女	小计	男	女	小计	男	女
总 计	**23610**	**9144**	**14466**	**4435**	**2419**	**2016**	**596**	**295**	**301**
15-19	**5553**	**2755**	**2798**				**7**	**5**	**2**
15岁	1643	827	816				1	1	
16岁	1285	635	650				2	1	1
17岁	1132	545	587						
18岁	922	452	470				3	2	1
19岁	571	296	275				1	1	
20-24	**1141**	**389**	**752**				**3**	**1**	**2**
20岁	298	128	170						
21岁	211	85	126						
22岁	202	63	139				1		1
23岁	217	61	156						
24岁	213	52	161				2	1	1
25-29	**552**	**103**	**449**				**8**	**6**	**2**
25岁	140	31	109				1	1	
26岁	122	24	98				2	1	1
27岁	110	15	95				1	1	
28岁	95	18	77				2	1	1
29岁	85	15	70				2	2	
30-34	**502**	**94**	**408**				**21**	**9**	**12**
30岁	71	12	59				2	1	1
31岁	84	17	67				2	2	
32岁	101	15	86				6	2	4
33岁	127	32	95				4		4
34岁	119	18	101				7	4	3

1-14 续表 1

单位：人

年 龄	未工作人口			离退休金			领取基本生活费		
	合计	男	女	小计	男	女	小计	男	女
35-39	**616**	**154**	**462**				**50**	**24**	**26**
35岁	126	31	95				11	5	6
36岁	125	29	96				9	5	4
37岁	131	34	97				11	4	7
38岁	123	24	99				5	1	4
39岁	111	36	75				14	9	5
40-44	**657**	**185**	**472**	**23**	**6**	**17**	**84**	**43**	**41**
40岁	126	40	86				20	14	6
41岁	126	36	90	3	1	2	16	9	7
42岁	173	52	121	5	1	4	18	10	8
43岁	149	34	115	10	4	6	21	6	15
44岁	83	23	60	5		5	9	4	5
45-49	**827**	**200**	**627**	**148**	**17**	**131**	**117**	**36**	**81**
45岁	104	33	71	11	1	10	10	4	6
46岁	140	28	112	20	3	17	22	5	17
47岁	159	48	111	22	2	20	21	8	13
48岁	215	51	164	44	5	39	31	11	20
49岁	209	40	169	51	6	45	33	8	25
50-54	**1604**	**425**	**1179**	**664**	**173**	**491**	**71**	**54**	**17**
50岁	268	48	220	91	10	81	15	8	7
51岁	285	78	207	135	38	97	15	12	3
52岁	345	82	263	154	38	116	9	9	
53岁	340	106	234	139	41	98	14	10	4
54岁	366	111	255	145	46	99	18	15	3
55-59	**1920**	**643**	**1277**	**750**	**345**	**405**	**72**	**53**	**19**
55岁	407	134	273	156	61	95	28	22	6
56岁	368	117	251	160	70	90	13	10	3
57岁	372	128	244	143	67	76	13	10	3
58岁	373	124	249	138	65	73	9	7	2
59岁	400	140	260	153	82	71	9	4	5

1－14 续表 2

单位：人

年龄	未工作人口			离退休金			领取基本生活费		
	合计	男	女	小计	男	女	小计	男	女
60-64	**2093**	**787**	**1306**	**785**	**480**	**305**	**25**	**10**	**15**
60岁	488	174	314	173	105	68	5	3	2
61岁	372	144	228	118	77	41	6	2	4
62岁	362	127	235	141	82	59	5	1	4
63岁	433	162	271	174	106	68	4	1	3
64岁	438	180	258	179	110	69	5	3	2
65-69	**2562**	**1058**	**1504**	**977**	**613**	**364**	**25**	**10**	**15**
65岁	441	173	268	181	111	70	5	2	3
66岁	493	198	295	200	119	81	6	1	5
67岁	498	210	288	190	122	68	4	2	2
68岁	582	236	346	208	134	74	8	4	4
69岁	548	241	307	198	127	71	2	1	1
70-74	**2656**	**1153**	**1503**	**683**	**467**	**216**	**41**	**16**	**25**
70岁	611	263	348	184	129	55	8	3	5
71岁	572	255	317	158	101	57	10	5	5
72岁	530	236	294	145	94	51	7		7
73岁	493	224	269	113	86	27	7	2	5
74岁	450	175	275	83	57	26	9	6	3
75-79	**1701**	**727**	**974**	**269**	**215**	**54**	**43**	**18**	**25**
75岁	452	197	255	70	57	13	9	3	6
76岁	373	144	229	64	50	14	8	4	4
77岁	304	142	162	42	33	9	8	4	4
78岁	323	132	191	55	39	16	9	3	6
79岁	249	112	137	38	36	2	9	4	5
80-84	**867**	**353**	**514**	**110**	**83**	**27**	**23**	**8**	**15**
80岁	259	107	152	40	32	8	7	2	5
81岁	211	84	127	22	19	3	8	1	7
82岁	168	66	102	22	13	9	5	2	3
83岁	138	53	85	15	10	5	3	3	
84岁	91	43	48	11	9	2			
85+	**359**	**118**	**241**	**26**	**20**	**6**	**6**	**2**	**4**

1－14 续表 3

单位：人

年　龄	家庭其他成员供养			财产性收入		
	小计	男	女	小计	男	女
总　计	**18312**	**6267**	**12045**	**50**	**23**	**27**
15-19	**5543**	**2750**	**2793**	**1**		**1**
15岁	1642	826	816			
16岁	1282	634	648	1		1
17岁	1131	545	586			
18岁	919	450	469			
19岁	569	295	274			
20-24	**1129**	**382**	**747**	**1**	**1**	
20岁	298	128	170			
21岁	210	84	126			
22岁	198	61	137			
23岁	214	59	155	1	1	
24岁	209	50	159			
25-29	**536**	**92**	**444**	**2**		**2**
25岁	138	29	109			
26岁	119	22	97			
27岁	108	14	94	1		1
28岁	89	15	74	1		1
29岁	82	12	70			
30-34	**464**	**73**	**391**	**1**	**1**	
30岁	66	9	57			
31岁	80	13	67			
32岁	91	9	82			
33岁	116	29	87	1	1	
34岁	111	13	98			

1－14　续表 4

单位：人

年　龄	家庭其他成员供养			财产性收入		
	小计	男	女	小计	男	女
35-39	**541**	**112**	**429**	**6**	**4**	**2**
35岁	111	23	88	2	1	1
36岁	109	20	89	1		1
37岁	116	26	90	1	1	
38岁	113	20	93	1	1	
39岁	92	23	69	1	1	
40-44	**520**	**116**	**404**	**3**	**2**	**1**
40岁	103	24	79	1	1	
41岁	103	23	80			
42岁	139	35	104	1		1
43岁	111	18	93	1	1	
44岁	64	16	48			
45-49	**523**	**127**	**396**	**7**	**3**	**4**
45岁	75	24	51			
46岁	88	15	73	2		2
47岁	106	31	75	3	2	1
48岁	134	32	102	1	1	
49岁	120	25	95	1		1
50-54	**846**	**181**	**665**	**5**	**3**	**2**
50岁	157	27	130	1	1	
51岁	131	25	106			
52岁	178	32	146	2	1	1
53岁	182	50	132			
54岁	198	47	151	2	1	1
55-59	**1073**	**227**	**846**	**9**	**4**	**5**
55岁	219	48	171			
56岁	192	35	157	1		1
57岁	208	46	162	5	3	2
58岁	219	47	172	3	1	2
59岁	235	51	184			

1－14 续表 5

单位：人

年龄	家庭其他成员供养			财产性收入		
	小计	男	女	小计	男	女
60-64	**1269**	**287**	**982**	**5**	**3**	**2**
60岁	306	63	243	1	1	
61岁	244	62	182	2	1	1
62岁	215	44	171			
63岁	254	54	200			
64岁	250	64	186	2	1	1
65-69	**1543**	**428**	**1115**	**3**	**1**	**2**
65岁	251	59	192	1		1
66岁	284	76	208	2	1	1
67岁	302	86	216			
68岁	361	95	266			
69岁	345	112	233			
70-74	**1911**	**660**	**1251**	**4**	**1**	**3**
70岁	416	130	286			
71岁	400	148	252			
72岁	374	140	234			
73岁	365	132	233	4	1	3
74岁	356	110	246			
75-79	**1369**	**482**	**887**	**1**		**1**
75岁	366	131	235			
76岁	296	89	207	1		1
77岁	253	104	149			
78岁	259	90	169			
79岁	195	68	127			
80-84	**720**	**255**	**465**	**2**		**2**
80岁	209	72	137	1		1
81岁	178	62	116	1		1
82岁	136	48	88			
83岁	118	39	79			
84岁	79	34	45			
85+	**325**	**95**	**230**			

1－14 续表 6

单位：人

年龄	保险收入			其他		
	小计	男	女	小计	男	女
总 计	**6**	**3**	**3**	**211**	**137**	**74**
15-19				**2**		**2**
15岁						
16岁						
17岁				1		1
18岁						
19岁				1		1
20-24				**8**	**5**	**3**
20岁						
21岁				1	1	
22岁				3	2	1
23岁				2	1	1
24岁				2	1	1
25-29				**6**	**5**	**1**
25岁				1	1	
26岁				1	1	
27岁						
28岁				3	2	1
29岁				1	1	
30-34				**16**	**11**	**5**
30岁				3	2	1
31岁				2	2	
32岁				4	4	
33岁				6	2	4
34岁				1	1	

1－14 续表 7

单位：人

年龄	保险收入			其他		
	小计	男	女	小计	男	女
35－39				**19**	**14**	**5**
35岁				2	2	
36岁				6	4	2
37岁				3	3	
38岁				4	2	2
39岁				4	3	1
40－44				**27**	**18**	**9**
40岁				2	1	1
41岁				4	3	1
42岁				10	6	4
43岁				6	5	1
44岁				5	3	2
45－49	**1**	**1**		**31**	**16**	**15**
45岁				8	4	4
46岁	1	1		7	4	3
47岁				7	5	2
48岁				5	2	3
49岁				4	1	3
50－54				**18**	**14**	**4**
50岁				4	2	2
51岁				4	3	1
52岁				2	2	
53岁				5	5	
54岁				3	2	1
55－59	**1**	**1**		**15**	**13**	**2**
55岁	1	1		3	2	1
56岁				2	2	
57岁				3	2	1
58岁				4	4	
59岁				3	3	

1－14　续表 8

单位：人

年　龄	保险收入			其他		
	小计	男	女	小计	男	女
60-64	**1**		**1**	**8**	**7**	**1**
60岁				3	2	1
61岁				2	2	
62岁	1		1			
63岁				1	1	
64岁				2	2	
65-69				**14**	**6**	**8**
65岁				3	1	2
66岁				1	1	
67岁				2		2
68岁				5	3	2
69岁				3	1	2
70-74				**17**	**9**	**8**
70岁				3	1	2
71岁				4	1	3
72岁				4	2	2
73岁				4	3	1
74岁				2	2	
75-79	**1**		**1**	**18**	**12**	**6**
75岁				7	6	1
76岁				4	1	3
77岁				1	1	
78岁						
79岁	1		1	6	4	2
80-84	**2**	**1**	**1**	**10**	**6**	**4**
80岁				2	1	1
81岁	1	1		1	1	
82岁	1		1	4	3	1
83岁				2	1	1
84岁				1		1
85+				**2**	**1**	**1**

第二部分　残疾人口的基本状况

2－1 各地区分性别、残疾类别的残疾人

单位：人

地 区	残疾人			视力残疾人			听力残疾人			言语残疾人		
	合计	男	女	小计	男	女	小计	男	女	小计	男	女
总 计	**7529**	**3810**	**3719**	**788**	**300**	**488**	**1827**	**1005**	**822**	**112**	**72**	**40**
唐山市丰润区	260	133	127	40	19	21	58	30	28	2	2	
石家庄市新华区	373	153	220	51	15	36	164	75	89	2	2	
石家庄市长安区	322	163	159	23	7	16	112	66	46	1	1	
石家庄市桥东区	409	192	217	11	4	7	215	109	106	2	1	1
邯郸市复兴区	200	105	95	26	10	16	24	14	10	3		3
唐山市古冶区	181	94	87	22	10	12	51	36	15	2	1	1
任丘市	236	126	110	16	7	9	53	28	25	5	3	2
武安市	254	131	123	27	14	13	65	31	34	1	1	
辛集市	232	117	115	19	11	8	34	16	18	4	4	
深州市	184	89	95	22	9	13	28	16	12	7	3	4
三河市	260	132	128	41	15	26	49	22	27	2	2	
安国市	262	134	128	23	6	17	76	46	30	4	3	1
昌黎县	186	95	91	25	8	17	38	25	13			
永清县	280	135	145	29	9	20	66	37	29	5	1	4
定兴县	189	105	84	22	9	13	52	35	17			
无极县	172	89	83	28	8	20	50	29	21	6	4	2
望都县	225	105	120	33	5	28	33	22	11	2	2	
魏 县	222	99	123	37	11	26	33	16	17	9	6	3
威 县	268	120	148	19	7	12	81	39	42	5	5	
临西县	238	116	122	10	7	3	68	34	34	7	1	6
广平县	243	119	124	29	7	22	34	19	15	7	4	3
景 县	191	100	91	18	7	11	48	28	20	3	2	1
吴桥县	190	104	86	19	16	3	33	18	15	4	4	
南皮县	238	117	121	32	15	17	50	26	24	2		2
青龙满族自治县	266	146	120	14	7	7	78	45	33	3	2	1
隆化县	261	147	114	36	18	18	39	25	14	2	2	
涿鹿县	251	135	116	33	6	27	48	23	25	3	1	2
磁 县	287	133	154	17	5	12	46	26	20	5	3	2
平山县	234	123	111	22	10	12	41	27	14	3	3	
井陉县	200	114	86	18	6	12	7	5	2	5	4	1
张北县	215	139	76	26	12	14	53	37	16	6	5	1

2-1 续表

单位：人

地区	肢体残疾人			智力残疾人			精神残疾人			多重残疾人		
	小计	男	女	小计	男	女	小计	男	女	小计	男	女
总　计	**2427**	**1297**	**1130**	**586**	**324**	**262**	**513**	**198**	**315**	**1276**	**614**	**662**
唐山市丰润区	87	48	39	10	8	2	17	4	13	46	22	24
石家庄市新华区	43	15	28	21	12	9	20	7	13	72	27	45
石家庄市长安区	103	47	56	12	6	6	21	12	9	50	24	26
石家庄市桥东区	89	35	54	7	3	4	27	12	15	58	28	30
邯郸市复兴区	93	50	43	20	12	8	11	4	7	23	15	8
唐山市古冶区	50	20	30	12	7	5	14	8	6	30	12	18
任丘市	98	55	43	21	13	8	11	4	7	32	16	16
武安市	86	49	37	19	9	10	12	4	8	44	23	21
辛集市	87	44	43	13	8	5	13	3	10	62	31	31
深州市	90	42	48	16	9	7	11	3	8	10	7	3
三河市	88	53	35	19	9	10	18	10	8	43	21	22
安国市	45	22	23	11	7	4	15	9	6	88	41	47
昌黎县	48	28	20	22	10	12	19	4	15	34	20	14
永清县	89	48	41	18	10	8	30	6	24	43	24	19
定兴县	55	31	24	22	12	10	8	3	5	30	15	15
无极县	36	22	14	37	19	18	7	5	2	8	2	6
望都县	88	42	46	23	13	10	13	3	10	33	18	15
魏　县	54	29	25	23	14	9	17	6	11	49	17	32
威　县	67	29	38	33	12	21	12	3	9	51	25	26
临西县	64	35	29	23	6	17	21	12	9	45	21	24
广平县	72	43	29	24	16	8	15	7	8	62	23	39
景　县	65	35	30	16	8	8	15	7	8	26	13	13
吴桥县	84	39	45	15	9	6	10	4	6	25	14	11
南皮县	89	50	39	18	10	8	29	9	20	18	7	11
青龙满族自治县	87	49	38	22	16	6	13	6	7	49	21	28
隆化县	95	56	39	15	11	4	15	4	11	59	31	28
涿鹿县	104	73	31	12	3	9	22	13	9	29	16	13
磁　县	99	44	55	20	13	7	31	8	23	69	34	35
平山县	86	43	43	24	16	8	21	4	17	37	20	17
井陉县	121	71	50	24	16	8	10	5	5	15	7	8
张北县	65	50	15	14	7	7	15	9	6	36	19	17

2－2 分年龄、性别、残疾类别的残疾人

单位：人

年龄	残疾人			视力残疾人			听力残疾人			言语残疾人		
	合计	男	女	小计	男	女	小计	男	女	小计	男	女
总 计	**7529**	**3810**	**3719**	**788**	**300**	**488**	**1827**	**1005**	**822**	**112**	**72**	**40**
0–4	**125**	**82**	**43**	**5**	**1**	**4**				**9**	**7**	**2**
0岁	16	8	8									
1岁	25	17	8									
2岁	23	15	8	1		1						
3岁	34	25	9							9	7	2
4岁	27	17	10	4	1	3						
5–9	**92**	**50**	**42**	**9**	**5**	**4**	**5**	**2**	**3**	**3**	**2**	**1**
5岁	30	14	16	3	1	2				1		1
6岁	14	9	5	2	1	1						
7岁	19	14	5	3	2	1	1	1				
8岁	10	7	3	1	1		1		1	2	2	
9岁	19	6	13				3	1	2			
10–14	**116**	**71**	**45**	**4**	**2**	**2**	**6**	**3**	**3**	**6**	**5**	**1**
10岁	14	9	5									
11岁	20	11	9									
12岁	21	18	3				1		1	3	2	1
13岁	27	13	14	2	1	1						
14岁	34	20	14	2	1	1	5	3	2	3	3	
15–19	**152**	**77**	**75**	**7**	**4**	**3**	**7**	**2**	**5**	**3**	**1**	**2**
15岁	21	5	16	1		1						
16岁	34	12	22	1		1	3		3			
17岁	34	18	16	3	2	1	3	2	1	1	1	
18岁	31	16	15	1	1		1		1	1		1
19岁	32	26	6	1	1					1		1
20–24	**180**	**92**	**88**	**13**	**8**	**5**	**9**	**3**	**6**	**3**	**1**	**2**
20岁	31	13	18	3	2	1	2		2			
21岁	25	11	14	1		1	1	1				
22岁	40	21	19	3	3		3		3	1		1
23岁	34	23	11	3	2	1				1	1	
24岁	50	24	26	3	1	2	3	2	1	1		1
25–29	**155**	**86**	**69**	**5**	**4**	**1**	**3**	**1**	**2**	**10**	**4**	**6**
25岁	40	22	18	2	1	1	1	1		4	2	2
26岁	29	17	12	2	2		1		1	2	1	1
27岁	32	17	15				1		1	1		1

2-2 续表 1

单位：人

年 龄	残疾人			视力残疾人			听力残疾人			言语残疾人		
	合计	男	女	小计	男	女	小计	男	女	小计	男	女
28岁	24	12	12							1		1
29岁	30	18	12	1	1					2	1	1
30-34	**260**	**144**	**116**	**14**	**9**	**5**	**11**	**6**	**5**	**3**	**2**	**1**
30岁	37	21	16	2	2		1	1		1		1
31岁	41	21	20	1		1	1		1			
32岁	43	25	18	5	4	1	1	1				
33岁	73	43	30	4	2	2	3		3	1	1	
34岁	66	34	32	2	1	1	5	4	1	1	1	
35-39	**372**	**205**	**167**	**20**	**12**	**8**	**21**	**8**	**13**	**3**	**3**	
35岁	75	43	32	3	2	1	7	3	4	1	1	
36岁	75	43	32	6	2	4	5	1	4	2	2	
37岁	82	46	36	3	2	1	4	2	2			
38岁	67	34	33	2	2		3	1	2			
39岁	73	39	34	6	4	2	2	1	1			
40-44	**423**	**236**	**187**	**23**	**14**	**9**	**39**	**22**	**17**	**10**	**7**	**3**
40岁	91	51	40	5	1	4	5	4	1	2	1	1
41岁	91	56	35	2	1	1	11	7	4	1	1	
42岁	100	54	46	9	7	2	10	4	6	2	2	
43岁	94	52	42	6	5	1	9	5	4	5	3	2
44岁	47	23	24	1		1	4	2	2			
45-49	**433**	**251**	**182**	**37**	**19**	**18**	**61**	**32**	**29**	**7**	**6**	**1**
45岁	55	29	26	5	2	3	9	4	5	1	1	
46岁	83	50	33	5	2	3	10	5	5	3	3	
47岁	109	63	46	10	4	6	14	6	8	3	2	1
48岁	96	56	40	10	5	5	18	9	9			
49岁	90	53	37	7	6	1	10	8	2			
50-54	**593**	**309**	**284**	**58**	**21**	**37**	**105**	**54**	**51**	**13**	**9**	**4**
50岁	96	45	51	8	1	7	17	8	9	1	1	
51岁	111	61	50	11	5	6	19	12	7	2	1	1
52岁	129	57	72	14	4	10	21	7	14	4	2	2
53岁	133	78	55	13	6	7	22	12	10	1	1	
54岁	124	68	56	12	5	7	26	15	11	5	4	1
55-59	**694**	**344**	**350**	**69**	**32**	**37**	**157**	**93**	**64**	**11**	**7**	**4**
55岁	146	75	71	17	8	9	23	13	10	4	2	2
56岁	154	70	84	15	6	9	40	20	20			

2-2 续表 2

单位：人

年龄	残疾人			视力残疾人			听力残疾人			言语残疾人		
	合计	男	女	小计	男	女	小计	男	女	小计	男	女
57岁	122	59	63	11	6	5	26	14	12	4	4	
58岁	136	64	72	15	5	10	31	21	10	2		2
59岁	136	76	60	11	7	4	37	25	12	1	1	
60-64	**612**	**317**	**295**	**90**	**36**	**54**	**155**	**83**	**72**	**11**	**10**	**1**
60岁	141	71	70	30	12	18	32	14	18	1	1	
61岁	109	60	49	16	5	11	22	14	8	5	4	1
62岁	114	55	59	11	4	7	30	13	17	2	2	
63岁	124	71	53	20	9	11	33	23	10	3	3	
64岁	124	60	64	13	6	7	38	19	19			
65-69	**822**	**417**	**405**	**94**	**38**	**56**	**280**	**167**	**113**	**9**	**4**	**5**
65岁	123	70	53	14	6	8	33	26	7	1		1
66岁	155	81	74	18	7	11	50	32	18	1		1
67岁	152	81	71	18	7	11	54	32	22	1		1
68岁	200	95	105	23	11	12	79	40	39	5	3	2
69岁	192	90	102	21	7	14	64	37	27	1	1	
70-74	**1013**	**495**	**518**	**152**	**46**	**106**	**386**	**223**	**163**	**6**	**4**	**2**
70岁	216	112	104	29	12	17	81	53	28			
71岁	188	93	95	24	4	20	78	43	35	2	2	
72岁	209	101	108	31	8	23	72	39	33	3	2	1
73岁	197	107	90	32	14	18	74	51	23			
74岁	203	82	121	36	8	28	81	37	44	1		1
75-79	**814**	**367**	**447**	**122**	**36**	**86**	**313**	**175**	**138**	**4**		**4**
75岁	194	96	98	34	15	19	76	50	26			
76岁	175	71	104	28	5	23	83	40	43	2		2
77岁	151	74	77	21	7	14	59	32	27			
78岁	163	69	94	23	4	19	48	28	20	1		1
79岁	131	57	74	16	5	11	47	25	22	1		1
80-84	**473**	**198**	**275**	**47**	**9**	**38**	**195**	**102**	**93**	**1**		**1**
80岁	121	51	70	11	3	8	57	30	27			
81岁	118	50	68	16	3	13	46	22	24	1		1
82岁	93	37	56	11	1	10	33	19	14			
83岁	89	34	55	5	1	4	38	18	20			
84岁	52	26	26	4	1	3	21	13	8			
85+	**200**	**69**	**131**	**19**	**4**	**15**	**74**	**29**	**45**			

2-2 续表 3

单位：人

年龄	肢体残疾人			智力残疾人			精神残疾人			多重残疾人		
	小计	男	女	小计	男	女	小计	男	女	小计	男	女
总　计	**2427**	**1297**	**1130**	**586**	**324**	**262**	**513**	**198**	**315**	**1276**	**614**	**662**
0-4	**6**	**4**	**2**	**86**	**58**	**28**	**2**	**2**		**17**	**10**	**7**
0岁				15	8	7				1		1
1岁				23	16	7				2	1	1
2岁	2	1	1	18	12	6	1	1		1	1	
3岁	2	2		18	12	6	1	1		4	3	1
4岁	2	1	1	12	10	2				9	5	4
5-9	**11**	**6**	**5**	**40**	**23**	**17**	**1**		**1**	**23**	**12**	**11**
5岁	1		1	16	9	7				9	4	5
6岁	2	1	1	8	5	3				2	2	
7岁	3	3		7	5	2				5	3	2
8岁	1	1		2	1	1				3	2	1
9岁	4	1	3	7	3	4	1		1	4	1	3
10-14	**21**	**19**	**2**	**46**	**25**	**21**	**4**	**2**	**2**	**29**	**15**	**14**
10岁	3	3		5	3	2				6	3	3
11岁	5	3	2	9	5	4	1		1	5	3	2
12岁	5	5		9	9					3	2	1
13岁	2	2		13	4	9	1	1		9	5	4
14岁	6	6		10	4	6	2	1	1	6	2	4
15-19	**39**	**20**	**19**	**50**	**29**	**21**	**8**	**2**	**6**	**38**	**19**	**19**
15岁	4	2	2	10	2	8	1		1	5	1	4
16岁	7	4	3	9	4	5	2		2	12	4	8
17岁	11	3	8	8	4	4	1		1	7	6	1
18岁	8	4	4	11	8	3	2	1	1	7	2	5
19岁	9	7	2	12	11	1	2	1	1	7	6	1
20-24	**47**	**23**	**24**	**38**	**20**	**18**	**21**	**13**	**8**	**49**	**24**	**25**
20岁	8	2	6	6	2	4	2	2		10	5	5
21岁	7	2	5	7	3	4	2	2		7	3	4
22岁	10	5	5	7	3	4	4	2	2	12	8	4
23岁	11	8	3	6	5	1	4	3	1	9	4	5
24岁	11	6	5	12	7	5	9	4	5	11	4	7
25-29	**42**	**25**	**17**	**33**	**17**	**16**	**21**	**10**	**11**	**41**	**25**	**16**
25岁	11	7	4	7	4	3	2	1	1	13	6	7
26岁	5	4	1	6	3	3	5	2	3	8	5	3
27岁	10	6	4	7	4	3	4	1	3	9	6	3

2-2 续表 4

单位：人

年龄	肢体残疾人			智力残疾人			精神残疾人			多重残疾人		
	小计	男	女	小计	男	女	小计	男	女	小计	男	女
28岁	11	6	5	7	3	4	3	2	1	2	1	1
29岁	5	2	3	6	3	3	7	4	3	9	7	2
30-34	**118**	**76**	**42**	**38**	**18**	**20**	**43**	**16**	**27**	**33**	**17**	**16**
30岁	18	13	5	6	1	5	4	1	3	5	3	2
31岁	22	11	11	3	2	1	8	4	4	6	4	2
32岁	22	14	8	7	4	3	6	1	5	2	1	1
33岁	32	23	9	12	7	5	12	5	7	9	5	4
34岁	24	15	9	10	4	6	13	5	8	11	4	7
35-39	**161**	**103**	**58**	**52**	**25**	**27**	**59**	**20**	**39**	**56**	**34**	**22**
35岁	26	20	6	11	5	6	16	5	11	11	7	4
36岁	32	23	9	7	1	6	8	5	3	15	9	6
37岁	40	22	18	13	8	5	12	4	8	10	8	2
38岁	34	18	16	12	5	7	8	4	4	8	4	4
39岁	29	20	9	9	6	3	15	2	13	12	6	6
40-44	**194**	**116**	**78**	**38**	**20**	**18**	**70**	**30**	**40**	**49**	**27**	**22**
40岁	36	24	12	13	7	6	19	7	12	11	7	4
41岁	45	30	15	9	5	4	13	5	8	10	7	3
42岁	44	21	23	8	5	3	15	8	7	12	7	5
43岁	44	25	19	4	2	2	17	8	9	9	4	5
44岁	25	16	9	4	1	3	6	2	4	7	2	5
45-49	**194**	**124**	**70**	**38**	**21**	**17**	**49**	**18**	**31**	**47**	**31**	**16**
45岁	23	16	7	6	2	4	7	1	6	4	3	1
46岁	47	31	16	5	3	2	3	1	2	10	5	5
47岁	41	27	14	10	7	3	18	7	11	13	10	3
48岁	46	32	14	7	4	3	7	2	5	8	4	4
49岁	37	18	19	10	5	5	14	7	7	12	9	3
50-54	**243**	**137**	**106**	**35**	**22**	**13**	**59**	**27**	**32**	**80**	**39**	**41**
50岁	43	20	23	7	6	1	6	2	4	14	7	7
51岁	41	26	15	3	1	2	16	7	9	19	9	10
52岁	53	30	23	9	3	6	13	4	9	15	7	8
53岁	64	35	29	8	8		11	7	4	14	9	5
54岁	42	26	16	8	4	4	13	7	6	18	7	11
55-59	**266**	**140**	**126**	**27**	**15**	**12**	**63**	**17**	**46**	**101**	**40**	**61**
55岁	56	33	23	6	3	3	14	4	10	26	12	14
56岁	64	34	30	4	1	3	14	3	11	17	6	11

2-2 续表 5

单位：人

年龄	肢体残疾人			智力残疾人			精神残疾人			多重残疾人		
	小计	男	女	小计	男	女	小计	男	女	小计	男	女
57岁	45	21	24	6	5	1	11	1	10	19	8	11
58岁	52	27	25	8	3	5	12	5	7	16	3	13
59岁	49	25	24	3	3		12	4	8	23	11	12
60-64	**212**	**110**	**102**	**21**	**12**	**9**	**30**	**9**	**21**	**93**	**57**	**36**
60岁	43	30	13	6	2	4	10	2	8	19	10	9
61岁	33	15	18	6	5	1	4		4	23	17	6
62岁	49	24	25	5	1	4	5	2	3	12	9	3
63岁	43	20	23	1	1		4	2	2	20	13	7
64岁	44	21	23	3	3		7	3	4	19	8	11
65-69	**273**	**130**	**143**	**17**	**9**	**8**	**28**	**10**	**18**	**121**	**59**	**62**
65岁	38	23	15	3	1	2	7	2	5	27	12	15
66岁	52	22	30	5	3	2	8	4	4	21	13	8
67岁	53	29	24	3	1	2	1		1	22	12	10
68岁	62	29	33	1	1		9	3	6	21	8	13
69岁	68	27	41	5	3	2	3	1	2	30	14	16
70-74	**263**	**131**	**132**	**13**	**5**	**8**	**27**	**11**	**16**	**166**	**75**	**91**
70岁	57	31	26	5	2	3	9	2	7	35	12	23
71岁	49	29	20	1		1	3	1	2	31	14	17
72岁	53	28	25	3	1	2	3	2	1	44	21	23
73岁	58	25	33	3	2	1	9	4	5	21	11	10
74岁	46	18	28	1		1	3	2	1	35	17	18
75-79	**195**	**82**	**113**	**11**	**5**	**6**	**11**	**3**	**8**	**158**	**66**	**92**
75岁	48	16	32	4	3	1	3		3	29	12	17
76岁	27	12	15	2		2	2	2		31	12	19
77岁	43	22	21	1	1		2	1	1	25	11	14
78岁	39	14	25	2		2	2		2	48	23	25
79岁	38	18	20	2	1	1	2		2	25	8	17
80-84	**110**	**41**	**69**	**3**		**3**	**13**	**6**	**7**	**104**	**40**	**64**
80岁	25	7	18	1		1	5	2	3	22	9	13
81岁	25	10	15				4	3	1	26	12	14
82岁	23	9	14	2		2	2	1	1	22	7	15
83岁	21	9	12							25	6	19
84岁	16	6	10				2		2	9	6	3
85+	**32**	**10**	**22**				**4**	**2**	**2**	**71**	**24**	**47**

2－2a 城镇分年龄、性别、残疾类别的残疾人

单位：人

年龄	残疾人			视力残疾人			听力残疾人			言语残疾人		
	合计	男	女	小计	男	女	小计	男	女	小计	男	女
总计	**1381**	**657**	**724**	**120**	**37**	**83**	**546**	**288**	**258**	**9**	**5**	**4**
0-4	**13**	**10**	**3**	**2**	**1**	**1**						
0岁	1		1									
1岁	3	2	1									
2岁	3	3										
3岁	2	2										
4岁	4	3	1	2	1	1						
5-9	**10**	**3**	**7**	**4**	**2**	**2**						
5岁	4		4	1		1						
6岁	3	2	1	1	1							
7岁	2		2	1		1						
8岁	1	1		1	1							
9岁												
10-14	**10**	**5**	**5**				**1**		**1**			
10岁	1	1										
11岁	2		2									
12岁	4	3	1				1		1			
13岁	3	1	2									
14岁												
15-19	**14**	**7**	**7**	**2**	**1**	**1**						
15岁	1		1	1		1						
16岁	4		4									
17岁	3	2	1	1	1							
18岁	2	1	1									
19岁	4	4										
20-24	**15**	**8**	**7**							**1**		**1**
20岁	3	2	1									
21岁	1	1										
22岁	1		1							1		1
23岁	5	4	1									
24岁	5	1	4									
25-29	**21**	**15**	**6**									
25岁	8	6	2									
26岁	2	2										
27岁	2	1	1									

2－2a 续表 1

单位：人

年龄	残疾人			视力残疾人			听力残疾人			言语残疾人		
	合计	男	女	小计	男	女	小计	男	女	小计	男	女
28岁	3	2	1									
29岁	6	4	2									
30－34	**29**	**10**	**19**	**4**	**2**	**2**	**1**		**1**			
30岁	6	3	3	1	1							
31岁	4	2	2									
32岁	6	2	4	1	1							
33岁	7	1	6	2		2	1		1			
34岁	6	2	4									
35－39	**52**	**28**	**24**	**1**		**1**	**8**	**3**	**5**			
35岁	9	5	4				1		1			
36岁	14	5	9	1		1	3	1	2			
37岁	16	10	6				2	1	1			
38岁	7	5	2				1	1				
39岁	6	3	3				1		1			
40－44	**58**	**29**	**29**	**4**	**4**		**8**	**2**	**6**			
40岁	11	6	5									
41岁	10	7	3	1	1		1	1				
42岁	15	6	9	2	2		2		2			
43岁	13	5	8	1	1		3		3			
44岁	9	5	4				2	1	1			
45－49	**74**	**41**	**33**	**6**	**3**	**3**	**13**	**7**	**6**			
45岁	15	8	7	2		2	6	3	3			
46岁	10	6	4				1		1			
47岁	15	8	7	1	1		2		2			
48岁	19	11	8	2	1	1	2	2				
49岁	15	8	7	1	1		2	2				
50－54	**94**	**48**	**46**	**7**	**2**	**5**	**24**	**11**	**13**			
50岁	13	8	5				4	2	2			
51岁	20	9	11	2		2	4	2	2			
52岁	16	5	11	2	1	1	3	1	2			
53岁	19	9	10	1		1	7	3	4			
54岁	26	17	9	2	1	1	6	3	3			
55－59	**113**	**56**	**57**	**12**	**6**	**6**	**49**	**25**	**24**	**3**	**2**	**1**
55岁	25	15	10	4	2	2	11	9	2			
56岁	26	11	15				10	3	7			

2－2a 续表 2

单位：人

年　龄	残疾人			视力残疾人			听力残疾人			言语残疾人		
	合计	男	女	小计	男	女	小计	男	女	小计	男	女
57岁	17	5	12	2		2	5	1	4	1	1	
58岁	27	14	13	4	3	1	12	6	6	1		1
59岁	18	11	7	2	1	1	11	6	5	1	1	
60-64	**101**	**44**	**57**	**10**	**2**	**8**	**42**	**21**	**21**	**2**	**2**	
60岁	18	5	13	2	1	1	11	3	8			
61岁	19	11	8	1		1	5	3	2	1	1	
62岁	15	4	11	3		3	6	3	3			
63岁	21	12	9	2		2	8	6	2	1	1	
64岁	28	12	16	2	1	1	12	6	6			
65-69	**238**	**111**	**127**	**21**	**6**	**15**	**118**	**67**	**51**	**3**	**1**	**2**
65岁	35	18	17	5	1	4	13	9	4	1		1
66岁	51	22	29	5	1	4	23	13	10			
67岁	32	14	18	4	1	3	18	9	9	1		1
68岁	57	25	32	1	1		32	17	15	1	1	
69岁	63	32	31	6	2	4	32	19	13			
70-74	**253**	**116**	**137**	**24**	**4**	**20**	**135**	**74**	**61**			
70岁	67	32	35	6	2	4	32	21	11			
71岁	49	19	30	6		6	28	12	16			
72岁	64	28	36	8	1	7	35	20	15			
73岁	37	20	17	2	1	1	21	12	9			
74岁	36	17	19	2		2	19	9	10			
75-79	**174**	**77**	**97**	**14**	**3**	**11**	**99**	**53**	**46**			
75岁	42	20	22	4	1	3	24	16	8			
76岁	36	14	22	1		1	25	10	15			
77岁	24	10	14	3	1	2	14	7	7			
78岁	42	19	23	4		4	19	10	9			
79岁	30	14	16	2	1	1	17	10	7			
80-84	**82**	**39**	**43**	**5**	**1**	**4**	**40**	**23**	**17**			
80岁	27	15	12	2		2	14	11	3			
81岁	21	11	10	1		1	11	5	6			
82岁	13	5	8				6	3	3			
83岁	14	4	10	1		1	8	3	5			
84岁	7	4	3	1	1		1	1				
85+	**30**	**10**	**20**	**4**		**4**	**8**	**2**	**6**			

2－2a 续表 3

单位：人

年龄	肢体残疾人			智力残疾人			精神残疾人			多重残疾人		
	小计	男	女	小计	男	女	小计	男	女	小计	男	女
总计	**351**	**152**	**199**	**62**	**35**	**27**	**90**	**45**	**45**	**203**	**95**	**108**
0-4				**9**	**7**	**2**	**1**	**1**		**1**	**1**	
0岁				1		1						
1岁				3	2	1						
2岁				2	2		1	1				
3岁				2	2							
4岁				1	1					1	1	
5-9				**5**	**1**	**4**				**1**		**1**
5岁				2		2				1		1
6岁				2	1	1						
7岁				1		1						
8岁												
9岁												
10-14	**1**	**1**		**6**	**2**	**4**				**2**	**2**	
10岁										1	1	
11岁				2		2						
12岁	1	1		2	2							
13岁				2		2				1	1	
14岁												
15-19	**1**	**1**		**6**	**2**	**4**	**2**	**1**	**1**	**3**	**2**	**1**
15岁												
16岁				3		3	1		1			
17岁				1		1				1	1	
18岁				1	1					1		1
19岁	1	1		1	1		1	1		1	1	
20-24	**1**	**1**		**6**	**5**	**1**	**3**	**1**	**2**	**4**	**1**	**3**
20岁							1	1		2	1	1
21岁				1	1							
22岁												
23岁	1	1		3	3					1		1
24岁				2	1	1	2		2	1		1
25-29	**5**	**3**	**2**	**3**	**2**	**1**	**5**	**3**	**2**	**8**	**7**	**1**
25岁	3	2	1	2	1	1				3	3	
26岁										2	2	
27岁										2	1	1

2－2a 续表 4

单位：人

年 龄	肢体残疾人			智力残疾人			精神残疾人			多重残疾人		
	小计	男	女	小计	男	女	小计	男	女	小计	男	女
28岁	1	1					2	1	1			
29岁	1		1	1	1		3	2	1	1	1	
30-34	**14**	**5**	**9**	**3**		**3**	**4**	**2**	**2**	**3**	**1**	**2**
30岁	3	2	1	2		2						
31岁	2		2				1	1		1	1	
32岁	3	1	2	1		1	1		1			
33岁	4	1	3									
34岁	2	1	1				2	1	1	2		2
35-39	**28**	**15**	**13**	**4**	**3**	**1**	**7**	**5**	**2**	**4**	**2**	**2**
35岁	2	1	1	2	1	1	4	3	1			
36岁	8	3	5				1	1		1		1
37岁	11	6	5	1	1		1	1		1	1	
38岁	4	3	1							2	1	1
39岁	3	2	1	1	1		1		1			
40-44	**26**	**13**	**13**	**4**	**2**	**2**	**14**	**7**	**7**	**2**	**1**	**1**
40岁	4	2	2	3	1	2	3	2	1	1	1	
41岁	5	3	2	1	1		2	1	1			
42岁	7	3	4				4	1	3			
43岁	5	2	3				4	2	2			
44岁	5	3	2				1	1		1		1
45-49	**39**	**21**	**18**	**6**	**4**	**2**	**9**	**5**	**4**	**1**	**1**	
45岁	3	3		1		1	2	1	1	1	1	
46岁	9	6	3									
47岁	8	5	3				4	2	2			
48岁	11	6	5	3	2	1	1		1			
49岁	8	1	7	2	2		2	2				
50-54	**36**	**17**	**19**	**3**	**2**	**1**	**14**	**10**	**4**	**10**	**6**	**4**
50岁	5	2	3	1	1		2	2		1	1	
51岁	6	4	2				5	2	3	3	1	2
52岁	8	1	7	1		1	2	2				
53岁	9	4	5	1	1		1	1				
54岁	8	6	2				4	3	1	6	4	2
55-59	**31**	**19**	**12**				**5**	**1**	**4**	**13**	**3**	**10**
55岁	6	3	3							4	1	3
56岁	9	7	2				2		2	5	1	4

2－2a 续表 5

单位：人

年龄	肢体残疾人			智力残疾人			精神残疾人			多重残疾人		
	小计	男	女	小计	男	女	小计	男	女	小计	男	女
57岁	8	3	5							1		1
58岁	6	4	2				3	1	2	1		1
59岁	2	2								2	1	1
60-64	**24**	**5**	**19**	**2**	**2**		**4**		**4**	**17**	**12**	**5**
60岁	1		1				1		1	3	1	2
61岁	5	1	4	1	1		1		1	5	5	
62岁	5	1	4				1		1			
63岁	6	2	4							4	3	1
64岁	7	1	6	1	1		1		1	5	3	2
65-69	**57**	**19**	**38**	**4**	**3**	**1**	**9**	**4**	**5**	**26**	**11**	**15**
65岁	5	2	3				1	1		10	5	5
66岁	13	3	10	3	2	1	3	1	2	4	2	2
67岁	7	3	4				1		1	1	1	
68岁	14	4	10				3	1	2	6	1	5
69岁	18	7	11	1	1		1	1		5	2	3
70-74	**41**	**17**	**24**	**1**		**1**	**9**	**4**	**5**	**43**	**17**	**26**
70岁	13	5	8	1		1	2	1	1	13	3	10
71岁	6	3	3				1		1	8	4	4
72岁	8	3	5				2	2		11	2	9
73岁	6	3	3				2		2	6	4	2
74岁	8	3	5				2	1	1	5	4	1
75-79	**30**	**10**	**20**				**1**		**1**	**30**	**11**	**19**
75岁	8	2	6				1		1	5	1	4
76岁	4	2	2							6	2	4
77岁	4	2	2							3		3
78岁	6	1	5							13	8	5
79岁	8	3	5							3		3
80-84	**13**	**4**	**9**				**1**		**1**	**23**	**11**	**12**
80岁	6	2	4							5	2	3
81岁	2	1	1							7	5	2
82岁	2		2							5	2	3
83岁	1		1							4	1	3
84岁	2	1	1				1		1	2	1	1
85+	**4**	**1**	**3**				**2**	**1**	**1**	**12**	**6**	**6**

2－2b　农村分年龄、性别、残疾类别的残疾人

单位：人

年　龄	残疾人			视力残疾人			听力残疾人			言语残疾人		
	合计	男	女	小计	男	女	小计	男	女	小计	男	女
总　计	**6148**	**3153**	**2995**	**668**	**263**	**405**	**1281**	**717**	**564**	**103**	**67**	**36**
0-4	**112**	**72**	**40**	**3**		**3**				**9**	**7**	**2**
0岁	15	8	7									
1岁	22	15	7									
2岁	20	12	8	1		1						
3岁	32	23	9							9	7	2
4岁	23	14	9	2		2						
5-9	**82**	**47**	**35**	**5**	**3**	**2**	**5**	**2**	**3**	**3**	**2**	**1**
5岁	26	14	12	2	1	1				1		1
6岁	11	7	4	1		1						
7岁	17	14	3	2	2		1	1				
8岁	9	6	3				1		1	2	2	
9岁	19	6	13				3	1	2			
10-14	**106**	**66**	**40**	**4**	**2**	**2**	**5**	**3**	**2**	**6**	**5**	**1**
10岁	13	8	5									
11岁	18	11	7									
12岁	17	15	2							3	2	1
13岁	24	12	12	2	1	1						
14岁	34	20	14	2	1	1	5	3	2	3	3	
15-19	**138**	**70**	**68**	**5**	**3**	**2**	**7**	**2**	**5**	**3**	**1**	**2**
15岁	20	5	15									
16岁	30	12	18	1		1	3		3			
17岁	31	16	15	2	1	1	3	2	1	1	1	
18岁	29	15	14	1	1		1		1	1		1
19岁	28	22	6	1	1					1		1
20-24	**165**	**84**	**81**	**13**	**8**	**5**	**9**	**3**	**6**	**2**	**1**	**1**
20岁	28	11	17	3	2	1	2		2			
21岁	24	10	14	1		1	1	1				
22岁	39	21	18	3	3		3		3			
23岁	29	19	10	3	2	1				1	1	
24岁	45	23	22	3	1	2	3	2	1	1		1
25-29	**134**	**71**	**63**	**5**	**4**	**1**	**3**	**1**	**2**	**10**	**4**	**6**
25岁	32	16	16	2	1	1	1	1		4	2	2
26岁	27	15	12	2	2		1		1	2	1	1
27岁	30	16	14				1		1	1		1

2－2b 续表 1

单位：人

年龄	残疾人			视力残疾人			听力残疾人			言语残疾人		
	合计	男	女	小计	男	女	小计	男	女	小计	男	女
28岁	21	10	11							1		1
29岁	24	14	10	1	1					2	1	1
30-34	**231**	**134**	**97**	**10**	**7**	**3**	**10**	**6**	**4**	**3**	**2**	**1**
30岁	31	18	13	1	1		1	1		1		1
31岁	37	19	18	1		1	1		1			
32岁	37	23	14	4	3	1	1	1				
33岁	66	42	24	2	2		2		2	1	1	
34岁	60	32	28	2	1	1	5	4	1	1	1	
35-39	**320**	**177**	**143**	**19**	**12**	**7**	**13**	**5**	**8**	**3**	**3**	
35岁	66	38	28	3	2	1	6	3	3	1	1	
36岁	61	38	23	5	2	3	2		2	2	2	
37岁	66	36	30	3	2	1	2	1	1			
38岁	60	29	31	2	2		2		2			
39岁	67	36	31	6	4	2	1	1				
40-44	**365**	**207**	**158**	**19**	**10**	**9**	**31**	**20**	**11**	**10**	**7**	**3**
40岁	80	45	35	5	1	4	5	4	1	2	1	1
41岁	81	49	32	1		1	10	6	4	1	1	
42岁	85	48	37	7	5	2	8	4	4	2	2	
43岁	81	47	34	5	4	1	6	5	1	5	3	2
44岁	38	18	20	1		1	2	1	1			
45-49	**359**	**210**	**149**	**31**	**16**	**15**	**48**	**25**	**23**	**7**	**6**	**1**
45岁	40	21	19	3	2	1	3	1	2	1	1	
46岁	73	44	29	5	2	3	9	5	4	3	3	
47岁	94	55	39	9	3	6	12	6	6	3	2	1
48岁	77	45	32	8	4	4	16	7	9			
49岁	75	45	30	6	5	1	8	6	2			
50-54	**499**	**261**	**238**	**51**	**19**	**32**	**81**	**43**	**38**	**13**	**9**	**4**
50岁	83	37	46	8	1	7	13	6	7	1	1	
51岁	91	52	39	9	5	4	15	10	5	2	1	1
52岁	113	52	61	12	3	9	18	6	12	4	2	2
53岁	114	69	45	12	6	6	15	9	6	1	1	
54岁	98	51	47	10	4	6	20	12	8	5	4	1
55-59	**581**	**288**	**293**	**57**	**26**	**31**	**108**	**68**	**40**	**8**	**5**	**3**
55岁	121	60	61	13	6	7	12	4	8	4	2	2
56岁	128	59	69	15	6	9	30	17	13			

2－2b 续表 2

单位：人

年龄	残疾人			视力残疾人			听力残疾人			言语残疾人		
	合计	男	女	小计	男	女	小计	男	女	小计	男	女
57岁	105	54	51	9	6	3	21	13	8	3	3	
58岁	109	50	59	11	2	9	19	15	4	1		1
59岁	118	65	53	9	6	3	26	19	7			
60－64	**511**	**273**	**238**	**80**	**34**	**46**	**113**	**62**	**51**	**9**	**8**	**1**
60岁	123	66	57	28	11	17	21	11	10	1	1	
61岁	90	49	41	15	5	10	17	11	6	4	3	1
62岁	99	51	48	8	4	4	24	10	14	2	2	
63岁	103	59	44	18	9	9	25	17	8	2	2	
64岁	96	48	48	11	5	6	26	13	13			
65－69	**584**	**306**	**278**	**73**	**32**	**41**	**162**	**100**	**62**	**6**	**3**	**3**
65岁	88	52	36	9	5	4	20	17	3			
66岁	104	59	45	13	6	7	27	19	8	1		1
67岁	120	67	53	14	6	8	36	23	13			
68岁	143	70	73	22	10	12	47	23	24	4	2	2
69岁	129	58	71	15	5	10	32	18	14	1	1	
70－74	**760**	**379**	**381**	**128**	**42**	**86**	**251**	**149**	**102**	**6**	**4**	**2**
70岁	149	80	69	23	10	13	49	32	17			
71岁	139	74	65	18	4	14	50	31	19	2	2	
72岁	145	73	72	23	7	16	37	19	18	3	2	1
73岁	160	87	73	30	13	17	53	39	14			
74岁	167	65	102	34	8	26	62	28	34	1		1
75－79	**640**	**290**	**350**	**108**	**33**	**75**	**214**	**122**	**92**	**4**		**4**
75岁	152	76	76	30	14	16	52	34	18			
76岁	139	57	82	27	5	22	58	30	28	2		2
77岁	127	64	63	18	6	12	45	25	20			
78岁	121	50	71	19	4	15	29	18	11	1		1
79岁	101	43	58	14	4	10	30	15	15	1		1
80－84	**391**	**159**	**232**	**42**	**8**	**34**	**155**	**79**	**76**	**1**		**1**
80岁	94	36	58	9	3	6	43	19	24			
81岁	97	39	58	15	3	12	35	17	18	1		1
82岁	80	32	48	11	1	10	27	16	11			
83岁	75	30	45	4	1	3	30	15	15			
84岁	45	22	23	3		3	20	12	8			
85+	**170**	**59**	**111**	**15**	**4**	**11**	**66**	**27**	**39**			

2－2b 续表 3

单位：人

年龄	肢体残疾人			智力残疾人			精神残疾人			多重残疾人		
	小计	男	女	小计	男	女	小计	男	女	小计	男	女
总 计	**2076**	**1145**	**931**	**524**	**289**	**235**	**423**	**153**	**270**	**1073**	**519**	**554**
0-4	**6**	**4**	**2**	**77**	**51**	**26**	**1**	**1**		**16**	**9**	**7**
0岁				14	8	6				1		1
1岁				20	14	6				2	1	1
2岁	2	1	1	16	10	6				1	1	
3岁	2	2		16	10	6	1	1		4	3	1
4岁	2	1	1	11	9	2				8	4	4
5-9	**11**	**6**	**5**	**35**	**22**	**13**	**1**		**1**	**22**	**12**	**10**
5岁	1		1	14	9	5				8	4	4
6岁	2	1	1	6	4	2				2	2	
7岁	3	3		6	5	1				5	3	2
8岁	1	1		2	1	1				3	2	1
9岁	4	1	3	7	3	4	1		1	4	1	3
10-14	**20**	**18**	**2**	**40**	**23**	**17**	**4**	**2**	**2**	**27**	**13**	**14**
10岁	3	3		5	3	2				5	2	3
11岁	5	3	2	7	5	2	1		1	5	3	2
12岁	4	4		7	7					3	2	1
13岁	2	2		11	4	7	1	1		8	4	4
14岁	6	6		10	4	6	2	1	1	6	2	4
15-19	**38**	**19**	**19**	**44**	**27**	**17**	**6**	**1**	**5**	**35**	**17**	**18**
15岁	4	2	2	10	2	8	1		1	5	1	4
16岁	7	4	3	6	4	2	1		1	12	4	8
17岁	11	3	8	7	4	3	1		1	6	5	1
18岁	8	4	4	10	7	3	2	1	1	6	2	4
19岁	8	6	2	11	10	1	1		1	6	5	1
20-24	**46**	**22**	**24**	**32**	**15**	**17**	**18**	**12**	**6**	**45**	**23**	**22**
20岁	8	2	6	6	2	4	1	1		8	4	4
21岁	7	2	5	6	2	4	2	2		7	3	4
22岁	10	5	5	7	3	4	4	2	2	12	8	4
23岁	10	7	3	3	2	1	4	3	1	8	4	4
24岁	11	6	5	10	6	4	7	4	3	10	4	6
25-29	**37**	**22**	**15**	**30**	**15**	**15**	**16**	**7**	**9**	**33**	**18**	**15**
25岁	8	5	3	5	3	2	2	1	1	10	3	7
26岁	5	4	1	6	3	3	5	2	3	6	3	3
27岁	10	6	4	7	4	3	4	1	3	7	5	2

2－2b 续表 4

单位：人

年 龄	肢体残疾人			智力残疾人			精神残疾人			多重残疾人		
	小计	男	女	小计	男	女	小计	男	女	小计	男	女
28岁	10	5	5	7	3	4	1	1		2	1	1
29岁	4	2	2	5	2	3	4	2	2	8	6	2
30-34	**104**	**71**	**33**	**35**	**18**	**17**	**39**	**14**	**25**	**30**	**16**	**14**
30岁	15	11	4	4	1	3	4	1	3	5	3	2
31岁	20	11	9	3	2	1	7	3	4	5	3	2
32岁	19	13	6	6	4	2	5	1	4	2	1	1
33岁	28	22	6	12	7	5	12	5	7	9	5	4
34岁	22	14	8	10	4	6	11	4	7	9	4	5
35-39	**133**	**88**	**45**	**48**	**22**	**26**	**52**	**15**	**37**	**52**	**32**	**20**
35岁	24	19	5	9	4	5	12	2	10	11	7	4
36岁	24	20	4	7	1	6	7	4	3	14	9	5
37岁	29	16	13	12	7	5	11	3	8	9	7	2
38岁	30	15	15	12	5	7	8	4	4	6	3	3
39岁	26	18	8	8	5	3	14	2	12	12	6	6
40-44	**168**	**103**	**65**	**34**	**18**	**16**	**56**	**23**	**33**	**47**	**26**	**21**
40岁	32	22	10	10	6	4	16	5	11	10	6	4
41岁	40	27	13	8	4	4	11	4	7	10	7	3
42岁	37	18	19	8	5	3	11	7	4	12	7	5
43岁	39	23	16	4	2	2	13	6	7	9	4	5
44岁	20	13	7	4	1	3	5	1	4	6	2	4
45-49	**155**	**103**	**52**	**32**	**17**	**15**	**40**	**13**	**27**	**46**	**30**	**16**
45岁	20	13	7	5	2	3	5		5	3	2	1
46岁	38	25	13	5	3	2	3	1	2	10	5	5
47岁	33	22	11	10	7	3	14	5	9	13	10	3
48岁	35	26	9	4	2	2	6	2	4	8	4	4
49岁	29	17	12	8	3	5	12	5	7	12	9	3
50-54	**207**	**120**	**87**	**32**	**20**	**12**	**45**	**17**	**28**	**70**	**33**	**37**
50岁	38	18	20	6	5	1	4		4	13	6	7
51岁	35	22	13	3	1	2	11	5	6	16	8	8
52岁	45	29	16	8	3	5	11	2	9	15	7	8
53岁	55	31	24	7	7		10	6	4	14	9	5
54岁	34	20	14	8	4	4	9	4	5	12	3	9
55-59	**235**	**121**	**114**	**27**	**15**	**12**	**58**	**16**	**42**	**88**	**37**	**51**
55岁	50	30	20	6	3	3	14	4	10	22	11	11
56岁	55	27	28	4	1	3	12	3	9	12	5	7

2－2b 续表 5

单位：人

年 龄	肢体残疾人			智力残疾人			精神残疾人			多重残疾人		
	小计	男	女	小计	男	女	小计	男	女	小计	男	女
57岁	37	18	19	6	5	1	11	1	10	18	8	10
58岁	46	23	23	8	3	5	9	4	5	15	3	12
59岁	47	23	24	3	3		12	4	8	21	10	11
60-64	**188**	**105**	**83**	**19**	**10**	**9**	**26**	**9**	**17**	**76**	**45**	**31**
60岁	42	30	12	6	2	4	9	2	7	16	9	7
61岁	28	14	14	5	4	1	3		3	18	12	6
62岁	44	23	21	5	1	4	4	2	2	12	9	3
63岁	37	18	19	1	1		4	2	2	16	10	6
64岁	37	20	17	2	2		6	3	3	14	5	9
65-69	**216**	**111**	**105**	**13**	**6**	**7**	**19**	**6**	**13**	**95**	**48**	**47**
65岁	33	21	12	3	1	2	6	1	5	17	7	10
66岁	39	19	20	2	1	1	5	3	2	17	11	6
67岁	46	26	20	3	1	2				21	11	10
68岁	48	25	23	1	1		6	2	4	15	7	8
69岁	50	20	30	4	2	2	2		2	25	12	13
70-74	**222**	**114**	**108**	**12**	**5**	**7**	**18**	**7**	**11**	**123**	**58**	**65**
70岁	44	26	18	4	2	2	7	1	6	22	9	13
71岁	43	26	17	1		1	2	1	1	23	10	13
72岁	45	25	20	3	1	2	1		1	33	19	14
73岁	52	22	30	3	2	1	7	4	3	15	7	8
74岁	38	15	23	1		1	1	1		30	13	17
75-79	**165**	**72**	**93**	**11**	**5**	**6**	**10**	**3**	**7**	**128**	**55**	**73**
75岁	40	14	26	4	3	1	2		2	24	11	13
76岁	23	10	13	2		2	2	2		25	10	15
77岁	39	20	19	1	1		2	1	1	22	11	11
78岁	33	13	20	2		2	2		2	35	15	20
79岁	30	15	15	2	1	1	2		2	22	8	14
80-84	**97**	**37**	**60**	**3**		**3**	**12**	**6**	**6**	**81**	**29**	**52**
80岁	19	5	14	1		1	5	2	3	17	7	10
81岁	23	9	14				4	3	1	19	7	12
82岁	21	9	12	2		2	2	1	1	17	5	12
83岁	20	9	11							21	5	16
84岁	14	5	9				1		1	7	5	2
85+	**28**	**9**	**19**				**2**	**1**	**1**	**59**	**18**	**41**

2－3 多重残疾人的残疾类别组合

单位：人

残疾类别组合	多重残疾人数			占多重残疾人总数的比重(%)
	合计	男	女	
总　计	**1276**	**614**	**662**	**100.00**
二种残疾类别组合人数小计	**1012**	**482**	**530**	**79.31**
视力、听力	186	66	120	14.58
视力、言语	3	1	2	0.24
视力、肢体	74	21	53	5.80
视力、智力	9	4	5	0.71
视力、精神	12	3	9	0.94
听力、言语	141	76	65	11.05
听力、智力	16	10	6	1.25
听力、肢体	159	83	76	12.46
听力、精神	12	6	6	0.94
言语、智力	90	49	41	7.05
言语、肢体	141	77	64	11.05
言语、精神	14	7	7	1.10
智力、肢体	62	36	26	4.86
智力、精神	53	23	30	4.15
肢体、精神	40	20	20	3.13
三种残疾类别组合人数小计	**203**	**105**	**98**	**15.91**
视力、听力、言语	5	2	3	0.39
视力、听力、肢体	24	6	18	1.88
视力、听力、智力	2	1	1	0.16
视力、听力、精神	2		2	0.16
视力、言语、肢体	3	2	1	0.24
视力、言语、智力				
视力、言语、精神				
视力、肢体、智力	3	2	1	0.24
视力、肢体、精神	1		1	0.08
视力、智力、精神	2	1	1	0.16
听力、言语、肢体	21	13	8	1.65
听力、言语、智力	26	12	14	2.04
听力、言语、精神	7	2	5	0.55
听力、肢体、智力	6	4	2	0.47
听力、肢体、精神	7	5	2	0.55
听力、智力、精神	3	1	2	0.24
言语、肢体、智力	39	18	21	3.06
言语、肢体、精神	24	18	6	1.88
言语、智力、精神	21	14	7	1.65
肢体、智力、精神	7	4	3	0.55
四种残疾类别组合人数小计	**53**	**25**	**28**	**4.15**
五种残疾类别组合人数小计	**5**	**1**	**4**	**0.39**
六种残疾类别组合人数小计	**3**	**1**	**2**	**0.24**

2－4　各地区分民族、性别的残疾人

单位：人

地　区	残疾人			汉　族			蒙古族			回　族		
	合计	男	女	小计	男	女	小计	男	女	小计	男	女
总　计	**7529**	**3810**	**3719**	**7041**	**3527**	**3514**	**21**	**17**	**4**	**126**	**74**	**52**
唐山市丰润区	260	133	127	257	130	127						
石家庄市新华区	373	153	220	369	150	219				2	1	1
石家庄市长安区	322	163	159	314	158	156				8	5	3
石家庄市桥东区	409	192	217	395	186	209				12	5	7
邯郸市复兴区	200	105	95	200	105	95						
唐山市古冶区	181	94	87	181	94	87						
任丘市	236	126	110	236	126	110						
武安市	254	131	123	254	131	123						
辛集市	232	117	115	232	117	115						
深州市	184	89	95	184	89	95						
三河市	260	132	128	260	132	128						
安国市	262	134	128	262	134	128						
昌黎县	186	95	91	183	94	89						
永清县	280	135	145	279	135	144						
定兴县	189	105	84	189	105	84						
无极县	172	89	83	132	63	69				40	26	14
望都县	225	105	120	225	105	120						
魏　县	222	99	123	222	99	123						
威　县	268	120	148	228	101	127				40	19	21
临西县	238	116	122	238	116	122						
广平县	243	119	124	243	119	124						
景　县	191	100	91	191	100	91						
吴桥县	190	104	86	189	103	86				1	1	
南皮县	238	117	121	237	117	120						
青龙满族自治县	266	146	120	38	16	22						
隆化县	261	147	114	123	64	59	20	16	4	18	12	6
涿鹿县	251	135	116	250	134	116				1	1	
磁　县	287	133	154	287	133	154						
平山县	234	123	111	233	123	110						
井陉县	200	114	86	200	114	86						
张北县	215	139	76	210	134	76	1	1		4	4	

2-4 续表 1

单位：人

地 区	藏 族			维吾尔族			苗 族			彝 族		
	小计	男	女	小计	男	女	小计	男	女	小计	男	女
总 计												
唐山市丰润区												
石家庄市新华区												
石家庄市长安区												
石家庄市桥东区												
邯郸市复兴区												
唐山市古冶区												
任丘市												
武安市												
辛集市												
深州市												
三河市												
安国市												
昌黎县												
永清县												
定兴县												
无极县												
望都县												
魏 县												
威 县												
临西县												
广平县												
景 县												
吴桥县												
南皮县												
青龙满族自治县												
隆化县												
涿鹿县												
磁 县												
平山县												
井陉县												
张北县												

2－4 续表 2

单位：人

地　区	壮　族			布依族			朝鲜族			满　族			其他少数民族		
	小计	男	女	小计	男	女	小计	男	女	小计	男	女	小计	男	女
总　计	**1**	**1**								**340**	**191**	**149**			
唐山市丰润区	1	1								2	2				
石家庄市新华区										2	2				
石家庄市长安区															
石家庄市桥东区										2	1	1			
邯郸市复兴区															
唐山市古冶区															
任丘市															
武安市															
辛集市															
深州市															
三河市															
安国市															
昌黎县										3	1	2			
永清县										1		1			
定兴县															
无极县															
望都县															
魏　县															
威　县															
临西县															
广平县															
景　县															
吴桥县															
南皮县										1		1			
青龙满族自治县										228	130	98			
隆化县										100	55	45			
涿鹿县															
磁　县															
平山县										1		1			
井陉县															
张北县															

2－5　各地区分性别、户口登记状况的残疾人

单位：人

地　区	残疾人			住本调查小区，户口在本乡、镇、街道		
	合计	男	女	小计	男	女
总　计	**7529**	**3810**	**3719**	**7160**	**3617**	**3543**
唐山市丰润区	260	133	127	249	128	121
石家庄市新华区	373	153	220	328	135	193
石家庄市长安区	322	163	159	293	151	142
石家庄市桥东区	409	192	217	385	185	200
邯郸市复兴区	200	105	95	163	84	79
唐山市古冶区	181	94	87	173	92	81
任丘市	236	126	110	228	119	109
武安市	254	131	123	238	121	117
辛集市	232	117	115	215	109	106
深州市	184	89	95	183	88	95
三河市	260	132	128	254	127	127
安国市	262	134	128	244	126	118
昌黎县	186	95	91	172	88	84
永清县	280	135	145	272	132	140
定兴县	189	105	84	181	102	79
无极县	172	89	83	169	86	83
望都县	225	105	120	218	101	117
魏　县	222	99	123	215	93	122
威　县	268	120	148	263	119	144
临西县	238	116	122	232	113	119
广平县	243	119	124	236	116	120
景　县	191	100	91	180	92	88
吴桥县	190	104	86	187	103	84
南皮县	238	117	121	237	116	121
青龙满族自治县	266	146	120	266	146	120
隆化县	261	147	114	244	138	106
涿鹿县	251	135	116	235	129	106
磁　县	287	133	154	278	126	152
平山县	234	123	111	226	117	109
井陉县	200	114	86	185	99	86
张北县	215	139	76	211	136	75

2－5 续表

单位：人

地区	住本调查小区半年以上，户口在外乡、镇、街道			住本调查小区不满半年，离开户口所在地半年以上			住本调查小区，户口待定		
	小计	男	女	小计	男	女	小计	男	女
总　计	**344**	**178**	**166**	**9**	**4**	**5**	**16**	**11**	**5**
唐山市丰润区	11	5	6						
石家庄市新华区	40	16	24	4	2	2	1		1
石家庄市长安区	27	11	16	2	1	1			
石家庄市桥东区	23	7	16				1		1
邯郸市复兴区	35	19	16	1	1		1	1	
唐山市古冶区	8	2	6						
任丘市	7	6	1				1	1	
武安市	15	9	6				1	1	
辛集市	16	7	9				1	1	
深州市	1	1							
三河市	6	5	1						
安国市	18	8	10						
昌黎县	14	7	7						
永清县	8	3	5						
定兴县	7	3	4	1		1			
无极县	3	3							
望都县	6	4	2	1		1			
魏　县	3	3					4	3	1
威　县	5	1	4						
临西县	6	3	3						
广平县	6	2	4				1	1	
景　县	11	8	3						
吴桥县	3	1	2						
南皮县	1	1							
青龙满族自治县									
隆化县	17	9	8						
涿鹿县	16	6	10						
磁　县	6	5	1				3	2	1
平山县	6	5	1				2	1	1
井陉县	15	15							
张北县	4	3	1						

2－6 各地区分性别、户口性质的残疾人

单位：人

地 区	残疾人			农业户口			非农业户口			户口性质待定		
	合计	男	女	小计	男	女	小计	男	女	小计	男	女
总 计	**7529**	**3810**	**3719**	**5883**	**2937**	**2946**	**1630**	**862**	**768**	**16**	**11**	**5**
唐山市丰润区	260	133	127	209	101	108	51	32	19			
石家庄市新华区	373	153	220	108	43	65	264	110	154	1		1
石家庄市长安区	322	163	159	6	3	3	316	160	156			
石家庄市桥东区	409	192	217	3		3	405	192	213	1		1
邯郸市复兴区	200	105	95	59	34	25	140	70	70	1	1	
唐山市古冶区	181	94	87	43	26	17	138	68	70			
任丘市	236	126	110	227	117	110	8	8		1	1	
武安市	254	131	123	227	111	116	26	19	7	1	1	
辛集市	232	117	115	209	100	109	22	16	6	1	1	
深州市	184	89	95	177	82	95	7	7				
三河市	260	132	128	251	124	127	9	8	1			
安国市	262	134	128	241	123	118	21	11	10			
昌黎县	186	95	91	161	80	81	25	15	10			
永清县	280	135	145	271	129	142	9	6	3			
定兴县	189	105	84	184	100	84	5	5				
无极县	172	89	83	169	86	83	3	3				
望都县	225	105	120	216	97	119	9	8	1			
魏 县	222	99	123	215	93	122	3	3		4	3	1
威 县	268	120	148	260	115	145	8	5	3			
临西县	238	116	122	231	111	120	7	5	2			
广平县	243	119	124	238	114	124	4	4		1	1	
景 县	191	100	91	179	91	88	12	9	3			
吴桥县	190	104	86	177	95	82	13	9	4			
南皮县	238	117	121	235	114	121	3	3				
青龙满族自治县	266	146	120	259	140	119	7	6	1			
隆化县	261	147	114	226	123	103	35	24	11			
涿鹿县	251	135	116	212	116	96	39	19	20			
磁 县	287	133	154	274	123	151	10	8	2	3	2	1
平山县	234	123	111	227	117	110	5	5		2	1	1
井陉县	200	114	86	177	92	85	23	22	1			
张北县	215	139	76	212	137	75	3	2	1			

2－7　有残疾人的家庭户类别

单位：户

家庭户规模	合计	一代户				二代户			
		小计	只有1个残疾人的户	有2个残疾人的户	有3人以上残疾人的户	小计	只有1个残疾人的户	有2个残疾人的户	有3人以上残疾人的户
总　计	**6504**	**1921**	**1700**	**218**	**3**	**2297**	**1959**	**300**	**38**
一人户	533	533	533						
二人户	1583	1341	1131	210		242	213	29	
三人户	1223	43	33	7	3	1126	945	162	19
四人户	1258	2	2			721	618	90	13
五人户	1077	1	1			164	145	13	6
六人户	603					30	27	3	
七人户	169	1		1		12	9	3	
八人户	49					2	2		
九人户	9								

2－7　续表

单位：户

家庭户规模	三代户				四代户及以上			
	小计	只有1个残疾人的户	有2个残疾人的户	有3人以上残疾人的户	小计	只有1个残疾人的户	有2个残疾人的户	有3人以上残疾人的户
总　计	**2149**	**1806**	**302**	**41**	**137**	**106**	**27**	**4**
一人户								
二人户								
三人户	54	43	9	2				
四人户	533	465	59	9	2	1	1	
五人户	897	771	117	9	15	13	2	
六人户	516	401	98	17	57	45	10	2
七人户	107	88	15	4	49	36	11	2
八人户	34	31	3		13	10	3	
九人户	8	7	1		1	1		

2－7a 城镇有残疾人的家庭户类别

单位：户

家庭户规模	合计	一代户				二代户			
		小计	只有1个残疾人的户	有2个残疾人的户	有3人以上残疾人的户	小计	只有1个残疾人的户	有2个残疾人的户	有3人以上残疾人的户
总　计	**1171**	**452**	**377**	**74**	**1**	**373**	**314**	**55**	**4**
一人户	100	100	100						
二人户	384	337	265	72		47	41	6	
三人户	254	14	11	2	1	228	196	31	1
四人户	238	1	1			81	63	16	2
五人户	159					16	13	2	1
六人户	30					1	1		
七人户	3								
八人户	3								
九人户									

2－7a 续表

单位：户

家庭户规模	三代户				四代户及以上			
	小计	只有1个残疾人的户	有2个残疾人的户	有3人以上残疾人的户	小计	只有1个残疾人的户	有2个残疾人的户	有3人以上残疾人的户
总　计	**339**	**278**	**53**	**8**	**7**	**5**	**2**	
一人户								
二人户								
三人户	12	9	2	1				
四人户	155	142	12	1	1		1	
五人户	141	104	34	3	2	2		
六人户	25	19	3	3	4	3	1	
七人户	3	2	1					
八人户	3	2	1					
九人户								

2－7b 农村有残疾人的家庭户类别

单位：户

家庭户规模	合计	一代户				二代户			
		小计	只有1个残疾人的户	有2个残疾人的户	有3人以上残疾人的户	小计	只有1个残疾人的户	有2个残疾人的户	有3人以上残疾人的户
总　计	**5333**	**1469**	**1323**	**144**	**2**	**1924**	**1645**	**245**	**34**
一人户	433	433	433						
二人户	1199	1004	866	138		195	172	23	
三人户	969	29	22	5	2	898	749	131	18
四人户	1020	1	1			640	555	74	11
五人户	918	1	1			148	132	11	5
六人户	573					29	26	3	
七人户	166	1		1		12	9	3	
八人户	46					2	2		
九人户	9								

2－7b 续表

单位：户

家庭户规模	三代户				四代户及以上			
	小计	只有1个残疾人的户	有2个残疾人的户	有3人以上残疾人的户	小计	只有1个残疾人的户	有2个残疾人的户	有3人以上残疾人的户
总　计	**1810**	**1528**	**249**	**33**	**130**	**101**	**25**	**4**
一人户								
二人户								
三人户	42	34	7	1				
四人户	378	323	47	8	1	1		
五人户	756	667	83	6	13	11	2	
六人户	491	382	95	14	53	42	9	2
七人户	104	86	14	4	49	36	11	2
八人户	31	29	2		13	10	3	
九人户	8	7	1		1	1		

2－8　6岁及以上残疾人分年龄、性别的受教育程度

单位：人

年龄	残疾人			不识字			未上过学			小学			初中		
	合计	男	女	小计	男	女	小计	男	女	小计	男	女	小计	男	女
总计	**7374**	**3714**	**3660**	**2795**	**903**	**1892**	**88**	**44**	**44**	**2610**	**1521**	**1089**	**1375**	**901**	**474**
6岁	14	9	5	9	5	4				5	4	1			
7岁	19	14	5	6	4	2				13	10	3			
8岁	10	7	3	4	3	1				6	4	2			
9岁	19	6	13	2		2				17	6	11			
10岁	14	9	5	9	5	4				5	4	1			
11岁	20	11	9	3	1	2				17	10	7			
12岁	21	18	3	6	5	1				14	12	2	1	1	
13岁	27	13	14	7	4	3	1	1		19	8	11			
14岁	34	20	14	7	2	5				21	14	7	6	4	2
15岁	21	5	16	7	2	5				10	2	8	3	1	2
16岁	34	12	22	12	4	8				12	4	8	7	3	4
17岁	34	18	16	9	4	5				12	8	4	10	4	6
18岁	31	16	15	12	6	6				9	4	5	7	3	4
19岁	32	26	6	10	10					12	9	3	9	6	3
20岁	31	13	18	16	6	10				7	3	4	7	4	3
21岁	25	11	14	9	5	4				10	3	7	5	2	3
22岁	40	21	19	17	10	7				10	5	5	9	4	5
23岁	34	23	11	8	4	4	2	1	1	12	9	3	10	8	2
24岁	50	24	26	20	11	9				13	4	9	14	8	6
25岁	40	22	18	14	7	7				9	4	5	12	7	5
26岁	29	17	12	13	7	6				4	3	1	12	7	5
27岁	32	17	15	14	6	8				4	1	3	11	7	4
28岁	24	12	12	8	3	5				5		5	7	6	1
29岁	30	18	12	12	7	5				8	5	3	7	3	4
30岁	37	21	16	10	4	6				9	5	4	15	11	4
31岁	41	21	20	10	5	5	1	1		10	3	7	18	11	7
32岁	43	25	18	9	6	3				11	5	6	18	12	6

2-8 续表 1

单位：人

年 龄	残疾人			不识字			未上过学			小 学			初 中		
	合计	男	女	小计	男	女	小计	男	女	小计	男	女	小计	男	女
33岁	73	43	30	25	12	13				18	11	7	25	18	7
34岁	66	34	32	14	5	9				20	10	10	29	18	11
35岁	75	43	32	17	8	9				22	11	11	31	19	12
36岁	75	43	32	19	7	12				24	15	9	25	18	7
37岁	82	46	36	18	12	6	2	2		28	14	14	26	16	10
38岁	67	34	33	19	10	9				28	14	14	17	8	9
39岁	73	39	34	25	15	10				22	10	12	21	12	9
40岁	91	51	40	19	10	9				35	16	19	29	19	10
41岁	91	56	35	16	8	8	1	1		24	14	10	38	24	14
42岁	100	54	46	17	9	8	2	1	1	29	15	14	35	18	17
43岁	94	52	42	11	7	4	1		1	24	11	13	41	23	18
44岁	47	23	24	10	4	6				13	7	6	11	5	6
45岁	55	29	26	16	5	11	1	1		11	5	6	15	8	7
46岁	83	50	33	13	4	9				24	12	12	26	19	7
47岁	109	63	46	29	12	17				28	18	10	32	21	11
48岁	96	56	40	18	6	12	2	2		35	22	13	23	12	11
49岁	90	53	37	19	10	9	1		1	24	11	13	30	21	9
50岁	96	45	51	21	9	12	1	1		35	14	21	27	13	14
51岁	111	61	50	29	9	20	1	1		35	20	15	32	21	11
52岁	129	57	72	36	10	26	1		1	57	23	34	25	16	9
53岁	133	78	55	34	18	16	1	1		55	29	26	35	22	13
54岁	124	68	56	42	9	33	1		1	47	35	12	28	20	8
55岁	146	75	71	36	10	26				68	34	34	29	22	7
56岁	154	70	84	33	10	23	4	2	2	72	28	44	37	25	12
57岁	122	59	63	31	10	21	1	1		58	28	30	26	16	10
58岁	136	64	72	39	9	30				66	29	37	24	20	4
59岁	136	76	60	31	9	22	1	1		63	39	24	37	24	13
60岁	141	71	70	35	11	24				63	31	32	36	24	12
61岁	109	60	49	25	7	18				46	26	20	34	24	10

2－8 续表 2

单位：人

年龄	残疾人			不识字			未上过学			小学			初中		
	合计	男	女	小计	男	女	小计	男	女	小计	男	女	小计	男	女
62岁	114	55	59	26	8	18				53	25	28	30	19	11
63岁	124	71	53	38	16	22	2	1	1	47	28	19	28	19	9
64岁	124	60	64	34	11	23	2		2	48	27	21	31	20	11
65岁	123	70	53	32	7	25				58	44	14	18	11	7
66岁	155	81	74	42	16	26	2	1	1	64	34	30	31	18	13
67岁	152	81	71	49	9	40	3	2	1	67	48	19	21	14	7
68岁	200	95	105	80	20	60	1		1	75	43	32	30	21	9
69岁	192	90	102	73	17	56	1		1	82	49	33	21	14	7
70岁	216	112	104	88	22	66	5	3	2	82	52	30	32	28	4
71岁	188	93	95	78	23	55	6	3	3	77	50	27	17	10	7
72岁	209	101	108	106	32	74	6	1	5	65	39	26	14	14	
73岁	197	107	90	100	39	61	3		3	76	52	24	14	13	1
74岁	203	82	121	120	29	91	3	2	1	66	40	26	11	8	3
75岁	194	96	98	116	38	78	5	3	2	48	34	14	17	14	3
76岁	175	71	104	116	26	90	3		3	47	37	10	5	4	1
77岁	151	74	77	88	28	60	1	1		55	40	15	4	3	1
78岁	163	69	94	101	28	73	3		3	49	33	16	7	5	2
79岁	131	57	74	84	20	64	6	3	3	35	28	7	4	4	
80岁	121	51	70	83	19	64	2	1	1	28	24	4	7	7	
81岁	118	50	68	73	19	54	3	1	2	32	22	10	6	5	1
82岁	93	37	56	67	18	49	2	2		18	12	6	5	5	
83岁	89	34	55	60	13	47	1	1		23	17	6	3	2	1
84岁	52	26	26	35	12	23	2	2		13	10	3	2	2	
85＋	200	69	131	146	32	114	1		1	44	32	12	5	3	2

2－8 续表 3

单位：人

年龄	高中			中专			大学专科			大学本科			研究生		
	小计	男	女	小计	男	女	小计	男	女	小计	男	女	小计	男	女
总计	**328**	**230**	**98**	**104**	**64**	**40**	**45**	**30**	**15**	**29**	**21**	**8**			
6岁															
7岁															
8岁															
9岁															
10岁															
11岁															
12岁															
13岁															
14岁															
15岁	1		1												
16岁	2	1	1	1		1									
17岁	3	2	1												
18岁	2	2		1	1										
19岁				1	1										
20岁	1		1												
21岁	1	1													
22岁	2	2		2		2									
23岁	1		1							1	1				
24岁	2	1	1	1		1									
25岁	3	3		1	1					1		1			
26岁															
27岁	1	1		2	2										
28岁	2	2					2	1	1						
29岁	2	2		1	1										
30岁				1	1		2		2						
31岁	1	1		1		1									
32岁	3	1	2	1		1	1	1							

2－8 续表 4

单位：人

年龄	高中			中专			大学专科			大学本科			研究生		
	小计	男	女	小计	男	女	小计	男	女	小计	男	女	小计	男	女
33岁	3	1	2	1	1		1		1						
34岁	3	1	2												
35岁	4	4		1	1										
36岁	4	1	3	2	1	1	1	1							
37岁	7	1	6	1	1										
38岁	1	1					2	1	1						
39岁	5	2	3												
40岁	5	3	2	2	2					1	1				
41岁	10	7	3	1	1		1	1							
42岁	16	11	5				1		1						
43岁	17	11	6												
44岁	13	7	6												
45岁	10	9	1				2	1	1						
46岁	20	15	5												
47岁	19	11	8				1	1							
48岁	17	13	4							1	1				
49岁	14	10	4	1		1	1	1							
50岁	11	7	4							1	1				
51岁	11	8	3	3	2	1									
52岁	9	8	1				1		1						
53岁	8	8													
54岁	3	2	1	1		1	2	2							
55岁	9	7	2	2	1	1				2	1	1			
56岁	3	2	1	3	2	1	1	1		1		1			
57岁	4	3	1	1	1		1		1						
58岁	3	3		3	2	1	1	1							
59岁	1	1		1	1		1		1	1	1				
60岁	2	1	1	3	3		1	1		1		1			
61岁	2	2		2	1	1									

2-8 续表 5

单位：人

年龄	高中			中专			大学专科			大学本科			研究生		
	小计	男	女	小计	男	女	小计	男	女	小计	男	女	小计	男	女
62岁	4	3	1	1		1									
63岁	6	6		3	1	2									
64岁	4	2	2	4		4				1		1			
65岁	8	6	2	7	2	5									
66岁	1	1		10	7	3	3	3		2	1	1			
67岁	5	2	3	4	3	1	1	1		2	2				
68岁	5	3	2	4	3	1	1	1		4	4				
69岁	3	3		6	4	2	3	1	2	3	2	1			
70岁	2	2		6	4	2				1	1				
71岁	6	4	2	1		1	1	1		2	2				
72岁	5	5		7	7		3	1	2	3	2	1			
73岁	3	3					1		1						
74岁	1	1					2	2							
75岁	2	1	1	3	3		2	2		1	1				
76岁	2	2		1	1		1	1							
77岁				1		1	2	2							
78岁	2	2		1	1										
79岁	2	2													
80岁	1		1												
81岁	2	2		1		1	1	1							
82岁				1		1									
83岁	2	1	1												
84岁															
85+	1		1	2	1	1	1	1							

2－8a 城镇6岁及以上残疾人分年龄、性别的受教育程度

单位：人

年 龄	残疾人			不识字			未上过学			小 学			初 中		
	合计	男	女	小计	男	女	小计	男	女	小计	男	女	小计	男	女
总 计	**1364**	**647**	**717**	**250**	**49**	**201**	**22**	**8**	**14**	**435**	**200**	**235**	**400**	**240**	**160**
6岁	3	2	1	2	1	1				1	1				
7岁	2		2							2		2			
8岁	1	1		1	1										
9岁															
10岁	1	1		1	1										
11岁	2		2	1		1				1		1			
12岁	4	3	1							4	3	1			
13岁	3	1	2				1	1		2		2			
14岁															
15岁	1		1												
16岁	4		4	2		2				2		2			
17岁	3	2	1	1		1									
18岁	2	1	1	1		1				1	1				
19岁	4	4		1	1					1	1		1	1	
20岁	3	2	1	1		1				1	1		1	1	
21岁	1	1											1	1	
22岁	1		1										1		1
23岁	5	4	1	1		1	1	1		2	2		1	1	
24岁	5	1	4	1		1							2	1	1
25岁	8	6	2	2	1	1				1	1		4	4	
26岁	2	2		1	1								1	1	
27岁	2	1	1	1		1							1	1	
28岁	3	2	1												
29岁	6	4	2	1		1				1		1	2	2	
30岁	6	3	3	1		1							2	2	
31岁	4	2	2	1	1					1		1	2	1	1
32岁	6	2	4	1	1								3	1	2

2－8a 续表 1

单位：人

年龄	残疾人			不识字			未上过学			小学			初中		
	合计	男	女	小计	男	女	小计	男	女	小计	男	女	小计	男	女
33岁	7	1	6							2	1	1	2		2
34岁	6	2	4	1		1				1		1	2	1	1
35岁	9	5	4							2	1	1	3		3
36岁	14	5	9	1		1				2		2	6	3	3
37岁	16	10	6	2	2					5	3	2	7	4	3
38岁	7	5	2	1	1								4	3	1
39岁	6	3	3	1		1							3	2	1
40岁	11	6	5	1		1				2		2	4	3	1
41岁	10	7	3				1	1					4	1	3
42岁	15	6	9							1	1		7	2	5
43岁	13	5	8							1		1	8	4	4
44岁	9	5	4	2	1	1				1		1	2	1	1
45岁	15	8	7	2	1	1				1		1	7	3	4
46岁	10	6	4	1		1							2	2	
47岁	15	8	7							1	1		7	4	3
48岁	19	11	8	1	1		1	1		3	3		7	3	4
49岁	15	8	7	2	2								7	4	3
50岁	13	8	5	2	1	1				2		2	7	5	2
51岁	20	9	11							2		2	13	6	7
52岁	16	5	11	1		1				6	1	5	4	1	3
53岁	19	9	10							5	2	3	14	7	7
54岁	26	17	9	1		1				9	7	2	13	8	5
55岁	25	15	10	1		1				7	6	1	10	5	5
56岁	26	11	15	3		3				7	1	6	11	7	4
57岁	17	5	12	2		2				5	1	4	7	3	4
58岁	27	14	13	3		3				11	3	8	8	7	1
59岁	18	11	7	1		1				7	5	2	8	5	3
60岁	18	5	13							9	1	8	6	3	3
61岁	19	11	8	2	2					7	4	3	8	4	4

2－8a 续表 2

单位：人

年龄	残疾人			不识字			未上过学			小学			初中		
	合计	男	女	小计	男	女	小计	男	女	小计	男	女	小计	男	女
62岁	15	4	11	1	1					6	1	5	4		4
63岁	21	12	9	1		1				7	3	4	8	6	2
64岁	28	12	16	2	1	1				9	3	6	10	7	3
65岁	35	18	17	2		2				13	10	3	10	5	5
66岁	51	22	29	3	1	2	1		1	21	9	12	15	5	10
67岁	32	14	18	6		6				10	3	7	9	5	4
68岁	57	25	32	7	1	6				21	6	15	19	11	8
69岁	63	32	31	12	2	10				22	13	9	17	10	7
70岁	67	32	35	5		5	1		1	32	9	23	21	17	4
71岁	49	19	30	8	2	6	2		2	22	8	14	13	7	6
72岁	64	28	36	16	1	15	3		3	26	11	15	6	6	
73岁	37	20	17	4		4				19	8	11	11	10	1
74岁	36	17	19	11	2	9				13	6	7	9	6	3
75岁	42	20	22	13	1	12	1		1	12	7	5	10	7	3
76岁	36	14	22	18	2	16	1		1	10	5	5	3	3	
77岁	24	10	14	7	2	5				12	5	7	2	1	1
78岁	42	19	23	19	4	15	2		2	14	9	5	4	3	1
79岁	30	14	16	15	2	13	2	1	1	9	7	2	2	2	
80岁	27	15	12	12	2	10	1	1		9	8	1	4	4	
81岁	21	11	10	6	1	5	1		1	10	7	3	2	2	
82岁	13	5	8	5		5				5	3	2	2	2	
83岁	14	4	10	7		7				3	2	1	3	2	1
84岁	7	4	3	2		2	2	2		3	2	1			
85＋	30	10	20	16	5	11	1		1	8	4	4	3	1	2

2－8a 续表 3

单位：人

年 龄	高 中			中 专			大学专科			大学本科			研究生		
	小计	男	女	小计	男	女	小计	男	女	小计	男	女	小计	男	女
总 计	**127**	**77**	**50**	**63**	**29**	**34**	**40**	**25**	**15**	**27**	**19**	**8**			
6岁															
7岁															
8岁															
9岁															
10岁															
11岁															
12岁															
13岁															
14岁															
15岁	1		1												
16岁															
17岁	2	2													
18岁															
19岁				1	1										
20岁															
21岁															
22岁															
23岁															
24岁	1		1	1		1									
25岁										1		1			
26岁															
27岁															
28岁	1	1					2	1	1						
29岁	2	2													
30岁				1	1		2		2						
31岁															
32岁	1		1	1		1									

2－8a 续表 4

单位：人

年 龄	高 中			中 专			大学专科			大学本科			研究生		
	小计	男	女	小计	男	女	小计	男	女	小计	男	女	小计	男	女
33岁	2		2				1		1						
34岁	2	1	1												
35岁	4	4													
36岁	2		2	2	1	1	1	1							
37岁	1		1	1	1										
38岁							2	1	1						
39岁	2	1	1												
40岁	2	1	1	1	1					1	1				
41岁	4	4					1	1							
42岁	6	3	3				1		1						
43岁	4	1	3												
44岁	4	3	1												
45岁	3	3					2	1	1						
46岁	7	4	3												
47岁	6	2	4				1	1							
48岁	6	2	4							1	1				
49岁	5	2	3	1		1									
50岁	1	1								1	1				
51岁	4	3	1	1		1									
52岁	4	3	1				1		1						
53岁															
54岁				1		1	2	2							
55岁	4	3	1	1		1				2	1	1			
56岁				3	2	1	1	1		1		1			
57岁	2	1	1				1		1						
58岁	1	1		3	2	1	1	1							
59岁							1		1	1	1				
60岁	2	1	1							1		1			
61岁				2	1	1									

2－8a　续表 5

单位：人

年　龄	高　中			中　专			大学专科			大学本科			研究生		
	小计	男	女	小计	男	女	小计	男	女	小计	男	女	小计	男	女
62岁	3	2	1	1		1									
63岁	3	3		2		2									
64岁	3	1	2	3		3				1		1			
65岁	4	2	2	6	1	5									
66岁				6	3	3	3	3		2	1	1			
67岁	2	1	1	2	2		1	1		2	2				
68岁	3	1	2	2	1	1	1	1		4	4				
69岁	2	2		4	2	2	3	1	2	3	2	1			
70岁	2	2		5	3	2				1	1				
71岁	1		1	1		1				2	2				
72岁	4	4		4	4		3	1	2	2	1	1			
73岁	2	2					1		1						
74岁	1	1					2	2							
75岁	2	1	1	1	1		2	2		1	1				
76岁	2	2		1	1		1	1							
77岁				1		1	2	2							
78岁	2	2		1	1										
79岁	2	2													
80岁	1		1												
81岁				1		1	1	1							
82岁				1		1									
83岁	1		1												
84岁															
85+	1		1	1		1									

2－8b 农村6岁及以上残疾人分年龄、性别的受教育程度

单位：人

年龄	残疾人			不识字			未上过学			小学			初中		
	合计	男	女	小计	男	女	小计	男	女	小计	男	女	小计	男	女
总计	**6010**	**3067**	**2943**	**2545**	**854**	**1691**	**66**	**36**	**30**	**2175**	**1321**	**854**	**975**	**661**	**314**
6岁	11	7	4	7	4	3				4	3	1			
7岁	17	14	3	6	4	2				11	10	1			
8岁	9	6	3	3	2	1				6	4	2			
9岁	19	6	13	2		2				17	6	11			
10岁	13	8	5	8	4	4				5	4	1			
11岁	18	11	7	2	1	1				16	10	6			
12岁	17	15	2	6	5	1				10	9	1	1	1	
13岁	24	12	12	7	4	3				17	8	9			
14岁	34	20	14	7	2	5				21	14	7	6	4	2
15岁	20	5	15	7	2	5				10	2	8	3	1	2
16岁	30	12	18	10	4	6				10	4	6	7	3	4
17岁	31	16	15	8	4	4				12	8	4	10	4	6
18岁	29	15	14	11	6	5				8	3	5	7	3	4
19岁	28	22	6	9	9					11	8	3	8	5	3
20岁	28	11	17	15	6	9				6	2	4	6	3	3
21岁	24	10	14	9	5	4				10	3	7	4	1	3
22岁	39	21	18	17	10	7				10	5	5	8	4	4
23岁	29	19	10	7	4	3	1		1	10	7	3	9	7	2
24岁	45	23	22	19	11	8				13	4	9	12	7	5
25岁	32	16	16	12	6	6				8	3	5	8	3	5
26岁	27	15	12	12	6	6				4	3	1	11	6	5
27岁	30	16	14	13	6	7				4	1	3	10	6	4
28岁	21	10	11	8	3	5				5		5	7	6	1
29岁	24	14	10	11	7	4				7	5	2	5	1	4
30岁	31	18	13	9	4	5				9	5	4	13	9	4
31岁	37	19	18	9	4	5	1	1		9	3	6	16	10	6
32岁	37	23	14	8	5	3				11	5	6	15	11	4

2－8b 续表 1

单位：人

年 龄	残疾人			不识字			未上过学			小 学			初 中		
	合计	男	女	小计	男	女	小计	男	女	小计	男	女	小计	男	女
33岁	66	42	24	25	12	13				16	10	6	23	18	5
34岁	60	32	28	13	5	8				19	10	9	27	17	10
35岁	66	38	28	17	8	9				20	10	10	28	19	9
36岁	61	38	23	18	7	11				22	15	7	19	15	4
37岁	66	36	30	16	10	6	2	2		23	11	12	19	12	7
38岁	60	29	31	18	9	9				28	14	14	13	5	8
39岁	67	36	31	24	15	9				22	10	12	18	10	8
40岁	80	45	35	18	10	8				33	16	17	25	16	9
41岁	81	49	32	16	8	8				24	14	10	34	23	11
42岁	85	48	37	17	9	8	2	1	1	28	14	14	28	16	12
43岁	81	47	34	11	7	4	1		1	23	11	12	33	19	14
44岁	38	18	20	8	3	5				12	7	5	9	4	5
45岁	40	21	19	14	4	10	1	1		10	5	5	8	5	3
46岁	73	44	29	12	4	8				24	12	12	24	17	7
47岁	94	55	39	29	12	17				27	17	10	25	17	8
48岁	77	45	32	17	5	12	1	1		32	19	13	16	9	7
49岁	75	45	30	17	8	9	1		1	24	11	13	23	17	6
50岁	83	37	46	19	8	11	1	1		33	14	19	20	8	12
51岁	91	52	39	29	9	20	1	1		33	20	13	19	15	4
52岁	113	52	61	35	10	25	1		1	51	22	29	21	15	6
53岁	114	69	45	34	18	16	1	1		50	27	23	21	15	6
54岁	98	51	47	41	9	32	1		1	38	28	10	15	12	3
55岁	121	60	61	35	10	25				61	28	33	19	17	2
56岁	128	59	69	30	10	20	4	2	2	65	27	38	26	18	8
57岁	105	54	51	29	10	19	1	1		53	27	26	19	13	6
58岁	109	50	59	36	9	27				55	26	29	16	13	3
59岁	118	65	53	30	9	21	1	1		56	34	22	29	19	10
60岁	123	66	57	35	11	24				54	30	24	30	21	9
61岁	90	49	41	23	5	18				39	22	17	26	20	6

2-8b 续表 2

单位：人

年龄	残疾人			不识字			未上过学			小学			初中		
	合计	男	女	小计	男	女	小计	男	女	小计	男	女	小计	男	女
62岁	99	51	48	25	7	18				47	24	23	26	19	7
63岁	103	59	44	37	16	21	2	1	1	40	25	15	20	13	7
64岁	96	48	48	32	10	22	2		2	39	24	15	21	13	8
65岁	88	52	36	30	7	23				45	34	11	8	6	2
66岁	104	59	45	39	15	24	1	1		43	25	18	16	13	3
67岁	120	67	53	43	9	34	3	2	1	57	45	12	12	9	3
68岁	143	70	73	73	19	54	1		1	54	37	17	11	10	1
69岁	129	58	71	61	15	46	1		1	60	36	24	4	4	
70岁	149	80	69	83	22	61	4	3	1	50	43	7	11	11	
71岁	139	74	65	70	21	49	4	3	1	55	42	13	4	3	1
72岁	145	73	72	90	31	59	3	1	2	39	28	11	8	8	
73岁	160	87	73	96	39	57	3		3	57	44	13	3	3	
74岁	167	65	102	109	27	82	3	2	1	53	34	19	2	2	
75岁	152	76	76	103	37	66	4	3	1	36	27	9	7	7	
76岁	139	57	82	98	24	74	2		2	37	32	5	2	1	1
77岁	127	64	63	81	26	55	1	1		43	35	8	2	2	
78岁	121	50	71	82	24	58	1		1	35	24	11	3	2	1
79岁	101	43	58	69	18	51	4	2	2	26	21	5	2	2	
80岁	94	36	58	71	17	54	1		1	19	16	3	3	3	
81岁	97	39	58	67	18	49	2	1	1	22	15	7	4	3	1
82岁	80	32	48	62	18	44	2	2		13	9	4	3	3	
83岁	75	30	45	53	13	40	1	1		20	15	5			
84岁	45	22	23	33	12	21				10	8	2	2	2	
85+	170	59	111	130	27	103				36	28	8	2	2	

2－8b 续表 3

单位：人

年 龄	高 中			中 专			大学专科			大学本科			研究生		
	小计	男	女	小计	男	女	小计	男	女	小计	男	女	小计	男	女
总 计	**201**	**153**	**48**	**41**	**35**	**6**	**5**	**5**		**2**	**2**				
6岁															
7岁															
8岁															
9岁															
10岁															
11岁															
12岁															
13岁															
14岁															
15岁															
16岁	2	1	1	1		1									
17岁	1		1												
18岁	2	2		1	1										
19岁															
20岁	1		1												
21岁	1	1													
22岁	2	2		2		2									
23岁	1		1							1	1				
24岁	1	1													
25岁	3	3		1	1										
26岁															
27岁	1	1		2	2										
28岁	1	1													
29岁				1	1										
30岁															
31岁	1	1		1		1									
32岁	2	1	1				1	1							

2－8b 续表 4

单位：人

年龄	高中			中专			大学专科			大学本科			研究生		
	小计	男	女	小计	男	女	小计	男	女	小计	男	女	小计	男	女
33岁	1	1		1	1										
34岁	1		1												
35岁				1	1										
36岁	2	1	1												
37岁	6	1	5												
38岁	1	1													
39岁	3	1	2												
40岁	3	2	1	1	1										
41岁	6	3	3	1	1										
42岁	10	8	2												
43岁	13	10	3												
44岁	9	4	5												
45岁	7	6	1												
46岁	13	11	2												
47岁	13	9	4												
48岁	11	11													
49岁	9	8	1				1	1							
50岁	10	6	4												
51岁	7	5	2	2	2										
52岁	5	5													
53岁	8	8													
54岁	3	2	1												
55岁	5	4	1	1	1										
56岁	3	2	1												
57岁	2	2		1	1										
58岁	2	2													
59岁	1	1		1	1										
60岁				3	3		1	1							
61岁	2	2													

2－8b 续表 5

单位：人

年龄	高中			中专			大学专科			大学本科			研究生		
	小计	男	女	小计	男	女	小计	男	女	小计	男	女	小计	男	女
62岁	1	1													
63岁	3	3		1	1										
64岁	1	1		1		1									
65岁	4	4		1	1										
66岁	1	1		4	4										
67岁	3	1	2	2	1	1									
68岁	2	2		2	2										
69岁	1	1		2	2										
70岁				1	1										
71岁	5	4	1				1	1							
72岁	1	1		3	3					1	1				
73岁	1	1													
74岁															
75岁				2	2										
76岁															
77岁															
78岁															
79岁															
80岁															
81岁	2	2													
82岁															
83岁	1	1													
84岁															
85＋				1	1		1	1							

2－9　各地区6岁及以上残疾人分性别的受教育程度

单位：人

地　区	残疾人			不识字			未上过学			小　学			初　中		
	合计	男	女	小计	男	女	小计	男	女	小计	男	女	小计	男	女
总　计	**7374**	**3714**	**3660**	**2795**	**903**	**1892**	**88**	**44**	**44**	**2610**	**1521**	**1089**	**1375**	**901**	**474**
唐山市丰润区	258	131	127	68	14	54	1	1		112	71	41	55	33	22
石家庄市新华区	363	148	215	87	14	73	4	1	3	95	45	50	98	44	54
石家庄市长安区	319	161	158	62	16	46	2		2	112	54	58	85	57	28
石家庄市桥东区	409	192	217	66	7	59	9	2	7	159	78	81	110	69	41
邯郸市复兴区	195	103	92	49	19	30	3	2	1	49	24	25	61	37	24
唐山市古冶区	180	93	87	61	18	43	2	2		52	33	19	50	30	20
任丘市	225	120	105	75	20	55	8	4	4	101	62	39	36	30	6
武安市	252	129	123	90	24	66				92	51	41	60	46	14
辛集市	222	110	112	82	30	52				84	48	36	44	25	19
深州市	184	89	95	49	14	35	3	2	1	88	43	45	39	26	13
三河市	258	130	128	132	40	92	3	3		84	56	28	31	24	7
安国市	251	127	124	106	41	65	8	2	6	86	48	38	36	25	11
昌黎县	181	92	89	59	19	40	3	2	1	78	48	30	23	11	12
永清县	276	133	143	94	33	61	9	4	5	115	62	53	43	25	18
定兴县	187	104	83	84	28	56	5	1	4	70	55	15	26	18	8
无极县	170	87	83	86	31	55	2	1	1	45	28	17	32	24	8
望都县	220	103	117	90	29	61				69	32	37	50	34	16
魏　县	213	93	120	132	40	92	1	1		48	30	18	28	18	10
威　县	260	116	144	147	44	103				90	53	37	16	12	4
临西县	233	114	119	120	33	87	3	2	1	71	50	21	32	24	8
广平县	238	117	121	137	35	102				59	48	11	31	25	6
景　县	187	97	90	68	16	52	1		1	83	53	30	27	20	7
吴桥县	188	102	86	46	18	28				88	44	44	47	34	13
南皮县	236	115	121	98	33	65	2	2		85	43	42	42	28	14
青龙满族自治县	260	141	119	131	53	78	1		1	89	54	35	25	20	5
隆化县	255	142	113	126	53	73	3	3		77	49	28	39	28	11
涿鹿县	248	134	114	88	40	48	11	8	3	98	53	45	39	27	12
磁　县	275	123	152	129	36	93	1		1	94	48	46	40	29	11
平山县	231	121	110	100	42	58	1		1	66	45	21	52	23	29
井陉县	189	108	81	33	11	22	1		1	84	46	38	56	37	19
张北县	211	139	72	100	52	48	1	1		87	67	20	22	18	4

2－9 续表

单位：人

地区	高中			中专			大学专科			大学本科			研究生		
	小计	男	女	小计	男	女	小计	男	女	小计	男	女	小计	男	女
总　计	**328**	**230**	**98**	**104**	**64**	**40**	**45**	**30**	**15**	**29**	**21**	**8**			
唐山市丰润区	14	7	7	5	2	3	2	2		1	1				
石家庄市新华区	29	18	11	16	6	10	18	11	7	16	9	7			
石家庄市长安区	36	22	14	13	5	8	4	3	1	5	4	1			
石家庄市桥东区	35	20	15	18	8	10	9	5	4	3	3				
邯郸市复兴区	24	17	7	4	1	3	5	3	2						
唐山市古冶区	11	6	5	2	2					2	2				
任丘市	3	2	1	1	1					1	1				
武安市	6	4	2	3	3		1	1							
辛集市	9	6	3	3	1	2									
深州市	5	4	1												
三河市	7	6	1	1	1										
安国市	9	7	2	3	2	1	2	1	1	1	1				
昌黎县	14	9	5	4	3	1									
永清县	11	6	5	4	3	1									
定兴县	2	2													
无极县	5	3	2												
望都县	9	6	3	1	1		1	1							
魏　县	4	4													
威　县	3	3		3	3		1	1							
临西县	6	4	2	1	1										
广平县	10	8	2	1	1										
景　县	3	3		5	5										
吴桥县	5	5		2	1	1									
南皮县	7	7		2	2										
青龙满族自治县	9	9		5	5										
隆化县	7	6	1	2	2		1	1							
涿鹿县	11	5	6				1	1							
磁　县	9	8	1	2	2										
平山县	11	10	1	1	1										
井陉县	13	12	1	2	2										
张北县	1	1													

2－10 各地区15岁及以上残疾人分性别的文盲人口

单位：人，%

地 区	残疾人口			文盲人口			文盲人口占残疾人口的比例		
	合计	男	女	小计	男	女	小计	男	女
总 计	**7196**	**3607**	**3589**	**2742**	**874**	**1868**	**38.10**	**24.23**	**52.05**
唐山市丰润区	254	129	125	67	14	53	26.38	10.85	42.40
石家庄市新华区	357	145	212	84	12	72	23.53	8.28	33.96
石家庄市长安区	318	160	158	62	16	46	19.50	10.00	29.11
石家庄市桥东区	406	189	217	66	7	59	16.26	3.70	27.19
邯郸市复兴区	189	101	88	45	17	28	23.81	16.83	31.82
唐山市古冶区	176	91	85	60	18	42	34.09	19.78	49.41
任丘市	219	115	104	75	20	55	34.25	17.39	52.88
武安市	243	125	118	89	24	65	36.63	19.20	55.08
辛集市	219	107	112	81	29	52	36.99	27.10	46.43
深州市	180	86	94	45	11	34	25.00	12.79	36.17
三河市	251	127	124	130	40	90	51.79	31.50	72.58
安国市	243	121	122	102	38	64	41.98	31.40	52.46
昌黎县	178	91	87	59	19	40	33.15	20.88	45.98
永清县	271	130	141	94	33	61	34.69	25.38	43.26
定兴县	184	101	83	83	27	56	45.11	26.73	67.47
无极县	166	86	80	84	30	54	50.60	34.88	67.50
望都县	216	101	115	88	28	60	40.74	27.72	52.17
魏 县	205	88	117	128	37	91	62.44	42.05	77.78
威 县	250	111	139	144	43	101	57.60	38.74	72.66
临西县	222	106	116	118	31	87	53.15	29.25	75.00
广平县	231	111	120	136	34	102	58.87	30.63	85.00
景 县	184	95	89	67	16	51	36.41	16.84	57.30
吴桥县	181	100	81	45	18	27	24.86	18.00	33.33
南皮县	223	108	115	96	32	64	43.05	29.63	55.65
青龙满族自治县	257	139	118	130	53	77	50.58	38.13	65.25
隆化县	249	137	112	124	52	72	49.80	37.96	64.29
涿鹿县	240	132	108	86	39	47	35.83	29.55	43.52
磁 县	270	122	148	126	35	91	46.67	28.69	61.49
平山县	225	115	110	99	41	58	44.00	35.65	52.73
井陉县	184	104	80	30	9	21	16.30	8.65	26.25
张北县	205	134	71	99	51	48	48.29	38.06	67.61

2－10a 各地区城镇15岁及以上残疾人分性别的文盲人口

单位：人，%

地区	残疾人口			文盲人口			文盲人口占残疾人口的比例		
	合计	男	女	小计	男	女	小计	男	女
总　计	**1348**	**639**	**709**	**245**	**46**	**199**	**18.18**	**7.20**	**28.07**
唐山市丰润区	39	19	20	4		4	10.26		20.00
石家庄市新华区	261	105	156	45	4	41	17.24	3.81	26.28
石家庄市长安区	244	125	119	33	10	23	13.52	8.00	19.33
石家庄市桥东区	406	189	217	66	7	59	16.26	3.70	27.19
邯郸市复兴区	119	61	58	25	9	16	21.01	14.75	27.59
唐山市古冶区	123	59	64	40	12	28	32.52	20.34	43.75
任丘市									
武安市	7	5	2	1		1	14.29		50.00
辛集市	16	9	7	3	1	2	18.75	11.11	28.57
深州市									
三河市									
安国市	21	8	13	4		4	19.05		30.77
昌黎县	16	9	7	3		3	18.75		42.86
永清县									
定兴县									
无极县									
望都县									
魏　县									
威　县									
临西县									
广平县									
景　县	20	12	8	2		2	10.00		25.00
吴桥县	14	8	6	5	1	4	35.71	12.50	66.67
南皮县									
青龙满族自治县									
隆化县	26	15	11	7	1	6	26.92	6.67	54.55
涿鹿县	36	15	21	7	1	6	19.44	6.67	28.57
磁　县									
平山县									
井陉县									
张北县									

2－10b 各地区农村15岁及以上残疾人分性别的文盲人口

单位：人，%

地 区	残疾人口			文盲人口			文盲人口占残疾人口的比例		
	合计	男	女	小计	男	女	小计	男	女
总 计	**5848**	**2968**	**2880**	**2497**	**828**	**1669**	**42.70**	**27.90**	**57.95**
唐山市丰润区	215	110	105	63	14	49	29.30	12.73	46.67
石家庄市新华区	96	40	56	39	8	31	40.63	20.00	55.36
石家庄市长安区	74	35	39	29	6	23	39.19	17.14	58.97
石家庄市桥东区									
邯郸市复兴区	70	40	30	20	8	12	28.57	20.00	40.00
唐山市古冶区	53	32	21	20	6	14	37.74	18.75	66.67
任丘市	219	115	104	75	20	55	34.25	17.39	52.88
武安市	236	120	116	88	24	64	37.29	20.00	55.17
辛集市	203	98	105	78	28	50	38.42	28.57	47.62
深州市	180	86	94	45	11	34	25.00	12.79	36.17
三河市	251	127	124	130	40	90	51.79	31.50	72.58
安国市	222	113	109	98	38	60	44.14	33.63	55.05
昌黎县	162	82	80	56	19	37	34.57	23.17	46.25
永清县	271	130	141	94	33	61	34.69	25.38	43.26
定兴县	184	101	83	83	27	56	45.11	26.73	67.47
无极县	166	86	80	84	30	54	50.60	34.88	67.50
望都县	216	101	115	88	28	60	40.74	27.72	52.17
魏 县	205	88	117	128	37	91	62.44	42.05	77.78
威 县	250	111	139	144	43	101	57.60	38.74	72.66
临西县	222	106	116	118	31	87	53.15	29.25	75.00
广平县	231	111	120	136	34	102	58.87	30.63	85.00
景 县	164	83	81	65	16	49	39.63	19.28	60.49
吴桥县	167	92	75	40	17	23	23.95	18.48	30.67
南皮县	223	108	115	96	32	64	43.05	29.63	55.65
青龙满族自治县	257	139	118	130	53	77	50.58	38.13	65.25
隆化县	223	122	101	117	51	66	52.47	41.80	65.35
涿鹿县	204	117	87	79	38	41	38.73	32.48	47.13
磁 县	270	122	148	126	35	91	46.67	28.69	61.49
平山县	225	115	110	99	41	58	44.00	35.65	52.73
井陉县	184	104	80	30	9	21	16.30	8.65	26.25
张北县	205	134	71	99	51	48	48.29	38.06	67.61

2－11 15岁及以上残疾人分年龄、性别的文盲人口

单位：人，%

年 龄	残疾人口			文盲人口			文盲人口占残疾人口的比例		
	合计	男	女	小计	男	女	小计	男	女
总 计	**7196**	**3607**	**3589**	**2742**	**874**	**1868**	**38.10**	**24.23**	**52.05**
15-19	**152**	**77**	**75**	**50**	**26**	**24**	**32.89**	**33.77**	**32.00**
15岁	21	5	16	7	2	5	33.33	40.00	31.25
16岁	34	12	22	12	4	8	35.29	33.33	36.36
17岁	34	18	16	9	4	5	26.47	22.22	31.25
18岁	31	16	15	12	6	6	38.71	37.50	40.00
19岁	32	26	6	10	10		31.25	38.46	
20-24	**180**	**92**	**88**	**70**	**36**	**34**	**38.89**	**39.13**	**38.64**
20岁	31	13	18	16	6	10	51.61	46.15	55.56
21岁	25	11	14	9	5	4	36.00	45.45	28.57
22岁	40	21	19	17	10	7	42.50	47.62	36.84
23岁	34	23	11	8	4	4	23.53	17.39	36.36
24岁	50	24	26	20	11	9	40.00	45.83	34.62
25-29	**155**	**86**	**69**	**61**	**30**	**31**	**39.35**	**34.88**	**44.93**
25岁	40	22	18	14	7	7	35.00	31.82	38.89
26岁	29	17	12	13	7	6	44.83	41.18	50.00
27岁	32	17	15	14	6	8	43.75	35.29	53.33
28岁	24	12	12	8	3	5	33.33	25.00	41.67
29岁	30	18	12	12	7	5	40.00	38.89	41.67
30-34	**260**	**144**	**116**	**68**	**32**	**36**	**26.15**	**22.22**	**31.03**
30岁	37	21	16	10	4	6	27.03	19.05	37.50
31岁	41	21	20	10	5	5	24.39	23.81	25.00
32岁	43	25	18	9	6	3	20.93	24.00	16.67
33岁	73	43	30	25	12	13	34.25	27.91	43.33
34岁	66	34	32	14	5	9	21.21	14.71	28.13

2-11 续表 1

单位：人，%

年 龄	残疾人口			文盲人口			文盲人口占残疾人口的比例		
	合计	男	女	小计	男	女	小计	男	女
35-39	**372**	**205**	**167**	**98**	**52**	**46**	**26.34**	**25.37**	**27.54**
35岁	75	43	32	17	8	9	22.67	18.60	28.13
36岁	75	43	32	19	7	12	25.33	16.28	37.50
37岁	82	46	36	18	12	6	21.95	26.09	16.67
38岁	67	34	33	19	10	9	28.36	29.41	27.27
39岁	73	39	34	25	15	10	34.25	38.46	29.41
40-44	**423**	**236**	**187**	**73**	**38**	**35**	**17.26**	**16.10**	**18.72**
40岁	91	51	40	19	10	9	20.88	19.61	22.50
41岁	91	56	35	16	8	8	17.58	14.29	22.86
42岁	100	54	46	17	9	8	17.00	16.67	17.39
43岁	94	52	42	11	7	4	11.70	13.46	9.52
44岁	47	23	24	10	4	6	21.28	17.39	25.00
45-49	**433**	**251**	**182**	**95**	**37**	**58**	**21.94**	**14.74**	**31.87**
45岁	55	29	26	16	5	11	29.09	17.24	42.31
46岁	83	50	33	13	4	9	15.66	8.00	27.27
47岁	109	63	46	29	12	17	26.61	19.05	36.96
48岁	96	56	40	18	6	12	18.75	10.71	30.00
49岁	90	53	37	19	10	9	21.11	18.87	24.32
50-54	**593**	**309**	**284**	**162**	**55**	**107**	**27.32**	**17.80**	**37.68**
50岁	96	45	51	21	9	12	21.88	20.00	23.53
51岁	111	61	50	29	9	20	26.13	14.75	40.00
52岁	129	57	72	36	10	26	27.91	17.54	36.11
53岁	133	78	55	34	18	16	25.56	23.08	29.09
54岁	124	68	56	42	9	33	33.87	13.24	58.93
55-59	**694**	**344**	**350**	**170**	**48**	**122**	**24.50**	**13.95**	**34.86**
55岁	146	75	71	36	10	26	24.66	13.33	36.62
56岁	154	70	84	33	10	23	21.43	14.29	27.38
57岁	122	59	63	31	10	21	25.41	16.95	33.33
58岁	136	64	72	39	9	30	28.68	14.06	41.67
59岁	136	76	60	31	9	22	22.79	11.84	36.67

2－11 续表 2

单位：人，%

年 龄	残疾人口			文盲人口			文盲人口占残疾人口的比例		
	合计	男	女	小计	男	女	小计	男	女
60-64	**612**	**317**	**295**	**158**	**53**	**105**	**25.82**	**16.72**	**35.59**
60岁	141	71	70	35	11	24	24.82	15.49	34.29
61岁	109	60	49	25	7	18	22.94	11.67	36.73
62岁	114	55	59	26	8	18	22.81	14.55	30.51
63岁	124	71	53	38	16	22	30.65	22.54	41.51
64岁	124	60	64	34	11	23	27.42	18.33	35.94
65-69	**822**	**417**	**405**	**276**	**69**	**207**	**33.58**	**16.55**	**51.11**
65岁	123	70	53	32	7	25	26.02	10.00	47.17
66岁	155	81	74	42	16	26	27.10	19.75	35.14
67岁	152	81	71	49	9	40	32.24	11.11	56.34
68岁	200	95	105	80	20	60	40.00	21.05	57.14
69岁	192	90	102	73	17	56	38.02	18.89	54.90
70-74	**1013**	**495**	**518**	**492**	**145**	**347**	**48.57**	**29.29**	**66.99**
70岁	216	112	104	88	22	66	40.74	19.64	63.46
71岁	188	93	95	78	23	55	41.49	24.73	57.89
72岁	209	101	108	106	32	74	50.72	31.68	68.52
73岁	197	107	90	100	39	61	50.76	36.45	67.78
74岁	203	82	121	120	29	91	59.11	35.37	75.21
75-79	**814**	**367**	**447**	**505**	**140**	**365**	**62.04**	**38.15**	**81.66**
75岁	194	96	98	116	38	78	59.79	39.58	79.59
76岁	175	71	104	116	26	90	66.29	36.62	86.54
77岁	151	74	77	88	28	60	58.28	37.84	77.92
78岁	163	69	94	101	28	73	61.96	40.58	77.66
79岁	131	57	74	84	20	64	64.12	35.09	86.49
80-84	**473**	**198**	**275**	**318**	**81**	**237**	**67.23**	**40.91**	**86.18**
80岁	121	51	70	83	19	64	68.60	37.25	91.43
81岁	118	50	68	73	19	54	61.86	38.00	79.41
82岁	93	37	56	67	18	49	72.04	48.65	87.50
83岁	89	34	55	60	13	47	67.42	38.24	85.45
84岁	52	26	26	35	12	23	67.31	46.15	88.46
85+	**200**	**69**	**131**	**146**	**32**	**114**	**73.00**	**46.38**	**87.02**

2－12 15岁及以上残疾人分年龄、性别的婚姻状况

单位：人

年 龄	残疾人口			未 婚			初婚有配偶		
	合计	男	女	小计	男	女	小计	男	女
总 计	**7196**	**3607**	**3589**	**846**	**690**	**156**	**4418**	**2274**	**2144**
15-19	**152**	**77**	**75**	**152**	**77**	**75**			
15岁	21	5	16	21	5	16			
16岁	34	12	22	34	12	22			
17岁	34	18	16	34	18	16			
18岁	31	16	15	31	16	15			
19岁	32	26	6	32	26	6			
20-24	**180**	**92**	**88**	**121**	**77**	**44**	**56**	**14**	**42**
20岁	31	13	18	26	13	13	5		5
21岁	25	11	14	20	11	9	5		5
22岁	40	21	19	27	19	8	12	2	10
23岁	34	23	11	21	16	5	12	6	6
24岁	50	24	26	27	18	9	22	6	16
25-29	**155**	**86**	**69**	**63**	**48**	**15**	**87**	**35**	**52**
25岁	40	22	18	18	15	3	22	7	15
26岁	29	17	12	11	9	2	18	8	10
27岁	32	17	15	15	10	5	16	7	9
28岁	24	12	12	7	5	2	15	5	10
29岁	30	18	12	12	9	3	16	8	8
30-34	**260**	**144**	**116**	**64**	**57**	**7**	**172**	**74**	**98**
30岁	37	21	16	9	7	2	25	13	12
31岁	41	21	20	12	11	1	29	10	19
32岁	43	25	18	9	8	1	32	15	17
33岁	73	43	30	24	21	3	36	17	19
34岁	66	34	32	10	10		50	19	31

2－12 续表 1

单位：人

年 龄	残疾人口			未 婚			初婚有配偶		
	合计	男	女	小计	男	女	小计	男	女
35-39	**372**	**205**	**167**	**90**	**86**	**4**	**252**	**102**	**150**
35岁	75	43	32	17	16	1	53	24	29
36岁	75	43	32	18	17	1	51	24	27
37岁	82	46	36	21	20	1	53	22	31
38岁	67	34	33	16	15	1	47	16	31
39岁	73	39	34	18	18		48	16	32
40-44	**423**	**236**	**187**	**80**	**74**	**6**	**317**	**151**	**166**
40岁	91	51	40	19	18	1	64	29	35
41岁	91	56	35	22	21	1	64	33	31
42岁	100	54	46	21	17	4	75	36	39
43岁	94	52	42	10	10		77	38	39
44岁	47	23	24	8	8		37	15	22
45-49	**433**	**251**	**182**	**66**	**66**		**334**	**169**	**165**
45岁	55	29	26	8	8		43	20	23
46岁	83	50	33	9	9		68	37	31
47岁	109	63	46	14	14		82	43	39
48岁	96	56	40	17	17		75	38	37
49岁	90	53	37	18	18		66	31	35
50-54	**593**	**309**	**284**	**69**	**68**	**1**	**465**	**216**	**249**
50岁	96	45	51	12	12		72	29	43
51岁	111	61	50	12	12		88	44	44
52岁	129	57	72	8	8		111	46	65
53岁	133	78	55	23	23		97	47	50
54岁	124	68	56	14	13	1	97	50	47
55-59	**694**	**344**	**350**	**48**	**46**	**2**	**562**	**261**	**301**
55岁	146	75	71	9	9		121	57	64
56岁	154	70	84	10	9	1	130	55	75
57岁	122	59	63	14	13	1	92	41	51
58岁	136	64	72	7	7		110	49	61
59岁	136	76	60	8	8		109	59	50

2－12 续表 2

单位：人

年龄	残疾人口			未婚			初婚有配偶		
	合计	男	女	小计	男	女	小计	男	女
60-64	**612**	**317**	**295**	**31**	**31**		**472**	**249**	**223**
60岁	141	71	70	6	6		112	54	58
61岁	109	60	49	7	7		89	50	39
62岁	114	55	59	6	6		86	43	43
63岁	124	71	53	8	8		93	55	38
64岁	124	60	64	4	4		92	47	45
65-69	**822**	**417**	**405**	**28**	**28**		**574**	**319**	**255**
65岁	123	70	53	8	8		95	60	35
66岁	155	81	74	5	5		114	61	53
67岁	152	81	71	4	4		105	64	41
68岁	200	95	105	9	9		135	72	63
69岁	192	90	102	2	2		125	62	63
70-74	**1013**	**495**	**518**	**17**	**17**		**576**	**337**	**239**
70岁	216	112	104	4	4		128	83	45
71岁	188	93	95	5	5		113	61	52
72岁	209	101	108	3	3		118	66	52
73岁	197	107	90	4	4		111	74	37
74岁	203	82	121	1	1		106	53	53
75-79	**814**	**367**	**447**	**10**	**10**		**354**	**213**	**141**
75岁	194	96	98	2	2		96	58	38
76岁	175	71	104	4	4		82	42	40
77岁	151	74	77	2	2		60	42	18
78岁	163	69	94				71	45	26
79岁	131	57	74	2	2		45	26	19
80-84	**473**	**198**	**275**	**6**	**5**	**1**	**163**	**107**	**56**
80岁	121	51	70	1	1		46	29	17
81岁	118	50	68	1	1		35	26	9
82岁	93	37	56				34	21	13
83岁	89	34	55	2	2		36	22	14
84岁	52	26	26	2	1	1	12	9	3
85+	**200**	**69**	**131**	**1**		**1**	**34**	**27**	**7**

2－12 续表 3

单位：人

年 龄	再婚有配偶			离 婚			丧 偶		
	小计	男	女	小计	男	女	小计	男	女
总 计	**153**	**62**	**91**	**81**	**65**	**16**	**1698**	**516**	**1182**
15－19									
15岁									
16岁									
17岁									
18岁									
19岁									
20－24	**1**		**1**	**2**	**1**	**1**			
20岁									
21岁									
22岁	1		1						
23岁				1	1				
24岁				1		1			
25－29	**1**		**1**	**4**	**3**	**1**			
25岁									
26岁									
27岁				1		1			
28岁				2	2				
29岁	1		1	1	1				
30－34	**10**	**1**	**9**	**14**	**12**	**2**			
30岁	2		2	1	1				
31岁									
32岁				2	2				
33岁	7	1	6	6	4	2			
34岁	1		1	5	5				

2-12 续表 4

单位：人

年龄	再婚有配偶			离婚			丧偶		
	小计	男	女	小计	男	女	小计	男	女
35-39	**10**	**2**	**8**	**17**	**12**	**5**	**3**	**3**	
35岁	1		1	3	2	1	1	1	
36岁	2		2	4	2	2			
37岁	3		3	4	3	1	1	1	
38岁				3	2	1	1	1	
39岁	4	2	2	3	3				
40-44	**11**	**1**	**10**	**10**	**9**	**1**	**5**	**1**	**4**
40岁	3		3	4	4		1		1
41岁	3		3	2	2				
42岁	1		1	1	1		2		2
43岁	3	1	2	3	2	1	1	1	
44岁	1		1				1		1
45-49	**14**	**6**	**8**	**9**	**7**	**2**	**10**	**3**	**7**
45岁	1		1	3	1	2			
46岁	4	3	1	1	1		1		1
47岁	5	2	3	2	2		6	2	4
48岁	2		2				2	1	1
49岁	2	1	1	3	3		1		1
50-54	**16**	**4**	**12**	**11**	**9**	**2**	**32**	**12**	**20**
50岁	3		3	2	2		7	2	5
51岁	3	1	2	3	2	1	5	2	3
52岁	1		1	1	1		8	2	6
53岁	5	3	2	1	1		7	4	3
54岁	4		4	4	3	1	5	2	3
55-59	**18**	**7**	**11**	**9**	**9**		**57**	**21**	**36**
55岁	3	1	2	1	1		12	7	5
56岁	5	2	3	2	2		7	2	5
57岁	3	1	2	2	2		11	2	9
58岁	3	1	2	1	1		15	6	9
59岁	4	2	2	3	3		12	4	8

2－12 续表 5

单位：人

年 龄	再婚有配偶			离 婚			丧 偶		
	小计	男	女	小计	男	女	小计	男	女
60-64	**11**	**5**	**6**	**1**		**1**	**97**	**32**	**65**
60岁	3	3					20	8	12
61岁	1		1				12	3	9
62岁	3	1	2	1		1	18	5	13
63岁	2	1	1				21	7	14
64岁	2		2				26	9	17
65-69	**28**	**13**	**15**	**2**	**2**		**190**	**55**	**135**
65岁	1		1				19	2	17
66岁	6	2	4				30	13	17
67岁	3	1	2				40	12	28
68岁	9	5	4	1	1		46	8	38
69岁	9	5	4	1	1		55	20	35
70-74	**15**	**9**	**6**	**1**		**1**	**404**	**132**	**272**
70岁	4	3	1				80	22	58
71岁	3	2	1	1		1	66	25	41
72岁	5	3	2				83	29	54
73岁	2	1	1				80	28	52
74岁	1		1				95	28	67
75-79	**14**	**10**	**4**	**1**	**1**		**435**	**133**	**302**
75岁	4	3	1				92	33	59
76岁				1	1		88	24	64
77岁	4	2	2				85	28	57
78岁	1		1				91	24	67
79岁	5	5					79	24	55
80-84	**3**	**3**					**301**	**83**	**218**
80岁	1	1					73	20	53
81岁	1	1					81	22	59
82岁	1	1					58	15	43
83岁							51	10	41
84岁							38	16	22
85+	**1**	**1**					**164**	**41**	**123**

2－13 残疾人分年龄、性别的经济活动人口

单位：人

年龄	残疾人口			在业人口			不在业人口		
	合计	男	女	小计	男	女	小计	男	女
总 计	**7196**	**3607**	**3589**	**2076**	**1332**	**744**	**5120**	**2275**	**2845**
15-19	**152**	**77**	**75**	**41**	**21**	**20**	**111**	**56**	**55**
15岁	21	5	16	5	2	3	16	3	13
16岁	34	12	22	4	1	3	30	11	19
17岁	34	18	16	14	9	5	20	9	11
18岁	31	16	15	9	3	6	22	13	9
19岁	32	26	6	9	6	3	23	20	3
20-24	**180**	**92**	**88**	**73**	**41**	**32**	**107**	**51**	**56**
20岁	31	13	18	15	7	8	16	6	10
21岁	25	11	14	11	4	7	14	7	7
22岁	40	21	19	14	8	6	26	13	13
23岁	34	23	11	14	11	3	20	12	8
24岁	50	24	26	19	11	8	31	13	18
25-29	**155**	**86**	**69**	**82**	**51**	**31**	**73**	**35**	**38**
25岁	40	22	18	21	10	11	19	12	7
26岁	29	17	12	17	11	6	12	6	6
27岁	32	17	15	16	12	4	16	5	11
28岁	24	12	12	13	7	6	11	5	6
29岁	30	18	12	15	11	4	15	7	8
30-34	**260**	**144**	**116**	**155**	**94**	**61**	**105**	**50**	**55**
30岁	37	21	16	23	16	7	14	5	9
31岁	41	21	20	23	12	11	18	9	9
32岁	43	25	18	30	21	9	13	4	9
33岁	73	43	30	38	23	15	35	20	15
34岁	66	34	32	41	22	19	25	12	13

2－13 续表 1

单位：人

年 龄	残疾人口			在业人口			不在业人口		
	合计	男	女	小计	男	女	小计	男	女
35-39	**372**	**205**	**167**	**212**	**128**	**84**	**160**	**77**	**83**
35岁	75	43	32	43	29	14	32	14	18
36岁	75	43	32	42	28	14	33	15	18
37岁	82	46	36	48	29	19	34	17	17
38岁	67	34	33	34	20	14	33	14	19
39岁	73	39	34	45	22	23	28	17	11
40-44	**423**	**236**	**187**	**249**	**155**	**94**	**174**	**81**	**93**
40岁	91	51	40	52	32	20	39	19	20
41岁	91	56	35	56	36	20	35	20	15
42岁	100	54	46	59	37	22	41	17	24
43岁	94	52	42	59	38	21	35	14	21
44岁	47	23	24	23	12	11	24	11	13
45-49	**433**	**251**	**182**	**273**	**175**	**98**	**160**	**76**	**84**
45岁	55	29	26	35	19	16	20	10	10
46岁	83	50	33	54	37	17	29	13	16
47岁	109	63	46	64	43	21	45	20	25
48岁	96	56	40	59	38	21	37	18	19
49岁	90	53	37	61	38	23	29	15	14
50-54	**593**	**309**	**284**	**305**	**177**	**128**	**288**	**132**	**156**
50岁	96	45	51	63	34	29	33	11	22
51岁	111	61	50	57	35	22	54	26	28
52岁	129	57	72	69	35	34	60	22	38
53岁	133	78	55	58	37	21	75	41	34
54岁	124	68	56	58	36	22	66	32	34
55-59	**694**	**344**	**350**	**291**	**182**	**109**	**403**	**162**	**241**
55岁	146	75	71	58	34	24	88	41	47
56岁	154	70	84	79	45	34	75	25	50
57岁	122	59	63	49	34	15	73	25	48
58岁	136	64	72	50	30	20	86	34	52
59岁	136	76	60	55	39	16	81	37	44

2－13 续表 2

单位：人

年龄	残疾人口			在业人口			不在业人口		
	合计	男	女	小计	男	女	小计	男	女
60-64	**612**	**317**	**295**	**164**	**116**	**48**	**448**	**201**	**247**
60岁	141	71	70	50	33	17	91	38	53
61岁	109	60	49	25	18	7	84	42	42
62岁	114	55	59	31	23	8	83	32	51
63岁	124	71	53	32	26	6	92	45	47
64岁	124	60	64	26	16	10	98	44	54
65-69	**822**	**417**	**405**	**123**	**100**	**23**	**699**	**317**	**382**
65岁	123	70	53	23	17	6	100	53	47
66岁	155	81	74	28	20	8	127	61	66
67岁	152	81	71	28	25	3	124	56	68
68岁	200	95	105	27	22	5	173	73	100
69岁	192	90	102	17	16	1	175	74	101
70-74	**1013**	**495**	**518**	**81**	**69**	**12**	**932**	**426**	**506**
70岁	216	112	104	24	21	3	192	91	101
71岁	188	93	95	8	7	1	180	86	94
72岁	209	101	108	15	11	4	194	90	104
73岁	197	107	90	19	17	2	178	90	88
74岁	203	82	121	15	13	2	188	69	119
75-79	**814**	**367**	**447**	**25**	**22**	**3**	**789**	**345**	**444**
75岁	194	96	98	13	10	3	181	86	95
76岁	175	71	104	4	4		171	67	104
77岁	151	74	77	4	4		147	70	77
78岁	163	69	94	1	1		162	68	94
79岁	131	57	74	3	3		128	54	74
80-84	**473**	**198**	**275**	**2**	**1**	**1**	**471**	**197**	**274**
80岁	121	51	70				121	51	70
81岁	118	50	68	1	1		117	49	68
82岁	93	37	56				93	37	56
83岁	89	34	55	1		1	88	34	54
84岁	52	26	26				52	26	26
85+	**200**	**69**	**131**				**200**	**69**	**131**

2－13a 城镇残疾人分年龄、性别的经济活动人口

单位：人

年 龄	残疾人口			在业人口			不在业人口		
	合计	男	女	小计	男	女	小计	男	女
总 计	**1348**	**639**	**709**	**173**	**116**	**57**	**1175**	**523**	**652**
15-19	**14**	**7**	**7**				**14**	**7**	**7**
15岁	1		1				1		1
16岁	4		4				4		4
17岁	3	2	1				3	2	1
18岁	2	1	1				2	1	1
19岁	4	4					4	4	
20-24	**15**	**8**	**7**	**1**	**1**		**14**	**7**	**7**
20岁	3	2	1				3	2	1
21岁	1	1		1	1				
22岁	1		1				1		1
23岁	5	4	1				5	4	1
24岁	5	1	4				5	1	4
25-29	**21**	**15**	**6**	**7**	**5**	**2**	**14**	**10**	**4**
25岁	8	6	2	2	1	1	6	5	1
26岁	2	2					2	2	
27岁	2	1	1				2	1	1
28岁	3	2	1	3	2	1			
29岁	6	4	2	2	2		4	2	2
30-34	**29**	**10**	**19**	**16**	**5**	**11**	**13**	**5**	**8**
30岁	6	3	3	4	3	1	2		2
31岁	4	2	2	3	1	2	1	1	
32岁	6	2	4	3	1	2	3	1	2
33岁	7	1	6	4		4	3	1	2
34岁	6	2	4	2		2	4	2	2

2－13a 续表 1

单位：人

年 龄	残疾人口			在业人口			不在业人口		
	合计	男	女	小计	男	女	小计	男	女
35-39	**52**	**28**	**24**	**27**	**15**	**12**	**25**	**13**	**12**
35岁	9	5	4	6	4	2	3	1	2
36岁	14	5	9	6	2	4	8	3	5
37岁	16	10	6	8	5	3	8	5	3
38岁	7	5	2	5	4	1	2	1	1
39岁	6	3	3	2		2	4	3	1
40-44	**58**	**29**	**29**	**25**	**15**	**10**	**33**	**14**	**19**
40岁	11	6	5	5	3	2	6	3	3
41岁	10	7	3	6	4	2	4	3	1
42岁	15	6	9	7	4	3	8	2	6
43岁	13	5	8	6	3	3	7	2	5
44岁	9	5	4	1	1		8	4	4
45-49	**74**	**41**	**33**	**43**	**30**	**13**	**31**	**11**	**20**
45岁	15	8	7	8	6	2	7	2	5
46岁	10	6	4	5	4	1	5	2	3
47岁	15	8	7	9	7	2	6	1	5
48岁	19	11	8	10	7	3	9	4	5
49岁	15	8	7	11	6	5	4	2	2
50-54	**94**	**48**	**46**	**24**	**20**	**4**	**70**	**28**	**42**
50岁	13	8	5	7	5	2	6	3	3
51岁	20	9	11	4	4		16	5	11
52岁	16	5	11	3	1	2	13	4	9
53岁	19	9	10	3	3		16	6	10
54岁	26	17	9	7	7		19	10	9
55-59	**113**	**56**	**57**	**19**	**16**	**3**	**94**	**40**	**54**
55岁	25	15	10	7	7		18	8	10
56岁	26	11	15	6	5	1	20	6	14
57岁	17	5	12	1		1	16	5	11
58岁	27	14	13	1	1		26	13	13
59岁	18	11	7	4	3	1	14	8	6

2－13a 续表 2

单位：人

年 龄	残疾人口			在业人口			不在业人口		
	合计	男	女	小计	男	女	小计	男	女
60-64	**101**	**44**	**57**	**4**	**3**	**1**	**97**	**41**	**56**
60岁	18	5	13	1	1		17	4	13
61岁	19	11	8	2	2		17	9	8
62岁	15	4	11				15	4	11
63岁	21	12	9	1		1	20	12	8
64岁	28	12	16				28	12	16
65-69	**238**	**111**	**127**	**5**	**4**	**1**	**233**	**107**	**126**
65岁	35	18	17	2	1	1	33	17	16
66岁	51	22	29	2	2		49	20	29
67岁	32	14	18				32	14	18
68岁	57	25	32	1	1		56	24	32
69岁	63	32	31				63	32	31
70-74	**253**	**116**	**137**	**2**	**2**		**251**	**114**	**137**
70岁	67	32	35	1	1		66	31	35
71岁	49	19	30				49	19	30
72岁	64	28	36	1	1		63	27	36
73岁	37	20	17				37	20	17
74岁	36	17	19				36	17	19
75-79	**174**	**77**	**97**				**174**	**77**	**97**
75岁	42	20	22				42	20	22
76岁	36	14	22				36	14	22
77岁	24	10	14				24	10	14
78岁	42	19	23				42	19	23
79岁	30	14	16				30	14	16
80-84	**82**	**39**	**43**				**82**	**39**	**43**
80岁	27	15	12				27	15	12
81岁	21	11	10				21	11	10
82岁	13	5	8				13	5	8
83岁	14	4	10				14	4	10
84岁	7	4	3				7	4	3
85+	**30**	**10**	**20**				**30**	**10**	**20**

2－13b 农村残疾人分年龄、性别的经济活动人口

单位：人

年 龄	残疾人口			在业人口			不在业人口		
	合计	男	女	小计	男	女	小计	男	女
总 计	**5848**	**2968**	**2880**	**1903**	**1216**	**687**	**3945**	**1752**	**2193**
15-19	**138**	**70**	**68**	**41**	**21**	**20**	**97**	**49**	**48**
15岁	20	5	15	5	2	3	15	3	12
16岁	30	12	18	4	1	3	26	11	15
17岁	31	16	15	14	9	5	17	7	10
18岁	29	15	14	9	3	6	20	12	8
19岁	28	22	6	9	6	3	19	16	3
20-24	**165**	**84**	**81**	**72**	**40**	**32**	**93**	**44**	**49**
20岁	28	11	17	15	7	8	13	4	9
21岁	24	10	14	10	3	7	14	7	7
22岁	39	21	18	14	8	6	25	13	12
23岁	29	19	10	14	11	3	15	8	7
24岁	45	23	22	19	11	8	26	12	14
25-29	**134**	**71**	**63**	**75**	**46**	**29**	**59**	**25**	**34**
25岁	32	16	16	19	9	10	13	7	6
26岁	27	15	12	17	11	6	10	4	6
27岁	30	16	14	16	12	4	14	4	10
28岁	21	10	11	10	5	5	11	5	6
29岁	24	14	10	13	9	4	11	5	6
30-34	**231**	**134**	**97**	**139**	**89**	**50**	**92**	**45**	**47**
30岁	31	18	13	19	13	6	12	5	7
31岁	37	19	18	20	11	9	17	8	9
32岁	37	23	14	27	20	7	10	3	7
33岁	66	42	24	34	23	11	32	19	13
34岁	60	32	28	39	22	17	21	10	11

2－13b 续表 1

单位：人

年 龄	残疾人口			在业人口			不在业人口		
	合计	男	女	小计	男	女	小计	男	女
35-39	**320**	**177**	**143**	**185**	**113**	**72**	**135**	**64**	**71**
35岁	66	38	28	37	25	12	29	13	16
36岁	61	38	23	36	26	10	25	12	13
37岁	66	36	30	40	24	16	26	12	14
38岁	60	29	31	29	16	13	31	13	18
39岁	67	36	31	43	22	21	24	14	10
40-44	**365**	**207**	**158**	**224**	**140**	**84**	**141**	**67**	**74**
40岁	80	45	35	47	29	18	33	16	17
41岁	81	49	32	50	32	18	31	17	14
42岁	85	48	37	52	33	19	33	15	18
43岁	81	47	34	53	35	18	28	12	16
44岁	38	18	20	22	11	11	16	7	9
45-49	**359**	**210**	**149**	**230**	**145**	**85**	**129**	**65**	**64**
45岁	40	21	19	27	13	14	13	8	5
46岁	73	44	29	49	33	16	24	11	13
47岁	94	55	39	55	36	19	39	19	20
48岁	77	45	32	49	31	18	28	14	14
49岁	75	45	30	50	32	18	25	13	12
50-54	**499**	**261**	**238**	**281**	**157**	**124**	**218**	**104**	**114**
50岁	83	37	46	56	29	27	27	8	19
51岁	91	52	39	53	31	22	38	21	17
52岁	113	52	61	66	34	32	47	18	29
53岁	114	69	45	55	34	21	59	35	24
54岁	98	51	47	51	29	22	47	22	25
55-59	**581**	**288**	**293**	**272**	**166**	**106**	**309**	**122**	**187**
55岁	121	60	61	51	27	24	70	33	37
56岁	128	59	69	73	40	33	55	19	36
57岁	105	54	51	48	34	14	57	20	37
58岁	109	50	59	49	29	20	60	21	39
59岁	118	65	53	51	36	15	67	29	38

2－13b 续表 2

单位：人

年 龄	残疾人口			在业人口			不在业人口		
	合计	男	女	小计	男	女	小计	男	女
60－64	**511**	**273**	**238**	**160**	**113**	**47**	**351**	**160**	**191**
60岁	123	66	57	49	32	17	74	34	40
61岁	90	49	41	23	16	7	67	33	34
62岁	99	51	48	31	23	8	68	28	40
63岁	103	59	44	31	26	5	72	33	39
64岁	96	48	48	26	16	10	70	32	38
65－69	**584**	**306**	**278**	**118**	**96**	**22**	**466**	**210**	**256**
65岁	88	52	36	21	16	5	67	36	31
66岁	104	59	45	26	18	8	78	41	37
67岁	120	67	53	28	25	3	92	42	50
68岁	143	70	73	26	21	5	117	49	68
69岁	129	58	71	17	16	1	112	42	70
70－74	**760**	**379**	**381**	**79**	**67**	**12**	**681**	**312**	**369**
70岁	149	80	69	23	20	3	126	60	66
71岁	139	74	65	8	7	1	131	67	64
72岁	145	73	72	14	10	4	131	63	68
73岁	160	87	73	19	17	2	141	70	71
74岁	167	65	102	15	13	2	152	52	100
75－79	**640**	**290**	**350**	**25**	**22**	**3**	**615**	**268**	**347**
75岁	152	76	76	13	10	3	139	66	73
76岁	139	57	82	4	4		135	53	82
77岁	127	64	63	4	4		123	60	63
78岁	121	50	71	1	1		120	49	71
79岁	101	43	58	3	3		98	40	58
80－84	**391**	**159**	**232**	**2**	**1**	**1**	**389**	**158**	**231**
80岁	94	36	58				94	36	58
81岁	97	39	58	1	1		96	38	58
82岁	80	32	48				80	32	48
83岁	75	30	45	1		1	74	30	44
84岁	45	22	23				45	22	23
85+	**170**	**59**	**111**				**170**	**59**	**111**

2－14 残疾人分年龄、性别的职业状况

单位：人

年 龄	在业残疾人			国家机关、党群组织、企业、事业单位负责人			专业技术人员			办事人员和有关人员		
	合计	男	女	小计	男	女	小计	男	女	小计	男	女
总 计	**2076**	**1332**	**744**	**10**	**9**	**1**	**34**	**28**	**6**	**49**	**42**	**7**
15-19	41	21	20									
20-24	73	41	32							1	1	
25-29	82	51	31				4	3	1	5	4	1
30-34	155	94	61				1	1		5	4	1
35-39	212	128	84				3	1	2	6	6	
40-44	249	155	94	1	1		2	2		5	4	1
45-49	273	175	98	1	1		9	8	1	13	9	4
50-54	305	177	128	2	2		2	1	1	4	4	
55-59	291	182	109	4	3	1	5	5		6	6	
60-64	164	116	48				2	2		1	1	
65+	231	192	39	2	2		6	5	1	3	3	

2－14 续表

单位：人

年 龄	商业、服务业人员			农、林、牧、渔、水利业生产人员			生产、运输设备操作人员及有关人员			不便分类的其他从业人员		
	小计	男	女	小计	男	女	小计	男	女	小计	男	女
总 计	**155**	**108**	**47**	**1601**	**959**	**642**	**226**	**185**	**41**	**1**	**1**	
15-19	3	3		26	12	14	12	6	6			
20-24	6	2	4	52	25	27	14	13	1			
25-29	6	6		56	27	29	11	11				
30-34	22	14	8	94	51	43	33	24	9			
35-39	23	15	8	142	75	67	38	31	7			
40-44	24	16	8	183	106	77	34	26	8			
45-49	27	17	10	183	106	77	40	34	6			
50-54	17	12	5	253	133	120	27	25	2			
55-59	11	9	2	255	149	106	9	9		1	1	
60-64	7	6	1	149	103	46	5	4	1			
65+	9	8	1	208	172	36	3	2	1			

2－15　残疾人分性别、受教育程度的职业状况

单位：人

受教育程度	在业残疾人			国家机关、党群组织、企业、事业单位负责人			专业技术人员			办事人员和有关人员		
	合计	男	女	小计	男	女	小计	男	女	小计	男	女
总　计	**2076**	**1332**	**744**	**10**	**9**	**1**	**34**	**28**	**6**	**49**	**42**	**7**
不识字	453	238	215							1	1	
未上过学	15	12	3									
小　学	807	514	293	1	1		1	1		7	7	
初　中	613	434	179	2	1	1	12	11	1	19	18	1
高　中	152	109	43	6	6		7	6	1	14	11	3
中　专	19	14	5				6	5	1	1	1	
大学专科	11	6	5				5	2	3	5	3	2
大学本科	6	5	1	1	1		3	3		2	1	1
研究生												

2－15　续表

单位：人

受教育程度	商业、服务业人员			农、林、牧、渔、水利业生产人员			生产、运输设备操作人员及有关人员			不便分类的其他从业人员		
	小计	男	女	小计	男	女	小计	男	女	小计	男	女
总　计	**155**	**108**	**47**	**1601**	**959**	**642**	**226**	**185**	**41**	**1**	**1**	
不识字	19	14	5	401	195	206	32	28	4			
未上过学	1		1	10	8	2	4	4				
小　学	44	33	11	697	422	275	57	50	7			
初　中	64	44	20	423	283	140	92	76	16	1	1	
高　中	21	13	8	66	48	18	38	25	13			
中　专	6	4	2	4	3	1	2	1	1			
大学专科							1	1				
大学本科												
研究生												

2－16 各地区残疾人分性别的未工作状况

单位：人

地区	未工作残疾人			在校学生			离退休			料理家务			丧失劳动能力		
	合计	男	女	小计	男	女	小计	男	女	小计	男	女	小计	男	女
总　计	**5120**	**2275**	**2845**	**27**	**12**	**15**	**909**	**560**	**349**	**900**	**124**	**776**	**3137**	**1477**	**1660**
唐山市丰润区	178	78	100	1		1	35	24	11	26	5	21	114	47	67
石家庄市新华区	301	116	185	3	2	1	156	74	82	57	4	53	67	23	44
石家庄市长安区	269	130	139				158	87	71	35	2	33	55	26	29
石家庄市桥东区	374	169	205	2	2		274	148	126	56	5	51	27	7	20
邯郸市复兴区	153	77	76				40	25	15	27	1	26	68	38	30
唐山市古冶区	144	67	77				74	50	24	30		30	36	15	21
任丘市	151	68	83				4	4		35	10	25	109	51	58
武安市	152	64	88	2	2		10	10		38	7	31	99	43	56
辛集市	163	67	96				15	9	6	34	3	31	112	54	58
深州市	115	47	68	1		1	6	6		38	11	27	69	29	40
三河市	207	98	109	1	1		8	8		34	3	31	161	83	78
安国市	178	78	100				10	6	4	37	3	34	125	66	59
昌黎县	132	65	67	1	1		12	10	2	20		20	97	52	45
永清县	174	75	99	1		1	5	5		32	11	21	136	59	77
定兴县	130	59	71				5	5		29	11	18	94	41	53
无极县	101	44	57	1		1	2	2		14	5	9	81	35	46
望都县	135	53	82	1	1		4	4		17	1	16	108	44	64
魏　县	131	47	84				3	3		11		11	117	44	73
威　县	191	77	114	2	1	1	3	2	1	39	8	31	145	64	81
临西县	150	66	84	1		1	3	3		15	4	11	129	58	71
广平县	179	79	100	3	1	2	5	5		5	1	4	166	72	94
景　县	127	59	68				10	8	2	18	6	12	96	43	53
吴桥县	112	61	51	1	1		8	8		4	1	3	98	51	47
南皮县	121	55	66	1		1	3	3		23	2	21	93	49	44
青龙满族自治县	160	70	90				6	6		27	1	26	126	63	63
隆化县	146	65	81	1		1	11	7	4	30		30	98	53	45
涿鹿县	169	76	93	1		1	11	10	1	42	5	37	109	58	51
磁　县	170	58	112	1		1	5	5		57	2	55	99	45	54
平山县	158	77	81	1		1	6	6		17	1	16	131	67	64
井陉县	129	57	72				16	16		34	7	27	77	32	45
张北县	120	73	47	1		1	1	1		19	4	15	95	65	30

2－16 续表

单位：人

地区	毕业后未工作			因单位原因失去原工作			因本人原因失去原工作			承包土地被征用			其他		
	小计	男	女	小计	男	女	小计	男	女	小计	男	女	小计	男	女
总计	**15**	**5**	**10**	**48**	**35**	**13**	**37**	**27**	**10**	**1**	**1**		**46**	**34**	**12**
唐山市丰润区													2	2	
石家庄市新华区	1		1	9	6	3	5	4	1				3	3	
石家庄市长安区	2		2	12	10	2	7	5	2						
石家庄市桥东区	2	1	1	7	4	3	2		2				4	2	2
邯郸市复兴区	1	1		6	3	3	2	2					9	7	2
唐山市古冶区	1		1				2	1	1				1	1	
任丘市	1	1					1	1					1	1	
武安市	1	1		1	1		1		1						
辛集市	1		1				1	1							
深州市				1	1										
三河市							2	2					1	1	
安国市							2		2				4	3	1
昌黎县							1	1		1	1				
永清县															
定兴县				1	1		1	1							
无极县							2	2					1		1
望都县				1	1		1		1				3	2	1
魏　县															
威　县				1	1		1	1							
临西县													2	1	1
广平县															
景　县													3	2	1
吴桥县													1		1
南皮县				1	1										
青龙满族自治县													1		1
隆化县				3	2	1	2	2					1	1	
涿鹿县	2		2	3	2	1	1	1							
磁　县	2	1	1	2	2		2	2					2	1	1
平山县							1	1					2	2	
井陉县													2	2	
张北县	1		1										3	3	

2－16a 各地区城镇残疾人分性别的未工作状况

单位：人

地区	未工作残疾人			在校学生			离退休			料理家务			丧失劳动能力		
	合计	男	女	小计	男	女	小计	男	女	小计	男	女	小计	男	女
总　计	**1175**	**523**	**652**	**5**	**4**	**1**	**749**	**410**	**339**	**192**	**9**	**183**	**155**	**51**	**104**
唐山市丰润区	32	13	19				20	11	9	3		3	8	1	7
石家庄市新华区	231	88	143	1	1		154	72	82	42	1	41	17	2	15
石家庄市长安区	209	104	105				152	82	70	27	1	26	12	8	4
石家庄市桥东区	374	169	205	2	2		274	148	126	56	5	51	27	7	20
邯郸市复兴区	95	46	49				36	22	14	17	1	16	32	16	16
唐山市古冶区	109	48	61				67	44	23	26		26	13	3	10
任丘市															
武安市	6	4	2	1	1		1	1		1		1	2	1	1
辛集市	13	6	7				10	5	5				3	1	2
深州市															
三河市															
安国市	17	5	12				6	2	4	3		3	8	3	5
昌黎县	14	8	6				8	7	1	2		2	4	1	3
永清县															
定兴县															
无极县															
望都县															
魏　县															
威　县															
临西县															
广平县															
景　县	9	3	6				3	1	2	1		1	3		3
吴桥县	8	3	5				3	3		1		1	4		4
南皮县															
青龙满族自治县															
隆化县	23	12	11				6	4	2	2		2	11	5	6
涿鹿县	35	14	21	1		1	9	8	1	11	1	10	11	3	8
磁　县															
平山县															
井陉县															
张北县															

2－16a　续表

单位：人

地　区	毕业后未工作			因单位原因失去原工作			因本人原因失去原工作			承包土地被征用			其　他		
	小计	男	女	小计	男	女	小计	男	女	小计	男	女	小计	男	女
总　计	**6**	**1**	**5**	**36**	**25**	**11**	**17**	**12**	**5**				**15**	**11**	**4**
唐山市丰润区													1	1	
石家庄市新华区	1		1	9	6	3	5	4	1				2	2	
石家庄市长安区	2		2	12	10	2	4	3	1						
石家庄市桥东区	2	1	1	7	4	3	2		2				4	2	2
邯郸市复兴区				2	1	1	2	2					6	4	2
唐山市古冶区	1		1				2	1	1						
任丘市															
武安市				1	1										
辛集市															
深州市															
三河市															
安国市															
昌黎县															
永清县															
定兴县															
无极县															
望都县															
魏　县															
威　县															
临西县															
广平县															
景　县													2	2	
吴桥县															
南皮县															
青龙满族自治县															
隆化县				2	1	1	2	2							
涿鹿县				3	2	1									
磁　县															
平山县															
井陉县															
张北县															

2－16b 各地区农村残疾人分性别的未工作状况

单位：人

地 区	未工作残疾人			在校学生			离退休			料理家务			丧失劳动能力		
	合计	男	女	小计	男	女	小计	男	女	小计	男	女	小计	男	女
总 计	**3945**	**1752**	**2193**	**22**	**8**	**14**	**160**	**150**	**10**	**708**	**115**	**593**	**2982**	**1426**	**1556**
唐山市丰润区	146	65	81	1		1	15	13	2	23	5	18	106	46	60
石家庄市新华区	70	28	42	2	1	1	2	2		15	3	12	50	21	29
石家庄市长安区	60	26	34				6	5	1	8	1	7	43	18	25
石家庄市桥东区															
邯郸市复兴区	58	31	27				4	3	1	10		10	36	22	14
唐山市古冶区	35	19	16				7	6	1	4		4	23	12	11
任丘市	151	68	83				4	4		35	10	25	109	51	58
武安市	146	60	86	1	1		9	9		37	7	30	97	42	55
辛集市	150	61	89				5	4	1	34	3	31	109	53	56
深州市	115	47	68	1		1	6	6		38	11	27	69	29	40
三河市	207	98	109	1	1		8	8		34	3	31	161	83	78
安国市	161	73	88				4	4		34	3	31	117	63	54
昌黎县	118	57	61	1	1		4	3	1	18		18	93	51	42
永清县	174	75	99	1		1	5	5		32	11	21	136	59	77
定兴县	130	59	71				5	5		29	11	18	94	41	53
无极县	101	44	57	1		1	2	2		14	5	9	81	35	46
望都县	135	53	82	1	1		4	4		17	1	16	108	44	64
魏 县	131	47	84				3	3		11		11	117	44	73
威 县	191	77	114	2	1	1	3	2	1	39	8	31	145	64	81
临西县	150	66	84	1		1	3	3		15	4	11	129	58	71
广平县	179	79	100	3	1	2	5	5		5	1	4	166	72	94
景 县	118	56	62				7	7		17	6	11	93	43	50
吴桥县	104	58	46	1	1		5	5		3	1	2	94	51	43
南皮县	121	55	66	1		1	3	3		23	2	21	93	49	44
青龙满族自治县	160	70	90				6	6		27	1	26	126	63	63
隆化县	123	53	70	1		1	5	3	2	28		28	87	48	39
涿鹿县	134	62	72				2	2		31	4	27	98	55	43
磁 县	170	58	112	1		1	5	5		57	2	55	99	45	54
平山县	158	77	81	1		1	6	6		17	1	16	131	67	64
井陉县	129	57	72				16	16		34	7	27	77	32	45
张北县	120	73	47	1		1	1	1		19	4	15	95	65	30

2－16b 续表

单位：人

地 区	毕业后未工作			因单位原因失去原工作			因本人原因失去原工作			承包土地被征用			其 他		
	小计	男	女	小计	男	女	小计	男	女	小计	男	女	小计	男	女
总 计	**9**	**4**	**5**	**12**	**10**	**2**	**20**	**15**	**5**	**1**	**1**		**31**	**23**	**8**
唐山市丰润区													1	1	
石家庄市新华区													1	1	
石家庄市长安区							3	2	1						
石家庄市桥东区															
邯郸市复兴区	1	1		4	2	2							3	3	
唐山市古冶区													1	1	
任丘市	1	1					1	1					1	1	
武安市	1	1					1		1						
辛集市	1		1				1	1							
深州市				1	1										
三河市							2	2					1	1	
安国市							2		2				4	3	1
昌黎县							1	1		1	1				
永清县															
定兴县				1	1		1	1							
无极县							2	2					1		1
望都县				1	1		1		1				3	2	1
魏 县															
威 县				1	1		1	1							
临西县													2	1	1
广平县															
景 县													1		1
吴桥县													1		1
南皮县				1	1										
青龙满族自治县													1		1
隆化县				1	1								1	1	
涿鹿县	2		2				1	1							
磁 县	2	1	1	2	2		2	2					2	1	1
平山县							1	1					2	2	
井陉县													2	2	
张北县	1		1										3	3	

2－17 残疾人分年龄、性别的未工作状况

单位：人

年 龄	未工作残疾人			在校学生			离退休			料理家务			丧失劳动能力		
	合计	男	女	小计	男	女	小计	男	女	小计	男	女	小计	男	女
总 计	**5120**	**2275**	**2845**	**27**	**12**	**15**	**909**	**560**	**349**	**900**	**124**	**776**	**3137**	**1477**	**1660**
15-19	111	56	55	25	11	14				7	1	6	63	35	28
20-24	107	51	56	2	1	1				16	1	15	77	41	36
25-29	73	35	38							10		10	57	31	26
30-34	105	50	55							22		22	71	41	30
35-39	160	77	83							35	5	30	113	67	46
40-44	174	81	93				5	3	2	30	2	28	123	67	56
45-49	160	76	84				6		6	41	7	34	100	62	38
50-54	288	132	156				41	17	24	74	6	68	154	92	62
55-59	403	162	241				65	34	31	105	11	94	213	98	115
60-64	448	201	247				110	69	41	103	15	88	232	114	118
65-69	699	317	382				231	134	97	130	17	113	333	161	172
70-74	932	426	506				238	151	87	158	28	130	534	245	289
75-79	789	345	444				128	90	38	110	21	89	543	231	312
80-84	471	197	274				66	49	17	43	7	36	360	139	221
85+	200	69	131				19	13	6	16	3	13	164	53	111

2－17 续表

单位：人

年 龄	毕业后未工作			因单位原因失去原工作			因本人原因失去原工作			承包土地被征用			其 他		
	小计	男	女	小计	男	女	小计	男	女	小计	男	女	小计	男	女
总 计	**15**	**5**	**10**	**48**	**35**	**13**	**37**	**27**	**10**	**1**	**1**		**46**	**34**	**12**
15-19	7	4	3				1	1					8	4	4
20-24	5	1	4				1	1					6	6	
25-29				1	1		3	2	1				2	1	1
30-34	1		1	1	1		4	3	1				6	5	1
35-39	1		1	3	1	2	5	1	4				3	3	
40-44				10	5	5	5	3	2				1	1	
45-49				10	5	5	1	1					2	1	1
50-54				9	8	1	9	8	1				1	1	
55-59	1		1	12	12		5	5					2	2	
60-64							1	1					2	2	
65-69				2	2		1	1					2	2	
70-74										1	1		1	1	
75-79							1		1				7	3	4
80-84													2	2	
85+													1		1

2－17a　城镇残疾人分年龄、性别的未工作状况

单位：人

年　龄	未工作残疾人			在校学生			离退休			料理家务			丧失劳动能力		
	合计	男	女	小计	男	女	小计	男	女	小计	男	女	小计	男	女
总　计	**1175**	**523**	**652**	**5**	**4**	**1**	**749**	**410**	**339**	**192**	**9**	**183**	**155**	**51**	**104**
15-19	14	7	7	5	4	1							7	1	6
20-24	14	7	7							1		1	7	4	3
25-29	14	10	4										12	8	4
30-34	13	5	8							2		2	7	3	4
35-39	25	13	12							4	1	3	15	9	6
40-44	33	14	19				4	3	1	7		7	10	5	5
45-49	31	11	20				6		6	5		5	11	7	4
50-54	70	28	42				33	11	22	14	1	13	9	4	5
55-59	94	40	54				55	25	30	22	1	21	5	2	3
60-64	97	41	56				80	40	40	10		10	6		6
65-69	233	107	126				200	107	93	25		25	8		8
70-74	251	114	137				194	108	86	47	3	44	9	2	7
75-79	174	77	97				109	71	38	37	2	35	24	3	21
80-84	82	39	43				53	36	17	14	1	13	15	2	13
85+	30	10	20				15	9	6	4		4	10	1	9

2－17a　续表

单位：人

年　龄	毕业后未工作			因单位原因失去原工作			因本人原因失去原工作			承包土地被征用			其　他		
	小计	男	女	小计	男	女	小计	男	女	小计	男	女	小计	男	女
总　计	**6**	**1**	**5**	**36**	**25**	**11**	**17**	**12**	**5**				**15**	**11**	**4**
15-19	1	1											1	1	
20-24	3		3										3	3	
25-29							1	1					1	1	
30-34	1		1	1	1		2	1	1						
35-39	1		1	2	1	1	1		1				2	2	
40-44				8	4	4	4	2	2						
45-49				8	3	5							1	1	
50-54				7	6	1	7	6	1						
55-59				10	10		2	2							
60-64													1	1	
65-69															
70-74													1	1	
75-79													4	1	3
80-84															
85+													1		1

2－17b 农村残疾人分年龄、性别的未工作状况

单位：人

年 龄	未工作残疾人			在校学生			离退休			料理家务			丧失劳动能力		
	合计	男	女	小计	男	女	小计	男	女	小计	男	女	小计	男	女
总 计	**3945**	**1752**	**2193**	**22**	**8**	**14**	**160**	**150**	**10**	**708**	**115**	**593**	**2982**	**1426**	**1556**
15-19	97	49	48	20	7	13				7	1	6	56	34	22
20-24	93	44	49	2	1	1				15	1	14	70	37	33
25-29	59	25	34							10		10	45	23	22
30-34	92	45	47							20		20	64	38	26
35-39	135	64	71							31	4	27	98	58	40
40-44	141	67	74				1		1	23	2	21	113	62	51
45-49	129	65	64							36	7	29	89	55	34
50-54	218	104	114				8	6	2	60	5	55	145	88	57
55-59	309	122	187				10	9	1	83	10	73	208	96	112
60-64	351	160	191				30	29	1	93	15	78	226	114	112
65-69	466	210	256				31	27	4	105	17	88	325	161	164
70-74	681	312	369				44	43	1	111	25	86	525	243	282
75-79	615	268	347				19	19		73	19	54	519	228	291
80-84	389	158	231				13	13		29	6	23	345	137	208
85+	170	59	111				4	4		12	3	9	154	52	102

2－17b 续表

单位：人

年 龄	毕业后未工作			因单位原因失去原工作			因本人原因失去原工作			承包土地被征用			其 他		
	小计	男	女	小计	男	女	小计	男	女	小计	男	女	小计	男	女
总 计	**9**	**4**	**5**	**12**	**10**	**2**	**20**	**15**	**5**	**1**	**1**		**31**	**23**	**8**
15-19	6	3	3				1	1					7	3	4
20-24	2	1	1				1	1					3	3	
25-29				1	1		2	1	1				1		1
30-34							2	2					6	5	1
35-39				1		1	4	1	3				1	1	
40-44				2	1	1	1	1					1	1	
45-49				2	2		1	1					1		1
50-54				2	2		2	2					1	1	
55-59	1		1	2	2		3	3					2	2	
60-64							1	1					1	1	
65-69				2	2		1	1					2	2	
70-74										1	1				
75-79							1		1				3	2	1
80-84													2	2	
85+															

2－18 各地区分性别、未工作残疾人的主要生活来源

单位：人

地 区	未工作残疾人			离退休金			领取基本生活费		
	合计	男	女	小计	男	女	小计	男	女
总 计	**5120**	**2275**	**2845**	**917**	**568**	**349**	**154**	**93**	**61**
唐山市丰润区	178	78	100	35	24	11	5	3	2
石家庄市新华区	301	116	185	156	74	82	25	10	15
石家庄市长安区	269	130	139	158	87	71	26	18	8
石家庄市桥东区	374	169	205	273	148	125	16	7	9
邯郸市复兴区	153	77	76	42	27	15	16	8	8
唐山市古冶区	144	67	77	74	50	24	13	4	9
任丘市	151	68	83	6	6				
武安市	152	64	88	10	10		1	1	
辛集市	163	67	96	14	8	6	2	2	
深州市	115	47	68	6	6		2	2	
三河市	207	98	109	9	9		1	1	
安国市	178	78	100	10	6	4	6	6	
昌黎县	132	65	67	12	10	2	2	1	1
永清县	174	75	99	5	5		2	2	
定兴县	130	59	71	5	5		3	2	1
无极县	101	44	57	2	2				
望都县	135	53	82	5	5		2	2	
魏 县	131	47	84	3	3				
威 县	191	77	114	3	2	1	2	2	
临西县	150	66	84	3	3				
广平县	179	79	100	5	5				
景 县	127	59	68	11	9	2	1	1	
吴桥县	112	61	51	8	8				
南皮县	121	55	66	3	3		3	2	1
青龙满族自治县	160	70	90	6	6				
隆化县	146	65	81	12	7	5	13	8	5
涿鹿县	169	76	93	11	10	1	5	4	1
磁 县	170	58	112	6	6		1	1	
平山县	158	77	81	6	6		1	1	
井陉县	129	57	72	17	17		2	2	
张北县	120	73	47	1	1		4	3	1

2-18 续表

单位：人

地区	家庭其他成员供养			财产性收入			保险收入			其他		
	小计	男	女	小计	男	女	小计	男	女	小计	男	女
总　计	**3980**	**1564**	**2416**	**10**	**6**	**4**	**2**	**2**		**57**	**42**	**15**
唐山市丰润区	137	50	87							1	1	
石家庄市新华区	118	30	88	1	1					1	1	
石家庄市长安区	85	25	60									
石家庄市桥东区	81	13	68							4	1	3
邯郸市复兴区	87	37	50							8	5	3
唐山市古冶区	56	13	43							1		1
任丘市	144	61	83	1	1							
武安市	140	53	87	1		1						
辛集市	146	56	90							1	1	
深州市	104	36	68							3	3	
三河市	193	84	109							4	4	
安国市	157	63	94	2	1	1				3	2	1
昌黎县	117	53	64							1	1	
永清县	167	68	99									
定兴县	121	51	70							1	1	
无极县	98	41	57				1	1				
望都县	124	42	82	1	1					3	3	
魏　县	128	44	84									
威　县	184	72	112	2	1	1						
临西县	139	58	81							8	5	3
广平县	174	74	100									
景　县	115	49	66									
吴桥县	103	52	51							1	1	
南皮县	114	49	65	1	1							
青龙满族自治县	148	59	89							6	5	1
隆化县	118	48	70							3	2	1
涿鹿县	151	60	91							2	2	
磁　县	163	51	112									
平山县	143	65	78	1		1	1	1		6	4	2
井陉县	110	38	72									
张北县	115	69	46									

2－19 分年龄、性别、未工作残疾人的主要生活来源

单位：人

年 龄	未工作残疾人			离退休金			领取基本生活费		
	合计	男	女	小计	男	女	小计	男	女
总 计	**5120**	**2275**	**2845**	**917**	**568**	**349**	**154**	**93**	**61**
15-19	111	56	55				1	1	
20-24	107	51	56						
25-29	73	35	38				2	2	
30-34	105	50	55				4	2	2
35-39	160	77	83				8	5	3
40-44	174	81	93	5	3	2	15	11	4
45-49	160	76	84	6		6	15	8	7
50-54	288	132	156	44	20	24	17	13	4
55-59	403	162	241	64	33	31	22	17	5
60-64	448	201	247	110	69	41	6	4	2
65-69	699	317	382	234	138	96	10	8	2
70-74	932	426	506	239	152	87	18	5	13
75-79	789	345	444	130	91	39	24	13	11
80-84	471	197	274	66	49	17	8	3	5
85+	200	69	131	19	13	6	4	1	3

2－19 续表

单位：人

年 龄	家庭其他成员供养			财产性收入			保险收入			其 他		
	小计	男	女	小计	男	女	小计	男	女	小计	男	女
总 计	**3980**	**1564**	**2416**	**10**	**6**	**4**	**2**	**2**		**57**	**42**	**15**
15-19	110	55	55									
20-24	105	49	56	1	1					1	1	
25-29	71	33	38									
30-34	100	48	52							1		1
35-39	147	67	80	1	1					4	4	
40-44	150	66	84							4	1	3
45-49	130	61	69				1	1		8	6	2
50-54	221	93	128							6	6	
55-59	311	106	205	2	2					4	4	
60-64	326	123	203	3	2	1				3	3	
65-69	449	168	281							6	3	3
70-74	669	264	405	1		1				5	5	
75-79	627	237	390	1		1				7	4	3
80-84	389	140	249	1		1	1	1		6	4	2
85+	175	54	121							2	1	1

2－19a 城镇分年龄、性别、未工作残疾人的主要生活来源

单位：人

年 龄	未工作残疾人			离退休金			领取基本生活费		
	合计	男	女	小计	男	女	小计	男	女
总 计	**1175**	**523**	**652**	**750**	**412**	**338**	**96**	**47**	**49**
15－19	14	7	7				1	1	
20－24	14	7	7						
25－29	14	10	4				2	2	
30－34	13	5	8				3	2	1
35－39	25	13	12				7	5	2
40－44	33	14	19	4	3	1	11	7	4
45－49	31	11	20	6		6	13	6	7
50－54	70	28	42	35	13	22	15	11	4
55－59	94	40	54	55	25	30	13	10	3
60－64	97	41	56	80	40	40	1		1
65－69	233	107	126	199	107	92	1		1
70－74	251	114	137	194	108	86	9		9
75－79	174	77	97	109	71	38	13	3	10
80－84	82	39	43	53	36	17	5		5
85+	30	10	20	15	9	6	2		2

2－19a 续表

单位：人

年 龄	家庭其他成员供养			财产性收入			保险收入			其 他		
	小计	男	女	小计	男	女	小计	男	女	小计	男	女
总 计	**320**	**60**	**260**							**9**	**4**	**5**
15－19	13	6	7									
20－24	14	7	7									
25－29	12	8	4									
30－34	10	3	7									
35－39	17	7	10							1	1	
40－44	17	4	13							1		1
45－49	11	5	6							1		1
50－54	19	3	16							1	1	
55－59	25	4	21							1	1	
60－64	16	1	15									
65－69	32		32							1		1
70－74	47	5	42							1	1	
75－79	50	3	47							2		2
80－84	24	3	21									
85+	13	1	12									

2－19b 农村分年龄、性别、未工作残疾人的主要生活来源

单位：人

年 龄	未工作残疾人			离退休金			领取基本生活费		
	合计	男	女	小计	男	女	小计	男	女
总 计	**3945**	**1752**	**2193**	**167**	**156**	**11**	**58**	**46**	**12**
15-19	97	49	48						
20-24	93	44	49						
25-29	59	25	34						
30-34	92	45	47				1		1
35-39	135	64	71				1		1
40-44	141	67	74	1		1	4	4	
45-49	129	65	64				2	2	
50-54	218	104	114	9	7	2	2	2	
55-59	309	122	187	9	8	1	9	7	2
60-64	351	160	191	30	29	1	5	4	1
65-69	466	210	256	35	31	4	9	8	1
70-74	681	312	369	45	44	1	9	5	4
75-79	615	268	347	21	20	1	11	10	1
80-84	389	158	231	13	13		3	3	
85+	170	59	111	4	4		2	1	1

2－19b 续表

单位：人

年 龄	家庭其他成员供养			财产性收入			保险收入			其 他		
	小计	男	女	小计	男	女	小计	男	女	小计	男	女
总 计	**3660**	**1504**	**2156**	**10**	**6**	**4**	**2**	**2**		**48**	**38**	**10**
15-19	97	49	48									
20-24	91	42	49	1	1					1	1	
25-29	59	25	34									
30-34	90	45	45							1		1
35-39	130	60	70	1	1					3	3	
40-44	133	62	71							3	1	2
45-49	119	56	63				1	1		7	6	1
50-54	202	90	112							5	5	
55-59	286	102	184	2	2					3	3	
60-64	310	122	188	3	2	1				3	3	
65-69	417	168	249							5	3	2
70-74	622	259	363	1		1				4	4	
75-79	577	234	343	1		1				5	4	1
80-84	365	137	228	1		1	1	1		6	4	2
85+	162	53	109							2	1	1

2－20　0－14岁残疾儿童及其家庭基本情况

指　　标	单 位	数　量
0－14岁残疾儿童总人数	人	333
有残疾儿童的家庭户	户	325
残疾类别		
视力残疾	人	18
听力残疾	人	11
言语残疾	人	18
肢体残疾	人	38
智力残疾	人	172
精神残疾	人	7
多重残疾	人	69
性别		
男	人	203
女	人	130
性别比(以女性为100)	%	156.15
年龄		
0-5岁	人	155
6岁	人	14
7-14岁	人	164
民族		
汉族	人	314
少数民族	人	19
户口性质		
农业	人	282
非农业	人	39
户口待定	人	12
受教育程度		
未上过学	人	1
小学	人	117
初中	人	7
在校生接受义务教育情况		
普通教育学校普通班	人	97
普通教育学校特教班	人	2
特殊教育学校	人	8
其他	人	7
残疾儿童家庭户2005年人均收入水平		
户人均收入	元	2292
城市	元	4352
农村	元	2093
人均收入在0-683元之间	户	40
人均收入在684-994元之间	户	22

2－21 15岁及以上残疾妇女及其家庭基本情况

指　　标	单　位	数　　量
15岁及15岁以上残疾妇女总人数	人	3589
有残疾妇女的家庭户	户	3491
残疾类别		
视力残疾	人	478
听力残疾	人	816
言语残疾	人	36
肢体残疾	人	1121
智力残疾	人	196
精神残疾	人	312
多重残疾	人	630
年龄		
15-49岁	人	884
50-59岁	人	634
60-74岁	人	1218
75-89岁	人	822
90岁以上	人	31
民族		
汉族	人	3388
少数民族	人	201
户口性质		
农业	人	2836
非农业	人	752
户口待定	人	1
文盲人口	人	1868
受教育程度		
未上过学	人	44
小学	人	1044
初中	人	472
高中	人	98
中专	人	40
大学专科	人	15
大学本科	人	8
研究生	人	
婚姻状况		
未婚	人	156
初婚有配偶	人	2144
再婚有配偶	人	91
离婚	人	16
丧偶	人	1182
当前工作状况		
当前有工作	人	744
当前无工作	人	2845
当前无工作者主要生活来源		
离退休金	人	349
领取基本生活费	人	61
家庭其它成员供养	人	2416
财产性收入	人	4
保险收入	人	
其它	人	15
残疾妇女家庭户2005年人均收入水平		
户人均收入	元	2726
城市	元	6045
农村	元	2057
人均收入在0-683元之间	户	480
人均收入在684-994元之间	户	209

2-22 60岁及以上老年残疾人及其家庭基本情况

指　　标	单 位	数　量
60岁及以上老年残疾人总数	人	3934
有老年残疾人的家庭户	户	3556
残疾类别		
视力残疾	人	524
听力残疾	人	1403
言语残疾	人	31
肢体残疾	人	1085
智力残疾	人	65
精神残疾	人	113
多重残疾	人	713
性别		
男	人	1863
女	人	2071
性别比(以女性为100)	%	89.96
年龄		
60-74岁	人	2447
75-89岁	人	1443
90岁以上	人	44
民族		
汉族	人	3690
少数民族	人	244
户口性质		
农业	人	2898
非农业	人	1036
户口待定	人	
文盲人口	人	1895
受教育程度		
未上过学	人	63

2-22 续表

指　　标	单　位	数　量
小学	人	1361
初中	人	433
高中	人	71
中专	人	68
大学专科	人	23
大学本科	人	20
研究生	人	
婚姻状况		
未婚	人	93
初婚有配偶	人	2173
再婚有配偶	人	72
离婚	人	5
丧偶	人	1591
当前工作状况		
当前有工作	人	395
当前无工作	人	3539
当前无工作者主要生活来源		
离退休金	人	798
领取基本生活费	人	70
家庭其它成员供养	人	2635
财产性收入	人	6
保险收入	人	1
其它	人	29
老年残疾人家庭户2005年人均收入水平		
户人均收入	元	2948
城市	元	6697
农村	元	2093
人均收入在0-683元之间	户	594
人均收入在684-994元之间	户	217

第三部分　残疾人的残疾类别、等级和主要致残原因

3－1　各地区残疾人分残疾类别、残疾等级的分布

单位：人

地　区	视力残疾					听力残疾				
	小计	一级	二级	三级	四级	小计	一级	二级	三级	四级
总　计	**788**	**140**	**48**	**51**	**549**	**1827**	**117**	**192**	**754**	**764**
唐山市丰润区	40	14	2	1	23	58	1	1	21	35
石家庄市新华区	51	4		2	45	164	3	6	49	106
石家庄市长安区	23	1	1	1	20	112	1	4	25	82
石家庄市桥东区	11	2			9	215	1	5	53	156
邯郸市复兴区	26	3	1	1	21	24	1	2	12	9
唐山市古冶区	22	2		3	17	51	1	1	22	27
任丘市	16	2			14	53	1	5	27	20
武安市	27	1	1		25	65	3	19	22	21
辛集市	19	2	4	3	10	34	4	2	20	8
深州市	22	4	2		16	28	1	2	14	11
三河市	41	8	5	2	26	49	2	8	28	11
安国市	23	4		4	15	76	3	4	30	39
昌黎县	25	11		1	13	38	2	5	21	10
永清县	29	1		5	23	66	10	10	34	12
定兴县	22	4	3	1	14	52	2	5	24	21
无极县	28	8			20	50	3	14	16	17
望都县	33	5	1	2	25	33	3	3	17	10
魏　县	37	4	7	3	23	33	3	3	23	4
威　县	19	3	4	1	11	81	21	4	30	26
临西县	10	2			8	68	5	8	35	20
广平县	29	4	3	3	19	34		1	10	23
景　县	18	3	2	4	9	48	3	5	24	16
吴桥县	19	3	1	2	13	33	1	3	12	17
南皮县	32	2		2	28	50	4	10	34	2
青龙满族自治县	14	5	2	1	6	78	7	12	43	16
隆化县	36	6	3	4	23	39		10	23	6
涿鹿县	33	5	2	1	25	48	10	16	17	5
磁　县	17	4	3		10	46	5	3	19	19
平山县	22	6		3	13	41	3	4	24	10
井陉县	18	9			9	7	1	4	2	
张北县	26	8	1	1	16	53	12	13	23	5

3－1 续表 1

单位：人

地　区	言语残疾					肢体残疾				
	小计	一级	二级	三级	四级	小计	一级	二级	三级	四级
总　计	**112**	**16**	**19**	**37**	**40**	**2427**	**134**	**285**	**615**	**1393**
唐山市丰润区	2		2			87	2	3	16	66
石家庄市新华区	2				2	43	2	2	12	27
石家庄市长安区	1			1		103	4	6	18	75
石家庄市桥东区	2	1		1		89	2	10	19	58
邯郸市复兴区	3	1	1	1		93	4	15	30	44
唐山市古冶区	2			2		50	5	8	17	20
任丘市	5		1		4	98	8	19	29	42
武安市	1				1	86		6	28	52
辛集市	4		1	1	2	87	5	13	20	49
深州市	7	5		2		90	10	7	21	52
三河市	2		2			88		2	9	77
安国市	4		2	2		45	4	4	8	29
昌黎县						48	5	4	12	27
永清县	5	2		3		89	3	6	20	60
定兴县						55	3	9	15	28
无极县	6		1	1	4	36	3	5	7	21
望都县	2			1	1	88	3	10	20	55
魏　县	9			4	5	54	7	3	23	21
威　县	5				5	67	4	11	20	32
临西县	7	1		4	2	64	9	14	13	28
广平县	7		2	3	2	72	4	13	12	43
景　县	3	1		2		65	3	13	23	26
吴桥县	4	1	2	1		84		12	24	48
南皮县	2	1			1	89	5	16	31	37
青龙满族自治县	3		1	2		87	3	5	22	57
隆化县	2	1			1	95	5	12	32	46
涿鹿县	3	2		1		104	10	10	23	61
磁　县	5		1	1	3	99	1	9	28	61
平山县	3				3	86	5	15	15	51
井陉县	5		3	1	1	121	7	14	27	73
张北县	6			3	3	65	8	9	21	27

3－1 续表 2

单位：人

地 区	智力残疾					精神残疾				
	小计	一级	二级	三级	四级	小计	一级	二级	三级	四级
总 计	**586**	**54**	**59**	**212**	**261**	**513**	**171**	**79**	**70**	**193**
唐山市丰润区	10	1		2	7	17	1	1	5	10
石家庄市新华区	21		1	4	16	20	11	4		5
石家庄市长安区	12			2	10	21	9	3	1	8
石家庄市桥东区	7		1	1	5	27	9	4	3	11
邯郸市复兴区	20	6	4	4	6	11	3	1	4	3
唐山市古冶区	12		2	4	6	14	2	1	1	10
任丘市	21			12	9	11	3	2	1	5
武安市	19	1	4	11	3	12	5		4	3
辛集市	13	2	1	2	8	13	8	1		4
深州市	16	6	3	6	1	11	5	3	1	2
三河市	19	3	4	6	6	18	7	4	1	6
安国市	11			5	6	15	3		2	10
昌黎县	22			8	14	19	1	3	2	13
永清县	18	5	1	7	5	30	8	3	5	14
定兴县	22	2	2	10	8	8	1	4	2	1
无极县	37			15	22	7	2		1	4
望都县	23	2	2	9	10	13	10		2	1
魏 县	23		2	8	13	17	7	4	4	2
威 县	33	2		14	17	12	2	2	1	7
临西县	23		2	7	14	21	12	3	3	3
广平县	24	3	5	5	11	15	3	4	4	4
景 县	16	4	3	3	6	15	5	4	4	2
吴桥县	15	3	2	9	1	10	5	2	1	2
南皮县	18			15	3	29	11	4	3	11
青龙满族自治县	22	1	3	6	12	13	6		3	4
隆化县	15		4	3	8	15	7		1	7
涿鹿县	12	2	2	5	3	22	12	3	3	4
磁 县	20		1	10	9	31	7	7	4	13
平山县	24	7	3	6	8	21	2	4	1	14
井陉县	24		1	9	14	10	1	2	2	5
张北县	14	4	6	4		15	3	6	1	5

3－1 续表 3

单位：人

地 区	多重残疾				
	小计	一级	二级	三级	四级
总 计	**1276**	**619**	**205**	**294**	**158**
唐山市丰润区	46	23	4	9	10
石家庄市新华区	72	18	8	29	17
石家庄市长安区	50	20	4	11	15
石家庄市桥东区	58	24	9	12	13
邯郸市复兴区	23	12	2	7	2
唐山市古冶区	30	16	4	5	5
任丘市	32	8	13	6	5
武安市	44	23	10	8	3
辛集市	62	31	12	16	3
深州市	10	6	1	3	
三河市	43	24	5	10	4
安国市	88	43	16	20	9
昌黎县	34	19	6	6	3
永清县	43	23	3	11	6
定兴县	30	13	5	7	5
无极县	8	5	1	1	1
望都县	33	18	6	5	4
魏 县	49	28	6	14	1
威 县	51	17	8	22	4
临西县	45	22	11	7	5
广平县	62	30	9	15	8
景 县	26	12	8	3	3
吴桥县	25	5	9	10	1
南皮县	18	9	4	3	2
青龙满族自治县	49	21	7	15	6
隆化县	59	40	8	10	1
涿鹿县	29	18	2	7	2
磁 县	69	38	6	12	13
平山县	37	24	6	2	5
井陉县	15	4	5	5	1
张北县	36	25	7	3	1

3－1a 各地区城镇残疾人分残疾类别、残疾等级的分布

单位：人

地区	视力残疾					听力残疾				
	小计	一级	二级	三级	四级	小计	一级	二级	三级	四级
总　计	**120**	**11**	**2**	**4**	**103**	**546**	**8**	**19**	**150**	**369**
唐山市丰润区	5		1		4	15			3	12
石家庄市新华区	37	2		1	34	122	3	5	33	81
石家庄市长安区	16	1	1	1	13	94	1	3	22	68
石家庄市桥东区	11	2			9	215	1	5	53	156
邯郸市复兴区	18	2			16	19		1	11	7
唐山市古冶区	16	2		2	12	37			14	23
任丘市										
武安市										
辛集市	1				1	2			2	
深州市										
三河市										
安国市						12		1	3	8
昌黎县	3	2			1	9		2	4	3
永清县										
定兴县										
无极县										
望都县										
魏　县										
威　县										
临西县										
广平县										
景　县	1				1	4			1	3
吴桥县	1				1	5			1	4
南皮县										
青龙满族自治县										
隆化县	1				1	4			1	3
涿鹿县	10				10	8	3	2	2	1
磁　县										
平山县										
井陉县										
张北县										

3-1a 续表 1

单位：人

地区	言语残疾					肢体残疾				
	小计	一级	二级	三级	四级	小计	一级	二级	三级	四级
总 计	**9**	**2**	**2**	**3**	**2**	**351**	**16**	**39**	**88**	**208**
唐山市丰润区	1		1			14	1	3		10
石家庄市新华区	2				2	34	2	2	10	20
石家庄市长安区						69	3	6	15	45
石家庄市桥东区	2	1		1		89	2	10	19	58
邯郸市复兴区	1		1			53	2	6	18	27
唐山市古冶区	2			2		30	3	3	9	15
任丘市										
武安市						4				4
辛集市						8		4	1	3
深州市										
三河市										
安国市						5			1	4
昌黎县						2			2	
永清县										
定兴县										
无极县										
望都县										
魏 县										
威 县										
临西县										
广平县										
景 县						13		3	2	8
吴桥县						7			2	5
南皮县										
青龙满族自治县										
隆化县						11	1	2	6	2
涿鹿县	1	1				12	2		3	7
磁 县										
平山县										
井陉县										
张北县										

3－1a 续表 2

单位：人

地 区	智力残疾					精神残疾				
	小计	一级	二级	三级	四级	小计	一级	二级	三级	四级
总 计	**62**	**2**	**5**	**14**	**41**	**90**	**30**	**13**	**8**	**39**
唐山市丰润区						2			1	1
石家庄市新华区	19		1	4	14	17	8	4		5
石家庄市长安区	8				8	20	8	3	1	8
石家庄市桥东区	7		1	1	5	27	9	4	3	11
邯郸市复兴区	12	2	2	2	6	5		1	2	2
唐山市古冶区	10		1	4	5	13	2	1	1	9
任丘市										
武安市										
辛集市						1	1			
深州市										
三河市										
安国市						1				1
昌黎县	1				1					
永清县										
定兴县										
无极县										
望都县										
魏 县										
威 县										
临西县										
广平县										
景 县	2			1	1					
吴桥县										
南皮县										
青龙满族自治县										
隆化县	1				1	1	1			
涿鹿县	2			2		3	1			2
磁 县										
平山县										
井陉县										
张北县										

3－1a 续表 3

单位：人

地 区	多重残疾				
	小计	一级	二级	三级	四级
总 计	**203**	**81**	**21**	**56**	**45**
唐山市丰润区	2	1		1	
石家庄市新华区	46	13	2	19	12
石家庄市长安区	38	17	3	6	12
石家庄市桥东区	58	24	9	12	13
邯郸市复兴区	15	6	1	6	2
唐山市古冶区	18	8	4	3	3
任丘市					
武安市	3	2		1	
辛集市	4	2		2	
深州市					
三河市					
安国市	3		1	1	1
昌黎县	2	2			
永清县					
定兴县					
无极县					
望都县					
魏 县					
威 县					
临西县					
广平县					
景 县	1			1	
吴桥县	1				1
南皮县					
青龙满族自治县					
隆化县	10	5	1	3	1
涿鹿县	2	1		1	
磁 县					
平山县					
井陉县					
张北县					

3－1b 各地区农村残疾人分残疾类别、残疾等级的分布

单位：人

地　区	视力残疾					听力残疾				
	小计	一级	二级	三级	四级	小计	一级	二级	三级	四级
总　计	**668**	**129**	**46**	**47**	**446**	**1281**	**109**	**173**	**604**	**395**
唐山市丰润区	35	14	1	1	19	43	1	1	18	23
石家庄市新华区	14	2		1	11	42		1	16	25
石家庄市长安区	7				7	18		1	3	14
石家庄市桥东区										
邯郸市复兴区	8	1	1	1	5	5	1	1	1	2
唐山市古冶区	6			1	5	14	1	1	8	4
任丘市	16	2			14	53	1	5	27	20
武安市	27	1	1		25	65	3	19	22	21
辛集市	18	2	4	3	9	32	4	2	18	8
深州市	22	4	2		16	28	1	2	14	11
三河市	41	8	5	2	26	49	2	8	28	11
安国市	23	4		4	15	64	3	3	27	31
昌黎县	22	9		1	12	29	2	3	17	7
永清县	29	1		5	23	66	10	10	34	12
定兴县	22	4	3	1	14	52	2	5	24	21
无极县	28	8			20	50	3	14	16	17
望都县	33	5	1	2	25	33	3	3	17	10
魏　县	37	4	7	3	23	33	3	3	23	4
威　县	19	3	4	1	11	81	21	4	30	26
临西县	10	2			8	68	5	8	35	20
广平县	29	4	3	3	19	34		1	10	23
景　县	17	3	2	4	8	44	3	5	23	13
吴桥县	18	3	1	2	12	28	1	3	11	13
南皮县	32	2		2	28	50	4	10	34	2
青龙满族自治县	14	5	2	1	6	78	7	12	43	16
隆化县	35	6	3	4	22	35		10	22	3
涿鹿县	23	5	2	1	15	40	7	14	15	4
磁　县	17	4	3		10	46	5	3	19	19
平山县	22	6		3	13	41	3	4	24	10
井陉县	18	9			9	7	1	4	2	
张北县	26	8	1	1	16	53	12	13	23	5

3-1b 续表 1

单位：人

地　区	言语残疾					肢体残疾				
	小计	一级	二级	三级	四级	小计	一级	二级	三级	四级
总　计	**103**	**14**	**17**	**34**	**38**	**2076**	**118**	**246**	**527**	**1185**
唐山市丰润区	1		1			73	1		16	56
石家庄市新华区						9			2	7
石家庄市长安区	1			1		34	1		3	30
石家庄市桥东区										
邯郸市复兴区	2	1		1		40	2	9	12	17
唐山市古冶区						20	2	5	8	5
任丘市	5		1		4	98	8	19	29	42
武安市	1				1	82		6	28	48
辛集市	4		1	1	2	79	5	9	19	46
深州市	7	5		2		90	10	7	21	52
三河市	2		2			88		2	9	77
安国市	4		2	2		40	4	4	7	25
昌黎县						46	5	4	10	27
永清县	5	2		3		89	3	6	20	60
定兴县						55	3	9	15	28
无极县	6		1	1	4	36	3	5	7	21
望都县	2			1	1	88	3	10	20	55
魏　县	9			4	5	54	7	3	23	21
威　县	5				5	67	4	11	20	32
临西县	7	1		4	2	64	9	14	13	28
广平县	7		2	3	2	72	4	13	12	43
景　县	3	1		2		52	3	10	21	18
吴桥县	4	1	2	1		77		12	22	43
南皮县	2	1			1	89	5	16	31	37
青龙满族自治县	3		1	2		87	3	5	22	57
隆化县	2	1			1	84	4	10	26	44
涿鹿县	2	1		1		92	8	10	20	54
磁　县	5		1	1	3	99	1	9	28	61
平山县	3				3	86	5	15	15	51
井陉县	5		3	1	1	121	7	14	27	73
张北县	6			3	3	65	8	9	21	27

3－1b 续表 2

单位：人

地 区	智力残疾					精神残疾				
	小计	一级	二级	三级	四级	小计	一级	二级	三级	四级
总 计	**524**	**52**	**54**	**198**	**220**	**423**	**141**	**66**	**62**	**154**
唐山市丰润区	10	1		2	7	15	1	1	4	9
石家庄市新华区	2				2	3	3			
石家庄市长安区	4			2	2	1	1			
石家庄市桥东区										
邯郸市复兴区	8	4	2	2		6	3		2	1
唐山市古冶区	2		1		1	1				1
任丘市	21			12	9	11	3	2	1	5
武安市	19	1	4	11	3	12	5		4	3
辛集市	13	2	1	2	8	12	7	1		4
深州市	16	6	3	6	1	11	5	3	1	2
三河市	19	3	4	6	6	18	7	4	1	6
安国市	11			5	6	14	3		2	9
昌黎县	21			8	13	19	1	3	2	13
永清县	18	5	1	7	5	30	8	3	5	14
定兴县	22	2	2	10	8	8	1	4	2	1
无极县	37			15	22	7	2		1	4
望都县	23	2	2	9	10	13	10		2	1
魏 县	23		2	8	13	17	7	4	4	2
威 县	33	2		14	17	12	2	2	1	7
临西县	23		2	7	14	21	12	3	3	3
广平县	24	3	5	5	11	15	3	4	4	4
景 县	14	4	3	2	5	15	5	4	4	2
吴桥县	15	3	2	9	1	10	5	2	1	2
南皮县	18			15	3	29	11	4	3	11
青龙满族自治县	22	1	3	6	12	13	6		3	4
隆化县	14		4	3	7	14	6		1	7
涿鹿县	10	2	2	3	3	19	11	3	3	2
磁 县	20		1	10	9	31	7	7	4	13
平山县	24	7	3	6	8	21	2	4	1	14
井陉县	24		1	9	14	10	1	2	2	5
张北县	14	4	6	4		15	3	6	1	5

3－1b 续表 3

单位：人

地 区	多重残疾				
	小计	一级	二级	三级	四级
总 计	**1073**	**538**	**184**	**238**	**113**
唐山市丰润区	44	22	4	8	10
石家庄市新华区	26	5	6	10	5
石家庄市长安区	12	3	1	5	3
石家庄市桥东区					
邯郸市复兴区	8	6	1	1	
唐山市古冶区	12	8		2	2
任丘市	32	8	13	6	5
武安市	41	21	10	7	3
辛集市	58	29	12	14	3
深州市	10	6	1	3	
三河市	43	24	5	10	4
安国市	85	43	15	19	8
昌黎县	32	17	6	6	3
永清县	43	23	3	11	6
定兴县	30	13	5	7	5
无极县	8	5	1	1	1
望都县	33	18	6	5	4
魏 县	49	28	6	14	1
威 县	51	17	8	22	4
临西县	45	22	11	7	5
广平县	62	30	9	15	8
景 县	25	12	8	2	3
吴桥县	24	5	9	10	
南皮县	18	9	4	3	2
青龙满族自治县	49	21	7	15	6
隆化县	49	35	7	7	
涿鹿县	27	17	2	6	2
磁 县	69	38	6	12	13
平山县	37	24	6	2	5
井陉县	15	4	5	5	1
张北县	36	25	7	3	1

3－2 残疾人分残疾类别、残疾等级的年龄构成

单位：人

年 龄	视力残疾					听力残疾				
	小计	一级	二级	三级	四级	小计	一级	二级	三级	四级
总 计	**788**	**140**	**48**	**51**	**549**	**1827**	**117**	**192**	**754**	**764**
0岁										
1岁										
2岁	1				1					
3岁										
4岁	4				4					
5岁	3				3					
6岁	2				2					
7岁	3				3	1				1
8岁	1	1				1			1	
9岁						3			1	2
10岁										
11岁										
12岁						1			1	
13岁	2				2					
14岁	2	1	1			5		1	1	3
15岁	1				1					
16岁	1	1				3			2	1
17岁	3				3	3	1		1	1
18岁	1				1	1				1
19岁	1		1							
20岁	3				3	2		1	1	
21岁	1		1			1		1		
22岁	3	1	1		1	3	1	1	1	
23岁	3				3					
24岁	3		1		2	3			3	
25岁	2				2	1				1
26岁	2			2		1	1			
27岁						1				1

3－2 续表 1

单位：人

年龄	视力残疾					听力残疾				
	小计	一级	二级	三级	四级	小计	一级	二级	三级	四级
28岁										
29岁	1				1					
30岁	2				2	1	1			
31岁	1				1	1			1	
32岁	5	1			4	1			1	
33岁	4	1			3	3			2	1
34岁	2			1	1	5		1	1	3
35岁	3	1	1		1	7	1	2	1	3
36岁	6	4			2	5			2	3
37岁	3			2	1	4			2	2
38岁	2				2	3			2	1
39岁	6		2	1	3	2			1	1
40岁	5	2	1		2	5	1		3	1
41岁	2			1	1	11	2	1	3	5
42岁	9	1			8	10	1	2	5	2
43岁	6			1	5	9			3	6
44岁	1				1	4		1	2	1
45岁	5	2			3	9		1	2	6
46岁	5	2		1	2	10	3		4	3
47岁	10	1			9	14	1	2	6	5
48岁	10	1			9	18	3	3	4	8
49岁	7			3	4	10		1	7	2
50岁	8	1	1	1	5	17	1	3	5	8
51岁	11	2	1		8	19	1	4	9	5
52岁	14	1	2	3	8	21	2	3	4	12
53岁	13	6	1	1	5	22	2	3	7	10
54岁	12	3	1		8	26		3	8	15
55岁	17	6		1	10	23	3	1	6	13
56岁	15	2	1		12	40	1	4	12	23

3－2 续表 2

单位：人

年龄	视力残疾					听力残疾				
	小计	一级	二级	三级	四级	小计	一级	二级	三级	四级
57岁	11	2			9	26		1	11	14
58岁	15		1	2	12	31	3	4	13	11
59岁	11	2			9	37	3	4	6	24
60岁	30	7	5	1	17	32	2	2	12	16
61岁	16	3	1	2	10	22	2	1	3	16
62岁	11	1			10	30	1	2	13	14
63岁	20	4	1	3	12	33	3	2	10	18
64岁	13	3	2	1	7	38	4	3	8	23
65岁	14				14	33	2	1	15	15
66岁	18	3	1		14	50	4	2	17	27
67岁	18	1	1		16	54	1	6	18	29
68岁	23	1	2	1	19	79	2	10	26	41
69岁	21	3		2	16	64	2	3	25	34
70岁	29	3	1	1	24	81	3	7	34	37
71岁	24	5	2	1	16	78	4	10	31	33
72岁	31		1	5	25	72	7	4	26	35
73岁	32	6			26	74	3	5	33	33
74岁	36	7	1	4	24	81	6	7	40	28
75岁	34	8	3	1	22	76	3	7	38	28
76岁	28	7	1	1	19	83	2	6	41	34
77岁	21	4	1		16	59	5	8	28	18
78岁	23	4	3	3	13	48	1	5	28	14
79岁	16	2		1	13	47	4	2	22	19
80岁	11	3			8	57	6	7	28	16
81岁	16	5	2	2	7	46	5	10	22	9
82岁	11	2	1	1	7	33	2	3	20	8
83岁	5	1		1	3	38	2	5	23	8
84岁	4	2			2	21	1	9	9	2
85+	19	10	2		7	74	8	17	39	10

3-2 续表 3

单位：人

年龄	言语残疾					肢体残疾				
	小计	一级	二级	三级	四级	小计	一级	二级	三级	四级
总计	**112**	**16**	**19**	**37**	**40**	**2427**	**134**	**285**	**615**	**1393**
0岁										
1岁										
2岁						2				2
3岁	9		2	6	1	2		1		1
4岁						2				2
5岁	1				1	1				1
6岁						2				2
7岁						3		1	1	1
8岁	2		1	1		1	1			
9岁						4	1		2	1
10岁						3	1	1		1
11岁						5			2	3
12岁	3	1		1	1	5		1		4
13岁						2				2
14岁	3	1		1	1	6		1	2	3
15岁						4	2		1	1
16岁						7		1		6
17岁	1		1			11		2	4	5
18岁	1				1	8		2	1	5
19岁	1				1	9		3	1	5
20岁						8			3	5
21岁						7		1	2	4
22岁	1			1		10	1	4	2	3
23岁	1				1	11	3		4	4
24岁	1			1		11	2		4	5
25岁	4			2	2	11	1	1	1	8
26岁	2	1			1	5			2	3
27岁	1		1			10	1		1	8

3-2 续表 4

单位：人

年龄	言语残疾					肢体残疾				
	小计	一级	二级	三级	四级	小计	一级	二级	三级	四级
28岁	1				1	11	2		3	6
29岁	2			1	1	5	1		2	2
30岁	1			1		18	1	2	4	11
31岁						22		1	10	11
32岁						22			5	17
33岁	1				1	32	3	3	7	19
34岁	1				1	24	1	2	3	18
35岁	1			1		26		2	3	21
36岁	2		1	1		32	1	3	6	22
37岁						40	1	3	8	28
38岁						34		5	12	17
39岁						29	2	3	7	17
40岁	2			1	1	36	1	3	8	24
41岁	1		1			45	1	5	8	31
42岁	2		2			44	1	4	10	29
43岁	5		1	1	3	44	5	2	7	30
44岁						25	1	3	7	14
45岁	1				1	23	2	5	5	11
46岁	3				3	47	2	4	10	31
47岁	3	1	1		1	41	1	2	17	21
48岁						46	1	3	15	27
49岁						37	2	2	9	24
50岁	1	1				43		4	12	27
51岁	2			1	1	41	4	5	8	24
52岁	4		1	2	1	53	2	8	8	35
53岁	1	1				64	2	6	20	36
54岁	5	1		2	2	42	1	3	11	27
55岁	4	2			2	56	4	5	19	28
56岁						64	5	7	14	38

3-2 续表 5

单位：人

年 龄	言语残疾					肢体残疾				
	小计	一级	二级	三级	四级	小计	一级	二级	三级	四级
57岁	4		4			45		6	13	26
58岁	2			2		52	1	2	15	34
59岁	1			1		49	1	7	15	26
60岁	1				1	43	1	7	11	24
61岁	5	2		2	1	33		7	8	18
62岁	2				2	49	2	3	12	32
63岁	3			1	2	43		9	13	21
64岁						44	1	5	9	29
65岁	1	1				38		3	13	22
66岁	1			1		52	1	3	14	34
67岁	1		1			53	5	7	10	31
68岁	5		1	2	2	62	3	12	19	28
69岁	1				1	68	1	5	20	42
70岁						57	2	5	18	32
71岁	2		1		1	49	3	7	9	30
72岁	3	1		1	1	53	3	7	11	32
73岁						58	1	7	22	28
74岁	1	1				46	4	9	11	22
75岁						48	2	8	11	27
76岁	2			2		27	3	6	5	13
77岁						43	4	8	10	21
78岁	1	1				39	4	7	10	18
79岁	1			1		38	4	4	11	19
80岁						25	6	8	2	9
81岁	1	1				25	6	4	3	12
82岁						23	3	3	6	11
83岁						21	4	6	4	7
84岁						16	2	1	6	7
85+						32	7	5	13	7

3-2 续表 6

单位：人

年龄	智力残疾					精神残疾				
	小计	一级	二级	三级	四级	小计	一级	二级	三级	四级
总计	**586**	**54**	**59**	**212**	**261**	**513**	**171**	**79**	**70**	**193**
0岁	15	1	1	1	12					
1岁	23			7	16					
2岁	18	1	1	4	12	1		1		
3岁	18		1	4	13	1	1			
4岁	12			1	11					
5岁	16	1		6	9					
6岁	8		1	1	6					
7岁	7			2	5					
8岁	2			1	1					
9岁	7			3	4	1				1
10岁	5	2		2	1					
11岁	9	2		7		1				1
12岁	9	2	1	2	4					
13岁	13	3	2	2	6	1	1			
14岁	10	3		5	2	2				2
15岁	10	2	1	2	5	1				1
16岁	9		2	5	2	2		1	1	
17岁	8	1	2	2	3	1				1
18岁	11	2	1	1	7	2	1			1
19岁	12	4	2	6		2				2
20岁	6	2		2	2	2	1			1
21岁	7	2	1	2	2	2	1			1
22岁	7			4	3	4		2	1	1
23岁	6			4	2	4	1		2	1
24岁	12	3	1	5	3	9	2	2	1	4
25岁	7			2	5	2	1			1
26岁	6	1	1	2	2	5	3		1	1
27岁	7		2	2	3	4	1	1		2

3-2 续表 7

单位：人

年 龄	智力残疾					精神残疾				
	小计	一级	二级	三级	四级	小计	一级	二级	三级	四级
28岁	7			4	3	3	1	2		
29岁	6		2	2	2	7	3		1	3
30岁	6		1	1	4	4	2		2	
31岁	3	1		1	1	8	1	2	1	4
32岁	7		2	3	2	6	1	1	3	1
33岁	12		3	8	1	12	5	1	1	5
34岁	10		3	5	2	13	1	4	2	6
35岁	11		1	5	5	16	6	1	4	5
36岁	7	2		3	2	8	2	2	3	1
37岁	13	1	3	2	7	12	5	1	3	3
38岁	12	3	3	3	3	8	3		1	4
39岁	9	1	2	4	2	15	4	2	2	7
40岁	13	2	1	6	4	19	7		2	10
41岁	9		2	6	1	13	3		2	8
42岁	8	1		6	1	15	4	4	3	4
43岁	4		1	1	2	17	2	3	2	10
44岁	4				4	6	3	1		2
45岁	6		1	3	2	7	1	2	2	2
46岁	5		1	2	2	3	1			2
47岁	10	1	3	3	3	18	4	4	2	8
48岁	7	3		2	2	7	2	1	1	3
49岁	10			6	4	14	5	2	1	6
50岁	7	1		2	4	6			1	5
51岁	3			2	1	16	3	2	3	8
52岁	9	1		5	3	13	1	3	1	8
53岁	8		1	2	5	11	6	1		4
54岁	8		1	4	3	13	3	1	1	8
55岁	6			2	4	14	8	3	1	2
56岁	4			1	3	14	5	2	1	6

3-2 续表 8

单位：人

年龄	智力残疾					精神残疾				
	小计	一级	二级	三级	四级	小计	一级	二级	三级	四级
57岁	6		1	4	1	11	2	3		6
58岁	8	1		2	5	12	5	3	2	2
59岁	3		1		2	12	7	2		3
60岁	6			3	3	10	3	1	3	3
61岁	6		1	2	3	4	1	1		2
62岁	5		1	2	2	5	4	1		
63岁	1			1		4	1	2		1
64岁	3			2	1	7	4	1	1	1
65岁	3	1			2	7	4	2	1	
66岁	5				5	8		1	3	4
67岁	3	1			2	1				1
68岁	1			1		9	3	2		4
69岁	5		1	1	3	3		1		2
70岁	5			2	3	9	3	2		4
71岁	1				1	3	1		2	
72岁	3			2	1	3				3
73岁	3		1	1	1	9	5	2	2	
74岁	1				1	3	2		1	
75岁	4	1		2	1	3	2	1		
76岁	2			2		2	2			
77岁	1			1		2	1		1	
78岁	2			1	1	2	2			
79岁	2		2			2	2			
80岁	1	1				5	1	1	2	1
81岁						4	3	1		
82岁	2			2		2	2			
83岁										
84岁						2	2			
85+						4	4			

3－2 续表 9

单位：人

年 龄	多重残疾				
	小计	一级	二级	三级	四级
总 计	**1276**	**619**	**205**	**294**	**158**
0岁	1	1			
1岁	2		1	1	
2岁	1	1			
3岁	4	1	3		
4岁	9	6	3		
5岁	9	3	3	3	
6岁	2	2			
7岁	5	4	1		
8岁	3	3			
9岁	4	2	1	1	
10岁	6	5		1	
11岁	5	1	2	1	1
12岁	3	2	1		
13岁	9	6	2		1
14岁	6	4	1	1	
15岁	5	5			
16岁	12	6	5		1
17岁	7	4		3	
18岁	7	4	1	1	1
19岁	7	4		3	
20岁	10	7		3	
21岁	7	4	2		1
22岁	12	9	3		
23岁	9	6	1	1	1
24岁	11	6	2	3	
25岁	13	6	2	3	2
26岁	8	4	1	1	2
27岁	9	7		2	

3－2 续表 10

单位：人

年　龄	多重残疾				
	小计	一级	二级	三级	四级
28岁	2		1	1	
29岁	9	6		2	1
30岁	5	5			
31岁	6	3	1	1	1
32岁	2	1		1	
33岁	9	6		2	1
34岁	11	6	1	3	1
35岁	11	8	1	2	
36岁	15	10	1	2	2
37岁	10	7		3	
38岁	8	4	1	2	1
39岁	12	8			4
40岁	11	6	4		1
41岁	10	7	2		1
42岁	12	6	3	3	
43岁	9	3	2	4	
44岁	7	5	2		
45岁	4	2		2	
46岁	10	6	1	2	1
47岁	13	8	2	3	
48岁	8	4	1	1	2
49岁	12	7	2	3	
50岁	14	8	1	3	2
51岁	19	11	4	2	2
52岁	15	5	1	7	2
53岁	14	8	2	3	1
54岁	18	12	2	3	1
55岁	26	15	3	5	3
56岁	17	11	3		3

3-2 续表 11

单位：人

年　龄	多重残疾				
	小计	一级	二级	三级	四级
57岁	19	11	4	2	2
58岁	16	7	2	3	4
59岁	23	10	3	6	4
60岁	19	6	3	7	3
61岁	23	10	3	6	4
62岁	12	5	3	4	
63岁	20	8	3	6	3
64岁	19	8	4	3	4
65岁	27	14	4	6	3
66岁	21	11	3	3	4
67岁	22	10	5	3	4
68岁	21	7	7	2	5
69岁	30	13	1	12	4
70岁	35	12	7	10	6
71岁	31	11	6	9	5
72岁	44	12	5	17	10
73岁	21	10	2	4	5
74岁	35	12	9	7	7
75岁	29	11	4	5	9
76岁	31	11	6	12	2
77岁	25	12	1	4	8
78岁	48	18	11	12	7
79岁	25	12	4	5	4
80岁	22	10	3	9	
81岁	26	11	2	10	3
82岁	22	10	5	4	3
83岁	25	12	4	8	1
84岁	9	2	2	4	1
85+	71	32	13	23	3

3－2a 残疾人分残疾类别、残疾等级的年龄构成(男性)

单位：人

年 龄	视力残疾					听力残疾				
	小计	一级	二级	三级	四级	小计	一级	二级	三级	四级
总 计	**300**	**53**	**19**	**20**	**208**	**1005**	**71**	**107**	**435**	**392**
0岁										
1岁										
2岁										
3岁										
4岁	1				1					
5岁	1				1					
6岁	1				1					
7岁	2				2	1				1
8岁	1	1								
9岁						1			1	
10岁										
11岁										
12岁										
13岁	1				1					
14岁	1	1				3			1	2
15岁										
16岁										
17岁	2				2	2	1		1	
18岁	1				1					
19岁	1		1							
20岁	2				2					
21岁						1		1		
22岁	3	1	1		1					
23岁	2				2					
24岁	1				1	2			2	
25岁	1				1	1				1
26岁	2			2						
27岁										

3-2a 续表 1

单位：人

年龄	视力残疾					听力残疾				
	小计	一级	二级	三级	四级	小计	一级	二级	三级	四级
28岁										
29岁	1				1					
30岁	2				2	1	1			
31岁										
32岁	4	1			3	1			1	
33岁	2	1			1					
34岁	1			1		4		1	1	2
35岁	2		1		1	3		1	1	1
36岁	2	1			1	1				1
37岁	2			1	1	2			1	1
38岁	2				2	1				1
39岁	4		2	1	1	1			1	
40岁	1				1	4	1		3	
41岁	1				1	7	2		2	3
42岁	7	1			6	4	1	1	2	
43岁	5			1	4	5				5
44岁						2		1	1	
45岁	2	1			1	4			1	3
46岁	2	1			1	5	2		2	1
47岁	4				4	6	1	1	2	2
48岁	5	1			4	9	1	1	2	5
49岁	6			2	4	8		1	6	1
50岁	1			1		8	1	3	1	3
51岁	5	1	1		3	12	1	3	4	4
52岁	4		1		3	7		2	1	4
53岁	6	3		1	2	12	1	2	4	5
54岁	5		1		4	15		3	4	8
55岁	8	4			4	13	1		4	8
56岁	6	1			5	20	1	1	6	12

3－2a 续表 2

单位：人

年 龄	视力残疾					听力残疾				
	小计	一级	二级	三级	四级	小计	一级	二级	三级	四级
57岁	6	2			4	14		1	6	7
58岁	5		1	1	3	21	2	3	10	6
59岁	7	1			6	25	3	2	6	14
60岁	12	2	1	1	8	14	2	2	5	5
61岁	5	2	1		2	14	2		2	10
62岁	4	1			3	13			7	6
63岁	9	3	1	2	3	23	2	2	7	12
64岁	6	2			4	19	3	2	4	10
65岁	6				6	26	2		10	14
66岁	7	2	1		4	32	3	2	12	15
67岁	7		1		6	32	1	3	12	16
68岁	11	1			10	40	1	7	13	19
69岁	7	1		1	5	37	1		19	17
70岁	12	1	1		10	53	3	3	23	24
71岁	4	1			3	43	3	7	19	14
72岁	8			4	4	39	5	2	13	19
73岁	14	3			11	51	2	4	24	21
74岁	8	1	1		6	37	3	2	20	12
75岁	15	4	2		9	50	2	6	26	16
76岁	5	1			4	40		3	21	16
77岁	7	2			5	32	4	5	16	7
78岁	4			1	3	28	1	3	16	8
79岁	5				5	25	3	1	13	8
80岁	3	1			2	30		3	17	10
81岁	3	1			2	22	3	5	9	5
82岁	1				1	19	2	1	15	1
83岁	1				1	18		2	13	3
84岁	1	1				13		7	5	1
85+	4	1	1		2	29	3	7	17	2

3－2a 续表 3

单位：人

年 龄	言语残疾					肢体残疾				
	小计	一级	二级	三级	四级	小计	一级	二级	三级	四级
总 计	**72**	**6**	**17**	**19**	**30**	**1297**	**64**	**137**	**338**	**758**
0岁										
1岁										
2岁						1				1
3岁	7		2	4	1	2		1		1
4岁						1				1
5岁										
6岁						1				1
7岁						3		1	1	1
8岁	2		1	1		1	1			
9岁						1			1	
10岁						3	1	1		1
11岁						3			2	1
12岁	2	1		1		5		1		4
13岁						2				2
14岁	3	1		1	1	6		1	2	3
15岁						2	1			1
16岁						4		1		3
17岁	1		1			3		1		2
18岁						4			1	3
19岁						7		2	1	4
20岁						2			1	1
21岁						2		1		1
22岁						5	1	2		2
23岁	1				1	8	2		4	2
24岁						6	1		3	2
25岁	2			1	1	7	1	1	1	4
26岁	1				1	4			1	3
27岁						6				6

3－2a　续表 4

单位：人

年　龄	言语残疾					肢体残疾				
	小计	一级	二级	三级	四级	小计	一级	二级	三级	四级
28岁						6	1		1	4
29岁	1				1	2			1	1
30岁						13	1	1	3	8
31岁						11			7	4
32岁						14			3	11
33岁	1				1	23	3	1	6	13
34岁	1				1	15		2	1	12
35岁	1			1		20		1	1	18
36岁	2		1	1		23	1	2	4	16
37岁						22		3	6	13
38岁						18		1	8	9
39岁						20	1	3	3	13
40岁	1				1	24	1	1	6	16
41岁	1		1			30		3	3	24
42岁	2		2			21	1	1	7	12
43岁	3		1		2	25	2	2	4	17
44岁						16	1	2	4	9
45岁	1				1	16	2	3	4	7
46岁	3				3	31	1	2	5	23
47岁	2		1		1	27		2	11	14
48岁						32	1	2	9	20
49岁						18	1	2	4	11
50岁	1	1				20		1	6	13
51岁	1			1		26	2	5	5	14
52岁	2		1	1		30	1	4	4	21
53岁	1	1				35	1	4	14	16
54岁	4			2	2	26	1	1	6	18
55岁	2	1			1	33	2	3	10	18
56岁						34	1	3	10	20

3－2a 续表 5

单位：人

年龄	言语残疾					肢体残疾				
	小计	一级	二级	三级	四级	小计	一级	二级	三级	四级
57岁	4		4			21		3	6	12
58岁						27		1	6	20
59岁	1			1		25		3	10	12
60岁	1				1	30		7	9	14
61岁	4	1		2	1	15		3	7	5
62岁	2				2	24	1	2	7	14
63岁	3			1	2	20		3	6	11
64岁						21		2	5	14
65岁						23		1	11	11
66岁						22	1	1	4	16
67岁						29	2	4	7	16
68岁	3		1		2	29	3	4	7	15
69岁	1				1	27		1	13	13
70岁						31	1	2	10	18
71岁	2		1		1	29	3	4	6	16
72岁	2			1	1	28	2	2	4	20
73岁						25	1	3	11	10
74岁						18	1	2	4	11
75岁						16	1	2	2	11
76岁						12		2		10
77岁						22	3	5	3	11
78岁						14		4	5	5
79岁						18	2	2	6	8
80岁						7	2	2	2	1
81岁						10	3		1	6
82岁						9	1		2	6
83岁						9	2	3	1	3
84岁						6	1		2	3
85+						10	1	1	7	1

3－2a 续表 6

单位：人

年 龄	智力残疾					精神残疾				
	小计	一级	二级	三级	四级	小计	一级	二级	三级	四级
总 计	**324**	**30**	**39**	**112**	**143**	**198**	**71**	**33**	**24**	**70**
0岁	8	1	1	1	5					
1岁	16			6	10					
2岁	12		1	3	8	1		1		
3岁	12			3	9	1	1			
4岁	10			1	9					
5岁	9			5	4					
6岁	5			1	4					
7岁	5			2	3					
8岁	1				1					
9岁	3			1	2					
10岁	3	1		1	1					
11岁	5	1		4						
12岁	9	2	1	2	4					
13岁	4	1			3	1	1			
14岁	4			2	2	1				1
15岁	2	1			1					
16岁	4			2	2					
17岁	4	1	2	1						
18岁	8	2	1		5	1	1			
19岁	11	3	2	6		1				1
20岁	2	2				2	1			1
21岁	3	1	1		1	2	1			1
22岁	3			2	1	2		2		
23岁	5			4	1	3	1		1	1
24岁	7	2		4	1	4	1	1	1	1
25岁	4			1	3	1				1
26岁	3		1	1	1	2	1		1	
27岁	4		1	1	2	1				1

3－2a 续表 7

单位：人

年龄	智力残疾					精神残疾				
	小计	一级	二级	三级	四级	小计	一级	二级	三级	四级
28岁	3			1	2	2	1	1		
29岁	3		1	1	1	4	1			3
30岁	1				1	1			1	
31岁	2	1		1		4		1		3
32岁	4		2	1	1	1	1			
33岁	7		1	5	1	5	3	1		1
34岁	4		2	1	1	5		2		3
35岁	5		1	3	1	5	2			3
36岁	1			1		5	2	2		1
37岁	8	1	3	1	3	4	3		1	
38岁	5		3	1	1	4	1		1	2
39岁	6	1	2	1	2	2	1	1		
40岁	7	2		1	4	7	2			5
41岁	5		1	4		5	3			2
42岁	5	1		3	1	8	1	2	3	2
43岁	2			1	1	8		2	2	4
44岁	1				1	2	1	1		
45岁	2			1	1	1				1
46岁	3		1	1	1	1				1
47岁	7		3	1	3	7	2	1	1	3
48岁	4	3		1		2	2			
49岁	5			2	3	7	2	1		4
50岁	6	1		2	3	2				2
51岁	1			1		7	2	1	2	2
52岁	3			2	1	4		2		2
53岁	8		1	2	5	7	4	1		2
54岁	4		1	2	1	7	3		1	3
55岁	3				3	4	3			1
56岁	1				1	3		1	1	1

3－2a 续表 8

单位：人

年 龄	智力残疾					精神残疾				
	小计	一级	二级	三级	四级	小计	一级	二级	三级	四级
57岁	5		1	3	1	1				1
58岁	3				3	5	2	1	1	1
59岁	3		1		2	4	2	2		
60岁	2			2		2	1			1
61岁	5		1	2	2					
62岁	1			1		2	1	1		
63岁	1			1		2	1	1		
64岁	3			2	1	3	2		1	
65岁	1	1				2	2			
66岁	3				3	4			2	2
67岁	1				1					
68岁	1			1		3		1		2
69岁	3		1	1	1	1		1		
70岁	2			1	1	2				2
71岁						1			1	
72岁	1				1	2				2
73岁	2		1		1	4	3	1		
74岁						2	1		1	
75岁	3	1		2						
76岁						2	2			
77岁	1			1		1	1			
78岁										
79岁	1		1							
80岁						2			2	
81岁						3	2	1		
82岁						1	1			
83岁										
84岁										
85+						2	2			

3－2a 续表 9

单位：人

年 龄	多重残疾				
	小计	一级	二级	三级	四级
总 计	**614**	**290**	**95**	**165**	**64**
0岁					
1岁	1		1		
2岁	1	1			
3岁	3	1	2		
4岁	5	4	1		
5岁	4		2	2	
6岁	2	2			
7岁	3	2	1		
8岁	2	2			
9岁	1			1	
10岁	3	2		1	
11岁	3	1		1	1
12岁	2	2			
13岁	5	3	1		1
14岁	2	2			
15岁	1	1			
16岁	4	1	3		
17岁	6	3		3	
18岁	2	1	1		
19岁	6	3		3	
20岁	5	3		2	
21岁	3	3			
22岁	8	6	2		
23岁	4	2	1	1	
24岁	4	2	1	1	
25岁	6	3	1	1	1
26岁	5	3		1	1
27岁	6	5		1	

3－2a 续表 10

单位：人

年 龄	多重残疾				
	小计	一级	二级	三级	四级
28岁	1			1	
29岁	7	4		2	1
30岁	3	3			
31岁	4	2	1	1	
32岁	1	1			
33岁	5	3		1	1
34岁	4	3	1		
35岁	7	6		1	
36岁	9	6	1	1	1
37岁	8	6		2	
38岁	4	1		2	1
39岁	6	3			3
40岁	7	4	3		
41岁	7	5	1		1
42岁	7	3	2	2	
43岁	4	1		3	
44岁	2	2			
45岁	3	1		2	
46岁	5	2	1	1	1
47岁	10	6	1	3	
48岁	4	3			1
49岁	9	5	1	3	
50岁	7	2	1	3	1
51岁	9	6	2	1	
52岁	7	1		5	1
53岁	9	5	1	3	
54岁	7	7			
55岁	12	5	2	4	1
56岁	6	6			

3－2a 续表 11

单位：人

年 龄	多重残疾				
	小计	一级	二级	三级	四级
57岁	8	6	1		1
58岁	3	1	1	1	
59岁	11	4	2	3	2
60岁	10	3	1	4	2
61岁	17	8	2	5	2
62岁	9	4	3	2	
63岁	13	5	2	5	1
64岁	8	3	1	2	2
65岁	12	8		2	2
66岁	13	6	2	2	3
67岁	12	4	4	3	1
68岁	8	3	3	1	1
69岁	14	6		7	1
70岁	12	3	2	6	1
71岁	14	7	2	3	2
72岁	21	8	3	7	3
73岁	11	3	2	3	3
74岁	17	6	3	3	5
75岁	12	5	3	3	1
76岁	12	5	1	5	1
77岁	11	4	1	2	4
78岁	23	7	6	6	4
79岁	8	2	2	3	1
80岁	9	2	2	5	
81岁	12	4	1	6	1
82岁	7	3	2	1	1
83岁	6	2		4	
84岁	6	1	2	2	1
85+	24	7	6	10	1

3－2b　残疾人分残疾类别、残疾等级的年龄构成(女性)

单位：人

年　龄	视力残疾					听力残疾				
	小计	一级	二级	三级	四级	小计	一级	二级	三级	四级
总　计	**488**	**87**	**29**	**31**	**341**	**822**	**46**	**85**	**319**	**372**
0岁										
1岁										
2岁	1				1					
3岁										
4岁	3				3					
5岁	2				2					
6岁	1				1					
7岁	1				1					
8岁						1			1	
9岁						2				2
10岁										
11岁										
12岁						1			1	
13岁	1				1					
14岁	1		1			2		1		1
15岁	1				1					
16岁	1	1				3			2	1
17岁	1				1	1				1
18岁						1				1
19岁										
20岁	1				1	2		1	1	
21岁	1		1							
22岁						3	1	1	1	
23岁	1				1					
24岁	2		1		1	1			1	
25岁	1				1					
26岁						1	1			
27岁						1				1

3-2b 续表 1

单位：人

年 龄	视力残疾					听力残疾				
	小计	一级	二级	三级	四级	小计	一级	二级	三级	四级
28岁										
29岁										
30岁										
31岁	1				1	1			1	
32岁	1				1					
33岁	2				2	3			2	1
34岁	1				1	1				1
35岁	1	1				4	1	1		2
36岁	4	3			1	4			2	2
37岁	1			1		2			1	1
38岁						2			2	
39岁	2				2	1				1
40岁	4	2	1		1	1				1
41岁	1			1		4		1	1	2
42岁	2				2	6		1	3	2
43岁	1				1	4			3	1
44岁	1				1	2			1	1
45岁	3	1			2	5		1	1	3
46岁	3	1		1	1	5	1		2	2
47岁	6	1			5	8		1	4	3
48岁	5				5	9	2	2	2	3
49岁	1			1		2			1	1
50岁	7	1	1		5	9			4	5
51岁	6	1			5	7		1	5	1
52岁	10	1	1	3	5	14	2	1	3	8
53岁	7	3	1		3	10	1	1	3	5
54岁	7	3			4	11			4	7
55岁	9	2		1	6	10	2	1	2	5
56岁	9	1	1		7	20		3	6	11

3－2b 续表 2

单位：人

年龄	视力残疾					听力残疾				
	小计	一级	二级	三级	四级	小计	一级	二级	三级	四级
57岁	5				5	12			5	7
58岁	10			1	9	10	1	1	3	5
59岁	4	1			3	12		2		10
60岁	18	5	4		9	18			7	11
61岁	11	1		2	8	8		1	1	6
62岁	7				7	17	1	2	6	8
63岁	11	1		1	9	10	1		3	6
64岁	7	1	2	1	3	19	1	1	4	13
65岁	8				8	7		1	5	1
66岁	11	1			10	18	1		5	12
67岁	11	1			10	22		3	6	13
68岁	12		2	1	9	39	1	3	13	22
69岁	14	2		1	11	27	1	3	6	17
70岁	17	2		1	14	28		4	11	13
71岁	20	4	2	1	13	35	1	3	12	19
72岁	23		1	1	21	33	2	2	13	16
73岁	18	3			15	23	1	1	9	12
74岁	28	6		4	18	44	3	5	20	16
75岁	19	4	1	1	13	26	1	1	12	12
76岁	23	6	1	1	15	43	2	3	20	18
77岁	14	2	1		11	27	1	3	12	11
78岁	19	4	3	2	10	20		2	12	6
79岁	11	2		1	8	22	1	1	9	11
80岁	8	2			6	27	6	4	11	6
81岁	13	4	2	2	5	24	2	5	13	4
82岁	10	2	1	1	6	14		2	5	7
83岁	4	1		1	2	20	2	3	10	5
84岁	3	1			2	8	1	2	4	1
85+	15	9	1		5	45	5	10	22	8

3－2b 续表 3

单位：人

年 龄	言语残疾					肢体残疾				
	小计	一级	二级	三级	四级	小计	一级	二级	三级	四级
总 计	**40**	**10**	**2**	**18**	**10**	**1130**	**70**	**148**	**277**	**635**
0岁										
1岁										
2岁						1				1
3岁	2			2						
4岁						1				1
5岁	1				1	1				1
6岁						1				1
7岁										
8岁										
9岁						3	1		1	1
10岁										
11岁						2				2
12岁	1				1					
13岁										
14岁										
15岁						2	1		1	
16岁						3				3
17岁						8		1	4	3
18岁	1				1	4		2		2
19岁	1				1	2		1		1
20岁						6			2	4
21岁						5			2	3
22岁	1			1		5		2	2	1
23岁						3	1			2
24岁	1			1		5	1		1	3
25岁	2			1	1	4				4
26岁	1	1				1			1	
27岁	1		1			4	1		1	2

3－2b 续表 4

单位：人

年龄	言语残疾					肢体残疾				
	小计	一级	二级	三级	四级	小计	一级	二级	三级	四级
28岁	1				1	5	1		2	2
29岁	1			1		3	1		1	1
30岁	1			1		5		1	1	3
31岁						11		1	3	7
32岁						8			2	6
33岁						9		2	1	6
34岁						9	1		2	6
35岁						6		1	2	3
36岁						9		1	2	6
37岁						18	1		2	15
38岁						16		4	4	8
39岁						9	1		4	4
40岁	1			1		12		2	2	8
41岁						15	1	2	5	7
42岁						23		3	3	17
43岁	2			1	1	19	3		3	13
44岁						9		1	3	5
45岁						7		2	1	4
46岁						16	1	2	5	8
47岁	1	1				14	1		6	7
48岁						14		1	6	7
49岁						19	1		5	13
50岁						23		3	6	14
51岁	1				1	15	2		3	10
52岁	2			1	1	23	1	4	4	14
53岁						29	1	2	6	20
54岁	1	1				16		2	5	9
55岁	2	1			1	23	2	2	9	10
56岁						30	4	4	4	18

3－2b 续表 5

单位：人

年 龄	言语残疾					肢体残疾				
	小计	一级	二级	三级	四级	小计	一级	二级	三级	四级
57岁						24		3	7	14
58岁	2			2		25	1	1	9	14
59岁						24	1	4	5	14
60岁						13	1		2	10
61岁	1	1				18		4	1	13
62岁						25	1	1	5	18
63岁						23		6	7	10
64岁						23	1	3	4	15
65岁	1	1				15		2	2	11
66岁	1			1		30		2	10	18
67岁	1		1			24	3	3	3	15
68岁	2			2		33		8	12	13
69岁						41	1	4	7	29
70岁						26	1	3	8	14
71岁						20		3	3	14
72岁	1	1				25	1	5	7	12
73岁						33		4	11	18
74岁	1	1				28	3	7	7	11
75岁						32	1	6	9	16
76岁	2			2		15	3	4	5	3
77岁						21	1	3	7	10
78岁	1	1				25	4	3	5	13
79岁	1			1		20	2	2	5	11
80岁						18	4	6		8
81岁	1	1				15	3	4	2	6
82岁						14	2	3	4	5
83岁						12	2	3	3	4
84岁						10	1	1	4	4
85+						22	6	4	6	6

3－2b 续表 6

单位：人

年龄	智力残疾					精神残疾				
	小计	一级	二级	三级	四级	小计	一级	二级	三级	四级
总计	**262**	**24**	**20**	**100**	**118**	**315**	**100**	**46**	**46**	**123**
0岁	7				7					
1岁	7			1	6					
2岁	6	1		1	4					
3岁	6		1	1	4					
4岁	2				2					
5岁	7	1		1	5					
6岁	3		1		2					
7岁	2				2					
8岁	1			1						
9岁	4			2	2	1				1
10岁	2	1		1						
11岁	4	1		3		1				1
12岁										
13岁	9	2	2	2	3					
14岁	6	3		3		1				1
15岁	8	1	1	2	4	1				1
16岁	5		2	3		2		1	1	
17岁	4			1	3	1				1
18岁	3			1	2	1				1
19岁	1	1				1				1
20岁	4			2	2					
21岁	4	1		2	1					
22岁	4			2	2	2			1	1
23岁	1				1	1			1	
24岁	5	1	1	1	2	5	1	1		3
25岁	3			1	2	1	1			
26岁	3	1		1	1	3	2			1
27岁	3		1	1	1	3	1	1		1

3－2b 续表 7

单位：人

年龄	智力残疾					精神残疾				
	小计	一级	二级	三级	四级	小计	一级	二级	三级	四级
28岁	4			3	1	1		1		
29岁	3		1	1	1	3	2		1	
30岁	5		1	1	3	3	2		1	
31岁	1				1	4	1	1	1	1
32岁	3			2	1	5		1	3	1
33岁	5		2	3		7	2		1	4
34岁	6		1	4	1	8	1	2	2	3
35岁	6			2	4	11	4	1	4	2
36岁	6	2		2	2	3			3	
37岁	5			1	4	8	2	1	2	3
38岁	7	3		2	2	4	2			2
39岁	3			3		13	3	1	2	7
40岁	6		1	5		12	5		2	5
41岁	4		1	2	1	8			2	6
42岁	3			3		7	3	2		2
43岁	2		1		1	9	2	1		6
44岁	3				3	4	2			2
45岁	4		1	2	1	6	1	2	2	1
46岁	2			1	1	2	1			1
47岁	3	1		2		11	2	3	1	5
48岁	3			1	2	5		1	1	3
49岁	5			4	1	7	3	1	1	2
50岁	1				1	4			1	3
51岁	2			1	1	9	1	1	1	6
52岁	6	1		3	2	9	1	1	1	6
53岁						4	2			2
54岁	4			2	2	6		1		5
55岁	3			2	1	10	5	3	1	1
56岁	3			1	2	11	5	1		5

3－2b 续表 8

单位：人

年 龄	智力残疾					精神残疾				
	小计	一级	二级	三级	四级	小计	一级	二级	三级	四级
57岁	1			1		10	2	3		5
58岁	5	1		2	2	7	3	2	1	1
59岁						8	5			3
60岁	4			1	3	8	2	1	3	2
61岁	1				1	4	1	1		2
62岁	4		1	1	2	3	3			
63岁						2		1		1
64岁						4	2	1		1
65岁	2				2	5	2	2	1	
66岁	2				2	4		1	1	2
67岁	2	1			1	1				1
68岁						6	3	1		2
69岁	2				2	2				2
70岁	3			1	2	7	3	2		2
71岁	1				1	2	1		1	
72岁	2			2		1				1
73岁	1			1		5	2	1	2	
74岁	1				1	1	1			
75岁	1				1	3	2	1		
76岁	2			2						
77岁						1			1	
78岁	2			1	1	2	2			
79岁	1		1			2	2			
80岁	1	1				3	1	1		1
81岁						1	1			
82岁	2			2		1	1			
83岁										
84岁						2	2			
85+						2	2			

3-2b 续表 9

单位：人

年 龄	多重残疾				
	小计	一级	二级	三级	四级
总 计	**662**	**329**	**110**	**129**	**94**
0岁	1	1			
1岁	1			1	
2岁					
3岁	1		1		
4岁	4	2	2		
5岁	5	3	1	1	
6岁					
7岁	2	2			
8岁	1	1			
9岁	3	2	1		
10岁	3	3			
11岁	2		2		
12岁	1		1		
13岁	4	3	1		
14岁	4	2	1	1	
15岁	4	4			
16岁	8	5	2		1
17岁	1	1			
18岁	5	3		1	1
19岁	1	1			
20岁	5	4		1	
21岁	4	1	2		1
22岁	4	3	1		
23岁	5	4			1
24岁	7	4	1	2	
25岁	7	3	1	2	1
26岁	3	1	1		1
27岁	3	2		1	

3-2b 续表 10

单位：人

年 龄	多重残疾				
	小计	一级	二级	三级	四级
28岁	1		1		
29岁	2	2			
30岁	2	2			
31岁	2	1			1
32岁	1			1	
33岁	4	3		1	
34岁	7	3		3	1
35岁	4	2	1	1	
36岁	6	4		1	1
37岁	2	1		1	
38岁	4	3	1		
39岁	6	5			1
40岁	4	2	1		1
41岁	3	2	1		
42岁	5	3	1	1	
43岁	5	2	2	1	
44岁	5	3	2		
45岁	1	1			
46岁	5	4		1	
47岁	3	2	1		
48岁	4	1	1	1	1
49岁	3	2	1		
50岁	7	6			1
51岁	10	5	2	1	2
52岁	8	4	1	2	1
53岁	5	3	1		1
54岁	11	5	2	3	1
55岁	14	10	1	1	2
56岁	11	5	3		3

3－2b 续表 11

单位：人

年 龄	多重残疾				
	小计	一级	二级	三级	四级
57岁	11	5	3	2	1
58岁	13	6	1	2	4
59岁	12	6	1	3	2
60岁	9	3	2	3	1
61岁	6	2	1	1	2
62岁	3	1		2	
63岁	7	3	1	1	2
64岁	11	5	3	1	2
65岁	15	6	4	4	1
66岁	8	5	1	1	1
67岁	10	6	1		3
68岁	13	4	4	1	4
69岁	16	7	1	5	3
70岁	23	9	5	4	5
71岁	17	4	4	6	3
72岁	23	4	2	10	7
73岁	10	7		1	2
74岁	18	6	6	4	2
75岁	17	6	1	2	8
76岁	19	6	5	7	1
77岁	14	8		2	4
78岁	25	11	5	6	3
79岁	17	10	2	2	3
80岁	13	8	1	4	
81岁	14	7	1	4	2
82岁	15	7	3	3	2
83岁	19	10	4	4	1
84岁	3	1		2	
85+	47	25	7	13	2

3－3 各地区多重残疾人分残疾类别、残疾等级的分布

单位：人

地区	视力残疾					听力残疾				
	小计	一级	二级	三级	四级	小计	一级	二级	三级	四级
总　计	**348**	**87**	**30**	**28**	**203**	**653**	**193**	**70**	**228**	**162**
唐山市丰润区	17	7	1	1	8	29	3	3	12	11
石家庄市新华区	46	10		3	33	56	7	7	25	17
石家庄市长安区	7			1	6	33	10	1	5	17
石家庄市桥东区	14	4			10	33	3	1	6	23
邯郸市复兴区	5	2			3	9	2	1	5	1
唐山市古冶区	9	2		2	5	18	6	1	2	9
任丘市	6	3	1		2	15	1	4	6	4
武安市	13				13	27	8	6	9	4
辛集市	14	2	5	1	6	26	7	1	13	5
深州市						1		1		
三河市	13	3	3	1	6	26	7	4	9	6
安国市	24	9	2	2	11	38	10		20	8
昌黎县	4	1			3	11	2	2	6	1
永清县	18	3	3	1	11	24	10	1	10	3
定兴县	8	2			6	18	6	1	6	5
无极县	2				2	3	1		1	1
望都县	10	5		1	4	18	5	5	5	3
魏　县	17	7	2		8	23	8	2	10	3
威　县	6	3	1		2	26	7	5	11	3
临西县	15	2	2	2	9	25	12	3	6	4
广平县	18	2	5	4	7	24	3	1	9	11
景　县	6	3	1		2	6	1	2	2	1
吴桥县	6			2	4	12	2	1	6	3
南皮县	3	1			2	7	4	2	1	
青龙满族自治县	13	1	2	2	8	30	8	1	16	5
隆化县	8	3		1	4	33	17	4	11	1
涿鹿县	10		1	2	7	16	8	1	5	2
磁　县	14	5		1	8	29	13	4	5	7
平山县	11	1		1	9	17	9	3	1	4
井陉县	1				1	2	2			
张北县	10	6	1		3	18	11	2	5	

3-3 续表 1

单位：人

地区	言语残疾					肢体残疾				
	小计	一级	二级	三级	四级	小计	一级	二级	三级	四级
总　计	**588**	**314**	**121**	**97**	**56**	**664**	**107**	**126**	**188**	**243**
唐山市丰润区	15	8	3	2	2	22	2	4	2	14
石家庄市新华区	8	3	2	3		28	2	2	8	16
石家庄市长安区	18	16		2		33	2	6	9	16
石家庄市桥东区	22	17		4	1	44	5	18	5	16
邯郸市复兴区	13	8	3	2		11	2	1	4	4
唐山市古冶区	15	9	1	4	1	13	5	1	4	3
任丘市	10	3	4	3		18	1	7	4	6
武安市	20	13	1	5	1	20	2	7	7	4
辛集市	27	12	5	4	6	48	7	6	19	16
深州市	10	4	3	2	1	8	1		5	2
三河市	24	15	3	5	1	12		1	4	7
安国市	51	16	22	7	6	49	9	4	14	22
昌黎县	11	4	3	4		18	2	9	1	6
永清县	22	16	2	1	3	18	4		3	11
定兴县	12	9	2	1		16	1	3	9	3
无极县	3	3				4	1	2	1	
望都县	17	7	4	5	1	14	1	5	2	6
魏　县	26	13	2	7	4	20	1	4	11	4
威　县	19	8	5	2	4	35	5	6	15	9
临西县	22	10	8	3	1	22	8	1	7	6
广平县	28	7	11	7	3	31	8	3	9	11
景　县	10	7	1	2		20	6	2	4	8
吴桥县	11	3	5	1	2	20	1	6	9	4
南皮县	10	5	2	2	1	11	4	1	4	2
青龙满族自治县	19	9	5	4	1	23	6	3	3	11
隆化县	40	32	4	4		20	4	2	7	7
涿鹿县	16	12	2	2		10	4	1	3	2
磁　县	34	15	5	3	11	32	1	5	10	16
平山县	22	16	2	1	3	19	2	9	1	7
井陉县	13		7	4	2	6	1	2	3	
张北县	20	14	4	1	1	19	9	5	1	4

3-3 续表 2

单位：人

地 区	智力残疾					精神残疾				
	小计	一级	二级	三级	四级	小计	一级	二级	三级	四级
总 计	**387**	**123**	**84**	**109**	**71**	**248**	**162**	**22**	**22**	**42**
唐山市丰润区	8	6		1	1	9	7		1	1
石家庄市新华区	6	1	1		4	12	7	1	2	2
石家庄市长安区	12	2	3	2	5	4	3		1	
石家庄市桥东区	8	1	2	5		5	4		1	
邯郸市复兴区	7	2	2	3		9	5	1	1	2
唐山市古冶区	6	3	1	1	1	6	3	2		1
任丘市	16	1	6	6	3	3	1	1		1
武安市	16	6	5	5		5	5			
辛集市	11	4	2	4	1	18	14	2	1	1
深州市	2	2								
三河市	11	4	2	2	3	11	8	1	2	
安国市	45	14	12	11	8	37	21	4	5	7
昌黎县	18	5	3	6	4	20	14	2	1	3
永清县	8	4	3		1	4	3			1
定兴县	8	3		1	4	1	1			
无极县	1			1		3	2	1		
望都县	8	3	1	3	1	6	5		1	
魏 县	16	7	4	4	1	7	5			2
威 县	25	6	2	11	6	3	1		1	1
临西县	13	2	2	6	3	2		2		
广平县	30	16	5	7	2	20	12	1		7
景 县	6	2	3	1		9	5	2	1	1
吴桥县	6	1		5						
南皮县	4	2		1	1	3	1			2
青龙满族自治县	16	5	2	2	7	7	6		1	
隆化县	27	4	14	8	1	12	7	1		4
涿鹿县	5	4	1			3	2			1
磁 县	26	3	6	8	9	24	17		3	4
平山县	11	8		2	1	3	2	1		
井陉县	7	1		3	3	1				1
张北县	4	1	2		1	1	1			

3－3a 各地区城镇多重残疾人分残疾类别、残疾等级的分布

单位：人

地区	视力残疾					听力残疾				
	小计	一级	二级	三级	四级	小计	一级	二级	三级	四级
总计	**72**	**14**		**4**	**54**	**122**	**21**	**5**	**39**	**57**
唐山市丰润区	1				1	2			2	
石家庄市新华区	32	8		1	23	34	5		16	13
石家庄市长安区	7			1	6	26	8	1	4	13
石家庄市桥东区	14	4			10	33	3	1	6	23
邯郸市复兴区	4	1			3	7	1	1	4	1
唐山市古冶区	5	1		2	2	8	1	1	1	5
任丘市										
武安市	1				1	3	1		2	
辛集市										
深州市										
三河市										
安国市	2				2	1				1
昌黎县										
永清县										
定兴县										
无极县										
望都县										
魏县										
威县										
临西县										
广平县										
景县										
吴桥县	1				1					
南皮县										
青龙满族自治县										
隆化县	4				4	7	2	1	3	1
涿鹿县	1				1	1			1	
磁县										
平山县										
井陉县										
张北县										

3－3a 续表 1

单位：人

地 区	言语残疾					肢体残疾				
	小计	一级	二级	三级	四级	小计	一级	二级	三级	四级
总 计	**71**	**51**	**5**	**14**	**1**	**122**	**20**	**28**	**20**	**54**
唐山市丰润区	1	1				1		1		
石家庄市新华区	6	3	2	1		18	2	1	3	12
石家庄市长安区	13	13				26	2	5	6	13
石家庄市桥东区	22	17		4	1	44	5	18	5	16
邯郸市复兴区	7	4	2	1		7	1	1	1	4
唐山市古冶区	9	5	1	3		10	4	1	2	3
任丘市										
武安市	1	1				1			1	
辛集市	4	2		2		3	1		1	1
深州市										
三河市										
安国市						3		1		2
昌黎县	2	1		1		2	2			
永清县										
定兴县										
无极县										
望都县										
魏 县										
威 县										
临西县										
广平县										
景 县						1				1
吴桥县						1				1
南皮县										
青龙满族自治县										
隆化县	6	4		2		4	2		1	1
涿鹿县						1	1			
磁 县										
平山县										
井陉县										
张北县										

3－3a 续表 2

单位：人

地 区	智力残疾					精神残疾				
	小计	一级	二级	三级	四级	小计	一级	二级	三级	四级
总 计	**31**	**11**	**8**	**7**	**5**	**40**	**26**	**3**	**7**	**4**
唐山市丰润区										
石家庄市新华区	3	1	1		1	10	6	1	2	1
石家庄市长安区	6	2	2		2	4	3		1	
石家庄市桥东区	8	1	2	5		5	4		1	
邯郸市复兴区	4	1	1	2		7	4		1	2
唐山市古冶区	4	2	1		1	6	3	2		1
任丘市										
武安市	1		1			1	1			
辛集市	2	2								
深州市										
三河市										
安国市	1				1	1			1	
昌黎县						2	2			
永清县										
定兴县										
无极县										
望都县										
魏 县										
威 县										
临西县										
广平县										
景 县						1			1	
吴桥县										
南皮县										
青龙满族自治县										
隆化县	1	1				3	3			
涿鹿县	1	1								
磁 县										
平山县										
井陉县										
张北县										

3－3b　各地区农村多重残疾人分残疾类别、残疾等级的分布

单位：人

地　区	视力残疾					听力残疾				
	小计	一级	二级	三级	四级	小计	一级	二级	三级	四级
总　计	**276**	**73**	**30**	**24**	**149**	**531**	**172**	**65**	**189**	**105**
唐山市丰润区	16	7	1	1	7	27	3	3	10	11
石家庄市新华区	14	2		2	10	22	2	7	9	4
石家庄市长安区						7	2		1	4
石家庄市桥东区										
邯郸市复兴区	1	1				2	1		1	
唐山市古冶区	4	1			3	10	5		1	4
任丘市	6	3	1		2	15	1	4	6	4
武安市	12				12	24	7	6	7	4
辛集市	14	2	5	1	6	26	7	1	13	5
深州市						1		1		
三河市	13	3	3	1	6	26	7	4	9	6
安国市	22	9	2	2	9	37	10		20	7
昌黎县	4	1			3	11	2	2	6	1
永清县	18	3	3	1	11	24	10	1	10	3
定兴县	8	2			6	18	6	1	6	5
无极县	2				2	3	1		1	1
望都县	10	5		1	4	18	5	5	5	3
魏　县	17	7	2		8	23	8	2	10	3
威　县	6	3	1		2	26	7	5	11	3
临西县	15	2	2	2	9	25	12	3	6	4
广平县	18	2	5	4	7	24	3	1	9	11
景　县	6	3	1		2	6	1	2	2	1
吴桥县	5			2	3	12	2	1	6	3
南皮县	3	1			2	7	4	2	1	
青龙满族自治县	13	1	2	2	8	30	8	1	16	5
隆化县	4	3		1		26	15	3	8	
涿鹿县	9		1	2	6	15	8	1	4	2
磁　县	14	5		1	8	29	13	4	5	7
平山县	11	1		1	9	17	9	3	1	4
井陉县	1				1	2	2			
张北县	10	6	1		3	18	11	2	5	

3-3b 续表 1

单位：人

地区	言语残疾					肢体残疾				
	小计	一级	二级	三级	四级	小计	一级	二级	三级	四级
总　计	**517**	**263**	**116**	**83**	**55**	**542**	**87**	**98**	**168**	**189**
唐山市丰润区	14	7	3	2	2	21	2	3	2	14
石家庄市新华区	2			2		10		1	5	4
石家庄市长安区	5	3		2		7		1	3	3
石家庄市桥东区										
邯郸市复兴区	6	4	1	1		4	1		3	
唐山市古冶区	6	4		1	1	3	1		2	
任丘市	10	3	4	3		18	1	7	4	6
武安市	19	12	1	5	1	19	2	7	6	4
辛集市	23	10	5	2	6	45	6	6	18	15
深州市	10	4	3	2	1	8	1		5	2
三河市	24	15	3	5	1	12		1	4	7
安国市	51	16	22	7	6	46	9	3	14	20
昌黎县	9	3	3	3		16		9	1	6
永清县	22	16	2	1	3	18	4		3	11
定兴县	12	9	2	1		16	1	3	9	3
无极县	3	3				4	1	2	1	
望都县	17	7	4	5	1	14	1	5	2	6
魏　县	26	13	2	7	4	20	1	4	11	4
威　县	19	8	5	2	4	35	5	6	15	9
临西县	22	10	8	3	1	22	8	1	7	6
广平县	28	7	11	7	3	31	8	3	9	11
景　县	10	7	1	2		19	6	2	4	7
吴桥县	11	3	5	1	2	19	1	6	9	3
南皮县	10	5	2	2	1	11	4	1	4	2
青龙满族自治县	19	9	5	4	1	23	6	3	3	11
隆化县	34	28	4	2		16	2	2	6	6
涿鹿县	16	12	2	2		9	3	1	3	2
磁　县	34	15	5	3	11	32	1	5	10	16
平山县	22	16	2	1	3	19	2	9	1	7
井陉县	13		7	4	2	6	1	2	3	
张北县	20	14	4	1	1	19	9	5	1	4

3－3b 续表 2

单位：人

地区	智力残疾					精神残疾				
	小计	一级	二级	三级	四级	小计	一级	二级	三级	四级
总　计	**356**	**112**	**76**	**102**	**66**	**208**	**136**	**19**	**15**	**38**
唐山市丰润区	8	6		1	1	9	7		1	1
石家庄市新华区	3				3	2	1			1
石家庄市长安区	6		1	2	3					
石家庄市桥东区										
邯郸市复兴区	3	1	1	1		2	1	1		
唐山市古冶区	2	1		1						
任丘市	16	1	6	6	3	3	1	1		1
武安市	15	6	4	5		4	4			
辛集市	9	2	2	4	1	18	14	2	1	1
深州市	2	2								
三河市	11	4	2	2	3	11	8	1	2	
安国市	44	14	12	11	7	36	21	4	4	7
昌黎县	18	5	3	6	4	18	12	2	1	3
永清县	8	4	3		1	4	3			1
定兴县	8	3		1	4	1	1			
无极县	1			1		3	2	1		
望都县	8	3	1	3	1	6	5		1	
魏　县	16	7	4	4	1	7	5			2
威　县	25	6	2	11	6	3	1		1	1
临西县	13	2	2	6	3	2		2		
广平县	30	16	5	7	2	20	12	1		7
景　县	6	2	3	1		8	5	2		1
吴桥县	6	1		5						
南皮县	4	2		1	1	3	1			2
青龙满族自治县	16	5	2	2	7	7	6		1	
隆化县	26	3	14	8	1	9	4	1		4
涿鹿县	4	3	1			3	2			1
磁　县	26	3	6	8	9	24	17		3	4
平山县	11	8		2	1	3	2	1		
井陉县	7	1		3	3	1				1
张北县	4	1	2		1	1	1			

3－4 多重残疾人分残疾类别、残疾等级的年龄构成

单位：人

年龄	视力残疾					听力残疾				
	小计	一级	二级	三级	四级	小计	一级	二级	三级	四级
总　计	**348**	**87**	**30**	**28**	**203**	**653**	**193**	**70**	**228**	**162**
0岁										
1岁	1		1							
2岁						1			1	
3岁	1				1					
4岁						2	2			
5岁	1		1			1				1
6岁						1	1			
7岁						1	1			
8岁						1	1			
9岁										
10岁						1	1			
11岁	1	1				1			1	
12岁	1				1	1	1			
13岁	1				1	2	1	1		
14岁										
15岁						3	3			
16岁	1		1			3	3			
17岁										
18岁						1	1			
19岁						3	1		2	
20岁						4	3			1
21岁	1	1				2		1		1
22岁						4	3	1		
23岁						5	4			1
24岁						4	4			
25岁	1				1	6	4		2	
26岁	1				1	1	1			
27岁						5	5			

3－4 续表 1

单位：人

年 龄	视力残疾					听力残疾				
	小计	一级	二级	三级	四级	小计	一级	二级	三级	四级
28岁										
29岁	1				1	4	4			
30岁						3	3			
31岁	1			1		1	1			
32岁						1	1			
33岁	1			1		3	3			
34岁	1				1	4	2	1	1	
35岁	1				1	3	2			1
36岁						5	2	2		1
37岁						4	3		1	
38岁	1	1				2	2			
39岁	2	2				2	2			
40岁	1		1			4	2	2		
41岁	1			1		5	4		1	
42岁						3		2		1
43岁						2	1	1		
44岁						4	3	1		
45岁						1			1	
46岁	2	1			1	3		1	1	1
47岁						5	3		1	1
48岁						2	1	1		
49岁	1	1				4	2		2	
50岁	3				3	9	4	2	1	2
51岁	4	2			2	10	7	1	1	1
52岁	3	1			2	4	3		1	
53岁						4	3	1		
54岁	1	1				5	2	1	1	1
55岁	2				2	13	4		5	4
56岁	3		1		2	7	5			2
57岁	2				2	10	5		3	2

3-4 续表 2

单位：人

年 龄	视力残疾					听力残疾				
	小计	一级	二级	三级	四级	小计	一级	二级	三级	四级
58岁	5	1			4	7	3		2	2
59岁	9				9	7	3		2	2
60岁	3	1	1		1	4	1		2	1
61岁	3	1		1	1	8	2		3	3
62岁	3			1	2	3	1	1	1	
63岁	4	1			3	12	3		3	6
64岁	8	2	1		5	10	1	1	4	4
65岁	7	3			4	10	1	2	5	2
66岁	4	1			3	10	4		3	3
67岁	7		1		6	7	1	1		5
68岁	9	1			8	15	2	4	2	7
69岁	8		1		7	20	5		8	7
70岁	8	1	1		6	21		1	11	9
71岁	16	2	2	2	10	16	2	1	7	6
72岁	20	3	1	1	15	34	5		15	14
73岁	6	3			3	11	2		3	6
74岁	18	4	2		12	25	3	5	8	9
75岁	12	2	3	1	6	22	3	3	8	8
76岁	12	2	2		8	24	3	1	14	6
77岁	10	1	1	1	7	16	6		4	6
78岁	18	3		3	12	34	5	6	13	10
79岁	10	3	1		6	13	3		4	6
80岁	11	3		4	4	16	2	2	9	3
81岁	14	4	1	2	7	22	2	2	13	5
82岁	13	5	2	1	5	17	3	2	10	2
83岁	20	9	1	2	8	24	6	3	13	2
84岁	8	1	1	2	4	6		2	4	
85+	41	19	3	4	15	59	7	14	31	7

3－4 续表 3

单位：人

年 龄	言语残疾					肢体残疾				
	小计	一级	二级	三级	四级	小计	一级	二级	三级	四级
总 计	**588**	**314**	**121**	**97**	**56**	**664**	**107**	**126**	**188**	**243**
0岁						1	1			
1岁						1			1	
2岁	1	1				1				1
3岁	4	1	2	1		1		1		
4岁	7	5	1	1		2	1		1	
5岁	8	3	2	3		1			1	
6岁	2	1	1							
7岁	4	3	1			2	2			
8岁	3	3				1				1
9岁	3	1	1	1		1				1
10岁	5	4	1			2	1	1		
11岁	3		2		1	3			2	1
12岁	1	1								
13岁	5		3		2	5	1	2	1	1
14岁	4	1	2		1	4	1		2	1
15岁	5	4	1							
16岁	7	4	1		2	4	2	1	1	
17岁	4	2		2		4	1		3	
18岁	6	4			2	2			2	
19岁	5	3		1	1	4		1	2	1
20岁	8	6	1	1		3		1	2	
21岁	4	1	2		1	4	1		2	1
22岁	9	4	3	2		4		3		1
23岁	9	5	1	1	2	2		1	1	
24岁	8	4	3	1		4		1	3	
25岁	10	3		3	4	5			2	3
26岁	4	2	2			1				1
27岁	7	5	1	1		4	1	1		2

3-4 续表 4

单位：人

年 龄	言语残疾					肢体残疾				
	小计	一级	二级	三级	四级	小计	一级	二级	三级	四级
28岁	1		1							
29岁	7	5		1	1	3	1			2
30岁	4	4								
31岁	4	3	1			3	1		1	1
32岁	1	1								
33岁	5	4		1		4	1		1	2
34岁	8	4		3	1	3	2			1
35岁	8	5	2		1	2	1		1	
36岁	10	6	1	2	1	1			1	
37岁	7	6			1	2		1	1	
38岁	2	2				4	1	1		2
39岁	8	6			2	6		1	3	2
40岁	6	3	1	2		5		1	2	2
41岁	9	5	3	1		4		1	2	1
42岁	7	1	4	2		3		1	1	1
43岁	4	1	1	2		6	1	1	2	2
44岁	7	4	3			2	1		1	
45岁	1	1				2			2	
46岁	5	2	2	1		6	1		2	3
47岁	9	4	4		1	6	1	2	1	2
48岁	5	4	1			5			3	2
49岁	8	4	2		2	7	2	1	3	1
50岁	11	6	3	1	1	4	2	1	1	
51岁	10	8	2			8	3		2	3
52岁	8	4	2	1	1	4		1	2	1
53岁	10	4	2	2	2	8	1	3	3	1
54岁	15	9	3	3		9	2	2	4	1
55岁	16	11	3	1	1	16	4	5	2	5
56岁	9	4	3	2		7	2	2		3
57岁	11	7	1	2	1	9	1	4	2	2

3－4 续表 5

单位：人

年 龄	言语残疾					肢体残疾				
	小计	一级	二级	三级	四级	小计	一级	二级	三级	四级
58岁	8	2	1	4	1	10	2		1	7
59岁	15	5	3	5	2	15	3	3	5	4
60岁	10	2	1	4	3	16	2	1	6	7
61岁	12	7	1	2	2	18	4	3	5	6
62岁	7	3	1	1	2	9	2	1	4	2
63岁	7	4	1	2		12		4	4	4
64岁	8	6	1		1	12	3	4	2	3
65岁	7	7				20	2	8	4	6
66岁	11	7	3	1		14	3	2	4	5
67岁	10	4	2	3	1	16	4	4	4	4
68岁	3	3				12	3	3	4	2
69岁	10	6	2	2		19	2	1	9	7
70岁	13	5	5	3		27	8	3	4	12
71岁	12	5	1	3	3	20	2	2	5	11
72岁	8	4	1	2	1	26	1	4	6	15
73岁	9	3	3	2	1	15	3	1	4	7
74岁	11	6	2	3		16	1	5	3	7
75岁	8	4	2	1	1	17	1	1	6	9
76岁	8	3	4		1	16		2	6	8
77岁	6	5	1			18	2	4	2	10
78岁	12	9		2	1	30	7	6	8	9
79岁	6	1	2	3		14	1	4	4	5
80岁	9	3	3	2	1	15	2	5	3	5
81岁	6	4	2			14	3	1	3	7
82岁	5	1	1	2	1	10	1	1	2	6
83岁	4	3	1			10	2	3	1	4
84岁	2			2		3		1		2
85+	9	3	1	3	2	35	3	8	10	14

3-4 续表 6

单位：人

年 龄	智力残疾					精神残疾				
	小计	一级	二级	三级	四级	小计	一级	二级	三级	四级
总 计	**387**	**123**	**84**	**109**	**71**	**248**	**162**	**22**	**22**	**42**
0岁	1	1								
1岁	2			2						
2岁	1	1								
3岁	4	1	2	1						
4岁	9	1	4	1	3	1		1		
5岁	9	2	2	3	2					
6岁	1	1								
7岁	5	2	2	1						
8岁	2	1	1							
9岁	4	1	1	1	1					
10岁	4	2	1	1		1			1	
11岁	3			2	1					
12岁	2	1	1			1			1	
13岁	7	5	1		1					
14岁	6	4	1	1		1		1		
15岁	2	1		1		1	1			
16岁	10	4	4		2	2		1		1
17岁	6	2	1	1	2	2	2			
18岁	4	2	1		1	1	1			
19岁	5	1	1	2	1	2	2			
20岁	7	4		2	1	1	1			
21岁	4	3	1			1				1
22岁	8	4	1	1	2	1	1			
23岁	6	3		2	1	1	1			
24岁	7	1	3	3		3	2			1
25岁	5		3	1	1	4	3			1
26岁	7	1	1	2	3	3	2		1	
27岁	4	2		2		1	1			

3－4 续表 7

单位：人

年龄	智力残疾					精神残疾				
	小计	一级	二级	三级	四级	小计	一级	二级	三级	四级
28岁	2		1		1	2		1	1	
29岁	5	1	1	2	1	1	1			
30岁	3	3				2	2			
31岁	3	2		1		2	1			1
32岁	1			1		1				1
33岁	6	2	1	2	1	1	1			
34岁	5	2		2	1	3	1			2
35岁	10	4	2	4		3	3			
36岁	10	4		4	2	7	3	2		2
37岁	5	1	1	2	1	3	1		1	1
38岁	6	1	2	2	1	3		1	1	1
39岁	6		2	1	3	2				2
40岁	5	1	2	1	1	4	3			1
41岁	5	2	2		1	1	1			
42岁	10	4	2	1	3	4	3		1	
43岁	3			3		3	1			2
44岁	3			3						
45岁	2		1		1	2	1			1
46岁	5	2	1	2		3	1		1	1
47岁	6	1	1	3	1	3	3			
48岁	6	1	1	2	2					
49岁	3			1	2	2	1			1
50岁	3		1	1	1	2	2			
51岁	6	1	1	2	2	4	2		1	1
52岁	8	1	1	5	1	8	1	2	1	4
53岁	6	1	2	2	1	6	3			3
54岁	6	1	2	3		4	3			1
55岁	8	3	1	2	2	6	3	1	1	1
56岁	5	3	2			4	4			
57岁	3		1	1	1	5	4			1

3－4 续表 8

单位：人

年龄	智力残疾					精神残疾				
	小计	一级	二级	三级	四级	小计	一级	二级	三级	四级
58岁	5	1	2	1	1	3	1	1	1	
59岁	5	1		3	1	4	3			1
60岁	7	1	2	3	1	3	2			1
61岁	4	1		1	2	8	6	1	1	
62岁						2	2			
63岁	3	2		1		5	2		1	2
64岁						1	1			
65岁	5	1	2		2	10	6		2	2
66岁	1	1				5	2	1	1	1
67岁	6	3		1	2	6	5	1		
68岁	2	1	1			5	2	1		2
69岁	6	2	3	1		4	4			
70岁	3	1		2		11	7	3	1	
71岁	5	1	2	2		6	6			
72岁	3		1	1	1	4	2		2	
73岁	3	1	1		1	4	4			
74岁	4		2		2	5	3	1	1	
75岁	2		2			3	3			
76岁	5	2	1		2	4	4			
77岁	2			1	1	4	2		1	1
78岁	3			3		8	6	2		
79岁	4	1		2	1	6	4	1		1
80岁	3			3		2	2			
81岁	2	2				3	3			
82岁	2	2				3	3			
83岁	1	1				1	1			
84岁	1				1	1	1			
85+	10	6	2	1	1	9	9			

3－5　残疾(含多重)人分残疾类别、残疾等级的残疾发现年龄

单位：人

残疾发现年龄	视力残疾					听力残疾				
	小计	一级	二级	三级	四级	小计	一级	二级	三级	四级
总　计	**1136**	**227**	**78**	**79**	**752**	**2480**	**310**	**262**	**982**	**926**
0岁	58	17	7	4	30	73	59	5	6	3
1岁	11	3	1	1	6	46	34	6	4	2
2岁	9	3		1	5	24	16	3	3	2
3岁	5	1	1		3	19	9	4	4	2
4岁	5	1			4	19	10	2	5	2
5岁	9	2	1		6	12	4	2	4	2
6岁	5	1			4	12	4	5	2	1
7岁	7			3	4	14	7	2	2	3
8岁	7	1			6	11	4	1	5	1
9岁	5	2			3	7	1	1	4	1
10岁	5	1		1	3	14	3	2	5	4
11岁	2				2	9	2	2	2	3
12岁	3				3	17	4	3	7	3
13岁	3	1			2	6	1		2	3
14岁	4	1	1		2	5	1	1	2	1
15岁	1		1			7	2		2	3
16岁	3				3	6			2	4
17岁	5		1		4	9	2	1	6	
18岁	6	2	1		3	5	1		1	3
19岁	4				4	9	1	1	6	1
20岁	6	1		1	4	8	1	2	2	3
21岁	4	2		1	1	6		1	4	1
22岁	1				1	7		1	2	4
23岁	2	1			1	14	1	1	6	6
24岁	5		1	1	3	8	1		3	4
25岁	10	3		2	5	7	1	1	4	1
26岁	2				2	8	1	2	3	2
27岁	4			1	3	10		1	4	5

3-5 续表 1

单位：人

残疾发现年龄	视力残疾					听力残疾				
	小计	一级	二级	三级	四级	小计	一级	二级	三级	四级
28岁	3				3	5			1	4
29岁	4			1	3	5		2	3	
30岁	4			1	3	13	4	2	3	4
31岁	6	3		1	2	7	1		3	3
32岁	6	1	1	1	3	10	1	2	2	5
33岁	5	1	1		3	5	2	1		2
34岁	7	3		1	3	9		1	2	6
35岁	7	3	1		3	10	4	1	1	4
36岁	3	1	1		1	10			6	4
37岁	6	1	1		4	14	2	2	4	6
38岁	6	2	1	1	2	21	3	5	4	9
39岁	6	2	1		3	9		1	4	4
40岁	9			2	7	19	2	5	6	6
41岁	3			1	2	13	1	1	6	5
42岁	4	1			3	16	2	1	4	9
43岁	8	3	1		4	21	2	2	7	10
44岁	7	1			6	19	1	2	6	10
45岁	17		1	1	15	25	1	3	12	9
46岁	12	3	2		7	24	2	3	7	12
47岁	10	3		1	6	22	1	4	4	13
48岁	15	2	1		12	23	1	2	11	9
49岁	13	5	1	1	6	31	1	1	12	17
50岁	16	2	1		13	29	6	1	8	14
51岁	16	4	2	1	9	38	3	5	17	13
52岁	17	3		1	13	20		2	7	11
53岁	18	7	2	1	8	29	2	1	11	15
54岁	13	2		1	10	32		3	15	14
55岁	23	4	2	2	15	40	1	6	14	19
56岁	17	1	1	1	14	35	1	2	14	18
57岁	15	3			12	30	1	2	13	14

3－5 续表 2

单位：人

残疾发现年龄	视力残疾					听力残疾				
	小计	一级	二级	三级	四级	小计	一级	二级	三级	四级
58岁	28	3	2	2	21	43	6	4	12	21
59岁	21	4	1	1	15	47	2	7	20	18
60岁	24	2			22	49	3	8	18	20
61岁	22	3	2		17	43	4		21	18
62岁	20	3	4		13	57	6	4	20	27
63岁	32	2	2	3	25	51	2	5	12	32
64岁	24	4		1	19	51	3	10	16	22
65岁	21	2	2	1	16	60		5	28	27
66岁	27	4	1	1	21	76	7	5	23	41
67岁	31	6	2	2	21	99	6	10	46	37
68岁	25	5		1	19	91	8	7	34	42
69岁	24			2	22	75	4	7	34	30
70岁	40	7	1	7	25	67	4	7	32	24
71岁	34	5	3	1	25	72	3	7	34	28
72岁	48	7	5	3	33	80	2	8	37	33
73岁	30	9	2	1	18	80	5	4	47	24
74岁	38	6	2	4	26	72	8	6	33	25
75岁	20	7			13	61	2	3	31	25
76岁	28	7	1	5	15	64	5	5	32	22
77岁	28	5	7	2	14	50	2	4	27	17
78岁	15	4	1	2	8	57	2	4	34	17
79岁	13	4		1	8	36	2	4	17	13
80岁	8	6			2	30	2	7	14	7
81岁	10	3		1	6	22	1	3	12	6
82岁	5	4	1			17		5	9	3
83岁	4				4	14	2	2	7	3
84岁	8	2	1	2	3	7		3	2	2
85+	21	9	2	1	9	33	4	5	21	3

3－5 续表 3

单位：人

残疾发现年龄	言语残疾					肢体残疾				
	小计	一级	二级	三级	四级	小计	一级	二级	三级	四级
总　计	**700**	**330**	**140**	**134**	**96**	**3091**	**241**	**411**	**803**	**1636**
0岁	114	69	15	14	16	198	18	20	45	115
1岁	86	46	17	16	7	167	12	21	39	95
2岁	61	41	12	5	3	74	2	8	19	45
3岁	47	23	8	6	10	67	4	8	22	33
4岁	24	10	2	6	6	31	1	3	11	16
5岁	16	9	1	4	2	39	2	3	11	23
6岁	9	5	1	2	1	22	2	2	7	11
7岁	9	5	1	2	1	13	1	2	2	8
8岁	1	1				13			2	11
9岁	1	1				15		1	5	9
10岁	2	1	1			19	2	3	5	9
11岁						9		1	3	5
12岁	6	2	3		1	19	2	1	3	13
13岁	2				2	12		2	3	7
14岁	1				1	9	1	1	1	6
15岁	3		3			12		1	4	7
16岁						12		1	6	5
17岁	1	1				23		3	1	19
18岁	1		1			22	1	2	8	11
19岁	1	1				21		2	4	15
20岁	2			1	1	22	2	2	3	15
21岁	1		1			16			7	9
22岁	1		1			13	1		5	7
23岁	1		1			27		3	7	17
24岁	1			1		21	2	1	8	10
25岁	2		1		1	20	2		3	15
26岁						20	2	1	5	12
27岁	2			2		15	3	1	3	8

3－5 续表 4

单位：人

残疾发现年龄	言语残疾					肢体残疾				
	小计	一级	二级	三级	四级	小计	一级	二级	三级	四级
28岁	2	1	1			13	2		4	7
29岁						15		1	2	12
30岁	2		1	1		21	3	3	4	11
31岁						18			8	10
32岁	1				1	20	1	2	3	14
33岁	1		1			20		1	6	13
34岁	5		2	2	1	20		3	6	11
35岁	1	1				20	2	1	4	13
36岁						17	2	2	8	5
37岁	1			1		17		1	6	10
38岁	2			1	1	35	2	2	16	15
39岁	2		1	1		27	1	6	6	14
40岁	5	2	1	1	1	25		3	7	15
41岁	2			1	1	21	2	2	3	14
42岁	3		1	1	1	29	1	4	10	14
43岁	1			1		26	2	2	4	18
44岁	2	1		1		21	3	2	5	11
45岁	3	1	2			30	1	4	6	19
46岁	9	4	4	1		51	1	6	10	34
47岁	7	4	1	2		53	4	6	17	26
48岁	10	6	2		2	49	5	6	16	22
49岁	4		1	2	1	49	1	5	16	27
50岁	5	2	3			52	3	6	14	29
51岁	8	2	1	2	3	54	3	5	10	36
52岁	9	3		6		44	3	10	7	24
53岁	9	3	3	2	1	53	5	9	8	31
54岁	13	2	2	4	5	58	3	8	17	30
55岁	9	2	3	3	1	52	6	9	12	25
56岁	4		3	1		33	1	4	13	15
57岁	10	5	1	1	3	64	5	11	15	33

3－5 续表 5

单位：人

残疾发现年龄	言语残疾					肢体残疾				
	小计	一级	二级	三级	四级	小计	一级	二级	三级	四级
58岁	9	3	3	2	1	48	1	6	17	24
59岁	9	4		2	3	66	5	12	16	33
60岁	8	4	1	2	1	58	6	9	18	25
61岁	9	3	2	3	1	53	3	8	14	28
62岁	6	2	2		2	52	1	12	13	26
63岁	10	7			3	58	4	5	17	32
64岁	4	2	2			49	4	12	13	20
65岁	8	5	1	1	1	47	3	6	14	24
66岁	8	3	4	1		64	8	11	12	33
67岁	13	6	2	4	1	46	8	6	9	23
68岁	9	3	1	3	2	44	6	8	11	19
69岁	11	3	2	4	2	67	8	9	18	32
70岁	8	3	4	1		56	4	7	17	28
71岁	6	1	3	1	1	55	4	14	18	19
72岁	6	3	1	2		44	4	8	10	22
73岁	8	7		1		44	6	12	10	16
74岁	4		1	2	1	47	9	8	11	19
75岁	9	4	2	3		46	1	9	7	29
76岁	5	3		1	1	25	6	4	8	7
77岁	2	1	1			35	3	9	7	16
78岁	6	3	1	2		26	4	4	7	11
79岁	3	1	2			20	3	2	5	10
80岁	5	3		1	1	13	5	1	4	3
81岁	2	1		1		22	5	2	4	11
82岁	2			2		9		1	1	7
83岁	1		1			4		1	3	
84岁	1			1		8	4	2	2	
85+	3	1	1		1	27	4	6	12	5

3－5 续表 6

单位：人

残疾发现年龄	智力残疾					精神残疾				
	小计	一级	二级	三级	四级	小计	一级	二级	三级	四级
总　计	**973**	**177**	**143**	**321**	**332**	**761**	**333**	**101**	**92**	**235**
0岁	185	50	26	68	41	6	3	1	1	1
1岁	149	26	25	47	51	13	9	3		1
2岁	120	19	23	39	39	7	4		2	1
3岁	54	14	8	18	14	6	4	1	1	
4岁	59	10	6	24	19	6	4	1		1
5岁	43	2	6	11	24	5	2		3	
6岁	46	4	3	18	21	4	1	1		2
7岁	28	4	6	9	9	7	1			6
8岁	12		1	3	8	3	1		1	1
9岁	8		2	2	4	5	3		1	1
10岁	10			5	5	4	2	1		1
11岁	9		2	3	4	1	1			
12岁	6	2		1	3	8	4	2		2
13岁	6		1	3	2	7	2	1	1	3
14岁	3		1		2	7	3		1	3
15岁	1			1		5	3			2
16岁	6	1	1	3	1	13	6	2	3	2
17岁	1			1		15	6	2	2	5
18岁	3		1		2	13	6	1	2	4
19岁	1				1	17	8	3	4	2
20岁	7	2		4	1	26	7	5	6	8
21岁	4		1	2	1	17	5	2	2	8
22岁	3	1		1	1	19	7	3	2	7
23岁	6		2	1	3	17	10	1	1	5
24岁	1		1			14	6	2	1	5
25岁	3			2	1	22	12		3	7
26岁	2	1			1	20	5	4	2	9
27岁	3	1	1	1		16	2	2		12

3-5 续表 7

单位：人

残疾发现年龄	智力残疾					精神残疾				
	小计	一级	二级	三级	四级	小计	一级	二级	三级	四级
28岁	1	1				15	4	3	3	5
29岁	1			1		12	3	1	2	6
30岁						18	8	3	2	5
31岁	2			2		14	8	1	3	2
32岁	3				3	13	3	2	2	6
33岁	1				1	13	2	2	3	6
34岁	1	1				14	4	4	2	4
35岁	1	1				11	6	2		3
36岁	3			1	2	8	1	1	1	5
37岁	2	1		1		10	1	2	1	6
38岁	5		1	2	2	5			1	4
39岁	3			1	2	9	5	1	1	2
40岁	3			2	1	6	1	2	1	2
41岁	3			2	1	10	2	2	2	4
42岁	6	1		3	2	9	4	2		3
43岁	3			1	2	6	2		1	3
44岁	1			1		8	1		1	6
45岁	5				5	12	4			8
46岁	3	1	1		1	8	4	1	1	2
47岁	6	2	2		2	10	4	2		4
48岁	7	2	1		4	6	3	1		2
49岁	1			1		7	2	2		3
50岁	6		2	2	2	16	4	3	4	5
51岁	1			1		9	4	1	1	3
52岁	3			1	2	10	3	1	1	5
53岁	5		2	1	2	7	2	1	2	2
54岁	6	1		2	3	10	6	1	2	1
55岁	7	1		2	4	13	6	1	1	5
56岁	3	1		1	1	2	1			1
57岁	3			1	2	4	2			2

3－5 续表 8

单位：人

残疾发现年龄	智力残疾					精神残疾				
	小计	一级	二级	三级	四级	小计	一级	二级	三级	四级
58岁	6		2	2	2	6	2		2	2
59岁	2	1			1	9	4	2	2	1
60岁	3	1			2	8	6	1	1	
61岁	6	1	1	2	2	8	6			2
62岁	1				1	5	4			1
63岁	4	2	1	1		6	4	1	1	
64岁	5	2	1	1	1	4	2			2
65岁	3	1		1	1	10	4	3		3
66岁	6	1	2	1	2	9	5	3		1
67岁	9	2	2	2	3	6	3	2		1
68岁	3	2		1		11	8		1	2
69岁	2				2	6	5	1		
70岁	11		3	4	4	10	3	1	4	2
71岁	5	1		2	2	5	4	1		
72岁	5		2	1	2	6	2	1		3
73岁	2	1			1	5	3	2		
74岁	2		1	1		4	4			
75岁	4	1		3		8	5	2	1	
76岁	3	1		1	1	4	1	1	1	1
77岁	4	3			1	9	9			
78岁	3		1	1	1	5	4		1	
79岁	1			1		3	2		1	
80岁						5	5			
81岁	4	4				2	2			
82岁	2	2				2	2			
83岁						2	2			
84岁						1	1			
85+	3	1	1		1	4	4			

3－6 视力残疾(含多重)人分城乡、残疾等级的主要致残原因

单位：人

致残主要原因	视力残疾总人数(含多重残疾)			残疾等级 残疾一级		
	合计	城镇	农村	小计	城镇	农村
总　计	**1136**	**192**	**944**	**227**	**25**	**202**
致残原因一						
遗传、先天异常或发育障碍	88	8	80	26	2	24
白内障	559	92	467	104	13	91
青光眼	72	9	63	24	2	22
沙眼	4		4	2		2
角膜病	35	2	33	12		12
视神经病变	60	6	54	14		14
视网膜、色素膜病变	153	33	120	21	3	18
屈光不正	38	5	33	2		2
弱视	21	11	10			
外伤	35	9	26	5	3	2
中毒	2	1	1	1	1	
其他	29	5	24	8	1	7
原因不明	40	11	29	8		8
致残原因二						
遗传、先天异常或发育障碍	1		1			
白内障	5		5	2		2
青光眼	37	5	32	14	1	13
沙眼	2		2	1		1
角膜病	23	3	20	7	1	6
视神经病变	16	1	15	6		6
视网膜、色素膜病变	52	18	34	15	5	10
屈光不正	38	15	23	1		1
弱视	10		10			
外伤	18	4	14	4		4
中毒						
其他						
原因不明						

3-6 续表

单位：人

致残主要原因	残疾等级								
	残疾二级			残疾三级			残疾四级		
	小计	城镇	农村	小计	城镇	农村	小计	城镇	农村
总　计	**78**	**2**	**76**	**79**	**8**	**71**	**752**	**157**	**595**
致残原因一									
遗传、先天异常或发育障碍	9		9	10		10	43	6	37
白内障	41	1	40	38	5	33	376	73	303
青光眼	5		5	6		6	37	7	30
沙眼				1		1	1		1
角膜病	3		3				20	2	18
视神经病变	3	1	2	4		4	39	5	34
视网膜、色素膜病变	11		11	9	2	7	112	28	84
屈光不正	2		2	4	1	3	30	4	26
弱视				1		1	20	11	9
外伤	2		2	3		3	25	6	19
中毒							1		1
其他				3		3	18	4	14
原因不明	2		2				30	11	19
致残原因二									
遗传、先天异常或发育障碍	1		1						
白内障	1		1				2		2
青光眼	5		5	3	1	2	15	3	12
沙眼							1		1
角膜病	1		1	3		3	12	2	10
视神经病变				2	1	1	8		8
视网膜、色素膜病变	5	1	4	3	1	2	29	11	18
屈光不正				1		1	36	15	21
弱视							10		10
外伤	1		1	2	1	1	11	3	8
中毒									
其他									
原因不明									

3－7 听力残疾(含多重)人分城乡、残疾等级的主要致残原因

单位：人

致残主要原因	听力残疾总人数(含多重残疾)			残疾等级 残疾一级		
	合计	城镇	农村	小计	城镇	农村
总　计	**2480**	**668**	**1812**	**310**	**29**	**281**
致残原因一						
遗传	42	3	39	25	1	24
母孕期病毒感染	6		6	6		6
传染性疾病	29	4	25	13	1	12
自身免疫缺陷性疾病	3		3	1		1
全身性疾病	194	87	107	19	4	15
中耳炎	232	40	192	25	1	24
老年性耳聋	1264	304	960	64	4	60
早产和低体重	1		1			
新生儿窒息						
高胆红素血症						
药物中毒	84	21	63	35	6	29
创伤或意外伤害	53	13	40	9	2	7
噪声和爆震	171	111	60	6	2	4
其他	42	4	38	15	1	14
原因不明	359	81	278	92	7	85
致残原因二						
遗传	2		2	1		1
母孕期病毒感染	1		1	1		1
传染性疾病						
自身免疫缺陷性疾病	1		1	1		1
全身性疾病	1		1			
中耳炎	9		9	2		2
老年性耳聋	95	9	86	11		11
早产和低体重						
新生儿窒息						
高胆红素血症						
药物中毒	6	2	4	4	1	3
创伤或意外伤害	11	2	9	1		1
噪声和爆震	43	29	14	3		3
其他						
原因不明						

3－7 续表

单位：人

致残主要原因	残疾等级								
	残疾二级			残疾三级			残疾四级		
	小计	城镇	农村	小计	城镇	农村	小计	城镇	农村
总　计	**262**	**24**	**238**	**982**	**189**	**793**	**926**	**426**	**500**
致残原因一									
遗传	4		4	6	1	5	7	1	6
母孕期病毒感染									
传染性疾病	2	1	1	12	2	10	2		2
自身免疫缺陷性疾病	1		1				1		1
全身性疾病	15	1	14	62	23	39	98	59	39
中耳炎	23	2	21	99	16	83	85	21	64
老年性耳聋	129	10	119	571	84	487	500	206	294
早产和低体重	1		1						
新生儿窒息									
高胆红素血症									
药物中毒	16	4	12	18	1	17	15	10	5
创伤或意外伤害	5		5	22	2	20	17	9	8
噪声和爆震	13	2	11	66	36	30	86	71	15
其他	6	1	5	12	2	10	9		9
原因不明	47	3	44	114	22	92	106	49	57
致残原因二									
遗传	1		1						
母孕期病毒感染									
传染性疾病									
自身免疫缺陷性疾病									
全身性疾病							1		1
中耳炎	2		2	3		3	2		2
老年性耳聋	12		12	43	5	38	29	4	25
早产和低体重									
新生儿窒息									
高胆红素血症									
药物中毒				2	1	1			
创伤或意外伤害	2	1	1	6	1	5	2		2
噪声和爆震	2	1	1	13	7	6	25	21	4
其他									
原因不明									

3－8 言语残疾(含多重)人分城乡、残疾等级的主要致残原因

单位：人

致残主要原因	言语残疾总人数(含多重残疾)			残疾等级		
				残疾一级		
	合计	城镇	农村	小计	城镇	农村
总　计	**700**	**80**	**620**	**330**	**53**	**277**
致残原因一						
唐氏综合症	11		11	9		9
脑性瘫痪	25	6	19	16	4	12
新生儿病理性黄疸	2		2			
早产、低体重和过期产	4	1	3	1	1	
腭裂	16		16	3		3
智力低下	58	2	56	14		14
脑梗死	221	40	181	85	25	60
脑出血	39	9	30	19	8	11
脑炎	14	1	13	6		6
脑囊虫病						
喉、舌疾病术后	9	2	7	2	1	1
听力障碍	131	12	119	109	12	97
帕金森氏病	1		1	1		1
多发性硬化						
脊髓侧索硬化						
脑外伤	11	1	10	3		3
产伤	4		4	2		2
孤独症						
癫痫	11	3	8	3	2	1
CO中毒	4		4	1		1
其他	72	3	69	24		24
原因不明	67		67	32		32
致残原因二						
唐氏综合症						
脑性瘫痪						
新生儿病理性黄疸						
早产、低体重和过期产						
腭裂						
智力低下	3		3	1		1
脑梗死						
脑出血	3		3			
脑炎						
脑囊虫病						
喉、舌疾病术后						
听力障碍	2		2	2		2
帕金森氏病						
多发性硬化	1		1			
脊髓侧索硬化						
脑外伤						
产伤						
孤独症	1		1	1		1
癫痫	2		2	1		1
CO中毒						
其他						
原因不明						

3-8 续表

单位：人

致残主要原因	残疾等级								
	残疾二级			残疾三级			残疾四级		
	小计	城镇	农村	小计	城镇	农村	小计	城镇	农村
总　计	**140**	**7**	**133**	**134**	**17**	**117**	**96**	**3**	**93**
致残原因一									
唐氏综合症	2		2						
脑性瘫痪	3		3	3	2	1	3		3
新生儿病理性黄疸				1		1	1		1
早产、低体重和过期产	1		1	2		2			
腭裂	2		2	7		7	4		4
智力低下	22		22	13	2	11	9		9
脑梗死	50	3	47	53	9	44	33	3	30
脑出血	11		11	6	1	5	3		3
脑炎	3	1	2	3		3	2		2
脑囊虫病									
喉、舌疾病术后	2	1	1				5		5
听力障碍	12		12	6		6	4		4
帕金森氏病									
多发性硬化									
脊髓侧索硬化									
脑外伤	2		2	4	1	3	2		2
产伤	1		1				1		1
孤独症									
癫痫	1		1	6	1	5	1		1
CO中毒				3		3			
其他	16	2	14	15	1	14	17		17
原因不明	12		12	12		12	11		11
致残原因二									
唐氏综合症									
脑性瘫痪									
新生儿病理性黄疸									
早产、低体重和过期产									
腭裂									
智力低下	1		1				1		1
脑梗死									
脑出血				2		2	1		1
脑炎									
脑囊虫病									
喉、舌疾病术后									
听力障碍									
帕金森氏病									
多发性硬化	1		1						
脊髓侧索硬化									
脑外伤									
产伤									
孤独症									
癫痫	1		1						
CO中毒									
其他									
原因不明									

3－9 肢体残疾(含多重)人分城乡、残疾等级的主要致残原因

单位：人

致残主要原因	肢体残疾总人数(含多重残疾)			残疾等级 残疾一级		
	合计	城镇	农村	小计	城镇	农村
总　计	**3091**	**473**	**2618**	**241**	**36**	**205**
致残原因一						
脑性瘫痪	79	6	73	23	2	21
发育畸形	121	10	111	4		4
侏儒症	14	1	13			
其他先天性或发育障碍	47	1	46	5		5
脊髓灰质炎	287	54	233	14	1	13
脑血管疾病	1022	170	852	131	24	107
周围血管疾病	25	7	18			
肿瘤	7	2	5			
骨关节病	562	103	459	7	1	6
地方病	1		1			
脊髓疾病	52	7	45	3	2	1
工伤	134	27	107	5		5
交通事故	131	10	121	5		5
脊髓损伤	23	3	20	6		6
脑外伤	17	3	14	1		1
其他外伤	275	28	247	3	1	2
结核性感染	17	4	13			
化脓性感染	17	1	16			
中毒	6		6	2		2
其他	182	26	156	22	4	18
原因不明	72	10	62	10	1	9
致残原因二						
脑性瘫痪	2		2			
发育畸形						
侏儒症	1		1			
其他先天性或发育障碍	5		5	2		2
脊髓灰质炎	1		1			
脑血管疾病	4		4	1		1
周围血管疾病	2	1	1	1	1	
肿瘤	1		1			
骨关节病	16	2	14	3		3
地方病						
脊髓疾病	3		3	1		1
工伤	2	1	1			
交通事故	2		2			
脊髓损伤	3		3	1		1
脑外伤	3		3	1		1
其他外伤	25	2	23	2		2
结核性感染	2		2			
化脓性感染	6		6			
中毒						
其他	11	2	9			
原因不明						

3－9 续表

单位：人

致残主要原因	残疾等级								
	残疾二级			残疾三级			残疾四级		
	小计	城镇	农村	小计	城镇	农村	小计	城镇	农村
总　计	**411**	**67**	**344**	**803**	**108**	**695**	**1636**	**262**	**1374**
致残原因一									
脑性瘫痪	20	1	19	17	2	15	19	1	18
发育畸形	6	1	5	30	3	27	81	6	75
侏儒症							14	1	13
其他先天性或发育障碍	4		4	16		16	22	1	21
脊髓灰质炎	30	4	26	70	19	51	173	30	143
脑血管疾病	236	43	193	313	42	271	342	61	281
周围血管疾病	4	2	2	9	3	6	12	2	10
肿瘤	2	1	1	3	1	2	2		2
骨关节病	40	5	35	110	13	97	405	84	321
地方病							1		1
脊髓疾病	10	3	7	13	1	12	26	1	25
工伤	2	1	1	39	8	31	88	18	70
交通事故	7	1	6	33	4	29	86	5	81
脊髓损伤	4	1	3	7		7	6	2	4
脑外伤	5	1	4	7		7	4	2	2
其他外伤	12	1	11	67	4	63	193	22	171
结核性感染				5		5	12	4	8
化脓性感染	2		2	4		4	11	1	10
中毒	2		2				2		2
其他	17	1	16	51	7	44	92	14	78
原因不明	8	1	7	9	1	8	45	7	38
致残原因二									
脑性瘫痪	1		1	1		1			
发育畸形									
侏儒症				1		1			
其他先天性或发育障碍				1		1	2		2
脊髓灰质炎							1		1
脑血管疾病	2		2				1		1
周围血管疾病							1		1
肿瘤							1		1
骨关节病	3		3	4	2	2	6		6
地方病									
脊髓疾病	1		1				1		1
工伤				2	1	1			
交通事故							2		2
脊髓损伤							2		2
脑外伤				1		1	1		1
其他外伤	9	1	8	7		7	7	1	6
结核性感染							2		2
化脓性感染				3		3	3		3
中毒									
其他	2		2				9	2	7
原因不明									

3－10 智力残疾(含多重)人分城乡、残疾等级的主要致残原因

单位：人

致残主要原因	智力残疾总人数(含多重残疾)			残疾等级 残疾一级		
	合计	城镇	农村	小计	城镇	农村
总　计	**973**	**93**	**880**	**177**	**13**	**164**
致残原因一						
遗传	150	13	137	30	2	28
脑疾病	287	26	261	74	8	66
内分泌障碍	2	1	1			
惊厥性疾病	58	5	53	7		7
新生儿窒息	14	2	12	3		3
早产、低体重和过期产	27	2	25	5	2	3
发育畸形	16	2	14	2		2
营养不良	10	2	8			
母孕期外伤及物力伤害	9	1	8	4		4
产伤	11		11	6		6
工伤	5	1	4			
交通事故	8	1	7	1		1
其他外伤	17	2	15	3	1	2
中毒与过敏反应	10	2	8	1		1
不良社会文化因素	35	4	31	1		1
其他	63	9	54	9		9
原因不明	251	20	231	31		31
致残原因二						
遗传						
脑疾病	10		10	3		3
内分泌障碍						
惊厥性疾病	17	1	16	2		2
新生儿窒息	1		1			
早产、低体重和过期产	4		4	1		1
发育畸形	3	2	1	1	1	
营养不良	5		5	1		1
母孕期外伤及物力伤害						
产伤	2		2	1		1
工伤						
交通事故						
其他外伤	3	1	2	1		1
中毒与过敏反应						
不良社会文化因素	9	1	8	3	1	2
其他						
原因不明						

3－10 续表

单位：人

致残主要原因	残疾等级								
	残疾二级			残疾三级			残疾四级		
	小计	城镇	农村	小计	城镇	农村	小计	城镇	农村
总　计	**143**	**13**	**130**	**321**	**21**	**300**	**332**	**46**	**286**
致残原因一									
遗传	19	2	17	60	3	57	41	6	35
.脑疾病	49	6	43	83	1	82	81	11	70
内分泌障碍	1		1				1	1	
惊厥性疾病	6	1	5	28	2	26	17	2	15
新生儿窒息	1		1	6	2	4	4		4
早产、低体重和过期产	4		4	7		7	11		11
发育畸形	3		3	7	2	5	4		4
营养不良	1		1	4		4	5	2	3
母孕期外伤及物力伤害	1		1	3	1	2	1		1
产伤	1		1	1		1	3		3
工伤	1		1	2		2	2	1	1
交通事故	3		3	2		2	2	1	1
其他外伤	4		4	3		3	7	1	6
中毒与过敏反应	4		4	3	1	2	2	1	1
不良社会文化因素	5		5	6	1	5	23	3	20
其他	10	1	9	22	4	18	22	4	18
原因不明	30	3	27	84	4	80	106	13	93
致残原因二									
遗传									
脑疾病	1		1	3		3	3		3
内分泌障碍									
惊厥性疾病	3		3	6		6	6	1	5
新生儿窒息							1		1
早产、低体重和过期产				2		2	1		1
发育畸形	1		1	1	1				
营养不良	1		1	2		2	1		1
母孕期外伤及物力伤害									
产伤							1		1
工伤									
交通事故									
其他外伤	1		1				1	1	
中毒与过敏反应									
不良社会文化因素				4		4	2		2
其他									
原因不明									

3－11 精神残疾(含多重)人分城乡、残疾等级的主要致残原因

单位：人

致残主要原因	精神残疾总人数(含多重残疾)			残疾等级 残疾一级		
	合计	城镇	农村	小计	城镇	农村
总　计	**761**	**130**	**631**	**333**	**56**	**277**
致残原因一						
痴呆	183	33	150	131	24	107
其他器质性精神障碍	46	13	33	21	6	15
使用精神活性物质所致的障碍	15	6	9			
精神分裂症	318	40	278	141	19	122
妄想性障碍	6	3	3	2	2	
分裂情感性障碍	11	7	4	1	1	
其他精神病性障碍	11	3	8	4	1	3
心境障碍	61	8	53	5	1	4
神经症性障碍	32	9	23	5		5
行为综合症	4	1	3			
人格障碍	1		1			
孤独症	8	1	7	5		5
癫痫	51	6	45	12	2	10
其他	8		8	2		2
原因不明	6		6	4		4
致残原因二						
痴呆						
其他器质性精神障碍						
使用精神活性物质所致的障碍						
精神分裂症	1		1	1		1
妄想性障碍						
分裂情感性障碍	1		1	1		1
其他精神病性障碍	1		1			
心境障碍	2	1	1	1		1
神经症性障碍						
行为综合症	1		1	1		1
人格障碍	2		2	1		1
孤独症						
癫痫	6	2	4	3	1	2
其他						
原因不明						

3－11 续表

单位：人

致残主要原因	残疾等级								
	残疾二级			残疾三级			残疾四级		
	小计	城镇	农村	小计	城镇	农村	小计	城镇	农村
总　计	**101**	**16**	**85**	**92**	**15**	**77**	**235**	**43**	**192**
致残原因一									
痴呆	17	3	14	16	2	14	19	4	15
其他器质性精神障碍	5		5	7	6	1	13	1	12
使用精神活性物质所致的障碍	1		1				14	6	8
精神分裂症	49	8	41	39	4	35	89	9	80
妄想性障碍	1		1	1		1	2	1	1
分裂情感性障碍	2	2		1		1	7	4	3
其他精神病性障碍	2	1	1	2		2	3	1	2
心境障碍	10	1	9	5	1	4	41	5	36
神经症性障碍	4		4	3		3	20	9	11
行为综合症	1		1				3	1	2
人格障碍				1		1			
孤独症	3	1	2						
癫痫	5		5	13	2	11	21	2	19
其他				3		3	3		3
原因不明	1		1	1		1			
致残原因二									
痴呆									
其他器质性精神障碍									
使用精神活性物质所致的障碍									
精神分裂症									
妄想性障碍									
分裂情感性障碍									
其他精神病性障碍				1		1			
心境障碍	1	1							
神经症性障碍									
行为综合症									
人格障碍	1		1						
孤独症									
癫痫							3	1	2
其他									
原因不明									

3－12 视力残疾(含多重)人分年龄、性别的主要致残原因

单位：人

年 龄	遗传、先天异常或发育障碍		白内障		青光眼		沙眼		角膜病	
	男	女	男	女	男	女	男	女	男	女
总 计	**41**	**48**	**183**	**381**	**34**	**75**	**4**	**2**	**25**	**33**
0岁										
1岁	1		1							
2岁										
3岁	1									
4岁		1								
5岁		1								
6岁										
7岁	2									
8岁										
9岁										
10岁										
11岁	1									
12岁		1								
13岁	1	1								
14岁	1	1								
15岁										
16岁	1	1								
17岁										
18岁										
19岁	1									
20岁		1								
21岁		1								
22岁	1		1							
23岁	2	1								
24岁	1	1	1							
25岁		1								
26岁	2									
27岁										

3－12 续表 1

单位：人

年 龄	遗传、先天异常或发育障碍		白内障		青光眼		沙眼		角膜病	
	男	女	男	女	男	女	男	女	男	女
28岁										
29岁										
30岁	2									
31岁	1	1								
32岁	2									
33岁	1		1							
34岁		1								
35岁				1		1			1	
36岁		3	1							1
37岁	1	1								
38岁	2									
39岁	2	1				1				
40岁	2	1		1						
41岁										
42岁	1			1						
43岁	1									
44岁				1						
45岁				2						
46岁		1		1						
47岁	2	1		1						
48岁		1				1				
49岁		1	1							1
50岁		1	1	2		2				
51岁	1	1	1	2		1				
52岁			2	3		1			1	
53岁	1	1		2						
54岁		2	1	2	2				1	
55岁		1		3	1	1				1
56岁			2	4					2	
57岁			2	1		1			1	

3－12 续表 2

单位：人

年 龄	遗传、先天异常或发育障碍		白内障		青光眼		沙眼		角膜病	
	男	女	男	女	男	女	男	女	男	女
58岁		2	2	6	1					
59岁	2	1	5	3					2	1
60岁		3	5	6	2	3			1	1
61岁			2	4					1	
62岁		3	3	4						
63岁			2	4	4	1			2	2
64岁	1	2	3	8	3	2				
65岁	1			9		1			1	1
66岁		1	8	6	2		1		1	
67岁		1	4	10		1				
68岁		1	5	13	2	2			2	
69岁			5	9	2	1				3
70岁			9	18		1			2	
71岁		1	5	19	2	2	1			1
72岁	1		11	21		3			2	2
73岁			10	17	1	3				1
74岁			12	21	1	5			1	4
75岁			14	17	3	2	1	1		3
76岁		2	8	19		7			1	2
77岁			6	14	2	3				
78岁	1	1	7	17		6			1	
79岁			6	11	1	6		1	1	
80岁			7	10		4				1
81岁			5	19		3				
82岁			2	17	1	3				
83岁	1		5	17		2				1
84岁			5	3	2					1
85+		1	12	32	2	5	1		1	6

3－12 续表 3

单位：人

年 龄	视神经病变		视网膜、色素膜病变		屈光不正		弱视	
	男	女	男	女	男	女	男	女
总 计	**30**	**46**	**63**	**142**	**35**	**41**	**18**	**13**
0岁								
1岁								
2岁								1
3岁								
4岁							1	2
5岁							1	2
6岁							1	1
7岁								1
8岁								
9岁								
10岁								
11岁								
12岁						1		
13岁				1		1		
14岁								
15岁								1
16岁								
17岁					1	1	1	
18岁								
19岁								
20岁			1				1	
21岁		1						
22岁								
23岁								
24岁						1		
25岁		1						
26岁							1	
27岁								

3－12 续表 4

单位：人

年 龄	视神经病变		视网膜、色素膜病变		屈光不正		弱视	
	男	女	男	女	男	女	男	女
28岁								
29岁								
30岁								
31岁								
32岁		1			2			
33岁	1							1
34岁						1		
35岁				1				
36岁			1	1				
37岁								
38岁					1		2	
39岁			1			1		1
40岁				1				
41岁						1		
42岁							3	
43岁	1		1		3	1		
44岁								
45岁	1		1	1				
46岁			1		2			
47岁				2		1	1	
48岁			3	2	1	1		
49岁	1		3		3			
50岁	1			2		2	1	
51岁	1	2	2	4	1	1		
52岁		2	2	3			1	
53岁			2	4			1	
54岁			1	1	1	1		
55岁	1	2	4	1		1		
56岁		3	1	5	1	2	1	
57岁		2	1	4		1		

3－12 续表 5

单位：人

年龄	视神经病变		视网膜、色素膜病变		屈光不正		弱视	
	男	女	男	女	男	女	男	女
58岁	2	2		7				
59岁			1	3	1			
60岁	1		4	9		1		
61岁	2	3		4	2	1		1
62岁				1	1			
63岁	2	2	4	4	2			
64岁		2	1	4	1	1		
65岁	1	1	2	1	1	1		
66岁		3				3		
67岁	1	1	4	4				
68岁	4	2	1	3	1		1	1
69岁			2	4	1	3		
70岁	1	1	1	6	1	1		
71岁	1		2	10	2	3		
72岁	2		1	9		1	1	1
73岁		1	5	4		1		
74岁	1		1	8	2	2		
75岁	1	2		6	1	2		
76岁		1	1	3		1		
77岁		2	1	2	1	1		
78岁		1	2	4	1			
79岁	1	2	2	2				
80岁		1		2				
81岁	2	1	1	2				
82岁	1	1		2		1		
83岁		2	1					
84岁				1				
85+		1	1	4	1			

3－12 续表 6

单位：人

年龄	外伤		中毒		其他		原因不明	
	男	女	男	女	男	女	男	女
总计	**37**	**16**	**1**	**1**	**11**	**18**	**13**	**27**
0岁								
1岁								
2岁								
3岁								
4岁								
5岁								
6岁								
7岁								
8岁			1					
9岁								
10岁								
11岁								
12岁								
13岁								
14岁		1						
15岁								
16岁								
17岁		1						
18岁							1	
19岁								
20岁	1							
21岁								
22岁	1							
23岁								
24岁		1						
25岁	1							
26岁								
27岁								

3－12 续表 7

单位：人

年龄	外伤		中毒		其他		原因不明	
	男	女	男	女	男	女	男	女
28岁								
29岁	1				1			
30岁								
31岁								
32岁	1							
33岁		1						
34岁	1							
35岁							1	
36岁							1	
37岁	1							
38岁								
39岁	2							
40岁		1						
41岁	1				1			
42岁	2	1			2			
43岁	1							
44岁								
45岁								1
46岁				1		1	1	
47岁	1	1					1	1
48岁	1	1						
49岁								
50岁		1						1
51岁					1		1	
52岁					1	2		1
53岁	1				1			
54岁						1	1	
55岁	2							2
56岁	1					1		
57岁	1						1	1

3－12 续表 8

单位：人

年龄	外伤		中毒		其他		原因不明	
	男	女	男	女	男	女	男	女
58岁	2	1				1		
59岁	3					1		
60岁	2	2						
61岁		1						
62岁					1	1		
63岁						2		1
64岁								
65岁	3							1
66岁	1					1		1
67岁	1					1		
68岁	1							2
69岁	1	1				1		2
70岁						1	1	1
71岁					1			
72岁	1	1				1	1	2
73岁					1			
74岁	1					1	1	2
75岁					1			1
76岁		1						1
77岁							1	
78岁						1		3
79岁								
80岁							1	
81岁						1		
82岁								
83岁								
84岁								1
85+	1							2

3－13 听力残疾(含多重)人分年龄、性别的主要致残原因

单位：人

年 龄	遗传		母孕期病毒感染		传染性疾病		自身免疫缺陷性疾病	
	男	女	男	女	男	女	男	女
总 计	**24**	**20**	**6**	**1**	**19**	**10**	**3**	**1**
0岁								
1岁								
2岁								
3岁								
4岁	1							
5岁		1						
6岁								
7岁								
8岁	1							
9岁								
10岁								
11岁								
12岁		1						
13岁			1					
14岁								
15岁								
16岁								
17岁	1							
18岁					1			
19岁								
20岁			1					
21岁	1							
22岁		1			1			
23岁	1					1		
24岁	1							
25岁	2							
26岁								
27岁	1							

3-13 续表 1

单位：人

年 龄	遗传		母孕期病毒感染		传染性疾病		自身免疫缺陷性疾病	
	男	女	男	女	男	女	男	女
28岁								
29岁	2		1					
30岁								
31岁								
32岁	1							
33岁								
34岁								
35岁								
36岁							1	
37岁		1						
38岁								
39岁								
40岁		1		1	1			
41岁					3			
42岁	1	1	1					
43岁						1		
44岁		1				1		
45岁								
46岁		1						
47岁	3	2						
48岁		1				1		1
49岁					2			
50岁	1				1			
51岁			1					
52岁		1			1	1		
53岁	1				1			
54岁		1						
55岁	1							
56岁	1				1	1		
57岁					1			

3－13 续表 2

单位：人

年龄	遗传		母孕期病毒感染		传染性疾病		自身免疫缺陷性疾病	
	男	女	男	女	男	女	男	女
58岁								
59岁	1	1						
60岁		1				2		
61岁	2	1						
62岁						1		
63岁					1			
64岁								
65岁								
66岁	1	1			2	1	1	
67岁								
68岁								
69岁					1			
70岁								
71岁		1			1			
72岁								
73岁		1					1	
74岁								
75岁								
76岁				1				
77岁								
78岁								
79岁								
80岁								
81岁								
82岁								
83岁		1			1			
84岁								
85+								

3－13　续表 3

单位：人

年龄	全身性疾病		中耳炎		老年性耳聋		早产和低体重	
	男	女	男	女	男	女	男	女
总　计	**91**	**104**	**117**	**124**	**698**	**661**	**1**	
0岁								
1岁								
2岁								
3岁								
4岁								
5岁								
6岁								
7岁								
8岁								
9岁								
10岁								
11岁								
12岁								
13岁							1	
14岁			2					
15岁								
16岁				1				
17岁								
18岁				1				
19岁	1		1					
20岁								
21岁								
22岁								
23岁								
24岁				1				
25岁			1					
26岁								
27岁				1				

3－13 续表 4

单位：人

年龄	全身性疾病		中耳炎		老年性耳聋		早产和低体重	
	男	女	男	女	男	女	男	女
28岁								
29岁								
30岁								
31岁								
32岁								
33岁				2				
34岁								
35岁								
36岁				2				
37岁				1				
38岁								
39岁								
40岁								
41岁		1	2	2		1		
42岁			1	1				
43岁			3					
44岁			1					
45岁	1		2	2		1		
46岁		1	3					
47岁			1	3		1		
48岁		2	4	2	1			
49岁			1					
50岁				3				
51岁		1	1	4	3	2		
52岁			1	4	1			
53岁	1	3	5	1	1	1		
54岁	1	1	7	4	4	2		
55岁	3	3	1	1	6	3		
56岁		4	4	7	4	3		
57岁	3		1	1	7	6		

3-13 续表 5

单位：人

年 龄	全身性疾病		中耳炎		老年性耳聋		早产和低体重	
	男	女	男	女	男	女	男	女
58岁		3	7	4	7	4		
59岁	5	1	5	6	10	3		
60岁	2	2	5	4	5	9		
61岁	1	1	2	2	11	6		
62岁		4	3	1	10	5		
63岁	3	2	1	1	18	8		
64岁	3	4	4	4	12	10		
65岁	1	1	6		13	6		
66岁	5	3	1	1	20	9		
67岁	2	6	1	4	25	14		
68岁	5	5	3	4	21	30		
69岁	4	5	4	6	25	24		
70岁	5	6	5	4	38	27		
71岁	5	3	2	2	28	28		
72岁	7	4	3	3	37	39		
73岁	9	2	3	4	33	21		
74岁	3	9	4	2	32	48		
75岁	1	3	7	3	42	28		
76岁	3	5	1	7	40	44		
77岁	3	4		2	35	25		
78岁	1	4	2	3	34	26		
79岁	3	1	2	2	27	27		
80岁	1	1	1	1	27	30		
81岁	5	2	1	3	24	31		
82岁	2	1	1	3	22	21		
83岁		3		2	21	32		
84岁	1				12	10		
85+	1	3	1	2	42	76		

3-13 续表 6

单位：人

年 龄	新生儿窒息		高胆红素血症		药物中毒		创伤或意外伤害	
	男	女	男	女	男	女	男	女
总 计					**48**	**42**	**30**	**34**
0岁								
1岁								
2岁								
3岁								
4岁					1			
5岁								
6岁								
7岁								
8岁						1		
9岁					1			
10岁								
11岁								
12岁								
13岁								
14岁								
15岁						1		
16岁						2		
17岁					1			
18岁								
19岁								
20岁								1
21岁						1		
22岁					1	1		
23岁					1	1		
24岁					2	2		
25岁								
26岁						1		
27岁					1	1		

3－13 续表 7

单位：人

年 龄	新生儿窒息		高胆红素血症		药物中毒		创伤或意外伤害	
	男	女	男	女	男	女	男	女
28岁								
29岁					1	1		
30岁					2	1		
31岁					1			1
32岁					1			
33岁								
34岁						1	1	
35岁					2	1	2	
36岁					3	1		1
37岁					1			
38岁								1
39岁					1			
40岁					1	1	1	
41岁					1			
42岁						1		
43岁						1		2
44岁					1	1		1
45岁								
46岁					1	1		
47岁							1	
48岁					1			1
49岁								
50岁					1		2	1
51岁					2	1		
52岁					1	1		1
53岁					2	1		1
54岁						3		
55岁					2	1	1	
56岁							4	
57岁						1		2

3－13 续表 8

单位：人

年 龄	新生儿窒息		高胆红素血症		药物中毒		创伤或意外伤害	
	男	女	男	女	男	女	男	女
58岁					2	3	1	1
59岁					1		2	
60岁								
61岁					2			
62岁								3
63岁					3		2	3
64岁								1
65岁					1		1	
66岁					2		1	1
67岁						1	2	1
68岁						1		
69岁							2	
70岁						1	2	3
71岁					2	1		
72岁								
73岁					1		1	1
74岁							1	1
75岁								2
76岁						1		1
77岁								1
78岁							3	
79岁								
80岁					1	1		1
81岁								
82岁						1		
83岁						1		1
84岁								
85+						2		

3－13 续表 9

单位：人

年龄	噪声和爆震		其他		原因不明	
	男	女	男	女	男	女
总计	**153**	**61**	**24**	**18**	**170**	**189**
0岁						
1岁						
2岁			1			
3岁						
4岁						
5岁						
6岁					1	
7岁			1		1	
8岁						
9岁						2
10岁						1
11岁						1
12岁					1	
13岁						
14岁					1	2
15岁						2
16岁				1		2
17岁						1
18岁						
19岁				1	1	
20岁		1	1			3
21岁					1	
22岁					2	2
23岁				2		
24岁						1
25岁				1		3
26岁						1
27岁					1	1

3－13 续表 10

单位：人

年 龄	噪声和爆震		其他		原因不明	
	男	女	男	女	男	女
28岁						
29岁						
30岁						1
31岁						
32岁						
33岁		1			1	2
34岁	1		1		4	1
35岁		1				4
36岁		1				1
37岁	2				2	1
38岁					1	3
39岁		1			1	1
40岁	1				2	
41岁	2				4	1
42岁		1		1	1	5
43岁	1	3	1			
44岁					1	1
45岁	1	2			1	
46岁				2	1	3
47岁	1		1		3	3
48岁		1	1		3	3
49岁	3				6	2
50岁	3	2		3	3	6
51岁	3	1		1	9	1
52岁	3		1	4	1	4
53岁	4				1	4
54岁	4				3	4
55岁	3				5	8
56岁	1		1		8	11
57岁		2			6	7

3-13 续表 11

单位：人

年龄	噪声和爆震		其他		原因不明	
	男	女	男	女	男	女
58岁	7	1			1	3
59岁	3				4	5
60岁		3			3	3
61岁	3				1	2
62岁	1		1		1	6
63岁	5				1	2
64岁	5	4			4	2
65岁	7	1			6	5
66岁	7	3	1		1	3
67岁	2	1			2	5
68岁	8	1	1	1	9	8
69岁	7	1	3		5	5
70岁	8	4	1		7	3
71岁	7	5	1		7	4
72岁	7	4	1	1	5	4
73岁	6	1	1		6	2
74岁	6	1	1		4	5
75岁	7	3	1		4	4
76岁	6	2			2	3
77岁	2	4			3	2
78岁	5	2	1		5	1
79岁	1					
80岁	6	2			4	1
81岁	1				3	3
82岁			1			1
83岁	1				2	2
84岁					3	1
85+	2	1	1		1	5

3－14　言语残疾(含多重)人分年龄、性别的主要致残原因

单位：人

年　龄	唐氏综合症		脑性瘫痪		新生儿病理性黄疸		早产、低体重和过期产		腭裂	
	男	女	男	女	男	女	男	女	男	女
总　计	**5**	**6**	**13**	**12**		**2**	**4**		**7**	**9**
0岁										
1岁										
2岁			1							
3岁			1							
4岁							1			
5岁		1		1						1
6岁										
7岁		1	1							
8岁	1						1			1
9岁		1					1			
10岁			1	1						
11岁		1								
12岁										
13岁				1						
14岁				1		1			2	
15岁		1								
16岁	1			2						
17岁			1	1					1	
18岁				2						
19岁			1							1
20岁										
21岁	1									
22岁				1						
23岁				2						
24岁						1	1			
25岁			1						1	1
26岁										
27岁										

3－14 续表 1

单位：人

年龄	唐氏综合症		脑性瘫痪		新生儿病理性黄疸		早产、低体重和过期产		腭裂	
	男	女	男	女	男	女	男	女	男	女
28岁										1
29岁										1
30岁	1									1
31岁			1							
32岁										
33岁			1							
34岁			2							
35岁			1						1	
36岁									1	
37岁			1							
38岁										
39岁										
40岁										
41岁										
42岁										
43岁										1
44岁		1								
45岁										
46岁										
47岁										
48岁										
49岁										
50岁										
51岁	1									
52岁									1	
53岁										
54岁										
55岁										
56岁										
57岁										

3－14 续表 2

单位：人

年 龄	唐氏综合症		脑性瘫痪		新生儿病理性黄疸		早产、低体重和过期产		腭裂	
	男	女	男	女	男	女	男	女	男	女
58岁										
59岁										
60岁										
61岁										
62岁										
63岁										
64岁										
65岁										
66岁										
67岁										
68岁										
69岁										1
70岁										
71岁										
72岁										
73岁										
74岁										
75岁										
76岁										
77岁										
78岁										
79岁										
80岁										
81岁										
82岁										
83岁										
84岁										
85+										

3－14 续表 3

单位：人

年龄	智力低下		脑梗死		脑出血		脑炎	
	男	女	男	女	男	女	男	女
总计	**33**	**28**	**131**	**90**	**20**	**22**	**9**	**5**
0岁								
1岁								
2岁								
3岁		2						
4岁		1					1	
5岁	2							
6岁	1							
7岁	2	1						
8岁								
9岁		1						
10岁	1							
11岁	1							
12岁								
13岁		2					1	
14岁	1	1						
15岁	1							
16岁		2						
17岁	1							
18岁		1						
19岁	1	1					1	
20岁	2	3						
21岁		1						
22岁	4	1						
23岁	2							
24岁	2							
25岁	2						1	
26岁		1						
27岁								

3－14　续表 4

单位：人

年龄	智力低下		脑梗死		脑出血		脑炎	
	男	女	男	女	男	女	男	女
28岁		1						
29岁	1							1
30岁								
31岁	1							1
32岁								
33岁								
34岁		2						
35岁	1	2						
36岁	1						1	
37岁								
38岁								
39岁	1							2
40岁	1							
41岁					1	1	1	
42岁	1		1					
43岁			2					
44岁		1						
45岁								
46岁			2					
47岁	1		3		1			
48岁			1	1				
49岁	1			1			1	
50岁			2		1	1		
51岁					1	1		
52岁		1		1	1	1		
53岁		1	3		1	1		
54岁		1	6	3	1			
55岁	1		4	5		1		
56岁			1	1		1	1	1
57岁			4	1	1	1		

3－14 续表 5

单位：人

年 龄	智力低下		脑梗死		脑出血		脑炎	
	男	女	男	女	男	女	男	女
58岁			2	1		1		
59岁			4	4		1		
60岁			5	1	1			
61岁			9	2	3			
62岁			5	1				
63岁			4	1		1		
64岁			3	4				
65岁			3	2	1	1		
66岁			3	4		1		
67岁			5	1	2	1		
68岁			4	2				
69岁			4	5				
70岁			3	6	2	1		
71岁		1	6	3	1	1		
72岁			7		1			
73岁			6	2				
74岁			3	5		2		
75岁			3	3				
76岁			2	5				
77岁			1	2	1	1		
78岁			6	6		1		
79岁			2	1		2		
80岁			2	5				
81岁			3	3				
82岁			3	1				
83岁				3				
84岁			1	1				
85+			3	3			1	

3－14 续表 6

单位：人

年 龄	脑囊虫病		喉、舌疾病术后		听力障碍		帕金森氏病		多发性硬化	
	男	女	男	女	男	女	男	女	男	女
总 计			**7**	**2**	**70**	**63**	**1**			**1**
0岁										
1岁										
2岁										
3岁										
4岁					2					
5岁						1				
6岁					1					
7岁										
8岁					1					
9岁										
10岁						1				
11岁						1				
12岁					1					
13岁					2					
14岁										
15岁						2				
16岁						1				
17岁										
18岁					1					
19岁					1	1				
20岁					2	1				
21岁						1				
22岁					1					
23岁					1	2				
24岁					1	2				
25岁				1	1	2				
26岁						1				
27岁					2	1				

3－14 续表 7

单位：人

年 龄	脑囊虫病		喉、舌疾病术后		听力障碍		帕金森氏病		多发性硬化	
	男	女	男	女	男	女	男	女	男	女
28岁										
29岁					3	1				
30岁					1	1				
31岁					1					
32岁					1					
33岁					1	1				
34岁					2	1				
35岁					1					
36岁					3	1				
37岁					2	1				
38岁						1				
39岁						1	1			
40岁					1	2				
41岁					3					
42岁						1				
43岁										
44岁					1	1				
45岁										
46岁						1				
47岁					3	1				
48岁					1					
49岁					3					
50岁			1		1	4				
51岁					4	2				
52岁					1	1				
53岁					2	1				
54岁						2				
55岁					1	2				
56岁					2	2				
57岁			1		2	3				

3－14 续表 8

单位：人

年 龄	脑囊虫病		喉、舌疾病术后		听力障碍		帕金森氏病		多发性硬化	
	男	女	男	女	男	女	男	女	男	女
58岁						4				
59岁					1	1				
60岁			1			1				
61岁			1		2					
62岁			1		1					
63岁			1		1	1				
64岁					1					
65岁						1				
66岁					3	1				
67岁				1						
68岁					1					
69岁						1				
70岁										
71岁			1							
72岁						1				
73岁					1					
74岁						1				
75岁										
76岁					1	1				
77岁					1					
78岁										
79岁										
80岁						1				
81岁										
82岁										
83岁										
84岁										
85+						1				1

3－14 续表 9

单位：人

年龄	脊髓侧索硬化		脑外伤		产伤		孤独症	
	男	女	男	女	男	女	男	女
总计			**6**	**5**	**3**	**1**	**1**	
0岁								
1岁								
2岁								
3岁								
4岁								
5岁					1			
6岁								
7岁								
8岁								
9岁								
10岁							1	
11岁								
12岁								
13岁								
14岁								
15岁								
16岁								
17岁								
18岁								
19岁								
20岁								
21岁					1			
22岁								
23岁								
24岁								
25岁				1				
26岁					1			
27岁			2					

3－14 续表 10

单位：人

年 龄	脊髓侧索硬化		脑外伤		产伤		孤独症	
	男	女	男	女	男	女	男	女
28岁								
29岁								
30岁								
31岁								
32岁								
33岁								
34岁								
35岁								
36岁			1					
37岁								
38岁								
39岁								
40岁								
41岁			1					
42岁								
43岁			1	1		1		
44岁								
45岁								
46岁								
47岁				1				
48岁								
49岁								
50岁								
51岁								
52岁								
53岁								
54岁								
55岁								
56岁								
57岁				1				

3－14 续表 11

单位：人

年龄	脊髓侧索硬化		脑外伤		产伤		孤独症	
	男	女	男	女	男	女	男	女
58岁								
59岁			1					
60岁								
61岁								
62岁								
63岁								
64岁								
65岁								
66岁								
67岁								
68岁								
69岁								
70岁								
71岁								
72岁								
73岁								
74岁								
75岁								
76岁								
77岁								
78岁								
79岁								
80岁				1				
81岁								
82岁								
83岁								
84岁								
85+								

3－14 续表 12

单位：人

年 龄	癫痫		CO中毒		其他		原因不明	
	男	女	男	女	男	女	男	女
总 计	**6**	**7**	**2**	**2**	**40**	**32**	**36**	**31**
0岁								
1岁								
2岁								
3岁	2				5	1	2	
4岁					1			1
5岁						1	1	
6岁								
7岁								
8岁					1			
9岁								
10岁						1		
11岁								
12岁						1	2	
13岁								
14岁							1	
15岁								1
16岁								1
17岁							1	
18岁						1		2
19岁								
20岁								
21岁		1						
22岁						1	1	1
23岁	1	1			2			
24岁						3		
25岁					1	2		
26岁							2	1
27岁		1			1	1		

3－14 续表 13

单位：人

年龄	癫痫		CO中毒		其他		原因不明	
	男	女	男	女	男	女	男	女
28岁								
29岁					1		1	
30岁								1
31岁								
32岁								
33岁		1					1	1
34岁							1	1
35岁	1				1			1
36岁					1	2	1	
37岁					2		1	
38岁						1		
39岁					1			2
40岁		1				1	2	
41岁					1	1		1
42岁	1	1			1		2	1
43岁					1	1	1	
44岁						2	1	
45岁						1	1	
46岁					4			1
47岁					2			
48岁					1	1		
49岁						1	1	
50岁							1	1
51岁						1	1	1
52岁					1	3		1
53岁					1		1	
54岁		1			1	2	2	1
55岁						2	2	2
56岁								
57岁					1			

3－14 续表 14

单位：人

年龄	癫痫		CO中毒		其他		原因不明	
	男	女	男	女	男	女	男	女
58岁							1	1
59岁				1	1			2
60岁					1		1	
61岁					2			
62岁					1			
63岁			1					
64岁								
65岁								
66岁								
67岁					1			
68岁	1							
69岁								1
70岁				1				
71岁							1	1
72岁							1	1
73岁								
74岁					1			
75岁			1				1	
76岁					1			
77岁								
78岁								
79岁						1		1
80岁								
81岁								1
82岁								1
83岁							1	
84岁								
85+					1			

3－15　肢体残疾(含多重)人分年龄、性别的主要致残原因

单位：人

年　龄	脑性瘫痪		发育畸形		侏儒症		其他先天性或发育障碍	
	男	女	男	女	男	女	男	女
总　计	**46**	**35**	**56**	**65**	**8**	**7**	**26**	**26**
0岁		1						
1岁		1						
2岁	2			1				
3岁	3							
4岁		2	1					1
5岁		1						
6岁	1			1				
7岁	1	1					1	
8岁			1				1	
9岁		2						2
10岁	3	1	1					
11岁	1	1	2	1			1	1
12岁	4						1	
13岁	1		2					
14岁	2	2	1					1
15岁	1		1	1			1	1
16岁		3		1		1		1
17岁	1	1		3			3	1
18岁	1	1	3		1		1	
19岁	4		1	1			1	
20岁		2		3				2
21岁	2			3				
22岁	2	1		1		1		
23岁	1	2		3			1	
24岁			2	1	1			2
25岁	3	1	1	2				
26岁							1	
27岁			1	1			1	1

3－15 续表 1

单位：人

年 龄	脑性瘫痪		发育畸形		侏儒症		其他先天性或发育障碍	
	男	女	男	女	男	女	男	女
28岁								1
29岁								
30岁		1		2				
31岁	1		1	2		1		1
32岁			2		1			
33岁	1	1	3	1			1	
34岁	1		1	1			1	
35岁		1		1			1	
36岁								
37岁	1		2	3		1		
38岁	1		2	1	1	1	1	
39岁			3	1	1		1	2
40岁	1		3	3	2			1
41岁	1		2	1			1	1
42岁			1			1		
43岁	1		2	1				
44岁							2	
45岁				1			1	
46岁		1	1	4				
47岁	2	1		1				1
48岁	1			1			1	
49岁		1		3				
50岁			2	1	1	1		
51岁		2		1				
52岁		1	1				1	
53岁			2	2			1	1
54岁			3	1				
55岁			1	1				
56岁				1				
57岁				1				

3－15 续表 2

单位：人

年龄	脑性瘫痪		发育畸形		侏儒症		其他先天性或发育障碍	
	男	女	男	女	男	女	男	女
58岁				2				
59岁				1				
60岁		1						2
61岁								
62岁			1					
63岁								
64岁								
65岁				1				
66岁			1					
67岁			2					1
68岁	1			1			1	
69岁		1						1
70岁								
71岁								
72岁								
73岁			1					1
74岁	1			1				
75岁			1					
76岁								
77岁			1					
78岁		1		1				
79岁								
80岁								
81岁								
82岁								
83岁								
84岁								
85+								

3－15 续表 3

单位：人

年龄	脊髓灰质炎		脑血管疾病		周围血管疾病		肿瘤	
	男	女	男	女	男	女	男	女
总计	**167**	**121**	**536**	**490**	**20**	**7**	**3**	**5**
0岁								
1岁								
2岁								
3岁								
4岁								
5岁								
6岁								
7岁								
8岁								
9岁								
10岁								
11岁							1	
12岁								
13岁	1							
14岁								
15岁								
16岁	1							
17岁	1	1						
18岁		1						
19岁	1							
20岁								
21岁								
22岁	1		1					
23岁								
24岁	1	2						
25岁								
26岁								
27岁		2						

3－15 续表 4

单位：人

年龄	脊髓灰质炎		脑血管疾病		周围血管疾病		肿瘤	
	男	女	男	女	男	女	男	女
28岁	2	2						
29岁								
30岁	7		1					
31岁	3	5						
32岁	5	4						1
33岁	9	3	1					1
34岁	6	7						
35岁	8	2		1				
36岁	9	6	2					
37岁	7	7		1				
38岁	6	9						
39岁	3	2	3	1	1			
40岁	5	4	4	2	1			
41岁	9	5	3	3				
42岁	6	10	1	1				
43岁	11	6	1	6				
44岁	6	3						
45岁	6	3	2					
46岁	8	6	3	3				
47岁	8	2	6	2				
48岁	7	3	3	5	2			
49岁	2	1	7	3				
50岁	3	2	7	4				
51岁	3	3	10	6				
52岁	2	6	7	6		1	1	
53岁	1	2	17	8				
54岁	1	1	8	11	2			
55岁	1	4	15	9		1		1
56岁	2	1	13	13				
57岁	2		13	10				

3－15　续表 5

单位：人

年　龄	脊髓灰质炎		脑血管疾病		周围血管疾病		肿瘤	
	男	女	男	女	男	女	男	女
58岁	1		13	11			1	
59岁	1		16	17	1			
60岁	1	1	25	6	1			
61岁			22	7				
62岁	1		15	9	1			
63岁	1		15	16		1		
64岁		1	14	19		1		
65岁	1		20	13				
66岁			13	17	1			1
67岁	1		19	17	1			
68岁	3	1	13	20				
69岁	1		21	24				1
70岁			24	21				
71岁			22	14	2	1		
72岁	1		22	12		1		
73岁			17	21	1			
74岁			13	20				
75岁			13	16	1			
76岁	1	2	9	10	1			
77岁			13	10	3			
78岁			18	20	1			
79岁			10	15				
80岁		1	11	11		1		
81岁			10	12				
82岁			6	9				
83岁			4	8				
84岁			3	3				
85+			7	17				

3－15 续表 6

单位：人

年 龄	骨关节病		地方病		脊髓疾病		工伤	
	男	女	男	女	男	女	男	女
总 计	**204**	**374**		**1**	**31**	**24**	**115**	**21**
0岁								
1岁								
2岁								
3岁								
4岁								
5岁								
6岁								
7岁								
8岁								
9岁								
10岁								
11岁								
12岁								
13岁								
14岁								
15岁								
16岁								
17岁								
18岁								1
19岁								
20岁							1	1
21岁						1		
22岁							1	
23岁							1	
24岁							2	
25岁					2		1	
26岁		1			1			
27岁						1	1	

3－15 续表 7

单位：人

年龄	骨关节病		地方病		脊髓疾病		工伤	
	男	女	男	女	男	女	男	女
28岁						1	1	
29岁								
30岁	1						1	
31岁	3	1						1
32岁	3	1					2	
33岁	1	1				1	3	
34岁	1						2	
35岁	1	2					1	
36岁		2			2		1	
37岁	3	2					2	1
38岁		1					2	
39岁	4	1					1	
40岁	5						2	1
41岁	4	1					4	1
42岁	1	4			1	2	7	
43岁		3			1		2	1
44岁		3				1	4	1
45岁		1			1		3	
46岁	2	1			1		4	2
47岁	7	2					2	1
48岁	4	1					5	2
49岁	4	6					1	
50岁	3	5			1	1	2	
51岁	2	2			1		5	
52岁	7	5				2	4	
53岁	5	8				1	7	1
54岁	4	4					6	
55岁	8	7			1		5	1
56岁	2	11		1	1		4	1
57岁	5	10						

3－15 续表 8

单位：人

年龄	骨关节病		地方病		脊髓疾病		工伤	
	男	女	男	女	男	女	男	女
58岁	5	14					2	
59岁	3	6			1		2	
60岁	1	6			2		1	
61岁	1	10					2	
62岁	3	13			1		1	
63岁	3	10					2	
64岁	4	6			1	1	2	
65岁	5	9					1	
66岁	6	16			1	1	1	
67岁	7	10			1	1	2	
68岁	7	11			1	1		1
69岁	5	20			1			
70岁	7	11			1		2	2
71岁	6	10				1	1	
72岁	8	14			1		2	
73岁	7	12				1	1	
74岁	6	10			1			
75岁	5	13			1	2	1	
76岁	4	4						
77岁	2	9			1	2		
78岁	5	15					1	
79岁	3	9			3			
80岁	2	9						
81岁	3	4				1		
82岁	3	8				1		
83岁	2	6				1		1
84岁	2	5					1	
85+	9	18			1			1

3－15 续表 9

单位：人

年 龄	交通事故		脊髓损伤		脑外伤		其他外伤		结核性感染	
	男	女	男	女	男	女	男	女	男	女
总 计	**104**	**29**	**15**	**11**	**19**	**1**	**172**	**128**	**7**	**12**
0岁										
1岁										
2岁										
3岁										
4岁										
5岁								1		
6岁										
7岁					1		1			
8岁										
9岁							1			
10岁										
11岁										
12岁					1					
13岁							1			
14岁							4			
15岁										
16岁	2				1					
17岁							2	1		
18岁		1								
19岁	2									
20岁					1		1			
21岁							1			
22岁								1		1
23岁	1						1			
24岁										
25岁	1					1	1			1
26岁	1						1			
27岁	3				2		2	1		

3－15 续表 10

单位：人

年 龄	交通事故		脊髓损伤		脑外伤		其他外伤		结核性感染	
	男	女	男	女	男	女	男	女	男	女
28岁	2		1					2		
29岁	1						1	2		
30岁	2						1	1		1
31岁							1	1		
32岁				2			1			
33岁	2	1	1				3	1		
34岁	2	1			1		1	1		
35岁	7				1		2			
36岁	4	1			1		2			
37岁	3	1					3	1		
38岁	4	1					1	1		
39岁	3						3			
40岁	1				1		3	1		
41岁	3	2	1		2		5	1		
42岁	3	1	1				2	3		
43岁	3		1	1	1		2	2		2
44岁	1	1					1			
45岁	3						1	2		
46岁	4	2	1		1		6		1	1
47岁	1	1					5	2		1
48岁	3	1					8	3		
49岁	2		1	1			5	2		1
50岁		1					2	3		
51岁		1		1			5	1		
52岁	2						2	1	2	
53岁	3	1	1				3	5		
54岁	1						3	2		
55岁	3			1	1		1	1		
56岁	1		3	1			4	5		
57岁	1	4					4	1	1	

3－15　续表 11

单位：人

年　龄	交通事故		脊髓损伤		脑外伤		其他外伤		结核性感染	
	男	女	男	女	男	女	男	女	男	女
58岁	1						5	1		
59岁	4				1		3	4		1
60岁	1		1		1		1	4		
61岁	1						3	2		
62岁	3		1	1			2	2	1	
63岁							4			
64岁	2			1			2	1		
65岁	1						2	1		1
66岁	2						2	2	1	
67岁							2	1		
68岁	1						2	2		
69岁			1				5	1		1
70岁	2	1					4	3		
71岁							4	1	1	
72岁	2	1					2	8		1
73岁	3						3	4		
74岁							3	1		
75岁							1	5		
76岁	1	1					3	5		
77岁	1	1	1				4	6		
78岁							3	5		
79岁					1		3	3		
80岁	1	1					1	1		
81岁	1	1					1	3		
82岁					1		2	2		
83岁	1	1		1			1	6		
84岁		1		1			1			
85+	1						6	5		

3-15 续表 12

单位：人

年 龄	化脓性感染		中毒		其他		原因不明	
	男	女	男	女	男	女	男	女
总 计	**16**	**7**	**2**	**4**	**88**	**105**	**40**	**32**
0岁								
1岁								
2岁								
3岁								
4岁								
5岁								
6岁								
7岁								
8岁								
9岁								
10岁								
11岁					1			
12岁								
13岁						2		
14岁								
15岁								
16岁					1			
17岁								1
18岁		1						
19岁					2			1
20岁								
21岁				1	1	2		
22岁		1			2	1		1
23岁	1				2			
24岁				1		2	1	
25岁					2	1		
26岁								1
27岁								

3－15 续表 13

单位：人

年 龄	化脓性感染		中毒		其他		原因不明	
	男	女	男	女	男	女	男	女
28岁								
29岁					2	1	1	
30岁								
31岁					4	1		
32岁					1			
33岁	1					1		
34岁								1
35岁								
36岁	1				2			
37岁	1				1	2		
38岁					2	2	1	1
39岁	1				1	4		
40岁					1			1
41岁	1				1	1	1	
42岁					2			1
43岁					1		2	
44岁					2	2	1	
45岁					1			
46岁		1			2		1	
47岁					1	1	1	
48岁					1			1
49岁		1				2	1	2
50岁					2	5		1
51岁					2	3	1	1
52岁					1	2	2	1
53岁					1	3	1	
54岁					2	1	1	1
55岁	2	1			3	2		2
56岁	2	1			3	1	3	
57岁					1	3	1	

3-15 续表 14

单位：人

年龄	化脓性感染		中毒		其他		原因不明	
	男	女	男	女	男	女	男	女
58岁						6		
59岁					2	4		
60岁					3		1	1
61岁						1	1	2
62岁					1	1	1	
63岁		1	1		2	1		
64岁						1	2	
65岁					1	1	1	
66岁					1	1	2	
67岁	1				4		1	1
68岁					1	3	3	2
69岁			1		2	2		
70岁				1	2	1	1	1
71岁	1				3	2	1	1
72岁	1				3	1	1	
73岁					2	2		1
74岁					1	5	1	
75岁					2	5	1	1
76岁	1					1		3
77岁	2			1	3	2		
78岁					1	3		
79岁					2	3		1
80岁						3		
81岁					1	2	1	
82岁						2		
83岁						1	1	
84岁							2	
85+						6		1

3－16 智力残疾(含多重)人分年龄、性别的主要致残原因

单位：人

年 龄	遗传		脑疾病		内分泌障碍		惊厥性疾病		新生儿窒息	
	男	女	男	女	男	女	男	女	男	女
总 计	**85**	**65**	**143**	**154**	**2**		**45**	**30**	**12**	**3**
0岁	1			2				1		
1岁	4								2	
2岁			2							
3岁	2	1	2				3			
4岁	1		1				3		1	
5岁	1	4	2	1						1
6岁										
7岁		3	1						3	
8岁	2			1				1		
9岁				2				1		
10岁	2	1	1	2						
11岁	3	2	1	1			1	1	1	
12岁	4		1					1		
13岁		5	1	2				1	1	
14岁	3			3						1
15岁		1		3			1	1		1
16岁	3	2	1	4			1		1	
17岁	3	1	1				2	2		
18岁	2		1	2			2	2	1	
19岁	3		4	1	1		3			
20岁		1		4			2		1	
21岁	1	1		1						
22岁	1		3	2						
23岁	2	3	3							
24岁		2	2	4			2	1		
25岁			1	1			2	1		
26岁	1		2	2			1			
27岁	3			2						

3－16 续表 1

单位：人

年 龄	遗传		脑疾病		内分泌障碍		惊厥性疾病		新生儿窒息	
	男	女	男	女	男	女	男	女	男	女
28岁		2	3	2				1		
29岁	1	2	2	1			3	1		
30岁	1			1						
31岁	1	1	2	1						
32岁	1	1	2	1			1	1		
33岁	5	3	1	1			1	1		
34岁	1	3	2	2				2		
35岁	1	3	4	4			2	1		
36岁		4	3	3				1		
37岁	5	1	5	1						
38岁	2		4	5			1	1		
39岁			2	1			1			
40岁		2	2	3			1	1		
41岁	3		2	1					1	
42岁	1	1	4	3			1	1		
43岁	1		2	1			2			
44岁	1			1						
45岁	1	1	1	2	1					
46岁		1	1	1						
47岁	1		4	1				1		
48岁	2	2	4	1			1	2		
49岁	1	1	2	1						
50岁	1		1	1			1			
51岁				2			1			
52岁	1	1	3	4			2			
53岁	1		3				2			
54岁	1		2	3			1	1		
55岁	2	2	3	1						
56岁	1	1	1	1						
57岁	2		2					1		

3－16 续表 2

单位：人

年 龄	遗传		脑疾病		内分泌障碍		惊厥性疾病		新生儿窒息	
	男	女	男	女	男	女	男	女	男	女
58岁		3	1	3						
59岁			2	2						
60岁		1	4	2						
61岁	1		4	3						
62岁				2						
63岁	1	1		1						
64岁			1							
65岁	1		1	3						
66岁			3	2						
67岁			2	3						
68岁			2				1			
69岁	1		3	5						
70岁			1	5						
71岁			2	2						
72岁		1	2	3						
73岁			4	1						
74岁			2	2						
75岁	1		2	2						
76岁			2	4				1		
77岁			1	1						
78岁			1	2						
79岁				4						
80岁				3						
81岁				1						
82岁			1	3						
83岁				1						
84岁			1							
85+			4	4						

3－16　续表 3

单位：人

年　龄	早产、低体重和过期产		发育畸形		营养不良		母孕期外伤及物理伤害	
	男	女	男	女	男	女	男	女
总　计	**17**	**14**	**8**	**11**	**6**	**9**	**3**	**6**
0岁	4	1					1	
1岁	1	3	1		1	1	1	
2岁	2							
3岁	1	1				1		
4岁	1	2						
5岁		1				1		
6岁								
7岁		3						
8岁				1				
9岁	1	2						1
10岁					1			
11岁								
12岁								
13岁	1			1		1		
14岁								2
15岁						1		
16岁					1			
17岁				1				
18岁	1			1				
19岁			1					1
20岁		1			1			
21岁								
22岁			1	1				
23岁				1	1			
24岁			1		1			
25岁	1							
26岁								
27岁	1							1

3－16 续表 4

单位：人

年 龄	早产、低体重和过期产		发育畸形		营养不良		母孕期外伤及物理伤害	
	男	女	男	女	男	女	男	女
28岁								
29岁								
30岁			1					
31岁								
32岁	1					1		
33岁								
34岁				1				1
35岁				1				
36岁								
37岁								
38岁								
39岁	1			1			1	
40岁	1							
41岁				1				
42岁			1					
43岁								
44岁								
45岁								
46岁								
47岁			1					
48岁								
49岁								
50岁								
51岁								
52岁						1		
53岁								
54岁								
55岁								
56岁								
57岁						1		

3－16 续表 5

单位：人

年 龄	早产、低体重和过期产		发育畸形		营养不良		母孕期外伤及物理伤害	
	男	女	男	女	男	女	男	女
58岁								
59岁				1				
60岁						1		
61岁								
62岁								
63岁								
64岁			1					
65岁								
66岁								
67岁								
68岁								
69岁								
70岁								
71岁								
72岁								
73岁								
74岁								
75岁								
76岁								
77岁								
78岁								
79岁								
80岁								
81岁								
82岁								
83岁								
84岁								
85+								

3－16　续表 6

单位：人

年　龄	产伤		工伤		交通事故		其他外伤	
	男	女	男	女	男	女	男	女
总　计	**7**	**6**	**5**		**7**	**1**	**16**	**4**
0岁								
1岁								
2岁		1						
3岁		1						
4岁								
5岁	1							
6岁								
7岁	1							
8岁								
9岁								
10岁	1	1						
11岁								
12岁								
13岁								
14岁	1						1	
15岁								
16岁		1					1	
17岁								
18岁								
19岁								
20岁								1
21岁	1						2	
22岁								
23岁								
24岁								1
25岁					1			
26岁	1							
27岁							1	

3－16 续表 7

单位：人

年 龄	产伤		工伤		交通事故		其他外伤	
	男	女	男	女	男	女	男	女
28岁								
29岁								
30岁								
31岁								
32岁								
33岁		1					1	
34岁					1			
35岁								
36岁							1	
37岁							1	
38岁								
39岁								
40岁	1						2	
41岁			1					1
42岁						1	1	
43岁								1
44岁								
45岁								
46岁		1			1			
47岁			2					
48岁								
49岁					1			
50岁					1			
51岁					1		1	
52岁								
53岁								
54岁							1	
55岁							1	
56岁								
57岁								

3－16 续表 8

单位：人

年 龄	产伤		工伤		交通事故		其他外伤	
	男	女	男	女	男	女	男	女
58岁								
59岁							1	
60岁								
61岁								
62岁								
63岁			1					
64岁								
65岁								
66岁			1					
67岁								
68岁								
69岁								
70岁								
71岁								
72岁								
73岁								
74岁							1	
75岁								
76岁								
77岁								
78岁								
79岁					1			
80岁								
81岁								
82岁								
83岁								
84岁								
85+								

3-16 续表 9

单位：人

年龄	中毒与过敏反应		不良社会文化因素		其他		原因不明	
	男	女	男	女	男	女	男	女
总计	**7**	**3**	**25**	**19**	**34**	**29**	**127**	**124**
0岁			1	1	1		1	4
1岁			3				6	4
2岁			2	4	2		5	2
3岁			3	1		1	6	2
4岁			1	1			8	3
5岁	1		4	1		1	4	2
6岁							6	3
7岁					1		2	
8岁								
9岁							3	2
10岁					1	1		1
11岁		1					1	
12岁					2		3	
13岁		1	1		1	1	3	3
14岁						1	1	3
15岁							2	3
16岁							1	4
17岁					1		2	1
18岁				1			2	1
19岁					1		2	
20岁							2	2
21岁							2	4
22岁	1						3	3
23岁					1	1	2	1
24岁	1				1		3	2
25岁							1	4
26岁					1		3	3
27岁			1			1		1

3－16 续表 10

单位：人

年龄	中毒与过敏反应		不良社会文化因素		其他		原因不明	
	男	女	男	女	男	女	男	女
28岁							1	1
29岁	1						1	
30岁					1	2		3
31岁							1	
32岁						1		
33岁					1		2	1
34岁							1	1
35岁	2		2		1		1	2
36岁					1		2	2
37岁			1		2			3
38岁							1	4
39岁					2		3	3
40岁						1	3	1
41岁						1	2	2
42岁							4	2
43岁								1
44岁						2		3
45岁								2
46岁			1	1	1		2	1
47岁					1		2	3
48岁					1			2
49岁					1		3	3
50岁			1			1	3	
51岁				1		1	1	2
52岁						1	1	4
53岁			2	1			5	1
54岁				1				5
55岁				2	2		1	1
56岁			1			3		1
57岁					1	1	1	1

3－16 续表 11

单位：人

年 龄	中毒与过敏反应		不良社会文化因素		其他		原因不明	
	男	女	男	女	男	女	男	女
58岁			1	1		2	2	
59岁				1		1	1	
60岁				1	1	1	1	1
61岁							2	
62岁							1	2
63岁								
64岁							1	
65岁				1				2
66岁								
67岁					1	1	1	1
68岁								
69岁	1				1			
70岁		1					1	
71岁								2
72岁								
73岁								1
74岁								
75岁					1		1	
76岁								
77岁							1	
78岁					1			1
79岁						1		
80岁								1
81岁						1		
82岁								
83岁								
84岁								
85+					1	1		

3－17 精神残疾(含多重)人分年龄、性别的主要致残原因

单位：人

年 龄	痴呆		其他器质性精神障碍		使用精神活性物质所致的障碍		精神分裂症	
	男	女	男	女	男	女	男	女
总 计	**91**	**92**	**20**	**26**	**14**	**1**	**125**	**194**
0岁								
1岁								
2岁								
3岁								
4岁								
5岁								
6岁								
7岁								
8岁								
9岁								
10岁								
11岁								
12岁								
13岁	1							
14岁								
15岁								
16岁				1			1	2
17岁			1					1
18岁							1	
19岁							1	
20岁			1				1	
21岁							1	
22岁							2	3
23岁							3	
24岁	1						2	4
25岁				1			1	2
26岁							3	3
27岁							1	1

3-17 续表 1

单位：人

年 龄	痴呆		其他器质性精神疾病		使用精神活性物质所致的障碍		精神分裂症	
	男	女	男	女	男	女	男	女
28岁							2	1
29岁	1			1			3	2
30岁		1					1	1
31岁		1		1			3	2
32岁				1			1	3
33岁							5	5
34岁				1			3	5
35岁		1	2		1		3	6
36岁			1	1			5	3
37岁			1				4	4
38岁		1					4	2
39岁	1							11
40岁	1		1	1	1		3	8
41岁			1	1			5	4
42岁		1		1			8	5
43岁					1		4	5
44岁							2	2
45岁	1	1			1			4
46岁							3	1
47岁	3				2		2	6
48岁							2	1
49岁	1	1	1				3	6
50岁	1	1			1			3
51岁	2	2	1		1		2	7
52岁	1		1		1		3	10
53岁	5						5	4
54岁	2		1	1	1		4	4
55岁	1	1		1			5	8
56岁	1	1					2	7
57岁	4	1				1		5

3－17 续表 2

单位：人

年 龄	痴呆		其他器质性精神疾病		使用精神活性物质所致的障碍		精神分裂症	
	男	女	男	女	男	女	男	女
58岁	3		2	1			3	4
59岁	2	3					3	5
60岁	2	2					1	6
61岁	4	2					1	2
62岁	1	2					2	2
63岁	2	1	2		1		1	1
64岁		2	1				1	1
65岁	3	5	1	2				4
66岁	5			2	2			1
67岁	1	2		1				3
68岁	3	2		1			3	2
69岁	4	3						
70岁	3	9		1	1			3
71岁	2	3	1					1
72岁	2			1				1
73岁	4	3		2			2	1
74岁	2	2					2	1
75岁	2	2						1
76岁	1	1	1				2	1
77岁	1	4		1				
78岁	3	5						1
79岁		6						2
80岁	3	3		1				
81岁	3	3		1				
82岁	3	2						
83岁		1						
84岁	1	2						
85+	4	9						

3－17 续表 3

单位：人

年龄	妄想性障碍		分裂情感性障碍		其他精神病性障碍		心境障碍	
	男	女	男	女	男	女	男	女
总计	**1**	**5**	**3**	**9**	**4**	**8**	**14**	**49**
0岁								
1岁								
2岁								
3岁								
4岁								
5岁								
6岁								
7岁								
8岁								
9岁								
10岁								
11岁								
12岁								
13岁								
14岁								
15岁								1
16岁								
17岁								
18岁								1
19岁								1
20岁							1	
21岁							1	
22岁								
23岁								1
24岁				1		1		
25岁								
26岁			1					
27岁								1

3－17 续表 4

单位：人

年　龄	妄想性障碍		分裂情感性障碍		其他精神病性障碍		心境障碍	
	男	女	男	女	男	女	男	女
28岁								
29岁						1		
30岁								
31岁								1
32岁								
33岁							1	2
34岁						1	1	3
35岁				1		2	1	
36岁		1					1	
37岁				1				3
38岁								1
39岁				1				2
40岁								
41岁				1				2
42岁				2	1			
43岁							1	1
44岁								2
45岁							1	
46岁								1
47岁								4
48岁		1						2
49岁		1						
50岁								
51岁								1
52岁					1			2
53岁								
54岁							1	
55岁								2
56岁						1	1	2
57岁		1						2

3－17 续表 5

单位：人

年 龄	妄想性障碍		分裂情感性障碍		其他精神病性障碍		心境障碍	
	男	女	男	女	男	女	男	女
58岁								2
59岁					1			
60岁						1	1	
61岁							1	1
62岁								1
63岁								
64岁				1			1	1
65岁	1							
66岁								1
67岁								
68岁			1					1
69岁								
70岁				1		1		2
71岁							1	1
72岁			1					1
73岁								
74岁								
75岁		1						
76岁								
77岁								
78岁					1			
79岁								
80岁								
81岁								
82岁								
83岁								
84岁								
85+								

3-17 续表 6

单位：人

年龄	神经症性障碍		行为综合症		人格障碍		孤独症	
	男	女	男	女	男	女	男	女
总计	**11**	**21**	**2**	**3**	**3**		**7**	**1**
0岁								
1岁								
2岁							1	
3岁							1	
4岁							1	
5岁								
6岁								
7岁								
8岁								
9岁								
10岁								
11岁								
12岁								
13岁								
14岁								1
15岁							1	
16岁								
17岁							1	
18岁								
19岁								
20岁								
21岁								
22岁								
23岁								
24岁			1				1	
25岁								
26岁								
27岁								

3－17 续表 7

单位：人

年龄	神经症性障碍		行为综合症		人格障碍		孤独症	
	男	女	男	女	男	女	男	女
28岁								
29岁								
30岁							1	
31岁	1							
32岁				1				
33岁								
34岁			1					
35岁								
36岁	1							
37岁								
38岁	1							
39岁		1						
40岁		3						
41岁								
42岁	1							
43岁	1	2		1				
44岁								
45岁								
46岁								
47岁	1	2			1			
48岁								
49岁								
50岁	1							
51岁					1			
52岁		1						
53岁								
54岁		2						
55岁	1			1				
56岁	1	1						
57岁								

3－17 续表 8

单位：人

年 龄	神经症性障碍		行为综合症		人格障碍		孤独症	
	男	女	男	女	男	女	男	女
58岁								
59岁		2						
60岁								
61岁		1						
62岁								
63岁		1			1			
64岁								
65岁		1						
66岁		1						
67岁								
68岁		2						
69岁								
70岁								
71岁								
72岁	1							
73岁		1						
74岁	1							
75岁								
76岁								
77岁								
78岁								
79岁								
80岁								
81岁								
82岁								
83岁								
84岁								
85+								

3－17 续表 9

单位：人

年 龄	癫痫		其他		原因不明	
	男	女	男	女	男	女
总 计	**32**	**25**	**2**	**6**	**2**	**4**
0岁						
1岁						
2岁						
3岁						
4岁						
5岁						
6岁						
7岁						
8岁						
9岁		1				
10岁	1					
11岁				1		
12岁	1					
13岁						
14岁	1	1				
15岁						
16岁						
17岁						
18岁						1
19岁	1			1		
20岁						
21岁		1				
22岁						
23岁	1					
24岁	2					
25岁	2					
26岁	2					
27岁		1				1

3-17 续表 10

单位：人

年 龄	癫痫		其他		原因不明	
	男	女	男	女	男	女
28岁	1	1				
29岁						
30岁	1	1				
31岁	1	1				
32岁		1				
33岁						
34岁		1				
35岁	3	2				
36岁		1		1		
37岁	1	1				
38岁	1					1
39岁	1					
40岁	2	3			1	
41岁						
42岁	1					
43岁	2	2				
44岁						
45岁		1				
46岁	1					
47岁	1					
48岁				1		
49岁	3					
50岁		1				
51岁		2	1			
52岁			1			
53岁		1		1	1	
54岁	1					
55岁						
56岁		1				
57岁		1		1		

3－17　续表 11

单位：人

年　龄	癫痫		其他		原因不明	
	男	女	男	女	男	女
58岁	1					
59岁						
60岁						
61岁						
62岁						
63岁						
64岁						
65岁						
66岁						1
67岁						
68岁						
69岁						
70岁						
71岁						
72岁						
73岁						
74岁						
75岁						
76岁						
77岁						
78岁						
79岁						
80岁						
81岁						
82岁						
83岁						
84岁						
85+						

第四部分　残疾人的活动和参与、义务教育、社会保障、接受服务及主要需求

4-1　各地区18岁及以上视力残疾人分残疾等级的生活自理状况

单位：人

地　区	无障碍/无适用				轻度障碍			
	残疾一级	残疾二级	残疾三级	残疾四级	残疾一级	残疾二级	残疾三级	残疾四级
总　计	**25**	**20**	**31**	**371**	**28**	**13**	**18**	**146**
唐山市丰润区				13				9
石家庄市新华区	2		2	37				4
石家庄市长安区	1	1		16			1	4
石家庄市桥东区	1			6	1			3
邯郸市复兴区		1	1	14				5
唐山市古冶区			1	9	1		2	7
任丘市				14	1			
武安市								24
辛集市	1	4	3	10	1			
深州市				16				
三河市				1		1	1	24
安国市			1	5	1		3	9
昌黎县					1		1	13
永清县			5	19				
定兴县	1	2	1	14	3	1		
无极县	2			13	2			3
望都县	3		2	23	1			1
魏　县		2		14	2	5	3	9
威　县			1	5		2		5
临西县				6				2
广平县		1	1	15	1		2	3
景　县		2	3	6	1		1	3
吴桥县		1	1	12	1		1	1
南皮县			1	23			1	4
青龙满族自治县	1		1	6	2	2		
隆化县	4	3	4	22	1			
涿鹿县	1			13		1	1	5
磁　县	1	2		9		1		1
平山县	5		3	13	1			
井陉县	1			2	2			6
张北县	1	1		15	5		1	1

4-1 续表 1

单位：人

地区	中度障碍				重度障碍			
	残疾一级	残疾二级	残疾三级	残疾四级	残疾一级	残疾二级	残疾三级	残疾四级
总计	**42**	**10**	**1**	**12**	**24**	**4**	**1**	**1**
唐山市丰润区	5	1	1		3	1		
石家庄市新华区	1							
石家庄市长安区								
石家庄市桥东区								
邯郸市复兴区	1				2			
唐山市古冶区	1			1				
任丘市					1			
武安市		1			1			
辛集市								
深州市	2	2			1			
三河市	3	3		1	3		1	
安国市	3							
昌黎县	7				3			
永清县					1			
定兴县								
无极县	2			3	2			1
望都县	1	1						
魏　县	2							
威　县		1			2	1		
临西县					2			
广平县	1			1	1	2		
景　县	2							
吴桥县	1							
南皮县								
青龙满族自治县								
隆化县					1			
涿鹿县	4	1		5				
磁　县	2							
平山县								
井陉县	3			1	1			
张北县	1							

4－1 续表 2

单位：人

地 区	极重度障碍/不能完成			
	残疾一级	残疾二级	残疾三级	残疾四级
总 计	**18**			
唐山市丰润区	6			
石家庄市新华区				
石家庄市长安区				
石家庄市桥东区				
邯郸市复兴区				
唐山市古冶区				
任丘市				
武安市				
辛集市				
深州市	1			
三河市	2			
安国市				
昌黎县				
永清县				
定兴县				
无极县				
望都县				
魏 县				
威 县	1			
临西县				
广平县	1			
景 县				
吴桥县				
南皮县	2			
青龙满族自治县	2			
隆化县				
涿鹿县				
磁 县				
平山县				
井陉县	2			
张北县	1			

4－2 各地区18岁及以上视力残疾人分残疾等级的生活活动状况

单位：人

地 区	无障碍/无适用				轻度障碍			
	残疾一级	残疾二级	残疾三级	残疾四级	残疾一级	残疾二级	残疾三级	残疾四级
总 计	**2**		**1**	**58**	**5**	**9**	**14**	**301**
唐山市丰润区								20
石家庄市新华区				1				16
石家庄市长安区				5	1	1	1	7
石家庄市桥东区				3				2
邯郸市复兴区				8		1		8
唐山市古冶区								10
任丘市				8				5
武安市								24
辛集市				2		3	1	8
深州市				10				5
三河市								14
安国市							3	7
昌黎县								8
永清县				4				13
定兴县				1			1	12
无极县					1			15
望都县							1	13
魏 县							1	9
威 县						2	1	10
临西县								6
广平县				1				4
景 县								4
吴桥县								7
南皮县				1			2	26
青龙满族自治县	1		1					4
隆化县	1			12	2	2	3	9
涿鹿县				2	1			12
磁 县								5
平山县								2
井陉县								1
张北县								15

4－2 续表 1

单位：人

地区	中度障碍				重度障碍			
	残疾一级	残疾二级	残疾三级	残疾四级	残疾一级	残疾二级	残疾三级	残疾四级
总　计	**21**	**16**	**23**	**138**	**34**	**17**	**12**	**27**
唐山市丰润区		1	1	1	1	1		
石家庄市新华区	3		2	22				1
石家庄市长安区				5				2
石家庄市桥东区				1				3
邯郸市复兴区			1	2	1			1
唐山市古冶区	1		2	6	1		1	1
任丘市				1	1			
武安市		1			1			
辛集市			2		1	1		
深州市	1			1		2		
三河市				11	1	3	2	1
安国市				3	1		1	4
昌黎县	2		1	5	7			
永清县			4	2				
定兴县	3	3		1	1			
无极县	2			4	2			1
望都县	1	1		10	2		1	1
魏　县	1	3		14	1	3	2	
威　县		1				1		
临西县				2				
广平县		1	1	11			2	3
景　县	1		2	4	2	2	2	1
吴桥县			1	5		1	1	1
南皮县								
青龙满族自治县				2		1		
隆化县	2	1	1	1				
涿鹿县		1	1	4	3	1		4
磁　县		2		5	1	1		
平山县	1		3	10	4			1
井陉县	1			4	2			2
张北县	2	1	1	1	1			

4-2 续表 2

单位：人

地 区	极重度障碍/不能完成			
	残疾一级	残疾二级	残疾三级	残疾四级
总 计	**75**	**5**	**1**	**6**
唐山市丰润区	13			1
石家庄市新华区				1
石家庄市长安区				1
石家庄市桥东区	2			
邯郸市复兴区	2			
唐山市古冶区				
任丘市	1			
武安市				
辛集市	1			
深州市	3			
三河市	7	1		
安国市	3			
昌黎县	2			
永清县	1		1	
定兴县				
无极县	3			
望都县	2			
魏 县	2	1		
威 县	3			
临西县	2			
广平县	4	2		
景 县				
吴桥县	2			
南皮县	2			
青龙满族自治县	4	1		
隆化县	1			
涿鹿县	1			1
磁 县	2			
平山县	1			
井陉县	6			2
张北县	5			

4－3　各地区18岁及以上视力残疾人分残疾等级的社会参与状况

单位：人

地　区	无障碍/无适用				轻度障碍			
	残疾一级	残疾二级	残疾三级	残疾四级	残疾一级	残疾二级	残疾三级	残疾四级
总　计	**6**			**82**	**13**	**13**	**20**	**334**
唐山市丰润区				1			1	19
石家庄市新华区				1			2	36
石家庄市长安区				5	1	1	1	12
石家庄市桥东区				6				3
邯郸市复兴区				13		1		6
唐山市古冶区				4	1			9
任丘市				9				4
武安市								24
辛集市				1		2	1	9
深州市				13				2
三河市								9
安国市							2	8
昌黎县					1			8
永清县				6				9
定兴县	1			1	1	1	1	13
无极县	2							15
望都县				2	3		1	19
魏　县				1		4	2	18
威　县				1		2	1	9
临西县				1				5
广平县								3
景　县								3
吴桥县								9
南皮县							1	27
青龙满族自治县	1						1	3
隆化县	2			17	3	2	4	5
涿鹿县					2			16
磁　县								4
平山县					1		2	13
井陉县								2
张北县								12

4－3 续表 1

单位：人

地 区	中度障碍				重度障碍			
	残疾一级	残疾二级	残疾三级	残疾四级	残疾一级	残疾二级	残疾三级	残疾四级
总 计	**34**	**16**	**21**	**94**	**36**	**15**	**9**	**19**
唐山市丰润区		1		1	5	1		1
石家庄市新华区	3			3				1
石家庄市长安区				3				
石家庄市桥东区	2							
邯郸市复兴区	2		1		1			
唐山市古冶区	1		3	4				
任丘市				1	1			
武安市		1			1			
辛集市		1	2		2	1		
深州市	1			1	1	2		
三河市				16	1	4	2	1
安国市			2	4	1			2
昌黎县	6			4	4		1	1
永清县			3	3			2	1
定兴县	2	2						
无极县	1			4	1			1
望都县	1	1	1	3	1			
魏 县	3	3	1	4	1			
威 县		1				1		
临西县				2				
广平县		1		9	1		3	6
景 县	1		4	6	2	2		
吴桥县	1			3	1	1	1	1
南皮县			1					
青龙满族自治县		1		3				
隆化县		1			1			
涿鹿县	3	1	1	7		1		
磁 县		2		5	3	1		1
平山县	4		1		1			
井陉县	2			5	5			2
张北县	1		1	3	2	1		1

4－3 续表 2

单位：人

地 区	极重度障碍/不能完成			
	残疾一级	残疾二级	残疾三级	残疾四级
总 计	**48**	**3**	**1**	**1**
唐山市丰润区	9			
石家庄市新华区				
石家庄市长安区				
石家庄市桥东区				
邯郸市复兴区				
唐山市古冶区				
任丘市	1			
武安市				
辛集市				
深州市	2			
三河市	7			
安国市	3			
昌黎县				
永清县	1			
定兴县				
无极县	4			
望都县				
魏 县				
威 县	3			
临西县	2			
广平县	3	2		1
景 县				
吴桥县			1	
南皮县	2			
青龙满族自治县	4	1		
隆化县				
涿鹿县				
磁 县				
平山县				
井陉县	2			
张北县	5			

4－4 各地区18岁及以上听力残疾人分残疾等级的理解和交流状况

单位：人

地 区	无障碍/无适用				轻度障碍			
	残疾一级	残疾二级	残疾三级	残疾四级	残疾一级	残疾二级	残疾三级	残疾四级
总 计	**3**	**36**	**170**	**412**	**31**	**56**	**332**	**289**
唐山市丰润区				1			15	28
石家庄市新华区	1	1	7	73	1	3	39	32
石家庄市长安区		2	7	45			14	33
石家庄市桥东区		5	46	156	1		7	
邯郸市复兴区			2	2	1	1	6	5
唐山市古冶区				3			2	21
任丘市			6	14		1	18	6
武安市						3	14	19
辛集市			10	8	2	1	9	
深州市	1		2	1		1	9	8
三河市			3	3	2	6	25	7
安国市				1	3	2	24	35
昌黎县			1	1		2	12	9
永清县				2			22	10
定兴县	1	5	22	21	1		2	
无极县		7	9	16	2	7	7	
望都县		1	9	9	2	2	8	
魏 县			1		1	2	5	4
威 县		1		2	8	1	13	19
临西县							6	4
广平县		1	8	23				
景 县			2	6		2	19	10
吴桥县		1	7	14			3	3
南皮县					1	3	13	2
青龙满族自治县							10	16
隆化县		9	23	6		1		
涿鹿县		3	3	1	3	8	13	4
磁 县			1	3	2	1	3	7
平山县						2	9	5
井陉县					1	4	1	
张北县			1	1		3	4	2

4-4 续表 1

单位：人

地区	中度障碍				重度障碍			
	残疾一级	残疾二级	残疾三级	残疾四级	残疾一级	残疾二级	残疾三级	残疾四级
总　计	**35**	**65**	**215**	**54**	**31**	**32**	**26**	**1**
唐山市丰润区		1	5	6	1		1	
石家庄市新华区	1	2	2	1				
石家庄市长安区		2	3	4				
石家庄市桥东区								
邯郸市复兴区		1	3	2				
唐山市古冶区	1		20	3		1		
任丘市		1	2			3	1	
武安市	2	15	8		1	1		
辛集市		1	1		1			
深州市		1	3	2				
三河市		1		1		1		
安国市		1	6	2		1		
昌黎县	2	2	8			1		
永清县		4	11		7	5		
定兴县								
无极县	1							
望都县	1							
魏　县	1	1	10		1		6	
威　县	7	1	13	4	5	1	4	
临西县	1	6	25	15	4	2	3	
广平县								
景　县	1	3	3		2			
吴桥县	1	2	1					
南皮县	3	3	18			4	3	
青龙满族自治县		4	30		3	8	2	
隆化县								
涿鹿县	1	3			2		1	
磁　县	3	2	14	8			1	1
平山县	2	1	13	5	1	1	2	
井陉县			1					
张北县	7	7	15	1	3	3	2	

4－4 续表 2

单位：人

地 区	极重度障碍/不能完成			
	残疾一级	残疾二级	残疾三级	残疾四级
总 计	**16**	**2**	**4**	
唐山市丰润区				
石家庄市新华区				
石家庄市长安区	1		1	
石家庄市桥东区				
邯郸市复兴区				
唐山市古冶区				
任丘市	1			
武安市				
辛集市				
深州市				
三河市				
安国市				
昌黎县				
永清县	3	1		
定兴县				
无极县				
望都县				
魏 县			1	
威 县	1			
临西县				
广平县				
景 县				
吴桥县				
南皮县				
青龙满族自治县	4		1	
隆化县				
涿鹿县	4	1		
磁 县				
平山县				
井陉县				
张北县	2		1	

4－5　各地区18岁及以上听力残疾人分残疾等级的生活自理状况

单位：人

地　区	无障碍/无适用				轻度障碍			
	残疾一级	残疾二级	残疾三级	残疾四级	残疾一级	残疾二级	残疾三级	残疾四级
总　计	**67**	**123**	**581**	**674**	**34**	**53**	**129**	**72**
唐山市丰润区	1	1	21	35				
石家庄市新华区	3	6	48	106				
石家庄市长安区		3	22	76			1	6
石家庄市桥东区	1	5	52	154			1	2
邯郸市复兴区	1	2	11	9				
唐山市古冶区	1	1	10	16			6	9
任丘市		1	19	20	1	2	6	
武安市					1	15	22	19
辛集市	2	2	16	8			3	
深州市	1		7	5		2	6	4
三河市	2	6	22	9		1	6	2
安国市	3	1	17	28		1	7	8
昌黎县	2	4	17	9		1	4	1
永清县		1	33	12	9	9		
定兴县	2	5	24	21				
无极县	3	14	16	16				
望都县	3	3	17	9				
魏　县	2	2	16	4	1		4	
威　县	11	2	17	17	8	1	8	7
临西县	2	4	19	14	2	4	11	4
广平县		1	8	23				
景　县		5	22	15	2		2	1
吴桥县		2	10	17	1	1	1	
南皮县	3	2	14	2	1	6	20	
青龙满族自治县	5	12	43	16				
隆化县		10	23	6				
涿鹿县	9	12	16	4	1	3	1	1
磁　县	5	2	11	15		1	3	3
平山县		3	10	4	3		13	5
井陉县	1	4	2					
张北县	4	7	18	4	4	6	4	

4－5 续表 1

单位：人

地区	中度障碍				重度障碍			
	残疾一级	残疾二级	残疾三级	残疾四级	残疾一级	残疾二级	残疾三级	残疾四级
总计	**9**	**12**	**34**	**10**	**4**	**3**	**3**	
唐山市丰润区								
石家庄市新华区								
石家庄市长安区		1	1				1	
石家庄市桥东区								
邯郸市复兴区								
唐山市古冶区			6	2				
任丘市		1	2			1		
武安市	1	4			1			
辛集市			1		1			
深州市			1	2				
三河市		1						
安国市		1	6	2		1		
昌黎县								
永清县	1							
定兴县								
无极县								
望都县								
魏　县		1	3					
威　县	2		5	1		1		
临西县			3	1	1		1	
广平县								
景　县	1							
吴桥县								
南皮县		2						
青龙满族自治县					1			
隆化县								
涿鹿县								
磁　县			4	1			1	
平山县		1	1	1				
井陉县								
张北县	4		1					

4-5 续表 2

单位：人

地　区	极重度障碍/不能完成			
	残疾一级	残疾二级	残疾三级	残疾四级
总　计	**2**			
唐山市丰润区				
石家庄市新华区				
石家庄市长安区	1			
石家庄市桥东区				
邯郸市复兴区				
唐山市古冶区				
任丘市				
武安市				
辛集市				
深州市				
三河市				
安国市				
昌黎县				
永清县				
定兴县				
无极县				
望都县				
魏　县				
威　县				
临西县				
广平县				
景　县				
吴桥县				
南皮县				
青龙满族自治县	1			
隆化县				
涿鹿县				
磁　县				
平山县				
井陉县				
张北县				

4－6　各地区18岁及以上听力残疾人分残疾等级的与人相处状况

单位：人

地　区	无障碍/无适用				轻度障碍			
	残疾一级	残疾二级	残疾三级	残疾四级	残疾一级	残疾二级	残疾三级	残疾四级
总　计	**4**	**45**	**216**	**428**	**35**	**52**	**298**	**273**
唐山市丰润区		1		11			18	23
石家庄市新华区		3	28	80	2	1	19	26
石家庄市长安区		1	12	55			3	17
石家庄市桥东区	1	5	53	156				
邯郸市复兴区			1	2	1	2	10	7
唐山市古冶区				2			3	22
任丘市		1	18	16		1	8	4
武安市						1	5	16
辛集市	1		14	8		2	6	
深州市			2	2	1	1	7	8
三河市			2	2	2	7	26	8
安国市			3	1	3	4	25	36
昌黎县			1				9	8
永清县			1	2			14	10
定兴县		4	22	21	2	1	2	
无极县		10	13	16	3	4	3	
望都县			2	7	2	3	15	2
魏　县							3	3
威　县				6	8	3	19	14
临西县				1			1	2
广平县		1	6	22			2	1
景　县			1	3		2	21	13
吴桥县				1		1	7	16
南皮县					1	1	18	2
青龙满族自治县						1	27	16
隆化县		9	22	6		1	1	
涿鹿县	1	6	11	5	8	9	6	
磁　县	1			2	1		4	10
平山县						2	9	7
井陉县		4	2		1			
张北县			2	1		5	7	2

4－6 续表 1

单位：人

地 区	中度障碍				重度障碍			
	残疾一级	残疾二级	残疾三级	残疾四级	残疾一级	残疾二级	残疾三级	残疾四级
总 计	**34**	**61**	**212**	**48**	**27**	**31**	**17**	**7**
唐山市丰润区			2	1	1		1	
石家庄市新华区	1	2	1					
石家庄市长安区		1	6	7		1	1	3
石家庄市桥东区								
邯郸市复兴区								
唐山市古冶区			19	3	1	1		
任丘市		1	1			2		
武安市		18	17	3	3			
辛集市	1				1			
深州市		1	4	1			1	
三河市				1		1		
安国市			2	1				
昌黎县	2	2	11	2		3		
永清县			18			10		
定兴县								
无极县								
望都县	1							
魏 县	2	1	15	1	1	2	5	
威 县	9		7	4	4		3	1
临西县	3	7	32	15	2	1	1	1
广平县								
景 县	1	3	1		1		1	
吴桥县		2	4		1			
南皮县	3	9	16					
青龙满族自治县	1	5	16		3	6		
隆化县								
涿鹿县					1			
磁 县	1	3	14	6	2		1	1
平山县	3	1	15	3		1		
井陉县								
张北县	6	5	11		6	3	3	1

4-6 续表 2

单位：人

地　区	极重度障碍/不能完成			
	残疾一级	残疾二级	残疾三级	残疾四级
总　计	**16**	**2**	**4**	
唐山市丰润区				
石家庄市新华区				
石家庄市长安区	1	1	3	
石家庄市桥东区				
邯郸市复兴区				
唐山市古冶区				
任丘市	1			
武安市				
辛集市				
深州市				
三河市				
安国市				
昌黎县				
永清县	10			
定兴县				
无极县				
望都县				
魏　县				
威　县		1	1	
临西县				
广平县				
景　县	1			
吴桥县				
南皮县				
青龙满族自治县	3			
隆化县				
涿鹿县				
磁　县				
平山县				
井陉县				
张北县				

4－7　各地区18岁及以上听力残疾人分残疾等级的生活活动状况

单位：人

地　区	无障碍/无适用				轻度障碍			
	残疾一级	残疾二级	残疾三级	残疾四级	残疾一级	残疾二级	残疾三级	残疾四级
总　计	**12**	**37**	**221**	**393**	**29**	**67**	**240**	**252**
唐山市丰润区			8	25			8	6
石家庄市新华区	1	4	24	68	1		22	36
石家庄市长安区		2	10	34		1	4	20
石家庄市桥东区		5	46	144	1		6	8
邯郸市复兴区			3	3	1	1	6	5
唐山市古冶区				2			2	21
任丘市			15	19		2	10	1
武安市					1	9	10	18
辛集市					1	1	1	2
深州市	1		4	4		2	8	6
三河市	1		3	3	1	4	14	6
安国市			5	10	2	1	7	11
昌黎县	1		4	6		4	12	4
永清县			1	1			19	11
定兴县			19	20	2	5	5	1
无极县		3	1	10	1	10	12	6
望都县	1		6	6		3	10	3
魏　县				1	2		2	1
威　县	2	1	3	4	7	1	13	11
临西县				1			8	7
广平县						1	8	23
景　县		1	15	11		3	6	4
吴桥县			2	4		1	5	10
南皮县					1	1	11	2
青龙满族自治县	1	3	15	2		3	11	12
隆化县		10	23	6				
涿鹿县	3	8	12	4	7	7	5	1
磁　县	1		2	4	1	2	4	10
平山县						1	5	4
井陉县								
张北县				1		4	6	2

4－7 续表 1

单位：人

地 区	中度障碍				重度障碍			
	残疾一级	残疾二级	残疾三级	残疾四级	残疾一级	残疾二级	残疾三级	残疾四级
总 计	**34**	**41**	**192**	**79**	**21**	**39**	**80**	**28**
唐山市丰润区		1	5	3				1
石家庄市新华区	1	2	2	2				
石家庄市长安区			1	13			6	11
石家庄市桥东区			1	2				2
邯郸市复兴区			2	1		1		
唐山市古冶区	1		19	4		1	1	
任丘市		1	1		1	1	1	
武安市		9	12	1	1	1		
辛集市		1	9	5	1		6	1
深州市			2	1				
三河市		2	9	2		1	2	
安国市	1		9	10		2	8	7
昌黎县	1	1	5					
永清县			13		3	10		
定兴县								
无极县	2	1	3					
望都县	1		1		1			
魏 县		2	14	2	1	1	7	
威 县	6	1	6	8	5		6	2
临西县	4	7	22	10		1	4	1
广平县								
景 县		1	1	1	1		2	
吴桥县		1	1	2	1		1	1
南皮县	3	2	8			7	15	
青龙满族自治县	1	1	15	2	1	4	2	
隆化县								
涿鹿县								
磁 县	3		8	3		1	4	2
平山县	2	2	11	6	1	1	8	
井陉县					1	4	2	
张北县	8	6	12	1	3	3	5	

4－7 续表 2

单位：人

地区	极重度障碍/不能完成			
	残疾一级	残疾二级	残疾三级	残疾四级
总 计	**20**	**7**	**14**	**4**
唐山市丰润区	1			
石家庄市新华区				
石家庄市长安区	1	1	4	4
石家庄市桥东区				
邯郸市复兴区				
唐山市古冶区				
任丘市		1		
武安市	1			
辛集市	1		4	
深州市				
三河市		1		
安国市		1	1	
昌黎县				
永清县	7			
定兴县				
无极县				
望都县				
魏 县				
威 县	1	1	2	
临西县	1			
广平县				
景 县	2			
吴桥县		1	2	
南皮县				
青龙满族自治县	4	1		
隆化县				
涿鹿县				
磁 县			1	
平山县				
井陉县				
张北县	1			

4－8 各地区18岁及以上听力残疾人分残疾等级的社会参与状况

单位：人

地 区	无障碍/无适用				轻度障碍			
	残疾一级	残疾二级	残疾三级	残疾四级	残疾一级	残疾二级	残疾三级	残疾四级
总　　计	**5**	**40**	**164**	**388**	**36**	**47**	**346**	**286**
唐山市丰润区			1	20		1	17	14
石家庄市新华区		2	19	73	2	3	29	31
石家庄市长安区		1	6	46			10	19
石家庄市桥东区	1	4	52	155		1	1	1
邯郸市复兴区			1	1	1	1	8	8
唐山市古冶区				2			6	23
任丘市			6	14		1	19	6
武安市								1
辛集市					1	1	15	7
深州市			1	3	1		10	7
三河市	2	4	20	10		4	7	1
安国市			1	7	3	1	20	26
昌黎县				1		1	16	9
永清县				1			16	11
定兴县		1	2	17	1	4	22	4
无极县	2	12	13	16	1	2	3	
望都县			9	8	3	3	8	1
魏　县			1		2	1	9	3
威　县				2	10	2	17	14
临西县								5
广平县						1	8	23
景　县				1			20	14
吴桥县				1		1	7	16
南皮县					1		12	2
青龙满族自治县						5	26	16
隆化县		10	22	6			1	
涿鹿县		6	10	4	7	8	7	1
磁　县							4	11
平山县					3	3	21	9
井陉县						1	1	
张北县						2	6	3

4-8 续表 1

单位：人

地区	中度障碍				重度障碍			
	残疾一级	残疾二级	残疾三级	残疾四级	残疾一级	残疾二级	残疾三级	残疾四级
总　计	**26**	**49**	**194**	**71**	**32**	**53**	**42**	**11**
唐山市丰润区			3	1	1			
石家庄市新华区	1	1		2				
石家庄市长安区		2	6	17	1	1	3	
石家庄市桥东区								
邯郸市复兴区		1	2					
唐山市古冶区			16	2	1	1		
任丘市		2	1			2	1	
武安市		1	6	11	2	17	16	7
辛集市	2	1	5	1				
深州市		2	3	1				
三河市							1	
安国市		2	9	5		1		
昌黎县	2	1	5			3		
永清县			17			10		
定兴县	1							
无极县								
望都县								
魏　县	1	2	12	1			1	
威　县	5	1	9	7	6		3	2
临西县	2	6	31	14	2	2	3	
广平县								
景　县		5	3	1	2		1	
吴桥县		2	4		1			
南皮县	1	3	16		2	7	6	
青龙满族自治县	3	4	17		2	3		
隆化县								
涿鹿县	1				2	1		
磁　县	2	2	12	6	3	1	3	2
平山县		1	3	1				
井陉县	1	3	1					
张北县	4	7	13	1	7	4	4	

4-8 续表 2

单位：人

地 区	极重度障碍/不能完成			
	残疾一级	残疾二级	残疾三级	残疾四级
总 计	**17**	**2**	**1**	
唐山市丰润区				
石家庄市新华区				
石家庄市长安区				
石家庄市桥东区				
邯郸市复兴区				
唐山市古冶区				
任丘市	1			
武安市	1	1		
辛集市				
深州市				
三河市				
安国市				
昌黎县				
永清县	10			
定兴县				
无极县				
望都县				
魏 县				
威 县		1	1	
临西县	1			
广平县				
景 县	1			
吴桥县				
南皮县				
青龙满族自治县	2			
隆化县				
涿鹿县				
磁 县				
平山县				
井陉县				
张北县	1			

4－9　各地区18岁及以上言语残疾人分残疾等级的理解和交流状况

单位：人

地　区	无障碍/无适用				轻度障碍			
	残疾一级	残疾二级	残疾三级	残疾四级	残疾一级	残疾二级	残疾三级	残疾四级
总　计	**1**	**3**	**3**	**19**	**1**	**4**	**14**	**14**
唐山市丰润区								
石家庄市新华区				1				1
石家庄市长安区								
石家庄市桥东区	1							
邯郸市复兴区					1		1	
唐山市古冶区			1				1	
任丘市				3				1
武安市								1
辛集市								
深州市			1					
三河市								
安国市						1		
昌黎县								
永清县								
定兴县								
无极县		1		4			1	
望都县				1			1	
魏　县				2			4	2
威　县				3				2
临西县				1			1	1
广平县						1	2	2
景　县							1	
吴桥县		1				1		
南皮县								
青龙满族自治县								
隆化县				1				
涿鹿县								
磁　县		1	1	2				
平山县				1				1
井陉县						1	1	1
张北县							1	2

4-9 续表 1

单位：人

地 区	中度障碍				重度障碍			
	残疾一级	残疾二级	残疾三级	残疾四级	残疾一级	残疾二级	残疾三级	残疾四级
总 计	**5**	**3**	**7**	**3**	**2**	**5**	**4**	
唐山市丰润区		2						
石家庄市新华区								
石家庄市长安区								
石家庄市桥东区							1	
邯郸市复兴区						1		
唐山市古冶区								
任丘市						1		
武安市								
辛集市		1						
深州市	2		1					
三河市								
安国市			1					
昌黎县								
永清县			1				1	
定兴县								
无极县								
望都县								
魏 县				1				
威 县								
临西县							1	
广平县								
景 县			1		1			
吴桥县								
南皮县	1			1				
青龙满族自治县			1			1		
隆化县	1							
涿鹿县	1		1		1			
磁 县								
平山县				1				
井陉县						2		
张北县			1				1	

4－9　续表 2

单位：人

地　区	极重度障碍/不能完成			
	残疾一级	残疾二级	残疾三级	残疾四级
总　计	**5**			
唐山市丰润区				
石家庄市新华区				
石家庄市长安区				
石家庄市桥东区				
邯郸市复兴区				
唐山市古冶区				
任丘市				
武安市				
辛集市				
深州市	1			
三河市				
安国市				
昌黎县				
永清县	2			
定兴县				
无极县				
望都县				
魏　县				
威　县				
临西县	1			
广平县				
景　县				
吴桥县	1			
南皮县				
青龙满族自治县				
隆化县				
涿鹿县				
磁　县				
平山县				
井陉县				
张北县				

4－10　各地区18岁及以上言语残疾人分残疾等级的生活自理状况

单位：人

地　区	无障碍/无适用				轻度障碍			
	残疾一级	残疾二级	残疾三级	残疾四级	残疾一级	残疾二级	残疾三级	残疾四级
总　计	**9**	**9**	**17**	**33**	**1**	**3**	**5**	**3**
唐山市丰润区		1				1		
石家庄市新华区				1				1
石家庄市长安区								
石家庄市桥东区	1							
邯郸市复兴区		1	1					
唐山市古冶区			2					
任丘市				4				
武安市				1				
辛集市		1						
深州市	3		1					
三河市								
安国市		1	1					
昌黎县								
永清县	1						1	
定兴县								
无极县		1	1	4				
望都县			1	1				
魏　县			3	4			1	1
威　县				5				
临西县			1	2				
广平县		1	2	2				
景　县							1	
吴桥县		2			1			
南皮县	1			1				
青龙满族自治县								
隆化县	1			1				
涿鹿县	2		1					
磁　县		1	1	2				
平山县				2				1
井陉县				1		2	1	
张北县			2	2			1	

4－10 续表 1

单位：人

地 区	中度障碍				重度障碍			
	残疾一级	残疾二级	残疾三级	残疾四级	残疾一级	残疾二级	残疾三级	残疾四级
总 计		**3**	**3**		**4**		**2**	
唐山市丰润区								
石家庄市新华区								
石家庄市长安区								
石家庄市桥东区			1					
邯郸市复兴区					1			
唐山市古冶区								
任丘市		1						
武安市								
辛集市								
深州市			1					
三河市								
安国市								
昌黎县								
永清县					1		1	
定兴县								
无极县								
望都县								
魏 县								
威 县								
临西县					1		1	
广平县								
景 县			1		1			
吴桥县								
南皮县								
青龙满族自治县		1						
隆化县								
涿鹿县								
磁 县								
平山县								
井陉县		1						
张北县								

4－10 续表 2

单位：人

地　区	极重度障碍/不能完成			
	残疾一级	残疾二级	残疾三级	残疾四级
总　计			**1**	
唐山市丰润区				
石家庄市新华区				
石家庄市长安区				
石家庄市桥东区				
邯郸市复兴区				
唐山市古冶区				
任丘市				
武安市				
辛集市				
深州市				
三河市				
安国市				
昌黎县				
永清县				
定兴县				
无极县				
望都县				
魏　县				
威　县				
临西县				
广平县				
景　县				
吴桥县				
南皮县				
青龙满族自治县			1	
隆化县				
涿鹿县				
磁　县				
平山县				
井陉县				
张北县				

4－11　各地区18岁及以上言语残疾人分残疾等级的与人相处状况

单位：人

地　区	无障碍/无适用				轻度障碍			
	残疾一级	残疾二级	残疾三级	残疾四级	残疾一级	残疾二级	残疾三级	残疾四级
总　计	**1**	**1**	**2**	**9**	**2**	**4**	**13**	**24**
唐山市丰润区								
石家庄市新华区				2				
石家庄市长安区								
石家庄市桥东区	1						1	
邯郸市复兴区					1		1	
唐山市古冶区			1				1	
任丘市								4
武安市								1
辛集市								
深州市							1	
三河市								
安国市						1		
昌黎县								
永清县								
定兴县								
无极县				1				2
望都县				1				
魏　县			1	2			3	2
威　县				1				4
临西县							1	2
广平县						1	1	2
景　县							1	
吴桥县		1				1		
南皮县								
青龙满族自治县								
隆化县				1				
涿鹿县					1		1	
磁　县				1		1	1	1
平山县								3
井陉县							1	1
张北县								2

4－11 续表 1

单位：人

地 区	中度障碍				重度障碍			
	残疾一级	残疾二级	残疾三级	残疾四级	残疾一级	残疾二级	残疾三级	残疾四级
总 计	**2**	**4**	**10**	**2**	**5**	**5**	**3**	**1**
唐山市丰润区		2						
石家庄市新华区								
石家庄市长安区								
石家庄市桥东区								
邯郸市复兴区		1						
唐山市古冶区								
任丘市						1		
武安市								
辛集市						1		
深州市			1		2			
三河市								
安国市			1					
昌黎县								
永清县			1		1		1	
定兴县								
无极县		1	1	1				
望都县			1					
魏 县								1
威 县								
临西县			1					
广平县			1					
景 县			1		1			
吴桥县								
南皮县				1	1			
青龙满族自治县						1	1	
隆化县	1							
涿鹿县	1							
磁 县								
平山县								
井陉县						2		
张北县			2				1	

4-11 续表 2

单位：人

地 区	极重度障碍/不能完成			
	残疾一级	残疾二级	残疾三级	残疾四级
总 计	**4**	**1**		
唐山市丰润区				
石家庄市新华区				
石家庄市长安区				
石家庄市桥东区				
邯郸市复兴区				
唐山市古冶区				
任丘市				
武安市				
辛集市				
深州市	1			
三河市				
安国市				
昌黎县				
永清县	1			
定兴县				
无极县				
望都县				
魏 县				
威 县				
临西县	1			
广平县				
景 县				
吴桥县	1			
南皮县				
青龙满族自治县				
隆化县				
涿鹿县				
磁 县				
平山县				
井陉县		1		
张北县				

4－12　各地区18岁及以上言语残疾人分残疾等级的生活活动状况

单位：人

地　区	无障碍/无适用				轻度障碍			
	残疾一级	残疾二级	残疾三级	残疾四级	残疾一级	残疾二级	残疾三级	残疾四级
总　计	**1**	**4**	**6**	**19**	**4**	**5**	**10**	**12**
唐山市丰润区						2		
石家庄市新华区				1				
石家庄市长安区								
石家庄市桥东区	1							
邯郸市复兴区			1					
唐山市古冶区							2	
任丘市				4				
武安市								1
辛集市						1		
深州市			1		2			
三河市								
安国市						1	1	
昌黎县								
永清县								
定兴县								
无极县		1	1	4				
望都县								1
魏　县			1	2			3	3
威　县				3				1
临西县			1	1				1
广平县						1	2	2
景　县							1	
吴桥县		2						
南皮县				1				
青龙满族自治县								
隆化县				1	1			
涿鹿县					1		1	
磁　县		1	1	1				1
平山县				1				
井陉县								1
张北县								1

4－12 续表 1

单位：人

地 区	中度障碍				重度障碍			
	残疾一级	残疾二级	残疾三级	残疾四级	残疾一级	残疾二级	残疾三级	残疾四级
总 计	**2**	**2**	**6**	**5**	**2**	**3**	**5**	
唐山市丰润区								
石家庄市新华区				1				
石家庄市长安区								
石家庄市桥东区								
邯郸市复兴区		1						
唐山市古冶区								
任丘市						1		
武安市								
辛集市								
深州市			1		1			
三河市								
安国市								
昌黎县								
永清县					1		2	
定兴县								
无极县								
望都县			1					
魏 县								
威 县				1				
临西县							1	
广平县								
景 县			1					
吴桥县								
南皮县	1							
青龙满族自治县		1	1					
隆化县								
涿鹿县	1							
磁 县								
平山县				2				
井陉县						2	1	
张北县			2	1			1	

4－12　续表 2

单位：人

地　区	极重度障碍/不能完成			
	残疾一级	残疾二级	残疾三级	残疾四级
总　计	**5**	**1**	**1**	
唐山市丰润区				
石家庄市新华区				
石家庄市长安区				
石家庄市桥东区			1	
邯郸市复兴区	1			
唐山市古冶区				
任丘市				
武安市				
辛集市				
深州市				
三河市				
安国市				
昌黎县				
永清县	1			
定兴县				
无极县				
望都县				
魏　县				
威　县				
临西县	1			
广平县				
景　县	1			
吴桥县	1			
南皮县				
青龙满族自治县				
隆化县				
涿鹿县				
磁　县				
平山县				
井陉县		1		
张北县				

4－13　各地区18岁及以上言语残疾人分残疾等级的社会参与状况

单位：人

地　区	无障碍/无适用				轻度障碍			
	残疾一级	残疾二级	残疾三级	残疾四级	残疾一级	残疾二级	残疾三级	残疾四级
总　计	**2**	**1**		**5**	**1**	**3**	**14**	**20**
唐山市丰润区						2		
石家庄市新华区				1				
石家庄市长安区								
石家庄市桥东区	1						1	
邯郸市复兴区							1	
唐山市古冶区								
任丘市				1				2
武安市								1
辛集市								
深州市							2	
三河市								
安国市						1		
昌黎县								
永清县								
定兴县								
无极县								3
望都县							1	1
魏　县				1			4	3
威　县								5
临西县				1			1	1
广平县							1	2
景　县							1	
吴桥县		1						
南皮县								
青龙满族自治县								
隆化县	1			1				
涿鹿县					1		1	
磁　县							1	
平山县								1
井陉县								
张北县								1

4－13 续表 1

单位：人

地　区	中度障碍				重度障碍			
	残疾一级	残疾二级	残疾三级	残疾四级	残疾一级	残疾二级	残疾三级	残疾四级
总　计	**5**	**5**	**9**	**11**	**2**	**3**	**4**	
唐山市丰润区								
石家庄市新华区				1				
石家庄市长安区								
石家庄市桥东区								
邯郸市复兴区	1					1		
唐山市古冶区			2					
任丘市		1		1				
武安市								
辛集市						1		
深州市	2				1			
三河市								
安国市			1					
昌黎县								
永清县							1	
定兴县								
无极县		1	1	1				
望都县								
魏　县				1				
威　县								
临西县							1	
广平县		1	1					
景　县			1		1			
吴桥县		1						
南皮县	1			1				
青龙满族自治县			1			1		
隆化县								
涿鹿县	1							
磁　县		1		2				
平山县				2				
井陉县			1	1				
张北县			1	1			2	

4－13 续表 2

单位：人

地 区	极重度障碍/不能完成			
	残疾一级	残疾二级	残疾三级	残疾四级
总 计	**4**	**3**	**1**	
唐山市丰润区				
石家庄市新华区				
石家庄市长安区				
石家庄市桥东区				
邯郸市复兴区				
唐山市古冶区				
任丘市				
武安市				
辛集市				
深州市				
三河市				
安国市				
昌黎县				
永清县	2		1	
定兴县				
无极县				
望都县				
魏 县				
威 县				
临西县	1			
广平县				
景 县				
吴桥县	1			
南皮县				
青龙满族自治县				
隆化县				
涿鹿县				
磁 县				
平山县				
井陉县		3		
张北县				

4－14　各地区18岁及以上肢体残疾人分残疾等级的身体移动状况

单位：人

地　区	无障碍/无适用				轻度障碍			
	残疾一级	残疾二级	残疾三级	残疾四级	残疾一级	残疾二级	残疾三级	残疾四级
总　计		**8**	**75**	**365**		**8**	**130**	**682**
唐山市丰润区			3	10			1	46
石家庄市新华区				2				13
石家庄市长安区			3	20			6	39
石家庄市桥东区			5	42		1	11	15
邯郸市复兴区			4	12			7	28
唐山市古冶区			2	10			3	8
任丘市		1		17			15	20
武安市			3	16			12	30
辛集市		1	3	16		2	5	24
深州市			4	18				22
三河市				6			1	12
安国市				1			3	28
昌黎县			3	10			5	14
永清县			3	7			3	30
定兴县			2	9			4	15
无极县			1	2			1	5
望都县			3	11			1	33
魏　县				7			2	11
威　县			2	2		1		21
临西县		1	3	15			3	9
广平县		2	2	11		1		22
景　县		1	4	8			4	14
吴桥县			2	11			2	13
南皮县		1	1	11			8	15
青龙满族自治县			3	6			1	50
隆化县			5	13			12	26
涿鹿县			1	22			6	37
磁　县			7	21		2	7	29
平山县			2	11		1		15
井陉县			2	7				25
张北县		1	2	11			7	13

4－14　续表 1

单位：人

地　区	中度障碍				重度障碍			
	残疾一级	残疾二级	残疾三级	残疾四级	残疾一级	残疾二级	残疾三级	残疾四级
总　计	**2**	**42**	**294**	**253**	**13**	**140**	**76**	**56**
唐山市丰润区			11	10		3		
石家庄市新华区			10	11		1	2	
石家庄市长安区			9	14		5		
石家庄市桥东区		2	2			5	1	
邯郸市复兴区		3	19	3		5		1
唐山市古冶区		3	11	2		3	1	
任丘市			12			16	1	
武安市		1	10	5		2	2	1
辛集市		6	11	9		2		
深州市		3	13	12	1	2	3	
三河市			1	29		1	4	29
安国市			5		1	3		
昌黎县		1	2	3		2	2	
永清县			2	14		2	5	5
定兴县		2	7	3	2	7	1	1
无极县			3	13		2	1	
望都县			9	7		5	4	
魏　县			19	2		2	1	
威　县		1	10	6		2	7	1
临西县		2	5	1	2	8	1	1
广平县	1	2	6	6	2	5	2	1
景　县		2	7	3		7	7	1
吴桥县		1	14	23		6	5	
南皮县		2	17	10		7	3	
青龙满族自治县			18	1		4		
隆化县		1	8	5	3	10	6	1
涿鹿县		3	16	1		6		
磁　县		2	12	8		5	2	
平山县		1	6	22	1	4	5	2
井陉县		3	11	29		3	8	12
张北县	1	1	8	1	1	5	2	

4-14 续表 2

单位：人

地　区	极重度障碍/不能完成			
	残疾一级	残疾二级	残疾三级	残疾四级
总　计	**114**	**79**	**28**	**2**
唐山市丰润区	2			
石家庄市新华区	2	1		
石家庄市长安区	4	1		
石家庄市桥东区	2	2		
邯郸市复兴区	4	7		
唐山市古冶区	5	2		
任丘市	7	1		
武安市		2		
辛集市	5	2		
深州市	8	2		
三河市			3	1
安国市	3	1		
昌黎县	5	1		
永清县	3	4	7	1
定兴县	1			
无极县	3	3	1	
望都县	3	5	3	
魏　县	7	1		
威　县	4	7		
临西县	7	3		
广平县	1	3	2	
景　县	3	2	1	
吴桥县		5	1	
南皮县	4	5		
青龙满族自治县	3	1		
隆化县	2	1	1	
涿鹿县	10			
磁　县	1			
平山县	4	9	2	
井陉县	5	7	6	
张北县	6	1	1	

4－15　各地区18岁及以上肢体残疾人分残疾等级的生活自理状况

单位：人

地　区	无障碍/无适用				轻度障碍			
	残疾一级	残疾二级	残疾三级	残疾四级	残疾一级	残疾二级	残疾三级	残疾四级
总　计		**7**	**68**	**559**	**7**	**26**	**224**	**673**
唐山市丰润区				3			2	57
石家庄市新华区				10			6	15
石家庄市长安区		1	3	56		2	12	15
石家庄市桥东区		2	11	50		1	7	7
邯郸市复兴区			3	23			15	19
唐山市古冶区				11	1	1	15	9
任丘市			3	20		1	15	17
武安市			7	24		1	4	24
辛集市		1	6	38		5	6	7
深州市			4	28		1	11	17
三河市				1			2	38
安国市				9			4	19
昌黎县			3	8		1	3	14
永清县				32			7	22
定兴县			2	19		3	12	9
无极县				6		1	3	14
望都县				4	2		4	46
魏　县			1	8			12	12
威　县				3			3	21
临西县			1	15	1	3	6	11
广平县		1	2	22	2	2	1	13
景　县			1	5			1	16
吴桥县			1	6			6	35
南皮县			7	19			10	16
青龙满族自治县				9			2	47
隆化县		1	9	22		1	14	20
涿鹿县				15			5	43
磁　县		1	2	31		1	16	23
平山县				33		1	3	12
井陉县			1	20			4	41
张北县			1	9	1	1	13	14

4－15 续表 1

单位：人

地区	中度障碍				重度障碍			
	残疾一级	残疾二级	残疾三级	残疾四级	残疾一级	残疾二级	残疾三级	残疾四级
总　计	**12**	**85**	**256**	**108**	**35**	**133**	**48**	**17**
唐山市丰润区		1	11	6		2	2	
石家庄市新华区			6	1	1	2		
石家庄市长安区	1	1	2	2	1	1	1	
石家庄市桥东区		3	1			3		
邯郸市复兴区		8	12	2	2	6		
唐山市古冶区	1	6	1		1		1	
任丘市	1	4	9		1	13	1	
武安市		1	15	4		2	1	
辛集市		5	7	4	3	2		
深州市	1	4	4	7	1	2	1	
三河市			3	23		1	3	15
安国市	2	1	4	1	1	3		
昌黎县			5	5	3	3	1	
永清县		2	8	2	1	4	4	
定兴县	1	5			2	1		
无极县		2	4		1	2		
望都县		1	11	1	1	6	4	
魏　县			8			3	1	
威　县		2	14	6	2	9	2	
临西县		4	4		2	4	1	
广平县	1	2	4	3		5	5	2
景　县	1	3	16	5	1	9	5	
吴桥县		3	16	6		4	1	
南皮县	1	7	11	1	1	8	1	
青龙满族自治县		1	20	1		4		
隆化县	1	6	8	3	3	3	1	
涿鹿县			15	2		6	3	
磁　县		4	7	4	1	3	3	
平山县	1	5	11	5	2	8	1	
井陉县		3	14	12	2	8	5	
张北县		1	5	2	2	6		

4-15 续表 2

单位：人

地 区	极重度障碍/不能完成			
	残疾一级	残疾二级	残疾三级	残疾四级
总 计	**75**	**26**	**7**	**1**
唐山市丰润区	2			
石家庄市新华区	1			
石家庄市长安区	2	1		
石家庄市桥东区	2	1		
邯郸市复兴区	2	1		
唐山市古冶区	2	1		
任丘市	5			
武安市		1		
辛集市	2			
深州市	7			
三河市			1	
安国市	1			
昌黎县	2			
永清县	2		1	1
定兴县				
无极县	2			
望都县		3	1	
魏 县	7			
威 县	2			
临西县	6	3		
广平县	1	3		
景 县	1			
吴桥县		5		
南皮县	2			
青龙满族自治县	3			
隆化县	1	1		
涿鹿县	10	3		
磁 县				
平山县	2	1		
井陉县	3	2	3	
张北县	5		1	

4－16 各地区18岁及以上肢体残疾人分残疾等级的生活活动状况

单位：人

地 区	无障碍/无适用				轻度障碍			
	残疾一级	残疾二级	残疾三级	残疾四级	残疾一级	残疾二级	残疾三级	残疾四级
总 计			**1**	**49**		**3**	**68**	**734**
唐山市丰润区				1			1	48
石家庄市新华区								13
石家庄市长安区				5			4	51
石家庄市桥东区				2			2	37
邯郸市复兴区				2			4	33
唐山市古冶区				5			4	14
任丘市			1	14		1	13	20
武安市				1			4	36
辛集市				2		1	3	27
深州市							1	16
三河市								9
安国市								14
昌黎县							1	8
永清县				3			5	42
定兴县							2	21
无极县								12
望都县				1			1	43
魏 县							2	19
威 县								22
临西县				4			2	13
广平县						1	2	17
景 县				1				15
吴桥县				3				11
南皮县								5
青龙满族自治县				1				55
隆化县				3			11	27
涿鹿县							1	32
磁 县							3	13
平山县				1			1	24
井陉县								15
张北县							1	22

4-16 续表 1

单位：人

地区	中度障碍				重度障碍			
	残疾一级	残疾二级	残疾三级	残疾四级	残疾一级	残疾二级	残疾三级	残疾四级
总　计	**1**	**13**	**324**	**454**	**15**	**134**	**152**	**108**
唐山市丰润区			7	15		2	6	2
石家庄市新华区			10	13			2	
石家庄市长安区			9	14		3	4	3
石家庄市桥东区			7	13		3	8	5
邯郸市复兴区		1	18	7	1	6	7	1
唐山市古冶区			11	1	2	7	2	
任丘市			13	2		16		1
武安市			15	14		2	8	1
辛集市		2	6	11		8	9	8
深州市			14	30		3	3	6
三河市			4	33			1	33
安国市			5	13	1		2	
昌黎县			6	16			4	3
永清县			5	7	1	2	5	4
定兴县		1	8	3	2	7	4	4
无极县		1	5	8		3	2	
望都县			12	7		5	5	
魏　县			19	1		3	1	
威　县		1	14	7		8	3	1
临西县		2	4	6	3	5	5	3
广平县	1			16	2	3	6	7
景　县			6	9	1	9	17	1
吴桥县			13	26		1	8	7
南皮县			17	30		8	12	1
青龙满族自治县			20	1		5	2	
隆化县		1	13	13		3	6	2
涿鹿县			18	27		7	4	1
磁　县		2	11	38		2	4	5
平山县		1	9	23		3	3	2
井陉县			9	47	1	4	8	7
张北县		1	16	3	1	6	1	

4－16 续表 2

单位：人

地 区	极重度障碍/不能完成			
	残疾一级	残疾二级	残疾三级	残疾四级
总 计	**113**	**127**	**58**	**13**
唐山市丰润区	2	1	1	
石家庄市新华区	2	2		
石家庄市长安区	4	3	1	
石家庄市桥东区	2	7	2	
邯郸市复兴区	3	8	1	1
唐山市古冶区	3	1		
任丘市	7	1	1	
武安市		3		
辛集市	5	2	1	1
深州市	9	4	2	
三河市		1	4	2
安国市	3	4	1	2
昌黎县	5	4	1	
永清县	2	4	5	1
定兴县	1	1		
无极县	3	1		
望都县	3	5	2	
魏 县	7			
威 县	4	2	2	
临西县	6	7	1	
广平县	1	9	4	
景 县	2	3		
吴桥县		11	3	
南皮县	4	7		
青龙满族自治县	3			
隆化县	5	8	2	
涿鹿县	10	2		
磁 县	1	5	10	2
平山县	5	11	2	
井陉县	4	9	10	4
张北县	7	1	2	

4－17 各地区18岁及以上肢体残疾人分残疾等级的社会参与状况

单位：人

地 区	无障碍/无适用				轻度障碍			
	残疾一级	残疾二级	残疾三级	残疾四级	残疾一级	残疾二级	残疾三级	残疾四级
总 计			**12**	**158**	**2**	**16**	**172**	**783**
唐山市丰润区				2			10	50
石家庄市新华区				1				18
石家庄市长安区			4	41	1	3	11	30
石家庄市桥东区			1	24		6	15	31
邯郸市复兴区				1			5	29
唐山市古冶区				5			10	15
任丘市			1	14		1	13	22
武安市				3			5	36
辛集市				11			5	24
深州市			1	19		1	15	31
三河市			1					21
安国市							3	15
昌黎县				1			5	10
永清县				1			7	50
定兴县							3	21
无极县				1			1	13
望都县				3			2	29
魏 县							1	16
威 县								21
临西县				7	1	1	5	16
广平县						1	2	21
景 县								19
吴桥县				6			10	39
南皮县						1	17	32
青龙满族自治县			1	2			2	54
隆化县			1	1			9	24
涿鹿县				2			1	28
磁 县							2	18
平山县			1	5		1	2	20
井陉县							1	14
张北县			1	8		1	10	16

4－17 续表 1

单位：人

地区	中度障碍				重度障碍			
	残疾一级	残疾二级	残疾三级	残疾四级	残疾一级	残疾二级	残疾三级	残疾四级
总　计	**16**	**99**	**333**	**369**	**39**	**134**	**73**	**45**
唐山市丰润区		2	2	13		1	2	1
石家庄市新华区			11	7	2	2	1	
石家庄市长安区	2	2	3	2	1	1		
石家庄市桥东区	1	4	3	2	1			
邯郸市复兴区		3	22	14	2	10	3	
唐山市古冶区	2	6	7		3	2		
任丘市		1	13	1		15	1	
武安市		2	17	12		3	5	1
辛集市		10	12	13	3	2	2	1
深州市		5	4	2	4	1		
三河市		1	4	30			2	23
安国市			4	12	1	3	1	2
昌黎县			4	16	3	4	3	
永清县		3	10	6	1	3	3	
定兴县		4	11	7	3	5		
无极县		1	4	6		4	2	
望都县	1	5	14	19	1	5	4	
魏　县			18	4		3	3	
威　县		3	17	8		8	2	1
临西县	4	3	5	3	1	6	1	
广平县	1	3	5	18	3	3	3	1
景　县		4	17	7	1	8	6	
吴桥县		11	14	2		1		
南皮县	3	10	12	4	1	4		
青龙满族自治县			18	1		5	1	
隆化县		7	21	20	5	5	1	
涿鹿县			16	29		8	6	1
磁　县	1	6	19	35		3	5	5
平山县		1	7	24	1	9	5	1
井陉县		2	12	51	1	4	11	8
张北县	1		7	1	1	6		

4-17 续表 2

单位：人

地区	极重度障碍/不能完成			
	残疾一级	残疾二级	残疾三级	残疾四级
总 计	**72**	**28**	**13**	**3**
唐山市丰润区	2		1	
石家庄市新华区				
石家庄市长安区				
石家庄市桥东区				
邯郸市复兴区	2	2		
唐山市古冶区				
任丘市	7	1		
武安市				
辛集市	2	1		
深州市	5			
三河市			2	3
安国市	3	1		
昌黎县	2			
永清县	2			
定兴县				
无极县	3			
望都县	1			
魏 县	7			
威 县	4			
临西县	3	4	1	
广平县		6	2	
景 县	2			
吴桥县				
南皮县				
青龙满族自治县	3			
隆化县				
涿鹿县	10	1		
磁 县			2	
平山县	4	4		
井陉县	4	7	3	
张北县	6	1	2	

4－18 各地区18岁及以上智力残疾人分残疾等级的理解和交流状况

单位：人

地 区	无障碍/无适用				轻度障碍			
	残疾一级	残疾二级	残疾三级	残疾四级	残疾一级	残疾二级	残疾三级	残疾四级
总 计			**2**	**24**		**2**	**36**	**94**
唐山市丰润区							1	4
石家庄市新华区								4
石家庄市长安区				1				7
石家庄市桥东区				3				1
邯郸市复兴区								4
唐山市古冶区				1			1	3
任丘市							2	4
武安市							3	2
辛集市								1
深州市							1	1
三河市								3
安国市								2
昌黎县								5
永清县							2	3
定兴县						1		3
无极县				11			3	9
望都县							1	1
魏 县							5	3
威 县			1	2			3	7
临西县				2			1	7
广平县				1		1	3	4
景 县							1	2
吴桥县							1	1
南皮县							6	1
青龙满族自治县			1	1				6
隆化县								1
涿鹿县								2
磁 县								1
平山县				2			2	1
井陉县								1
张北县								

4-18 续表 1

单位：人

地区	中度障碍				重度障碍			
	残疾一级	残疾二级	残疾三级	残疾四级	残疾一级	残疾二级	残疾三级	残疾四级
总计		**6**	**70**	**27**	**10**	**23**	**38**	**4**
唐山市丰润区								
石家庄市新华区			3					
石家庄市长安区			1	2			1	
石家庄市桥东区		1	1					
邯郸市复兴区		1	3	2		2		
唐山市古冶区			1				1	
任丘市			2				4	
武安市			4		1	3		
辛集市				2				
深州市			4			3	1	
三河市			2	2		1	2	
安国市			1				1	
昌黎县			4				4	
永清县			4	1	5	1	1	
定兴县			3	3	1		3	
无极县			9					
望都县				7		1	5	2
魏　县			2			1		
威　县			6	2	1		1	1
临西县		1	1	2			1	1
广平县		3	1		1		1	
景　县			1			3		
吴桥县			5				1	
南皮县			1				3	
青龙满族自治县			3			2		
隆化县			2	1				
涿鹿县						1		
磁　县			2				2	
平山县			2		1	3	2	
井陉县			2	3		1	2	
张北县						1	2	

4－18 续表 2

单位：人

地 区	极重度障碍/不能完成			
	残疾一级	残疾二级	残疾三级	残疾四级
总 计	**26**	**16**	**9**	
唐山市丰润区				
石家庄市新华区				
石家庄市长安区				
石家庄市桥东区				
邯郸市复兴区	5	1		
唐山市古冶区		1		
任丘市			1	
武安市		1		
辛集市	1	1		
深州市	4			
三河市	3	2	1	
安国市				
昌黎县				
永清县				
定兴县	1			
无极县				
望都县	1	1		
魏 县			1	
威 县	1			
临西县			2	
广平县	1			
景 县	3			
吴桥县	1	1		
南皮县				
青龙满族自治县				
隆化县		3		
涿鹿县		1		
磁 县				
平山县	3			
井陉县			2	
张北县	2	4	2	

4－19　各地区18岁及以上智力残疾人分残疾等级的身体移动状况

单位：人

地　区	无障碍/无适用				轻度障碍			
	残疾一级	残疾二级	残疾三级	残疾四级	残疾一级	残疾二级	残疾三级	残疾四级
总　计	**30**	**40**	**128**	**142**	**4**	**5**	**22**	**5**
唐山市丰润区			1	3				
石家庄市新华区			3	4				
石家庄市长安区				8			2	2
石家庄市桥东区		1	1	4				
邯郸市复兴区	5	4	3	6				
唐山市古冶区		1	3	4				
任丘市			4	4			3	
武安市						2	6	2
辛集市	1	1		3				
深州市	4	3	6					1
三河市	2	2	5	5	1	1		
安国市			2	2				
昌黎县			8	5				
永清县	3		7	4	1	1		
定兴县	2	1	6	6				
无极县			1	20			11	
望都县	1	2	6	10				
魏　县		1	8	3				
威　县	2		11	12				
临西县		1	5	12				
广平县	1	4	5	4	1			
景　县	3	3	2	2				
吴桥县		1	7	1	1			
南皮县			10	1				
青龙满族自治县		2	4	7				
隆化县		3	2	2				
涿鹿县		2		2				
磁　县			4	1				
平山县	4	3	5	3				
井陉县			5	4		1		
张北县	2	5	4					

4－19 续表 1

单位：人

地区	中度障碍				重度障碍			
	残疾一级	残疾二级	残疾三级	残疾四级	残疾一级	残疾二级	残疾三级	残疾四级
总　计	**1**	**2**	**5**	**2**	**1**			
唐山市丰润区				1				
石家庄市新华区								
石家庄市长安区								
石家庄市桥东区								
邯郸市复兴区								
唐山市古冶区								
任丘市			2					
武安市		2	1		1			
辛集市								
深州市								
三河市								
安国市								
昌黎县								
永清县	1							
定兴县								
无极县								
望都县								
魏　县								
威　县								
临西县								
广平县				1				
景　县								
吴桥县								
南皮县								
青龙满族自治县								
隆化县								
涿鹿县								
磁　县								
平山县			1					
井陉县			1					
张北县								

4-19 续表 2

单位：人

地 区	极重度障碍/不能完成			
	残疾一级	残疾二级	残疾三级	残疾四级
总 计				
唐山市丰润区				
石家庄市新华区				
石家庄市长安区				
石家庄市桥东区				
邯郸市复兴区				
唐山市古冶区				
任丘市				
武安市				
辛集市				
深州市				
三河市				
安国市				
昌黎县				
永清县				
定兴县				
无极县				
望都县				
魏 县				
威 县				
临西县				
广平县				
景 县				
吴桥县				
南皮县				
青龙满族自治县				
隆化县				
涿鹿县				
磁 县				
平山县				
井陉县				
张北县				

4－20 各地区18岁及以上智力残疾人分残疾等级的生活自理状况

单位：人

地　区	无障碍/无适用				轻度障碍			
	残疾一级	残疾二级	残疾三级	残疾四级	残疾一级	残疾二级	残疾三级	残疾四级
总　计	**2**	**7**	**58**	**113**	**13**	**17**	**62**	**34**
唐山市丰润区				2			1	2
石家庄市新华区			1	4			2	
石家庄市长安区				6			2	3
石家庄市桥东区			1	4				
邯郸市复兴区					1	2	3	6
唐山市古冶区			2	4			1	
任丘市			4	2			2	2
武安市							2	2
辛集市		1		3				
深州市			2					1
三河市			3	5			2	
安国市			1	1			1	1
昌黎县			1	4			3	1
永清县	2		7	4	2	1		
定兴县		1	2	6	1		3	
无极县				14			6	6
望都县				7		1	6	2
魏　县			6	2			1	1
威　县			7	11	2		4	1
临西县			2	10			2	2
广平县		3	4	5	2	1	1	
景　县			1	1	2	2	1	1
吴桥县			2	1		1	4	
南皮县			5	1			3	
青龙满族自治县		1	1	6		1	3	1
隆化县				2		1	2	
涿鹿县				2		2		
磁　县			2	1			1	
平山县			2	2	2	2	2	1
井陉县				3		1	2	1
张北县		1	2		1	2	2	

4－20 续表 1

单位：人

地 区	中度障碍				重度障碍			
	残疾一级	残疾二级	残疾三级	残疾四级	残疾一级	残疾二级	残疾三级	残疾四级
总 计	**10**	**14**	**27**	**2**	**9**	**9**	**8**	
唐山市丰润区								
石家庄市新华区								
石家庄市长安区				1				
石家庄市桥东区						1		
邯郸市复兴区	2	2			2			
唐山市古冶区		1						
任丘市							3	
武安市		1	5		1	3		
辛集市	1							
深州市	1	1	4		1	2		
三河市	2	2			1	1		
安国市								
昌黎县			3				1	
永清县	1							
定兴县			1		1			
无极县			6					
望都县	1	1		1				
魏 县		1	1					
威 县								
临西县		1					1	
广平县								
景 县	1	1						
吴桥县			1		1			
南皮县			1				1	
青龙满族自治县								
隆化县						2		
涿鹿县								
磁 县			1					
平山县		1	2		2			
井陉县			2				2	
张北县	1	2						

4－20　续表 2

单位：人

地　区	极重度障碍/不能完成			
	残疾一级	残疾二级	残疾三级	残疾四级
总　计	**2**			
唐山市丰润区				
石家庄市新华区				
石家庄市长安区				
石家庄市桥东区				
邯郸市复兴区				
唐山市古冶区				
任丘市				
武安市				
辛集市				
深州市	2			
三河市				
安国市				
昌黎县				
永清县				
定兴县				
无极县				
望都县				
魏　县				
威　县				
临西县				
广平县				
景　县				
吴桥县				
南皮县				
青龙满族自治县				
隆化县				
涿鹿县				
磁　县				
平山县				
井陉县				
张北县				

4－21 各地区18岁及以上智力残疾人分残疾等级的与人相处状况

单位：人

地 区	无障碍/无适用				轻度障碍			
	残疾一级	残疾二级	残疾三级	残疾四级	残疾一级	残疾二级	残疾三级	残疾四级
总 计			**3**	**27**		**2**	**38**	**84**
唐山市丰润区				1				3
石家庄市新华区								3
石家庄市长安区				2				4
石家庄市桥东区				1				3
邯郸市复兴区								2
唐山市古冶区				1			1	3
任丘市							3	3
武安市							1	2
辛集市								1
深州市			1				1	1
三河市							2	4
安国市								2
昌黎县							2	2
永清县			1	1			3	3
定兴县						1	1	6
无极县				5				15
望都县								
魏 县							4	3
威 县				2			5	7
临西县				5			2	5
广平县				3		1	3	2
景 县							1	2
吴桥县				1			1	
南皮县							6	1
青龙满族自治县			1	3				4
隆化县								
涿鹿县				2				
磁 县								
平山县							1	2
井陉县							1	1
张北县								

4-21 续表 1

单位：人

地 区	中度障碍				重度障碍			
	残疾一级	残疾二级	残疾三级	残疾四级	残疾一级	残疾二级	残疾三级	残疾四级
总 计	**3**	**9**	**54**	**29**	**10**	**24**	**46**	**9**
唐山市丰润区			1					
石家庄市新华区			2	1			1	
石家庄市长安区			2	2				2
石家庄市桥东区						1	1	
邯郸市复兴区			3	4	1	4		
唐山市古冶区			1			1	1	
任丘市			1	1			4	
武安市			4		1	2	2	
辛集市				2		1		
深州市		1	1		2	2	3	
三河市		1	1				1	1
安国市			1				1	
昌黎县			2	3			4	
永清县	3	1	3		2			
定兴县			1				4	
无极县			12					
望都县			1	6		1	4	4
魏 县			3			1		
威 县			2	3			4	
临西县		1		1			1	1
广平县		3	2		1			
景 县		1	1			2		
吴桥县			4			1	2	
南皮县			3				1	
青龙满族自治县		1				1	2	
隆化县			1	1			1	1
涿鹿县						1		
磁 县			1	1			2	
平山县				1	1	1	3	
井陉县			1	3		1	2	
张北县					2	4	2	

4-21 续表 2

单位：人

地　区	极重度障碍/不能完成			
	残疾一级	残疾二级	残疾三级	残疾四级
总　计	**23**	**12**	**14**	
唐山市丰润区				
石家庄市新华区				
石家庄市长安区				
石家庄市桥东区				
邯郸市复兴区	4			
唐山市古冶区				
任丘市			1	
武安市		2		
辛集市	1			
深州市	2			
三河市	3	2	1	
安国市				
昌黎县				
永清县				
定兴县	2			
无极县				
望都县	1	1	1	
魏　县			1	
威　县	2			
临西县			2	
广平县	1			
景　县	3			
吴桥县	1			
南皮县				
青龙满族自治县			1	
隆化县		3		
涿鹿县		1		
磁　县			1	
平山县	3	2	2	
井陉县			2	
张北县		1	2	

4－22 各地区18岁及以上智力残疾人分残疾等级的生活活动状况

单位：人

地 区	无障碍/无适用				轻度障碍			
	残疾一级	残疾二级	残疾三级	残疾四级	残疾一级	残疾二级	残疾三级	残疾四级
总 计			**2**	**12**		**1**	**24**	**86**
唐山市丰润区							1	4
石家庄市新华区								4
石家庄市长安区				1				2
石家庄市桥东区								3
邯郸市复兴区								
唐山市古冶区							1	3
任丘市							2	3
武安市							1	2
辛集市								2
深州市			1				1	1
三河市								4
安国市								1
昌黎县								4
永清县							2	4
定兴县						1		4
无极县				6				14
望都县								
魏 县							2	2
威 县				1			2	4
临西县				1				7
广平县				3			1	2
景 县							1	2
吴桥县							1	1
南皮县							7	1
青龙满族自治县							1	5
隆化县								2
涿鹿县								2
磁 县								1
平山县							1	
井陉县			1					2
张北县								

4－22 续表 1

单位：人

地　区	中度障碍				重度障碍			
	残疾一级	残疾二级	残疾三级	残疾四级	残疾一级	残疾二级	残疾三级	残疾四级
总　计		**7**	**57**	**29**	**7**	**18**	**53**	**20**
唐山市丰润区								
石家庄市新华区			2				1	
石家庄市长安区				3			1	4
石家庄市桥东区				1		1	1	
邯郸市复兴区			1	6	1	3	2	
唐山市古冶区			1			1	1	1
任丘市			1				5	1
武安市		1	5			2	1	
辛集市		1		1	1			
深州市			2		1	3	2	
三河市			2				2	1
安国市			1	1			1	
昌黎县			4	1			4	
永清县			3		1	1	2	
定兴县			1	2			5	
无极县			12					
望都县			1	4			4	5
魏　县			5					1
威　县				3			4	3
临西县		1	1	1			4	3
广平县		3	3		2	1	1	
景　县					1	1	1	
吴桥县			5			1	1	
南皮县			1				2	
青龙满族自治县				2		2	1	
隆化县						1	2	
涿鹿县						1		
磁　县			2				1	
平山县			2	2			1	1
井陉县		1	2	2			2	
张北县							1	

4－22 续表 2

单位：人

地 区	极重度障碍/不能完成			
	残疾一级	残疾二级	残疾三级	残疾四级
总 计	**29**	**21**	**19**	**2**
唐山市丰润区				
石家庄市新华区				
石家庄市长安区			1	
石家庄市桥东区				
邯郸市复兴区	4	1		
唐山市古冶区				
任丘市			1	
武安市	1	1		
辛集市				
深州市	3			
三河市	3	3	1	
安国市				
昌黎县				
永清县	4			
定兴县	2			
无极县				
望都县	1	2	1	1
魏 县		1	1	
威 县	2		5	1
临西县				
广平县				
景 县	2	2		
吴桥县	1			
南皮县				
青龙满族自治县			2	
隆化县		2		
涿鹿县		1		
磁 县			1	
平山县	4	3	2	
井陉县			1	
张北县	2	5	3	

4－23　各地区18岁及以上智力残疾人分残疾等级的社会参与状况

单位：人

地　区	无障碍/无适用				轻度障碍			
	残疾一级	残疾二级	残疾三级	残疾四级	残疾一级	残疾二级	残疾三级	残疾四级
总　计			**1**	**10**		**3**	**28**	**100**
唐山市丰润区								3
石家庄市新华区								4
石家庄市长安区				1			2	7
石家庄市桥东区								4
邯郸市复兴区								4
唐山市古冶区				1				
任丘市							2	3
武安市							3	2
辛集市								
深州市							1	1
三河市							1	4
安国市								2
昌黎县								5
永清县							2	3
定兴县						1	1	6
无极县							1	20
望都县							1	2
魏　县							1	1
威　县								5
临西县				5		1	2	6
广平县				2		1	1	3
景　县							1	2
吴桥县							1	1
南皮县							2	1
青龙满族自治县			1					6
隆化县				1			1	1
涿鹿县								
磁　县							2	1
平山县							3	2
井陉县								1
张北县								

4－23　续表 1

单位：人

地　区	中度障碍				重度障碍			
	残疾一级	残疾二级	残疾三级	残疾四级	残疾一级	残疾二级	残疾三级	残疾四级
总　计	**1**	**12**	**75**	**28**	**14**	**19**	**42**	**9**
唐山市丰润区			1	1				
石家庄市新华区			3					
石家庄市长安区				2				
石家庄市桥东区						1		
邯郸市复兴区			3	2	4	3		
唐山市古冶区			3	3		1		
任丘市			1				5	1
武安市		3	3		1	1	1	
辛集市				2				1
深州市			1			3	4	
三河市		1	2			1	1	
安国市			1				1	
昌黎县			5				3	
永清县			4	1	3	1	1	
定兴县			2		1		3	
无极县			11					
望都县	1	1	1	7		1	4	1
魏　县			7	1				1
威　县			3	4			7	2
临西县							3	1
广平县		1	2		1	1	2	
景　县			1			1		
吴桥县			5		1	1	1	
南皮县			6				2	
青龙满族自治县		2	3	1				
隆化县		3	1					
涿鹿县				2		1		
磁　县			2					
平山县		1	2		3	2	1	1
井陉县			2	2		1	2	1
张北县							1	

4-23 续表 2

单位：人

地 区	极重度障碍/不能完成			
	残疾一级	残疾二级	残疾三级	残疾四级
总 计	**21**	**13**	**9**	**2**
唐山市丰润区				
石家庄市新华区				
石家庄市长安区				
石家庄市桥东区			1	
邯郸市复兴区	1	1		
唐山市古冶区				
任丘市			1	
武安市				
辛集市	1	1		
深州市	4			
三河市	3	1	1	1
安国市				
昌黎县				
永清县	2			
定兴县	1			
无极县				
望都县				
魏 县		1		
威 县	2		1	1
临西县				
广平县	1	1		
景 县	3	2		
吴桥县				
南皮县				
青龙满族自治县				
隆化县				
涿鹿县		1		
磁 县				
平山县	1			
井陉县			2	
张北县	2	5	3	

4－24　各地区18岁及以上精神残疾人分残疾等级的理解和交流状况

单位：人

地　区	无障碍/无适用				轻度障碍			
	残疾一级	残疾二级	残疾三级	残疾四级	残疾一级	残疾二级	残疾三级	残疾四级
总　计		**1**	**1**	**23**	**2**	**5**	**11**	**99**
唐山市丰润区			1	1				7
石家庄市新华区								2
石家庄市长安区				3			1	3
石家庄市桥东区				2			2	6
邯郸市复兴区							1	3
唐山市古冶区								7
任丘市						1		3
武安市								3
辛集市		1		2				2
深州市								2
三河市								3
安国市								3
昌黎县				1		2		6
永清县					1			8
定兴县								
无极县				1			1	2
望都县								1
魏　县								2
威　县				1				5
临西县				1			1	2
广平县							1	2
景　县								
吴桥县				2				
南皮县				1	1		1	2
青龙满族自治县							1	
隆化县								4
涿鹿县								2
磁　县				3		1	2	9
平山县				2				7
井陉县								2
张北县				3		1		1

4－24 续表 1

单位：人

地区	中度障碍				重度障碍			
	残疾一级	残疾二级	残疾三级	残疾四级	残疾一级	残疾二级	残疾三级	残疾四级
总　计	**28**	**43**	**53**	**59**	**88**	**26**	**4**	**5**
唐山市丰润区			4	2	1	1		
石家庄市新华区	1	2		3	6	2		
石家庄市长安区	3	3		2	4			
石家庄市桥东区	2	1	1	3	3	3		
邯郸市复兴区	1	1	2		2			
唐山市古冶区			1	3	2			
任丘市			1	1	3			1
武安市	2		4		2			
辛集市	2				2			
深州市	1	2	1		4	1		
三河市		3	1	2	4	1		
安国市	1		2	7	2			
昌黎县	1	1	2	4				
永清县	2	1	4	4	1	2	1	2
定兴县		2	2			2		1
无极县				1	2			
望都县	2		2		4			
魏　县		2	3		4	2	1	
威　县		2	1	1	1			
临西县		3	2		6			
广平县		3	3	2	2	1		
景　县		2	3	2	3	2	1	
吴桥县		2			4		1	
南皮县	3	1	2	6	3	2		
青龙满族自治县	2		2	4	2			
隆化县	1		1	3	4			
涿鹿县	1	2	3	2	11	1		
磁　县	2	3	2		2	3		
平山县		3	1	4	2	1		
井陉县		2	2	2				1
张北县	1	2	1	1	2	2		

4－24 续表 2

单位：人

地 区	极重度障碍/不能完成			
	残疾一级	残疾二级	残疾三级	残疾四级
总 计	**51**	**2**		**1**
唐山市丰润区				
石家庄市新华区	4			
石家庄市长安区	2			
石家庄市桥东区	4			
邯郸市复兴区				
唐山市古冶区				
任丘市				
武安市	1			
辛集市	4			
深州市				
三河市	3			
安国市				
昌黎县				1
永清县	4			
定兴县	1			
无极县				
望都县	4			
魏 县	3			
威 县	1			
临西县	5			
广平县	1			
景 县	2			
吴桥县	1			
南皮县	4	1		
青龙满族自治县	1			
隆化县	2			
涿鹿县				
磁 县	3			
平山县				
井陉县	1			
张北县		1		

4－25　各地区18岁及以上精神残疾人分残疾等级的身体移动状况

单位：人

地　区	无障碍/无适用				轻度障碍			
	残疾一级	残疾二级	残疾三级	残疾四级	残疾一级	残疾二级	残疾三级	残疾四级
总　计	**99**	**57**	**48**	**168**	**28**	**16**	**16**	**17**
唐山市丰润区		1	4	9			1	1
石家庄市新华区	8	4		5				
石家庄市长安区	8	3	1	8	1			
石家庄市桥东区	3	3	1	11	3	1	1	
邯郸市复兴区	2		3	3				
唐山市古冶区			1	8				2
任丘市	2	1		5			1	
武安市					1		4	3
辛集市	7			4				
深州市					4	3	1	2
三河市	6	4	1	5	1			
安国市	2		2	10	1			
昌黎县	1	3	1	10			1	2
永清县	3	1	1	9		2	4	4
定兴县		3	1	1		1	1	
无极县	1			4				
望都县	9		2	1				
魏　县	4	4	4	2	2			
威　县	1	1	1	6		1		1
临西县	5	1	1	3	1			
广平县	2	4	4	4				
景　县		2	3	2	3	2		
吴桥县	5	2	1	2				
南皮县	9	2	3	7		2		1
青龙满族自治县	2		3	4	3			
隆化县	5		1	7	2			
涿鹿县	7	3	3	4	4			
磁　县	5	6	4	12		1		
平山县		2		13	2	2	1	
井陉县		1	1	4		1	1	1
张北县	2	6	1	5				

4－25 续表 1

单位：人

地 区	中度障碍				重度障碍			
	残疾一级	残疾二级	残疾三级	残疾四级	残疾一级	残疾二级	残疾三级	残疾四级
总 计	**20**	**4**	**5**	**2**	**18**			
唐山市丰润区	1							
石家庄市新华区					3			
石家庄市长安区								
石家庄市桥东区	1		1		2			
邯郸市复兴区		1			1			
唐山市古冶区	1				1			
任丘市	1							
武安市	2				1			
辛集市		1						
深州市					1			
三河市								
安国市								
昌黎县								
永清县	2			1	2			
定兴县					1			
无极县			1		1			
望都县	1							
魏 县	1							
威 县								
临西县	3	2	2		2			
广平县	1							
景 县	2		1					
吴桥县								
南皮县	1			1	1			
青龙满族自治县								
隆化县								
涿鹿县	1							
磁 县	1				1			
平山县								
井陉县	1							
张北县					1			

4－25　续表 2

单位：人

地　区	极重度障碍/不能完成			
	残疾一级	残疾二级	残疾三级	残疾四级
总　计	**4**			
唐山市丰润区				
石家庄市新华区				
石家庄市长安区				
石家庄市桥东区				
邯郸市复兴区				
唐山市古冶区				
任丘市				
武安市	1			
辛集市	1			
深州市				
三河市				
安国市				
昌黎县				
永清县	1			
定兴县				
无极县				
望都县				
魏　县				
威　县	1			
临西县				
广平县				
景　县				
吴桥县				
南皮县				
青龙满族自治县				
隆化县				
涿鹿县				
磁　县				
平山县				
井陉县				
张北县				

4－26　各地区18岁及以上精神残疾人分残疾等级的生活自理状况

单位：人

地区	无障碍/无适用				轻度障碍			
	残疾一级	残疾二级	残疾三级	残疾四级	残疾一级	残疾二级	残疾三级	残疾四级
总　计	**9**	**9**	**11**	**136**	**50**	**48**	**46**	**48**
唐山市丰润区				5		1	5	5
石家庄市新华区				4	7	4		1
石家庄市长安区	1			6	2	2	1	2
石家庄市桥东区	1		1	9	1	2		2
邯郸市复兴区			1	3	2	1	2	
唐山市古冶区			1	10	1			
任丘市				4		1		1
武安市							4	2
辛集市	1			3	4			1
深州市					2	1	1	2
三河市		1		3	5	3	1	2
安国市				9			2	1
昌黎县				9	1	2	2	2
永清县	1		1	10	1	2	3	3
定兴县				1		4	1	
无极县				4	1		1	
望都县	1		1	1	5		1	
魏　县				1		2	3	1
威　县				5	1	2	1	2
临西县				3	2	2	2	
广平县		1	1	3		3	3	1
景　县						4	3	2
吴桥县				2	3	2	1	
南皮县	2	2	2	8	4	1	1	1
青龙满族自治县	1		1	4	4		2	
隆化县				4	2		1	3
涿鹿县				4			1	
磁　县		2	1	9		4	3	3
平山县		1		7	2	1		6
井陉县				1			1	4
张北县	1	2	1	4		4		1

4－26　续表 1

单位：人

地　区	中度障碍				重度障碍			
	残疾一级	残疾二级	残疾三级	残疾四级	残疾一级	残疾二级	残疾三级	残疾四级
总　计	**62**	**19**	**11**	**2**	**37**	**1**	**1**	**1**
唐山市丰润区	1							
石家庄市新华区	1				1			
石家庄市长安区	3	1			3			
石家庄市桥东区	4	2	1		2		1	
邯郸市复兴区					1			
唐山市古冶区					1			
任丘市	3		1					
武安市	1			1	3			
辛集市	2	1						
深州市	1	2			2			
三河市	2							
安国市	3							
昌黎县		1		1				
永清县	2	1	1		1			1
定兴县			1		1			
无极县	1							
望都县	3				1			
魏　县	5	2	1		2			
威　县					1			
临西县	2	1	1		5			
广平县	2				1			
景　县	4		1		1			
吴桥县	2							
南皮县	1	1			4			
青龙满族自治县								
隆化县	2				2			
涿鹿县	11	3	2		1			
磁　县	5	1			2			
平山县		2	1					
井陉县		1	1		1	1		
张北县	1				1			

4－26 续表 2

单位：人

地 区	极重度障碍/不能完成			
	残疾一级	残疾二级	残疾三级	残疾四级
总 计	**11**			
唐山市丰润区				
石家庄市新华区	2			
石家庄市长安区				
石家庄市桥东区	1			
邯郸市复兴区				
唐山市古冶区				
任丘市				
武安市	1			
辛集市	1			
深州市				
三河市				
安国市				
昌黎县				
永清县	3			
定兴县				
无极县				
望都县				
魏 县				
威 县				
临西县	2			
广平县				
景 县				
吴桥县				
南皮县				
青龙满族自治县				
隆化县	1			
涿鹿县				
磁 县				
平山县				
井陉县				
张北县				

4－27 各地区18岁及以上精神残疾人分残疾等级的与人相处状况

单位：人

地 区	无障碍/无适用				轻度障碍			
	残疾一级	残疾二级	残疾三级	残疾四级	残疾一级	残疾二级	残疾三级	残疾四级
总 计	**1**	**2**	**1**	**17**	**2**	**3**	**14**	**108**
唐山市丰润区				1				6
石家庄市新华区				3				2
石家庄市长安区				1				4
石家庄市桥东区				2		1	2	5
邯郸市复兴区							1	3
唐山市古冶区				2				7
任丘市			1	1	1			2
武安市							1	2
辛集市		1						4
深州市								2
三河市								3
安国市								2
昌黎县				1				7
永清县	1						1	12
定兴县							1	
无极县							1	3
望都县							1	
魏 县								2
威 县				1		1		5
临西县							1	3
广平县				1			1	1
景 县								1
吴桥县				2				
南皮县		1			1	1	1	5
青龙满族自治县							1	1
隆化县								5
涿鹿县								1
磁 县				1				8
平山县				1			1	8
井陉县							1	1
张北县								3

4－27 续表 1

单位：人

地　区	中度障碍				重度障碍			
	残疾一级	残疾二级	残疾三级	残疾四级	残疾一级	残疾二级	残疾三级	残疾四级
总　计	**32**	**43**	**47**	**59**	**82**	**25**	**7**	**2**
唐山市丰润区			5	3				
石家庄市新华区		2			7	2		
石家庄市长安区	1			2	3	3	1	1
石家庄市桥东区	2	2		4	3		1	
邯郸市复兴区		1	1		2		1	
唐山市古冶区			1	1	2			
任丘市		1		2	2			
武安市			3	1	4			
辛集市	2				2			
深州市	1	3	1		4			
三河市		2	1	2	3	2		
安国市	1		1	8	2		1	
昌黎县		3	2	3	1			1
永清县	1		4	1	2	3		
定兴县	1	1	1	1		2		
无极县	1			1	1			
望都县			1	1	7			
魏　县	6	4	4		1			
威　县	1	1	1	1				
临西县	2	2	1		2	1	1	
广平县		1	3	2	3	3		
景　县	1	2	3	1	4	1	1	
吴桥县		1	1		4	1		
南皮县	4	1	2	4	2	1		
青龙满族自治县			1	3	5		1	
隆化县	3		1	2	2			
涿鹿县	3	2	3	3	7	1		
磁　县	1	6	4	3	4	1		
平山县		4		4	2			
井陉县		1	1	4		1		
张北县	1	3	1	2	1	3		

4－27 续表 2

单位：人

地　区	极重度障碍/不能完成			
	残疾一级	残疾二级	残疾三级	残疾四级
总　计	**52**	**4**		**1**
唐山市丰润区	1	1		
石家庄市新华区	4			
石家庄市长安区	5			
石家庄市桥东区	4	1		
邯郸市复兴区	1			
唐山市古冶区				
任丘市				
武安市	1			
辛集市	4			
深州市				
三河市	4			
安国市				
昌黎县				
永清县	4			1
定兴县		1		
无极县				
望都县	3			
魏　县				
威　县	1			
临西县	7			
广平县				
景　县		1		
吴桥县	1			
南皮县	4			
青龙满族自治县				
隆化县	2			
涿鹿县	2			
磁　县	2			
平山县				
井陉县	1			
张北县	1			

4－28 各地区18岁及以上精神残疾人分残疾等级的生活活动状况

单位：人

地区	无障碍/无适用				轻度障碍			
	残疾一级	残疾二级	残疾三级	残疾四级	残疾一级	残疾二级	残疾三级	残疾四级
总 计				**3**	**1**		**1**	**65**
唐山市丰润区								4
石家庄市新华区								3
石家庄市长安区								3
石家庄市桥东区				1				5
邯郸市复兴区								1
唐山市古冶区								5
任丘市								3
武安市								1
辛集市				1				1
深州市								2
三河市								3
安国市								
昌黎县								5
永清县					1			8
定兴县								
无极县								2
望都县								
魏 县								1
威 县								1
临西县								3
广平县								2
景 县								
吴桥县								
南皮县							1	2
青龙满族自治县								
隆化县								1
涿鹿县								
磁 县				1				3
平山县								3
井陉县								1
张北县								2

4－28 续表 1

单位：人

地 区	中度障碍				重度障碍			
	残疾一级	残疾二级	残疾三级	残疾四级	残疾一级	残疾二级	残疾三级	残疾四级
总 计	**2**	**16**	**26**	**106**	**54**	**47**	**38**	**12**
唐山市丰润区			2	6	1	1	3	
石家庄市新华区		1		1	4	3		1
石家庄市长安区				3	2	3	1	2
石家庄市桥东区		1		4	4	3	3	1
邯郸市复兴区				2	1		2	
唐山市古冶区			1	5	1			
任丘市				2	2		1	
武安市			4	2	2			
辛集市				1	1			1
深州市	1	1	1		4	2		
三河市		1	1	1	3	3		1
安国市				10	2		2	
昌黎县			1	6		1	1	1
永清县		2	3	4	2	1	2	1
定兴县		2	1	1		2	1	
无极县				2			1	
望都县				1	2		2	
魏 县		1	2	1	1	3	2	
威 县				6		2	1	
临西县		1	2		4	2	1	
广平县				1	1	3	3	1
景 县		2	2	2	3	2	2	
吴桥县				2				
南皮县	1		1	6	1	2		1
青龙满族自治县			1	4	1		2	
隆化县				6			1	
涿鹿县			1	4	10	3	2	
磁 县			1	6		4	3	2
平山县		2	1	10	2	1		
井陉县		1	1	4		1	1	
张北县		1		3		5	1	

4－28 续表 2

单位：人

地 区	极重度障碍/不能完成			
	残疾一级	残疾二级	残疾三级	残疾四级
总 计	**112**	**14**	**4**	**1**
唐山市丰润区				
石家庄市新华区	7			
石家庄市长安区	7			
石家庄市桥东区	5			
邯郸市复兴区	2	1	1	
唐山市古冶区	1			
任丘市	1	1		
武安市	3			
辛集市	7	1		
深州市				
三河市	4			
安国市	1			
昌黎县	1	2		
永清县	5			1
定兴县	1			
无极县	2			
望都县	8			
魏 县	6			
威 县	2			
临西县	7			
广平县	2	1	1	
景 县	2			
吴桥县	5	2	1	
南皮县	9	2	1	
青龙满族自治县	4			
隆化县	7			
涿鹿县	2			
磁 县	7	3		
平山县		1		
井陉县	1			
张北县	3			

4－29 各地区18岁及以上精神残疾人分残疾等级的社会参与状况

单位：人

地区	无障碍/无适用				轻度障碍			
	残疾一级	残疾二级	残疾三级	残疾四级	残疾一级	残疾二级	残疾三级	残疾四级
总　计	**1**			**5**	**3**		**5**	**60**
唐山市丰润区				1			2	8
石家庄市新华区								2
石家庄市长安区								2
石家庄市桥东区							1	2
邯郸市复兴区								3
唐山市古冶区				1				7
任丘市								1
武安市								
辛集市								
深州市								2
三河市								1
安国市								1
昌黎县								3
永清县				2	1			6
定兴县								
无极县								1
望都县								
魏　县				1	1			1
威　县								1
临西县								1
广平县								1
景　县								
吴桥县					1		1	2
南皮县								1
青龙满族自治县								
隆化县	1							2
涿鹿县								1
磁　县								4
平山县							1	5
井陉县								2
张北县								

4－29 续表 1

单位：人

地区	中度障碍				重度障碍			
	残疾一级	残疾二级	残疾三级	残疾四级	残疾一级	残疾二级	残疾三级	残疾四级
总　计	**22**	**30**	**40**	**100**	**78**	**42**	**23**	**21**
唐山市丰润区		1	3	1				
石家庄市新华区	1			2	2	4		1
石家庄市长安区		1		6	5	2	1	
石家庄市桥东区		2	2	6	3	2		3
邯郸市复兴区		1	2		3		1	
唐山市古冶区			1	2	2			
任丘市	2		1	3	1	1		1
武安市			1	2	3		3	1
辛集市				3	3			1
深州市		3	1		5			
三河市		1	1	3		2		1
安国市			2	9	3			
昌黎县		1	1	8	1	2	1	1
永清县		2	2	5	3	1	3	
定兴县		3	2	1		1		
无极县			1	3	2			
望都县	4		1		5		1	1
魏　县	2	3	3		4	1	1	
威　县		1		6	2	1	1	
临西县		1	2	2		1	1	
广平县			2	1	3	4	2	2
景　县	5	4	4	2				
吴桥县	2	2			2			
南皮县	1	1	1	6	4	3	2	2
青龙满族自治县			1	2	3		2	2
隆化县			1	5	3			
涿鹿县	4		2	3	8	3	1	
磁　县		1	1	7	6	6	3	1
平山县		1		8	2	3		
井陉县	1	1	2	3		1		
张北县				1		4		4

4－29 续表 2

单位：人

地 区	极重度障碍/不能完成			
	残疾一级	残疾二级	残疾三级	残疾四级
总 计	**65**	**5**	**1**	**1**
唐山市丰润区	1			
石家庄市新华区	8			
石家庄市长安区	4			
石家庄市桥东区	6			
邯郸市复兴区				
唐山市古冶区				
任丘市				
武安市	2			
辛集市	5	1		
深州市				
三河市	7	1		
安国市				
昌黎县				
永清县	4			1
定兴县	1			
无极县				
望都县	1			
魏 县				
威 县				
临西县	11	1		
广平县				
景 县				
吴桥县				
南皮县	6			
青龙满族自治县	2			
隆化县	3			
涿鹿县				
磁 县	1			
平山县				
井陉县				
张北县	3	2	1	

4－30　各地区18岁及以上多重残疾人分残疾等级的理解和交流状况

单位：人

地　区	无障碍/无适用				轻度障碍			
	残疾一级	残疾二级	残疾三级	残疾四级	残疾一级	残疾二级	残疾三级	残疾四级
总　计	**37**	**29**	**64**	**77**	**70**	**38**	**108**	**63**
唐山市丰润区	3		1	1	3		2	8
石家庄市新华区	1		8	7	3	3	15	10
石家庄市长安区		1	2	10	6		4	4
石家庄市桥东区	4	7	7	13	4			
邯郸市复兴区			1	2	2		3	
唐山市古冶区			1	1	5		2	3
任丘市		1		1		1	3	3
武安市	2	1		1	2	1	3	1
辛集市	2	3	4		3	6	5	3
深州市								
三河市	2		1	2	3	3	5	2
安国市		2	1		4	4	8	6
昌黎县	1		1				3	2
永清县	1	1	2	4	4		8	2
定兴县	1	1	3	4	5	2	2	1
无极县			1					1
望都县	2	3	1	4	4		3	
魏　县	1		4		5			
威　县			3	2	2	1	13	2
临西县	4			1		1	4	1
广平县		3	7	6	4	1	6	1
景　县	2			1	1	2	1	1
吴桥县		1	4	1	2	3	2	
南皮县							2	2
青龙满族自治县				2		3	2	3
隆化县	3		5	1	4	2	3	
涿鹿县	1		1	1	1	1	5	1
磁　县	4	3	5	10		1		3
平山县	1	1		1	3	1	1	3
井陉县		1	1			1	2	
张北县	2			1		1	1	

4－30 续表 1

单位：人

地　区	中度障碍				重度障碍			
	残疾一级	残疾二级	残疾三级	残疾四级	残疾一级	残疾二级	残疾三级	残疾四级
总　计	**123**	**72**	**84**	**15**	**150**	**32**	**24**	
唐山市丰润区	1		5	1	4	2	1	
石家庄市新华区	7	3	5		3	1	1	
石家庄市长安区	4	2	4	1	5			
石家庄市桥东区	5	2	3		2		1	
邯郸市复兴区		1	1		4		1	
唐山市古冶区	2	2	2	1	2	2		
任丘市	1	4	2		3	3	1	
武安市	8	8	5	1	4			
辛集市	10	2	4		5		3	
深州市	1	1	3		1			
三河市	6		2		4	2	1	
安国市	10	3	8	3	10	1	1	
昌黎县	1	4	2		11	2		
永清县			1		9	1		
定兴县	3	2			2			
无极县	1				1	1		
望都县	5	1			3		1	
魏　县	4	2	7	1	5	2	3	
威　县	4	3	3		4	1	2	
临西县		5	1	2	10	3	2	
广平县	6	3		1	7	2	2	
景　县	2	4	1	1	3	2	1	
吴桥县	1	4	4					
南皮县		1	1		4	2		
青龙满族自治县	1	2	10	1	5	1	1	
隆化县	12	1	2		6	1		
涿鹿县	7				3	1	1	
磁　县	9	2	5		15		1	
平山县	3	2	1	1	7	2		
井陉县	2	3		1	1			
张北县	7	5	2		7			

4－30　续表 2

单位：人

地　区	极重度障碍/不能完成			
	残疾一级	残疾二级	残疾三级	残疾四级
总　计	**183**	**11**	**3**	
唐山市丰润区	11	1		
石家庄市新华区	4	1		
石家庄市长安区	4	1		
石家庄市桥东区	8			
邯郸市复兴区	2			
唐山市古冶区	6			
任丘市	3			
武安市	5			
辛集市	11			
深州市	4			
三河市	7			
安国市	16	1		
昌黎县	5			
永清县	7	1		
定兴县	2			
无极县	3			
望都县	4	1		
魏　县	7	1		
威　县	3	1		
临西县	5			
广平县	10			
景　县	2			
吴桥县	1			
南皮县	2			
青龙满族自治县	14	1	2	
隆化县	12	2		
涿鹿县	5			
磁　县	7			
平山县	7			
井陉县			1	
张北县	6			

4－31 各地区18岁及以上多重残疾人分残疾等级的身体移动状况

单位：人

地 区	无障碍/无适用				轻度障碍			
	残疾一级	残疾二级	残疾三级	残疾四级	残疾一级	残疾二级	残疾三级	残疾四级
总 计	**241**	**58**	**135**	**87**	**61**	**29**	**62**	**51**
唐山市丰润区	11		2	6	3	2	4	3
石家庄市新华区	8	5	14	10	3	1	6	4
石家庄市长安区	7		3	7	3		2	7
石家庄市桥东区	5	1	8	9	2	1	2	4
邯郸市复兴区	1	1	3	2	4			
唐山市古冶区	7	2	3	4	1	1	1	1
任丘市	3	2	3	1		1	1	3
武安市	5	4	4	2	2		2	1
辛集市	5	1	8	1	6	2	4	2
深州市	3						2	
三河市	11	4	8	2				
安国市	17	4	8	4	7	3	5	5
昌黎县	8		4	2	2	2	2	
永清县	9	3	7	4			2	1
定兴县	7		3	4	2	1		
无极县	1		1			1		1
望都县	9	1	3	3	2	2	1	1
魏 县	12		3	1	2	2	2	
威 县	4		10	3	2	1	4	
临西县	9	4	3	3		1	1	1
广平县	6	6	9	4	4	1	3	4
景 县		3	1	1	1	3	2	2
吴桥县	2	1	2				2	
南皮县	3		1	2		1	1	
青龙满族自治县	12	3	8	1	1	1	5	5
隆化县	27	3	4		1		2	
涿鹿县	10	1	5	2	1			
磁 县	17	4	4	8	8		2	4
平山县	10	1	1		3	2	1	1
井陉县	3	2	1				2	1
张北县	9	2	1	1	1		1	

4－31 续表 1

单位：人

地 区	中度障碍				重度障碍			
	残疾一级	残疾二级	残疾三级	残疾四级	残疾一级	残疾二级	残疾三级	残疾四级
总 计	**59**	**34**	**62**	**12**	**62**	**45**	**20**	**5**
唐山市丰润区	1		2	1	3		1	
石家庄市新华区	4	1	9	3	1	1		
石家庄市长安区		1	3	1	5	3	2	
石家庄市桥东区	2	1	1		3	5		
邯郸市复兴区			3		1			
唐山市古冶区		1	1		1			
任丘市	1	1	2			5		
武安市	5	3	2		6	1		
辛集市	3	6	1		7	1	3	
深州市	2	1	1					
三河市	3				3	1		2
安国市	3	2	4		5		1	
昌黎县	2	2			1	1		
永清县	4				2		2	1
定兴县	1		2		2	4		1
无极县	1				1			
望都县	3					2	1	
魏 县	3	3	7		2		2	
威 县	1	1	5	1	1	2	2	
临西县	1	1	2		4	3	1	
广平县	4	1	1		1		1	
景 县	3	1			1	1		
吴桥县		2	5	1		3	1	
南皮县			1			2		
青龙满族自治县	2	1	2			2		
隆化县	1	2	3	1	5	1		
涿鹿县	2	1	1		1			
磁 县	3		4		3	1	1	1
平山县	2			4	1	2		
井陉县		1				2	1	
张北县	2	1			2	2	1	

4-31 续表 2

单位：人

地区	极重度障碍/不能完成			
	残疾一级	残疾二级	残疾三级	残疾四级
总 计	**140**	**16**	**4**	
唐山市丰润区	4	1		
石家庄市新华区	2			
石家庄市长安区	4			
石家庄市桥东区	11	1		
邯郸市复兴区	2			
唐山市古冶区	6			
任丘市	3			
武安市	3	2		
辛集市	10	1		
深州市	1			
三河市	5		1	
安国市	8	2		
昌黎县	5	1		
永清县	6			
定兴县	1			
无极县	2			
望都县	4			
魏 县	3			
威 县	5	2		
临西县	5			
广平县	12	1	1	
景 县	5			
吴桥县	2	2		
南皮县	3			
青龙满族自治县	5			
隆化县	3		1	
涿鹿县	3		1	
磁 县	4	1		
平山县	5	1		
井陉县				
张北县	8	1		

4－32 各地区18岁及以上多重残疾人分残疾等级的生活自理状况

单位：人

地 区	无障碍/无适用				轻度障碍			
	残疾一级	残疾二级	残疾三级	残疾四级	残疾一级	残疾二级	残疾三级	残疾四级
总 计	**114**	**28**	**97**	**88**	**100**	**50**	**119**	**57**
唐山市丰润区	2		1	5	1	2	7	5
石家庄市新华区	5	2	12	11	4	3	15	6
石家庄市长安区	4		6	13	1		2	2
石家庄市桥东区	5	1	4	10	1	3	6	3
邯郸市复兴区	1		2	2	1		3	
唐山市古冶区	7			1		1	5	4
任丘市				1	1	2	4	2
武安市					9	3	5	3
辛集市	5	2	7	3	5	4	2	
深州市	1	1			1		1	
三河市	7		3	2	2	4	5	1
安国市	2	1	2	5	7	5	13	2
昌黎县	2		2	1	4	2	4	1
永清县	4	3	8	5	5		2	1
定兴县	5		2	2	3	1	3	3
无极县	1		1					1
望都县	6		3	3	3	3	2	1
魏 县	5		3		4	2	2	1
威 县			7	3	1	1	7	1
临西县	7	3	2	4			3	
广平县	1	3	9	4	6	3	2	4
景 县		1	1	1	1	2		1
吴桥县	2		1	1		2	4	
南皮县	1			1	2	1	3	1
青龙满族自治县	7	2	7	1	3	2	7	5
隆化县	10	2	4		11	1	3	1
涿鹿县	8	1	4	1	3		2	1
磁 县	6	3	5	7	13	1	2	4
平山县	5	1		1	3		1	2
井陉县	1	1	1		1	1	1	
张北县	4	1			4	1	3	1

4－32 续表 1

单位：人

地 区	中度障碍				重度障碍			
	残疾一级	残疾二级	残疾三级	残疾四级	残疾一级	残疾二级	残疾三级	残疾四级
总 计	**110**	**55**	**49**	**8**	**100**	**39**	**13**	**2**
唐山市丰润区	3				6		1	
石家庄市新华区	6	3	1				1	
石家庄市长安区	7	1	2		5	3		
石家庄市桥东区	3	3	1		7	2		
邯郸市复兴区	1	1			3		1	
唐山市古冶区	1	3			1			
任丘市	1	2	2	1	3	5		
武安市	2	4	3		6	3		
辛集市	3	3	5		7	1	2	
深州市	1				1		1	
三河市	7				1	1		1
安国市	10	2	3	2	15	2		
昌黎县	5				2	3		
永清县	4		1		2			
定兴县	3	3			1	1		
无极县		1			2			
望都县	2	1			4	1		
魏 县	4	3	8		4		1	
威 县	6	2	6		4	2	1	
临西县	3	4	2		3	1		
广平县	7	1	1		1		1	
景 县	2	3	1	1	3	2	1	
吴桥县		2	5		1	3		
南皮县		2						
青龙满族自治县	3	1	1		1	2		
隆化县	8	2	1		2	1	2	
涿鹿县	1		1		2	1		
磁 县	5	2	3	2	5		1	
平山县	7	3	1	2	5	2		
井陉县	1	3	1					1
张北县	4				3	3		

4－32 续表 2

单位：人

地　区	极重度障碍/不能完成			
	残疾一级	残疾二级	残疾三级	残疾四级
总　计	**139**	**10**	**5**	
唐山市丰润区	10	1		
石家庄市新华区	3			
石家庄市长安区	2			
石家庄市桥东区	7			
邯郸市复兴区	2			
唐山市古冶区	6			
任丘市	2			
武安市	4			
辛集市	11	1		
深州市	2		1	
三河市	5		1	
安国市	6	1		
昌黎县	5	1		
永清县	6			
定兴县	1			
无极县	2			
望都县	3			
魏　县	5			
威　县	2	1		
临西县	6	1		
广平县	12	2	2	
景　县	4			
吴桥县	1	1		
南皮县	3			
青龙满族自治县	6			
隆化县	6			
涿鹿县	3			
磁　县	6			
平山县	1			
井陉县			1	
张北县	7	1		

4－33 各地区18岁及以上多重残疾人分残疾等级的与人相处状况

单位：人

地区	无障碍/无适用				轻度障碍			
	残疾一级	残疾二级	残疾三级	残疾四级	残疾一级	残疾二级	残疾三级	残疾四级
总　计	**51**	**40**	**95**	**85**	**71**	**44**	**85**	**53**
唐山市丰润区	4		3	3	3	1	3	6
石家庄市新华区	2	1	16	9	6	5	12	6
石家庄市长安区	5	1	6	10	2	1		4
石家庄市桥东区	5	6	7	13	7	1		
邯郸市复兴区			3	1	1		1	1
唐山市古冶区			1	1	2		1	2
任丘市	1	2		1			4	3
武安市	3	3		1	1		2	1
辛集市	4	8	9	3	3	3	1	
深州市							1	
三河市	2		1	3	2	3	4	1
安国市		3	1	2	7	3	8	4
昌黎县	1		1		1	1	3	2
永清县	2	1	3	4	4	1	7	2
定兴县	2		4	4	3	4	1	1
无极县			1					1
望都县	2	3	2	3	1		1	1
魏　县			5		4		2	1
威　县			1	1	1	1	13	3
临西县	3		1	1		1	3	1
广平县	1	2	8	7	3	1	4	1
景　县	2			1		1	1	1
吴桥县	1	1	4	1		6	2	
南皮县			1	1		1	1	1
青龙满族自治县				3		5	5	3
隆化县	3	2	7	1	5	1		
涿鹿县	1	1	4		7	1	2	2
磁　县	4	2	4	9	4	1	1	4
平山县	1	1		1	1			1
井陉县		3	1				1	
张北县	2		1	1	3	2	1	

4－33 续表 1

单位：人

地 区	中度障碍				重度障碍			
	残疾一级	残疾二级	残疾三级	残疾四级	残疾一级	残疾二级	残疾三级	残疾四级
总 计	**96**	**54**	**73**	**15**	**166**	**34**	**27**	**2**
唐山市丰润区	1		2	1	4	1	1	
石家庄市新华区	4		1	2	2	2		
石家庄市长安区	2	1	2	1	5		2	
石家庄市桥东区	2	1	1		3	1	3	
邯郸市复兴区		1	1		2			
唐山市古冶区	4	2	3	2	3	2		
任丘市		4	1		2	3	1	
武安市	4	6	6	1	9	1		
辛集市	8		3		6		3	
深州市			2		3	1		
三河市			3		5	2		
安国市	8	4	8	2	14	1	1	1
昌黎县	3	3	1		9	2	1	
永清县	1	1	1		7			
定兴县	2	1			3			
无极县	2	1			2			
望都县	2	1	1		8		1	
魏 县	5	1	2		4	4	5	
威 县	4	3	5		3	1	2	
临西县	4	2	3	2	8	4		
广平县	5	3	2		11	2	1	
景 县	1	6	2	1	5	1		
吴桥县	1	1	3		1		1	
南皮县	1	2	1		4			
青龙满族自治县	3	2	9		7		1	
隆化县	4		1		7	1	2	
涿鹿县	1		1		3			
磁 县	11	2	4		8	1	2	
平山县	4	2	2	3	9	3		
井陉县	2		1		1	1		1
张北县	7	4	1		8			

4－33 续表 2

单位：人

地区	极重度障碍/不能完成			
	残疾一级	残疾二级	残疾三级	残疾四级
总计	**179**	**10**	**3**	
唐山市丰润区	10	1		
石家庄市新华区	4			
石家庄市长安区	5	1		
石家庄市桥东区	6			
邯郸市复兴区	5		1	
唐山市古冶区	6			
任丘市	4			
武安市	4			
辛集市	10			
深州市	3			
三河市	13		1	
安国市	11			
昌黎县	4			
永清县	7			
定兴县	3			
无极县	1			
望都县	5	1		
魏　县	9			
威　县	5	1		
临西县	4	2		
广平县	7	1		
景　县	2			
吴桥县	1			
南皮县	1			
青龙满族自治县	10			
隆化县	18	2		
涿鹿县	5			
磁　县	8			
平山县	6			
井陉县		1	1	
张北县	2			

4－34 各地区18岁及以上多重残疾人分残疾等级的生活活动状况

单位：人

地 区	无障碍/无适用				轻度障碍			
	残疾一级	残疾二级	残疾三级	残疾四级	残疾一级	残疾二级	残疾三级	残疾四级
总 计	**22**	**5**	**7**	**6**	**44**	**14**	**81**	**76**
唐山市丰润区							4	5
石家庄市新华区			2		1		10	9
石家庄市长安区	1			1	2		1	9
石家庄市桥东区	1			1		1		6
邯郸市复兴区	1			1			2	1
唐山市古冶区	2				2		2	3
任丘市		1			1		2	3
武安市					2	2	3	1
辛集市		1			1		2	1
深州市					1			
三河市	2			1	2		4	
安国市							3	1
昌黎县					1		1	2
永清县				1	2	1	10	3
定兴县	1				5		3	3
无极县								1
望都县					2	1	1	4
魏 县	3				1		4	
威 县					1		6	4
临西县					2		2	2
广平县					2	1	4	5
景 县					1	1	1	1
吴桥县	1							
南皮县							1	1
青龙满族自治县	2	1	2		2	2	7	5
隆化县	7	1	3		1	1	1	
涿鹿县	1			1	4	1	5	1
磁 县		1			5	2		5
平山县								
井陉县					1	1	1	
张北县					2		1	

4－34 续表 1

单位：人

地　区	中度障碍				重度障碍			
	残疾一级	残疾二级	残疾三级	残疾四级	残疾一级	残疾二级	残疾三级	残疾四级
总　计	**80**	**40**	**97**	**54**	**96**	**71**	**65**	**17**
唐山市丰润区	2	1	3	3	4	1		2
石家庄市新华区	7	5	14	8	3	2	2	
石家庄市长安区	2		3	2	1		4	3
石家庄市桥东区	1	1	4	5	6	2	5	
邯郸市复兴区			2		1	1	1	
唐山市古冶区	2	1	2	1	1	3	1	1
任丘市		1	1	1		7	3	
武安市	8	3	3	2	5	2	1	
辛集市	3	4	5	2	4	4	5	
深州市		1	2		1		1	
三河市	4	1	1	2	3	4	1	1
安国市	4	5	8	6	8	4	7	2
昌黎县	2		4		1	2	1	
永清县	1		1	2	8	2		
定兴县	1		1	2	2	2	1	
无极县	1		1			1		
望都县	4	1	2		3	2	2	
魏　县	4	2	5	1	5	1	4	
威　县		1	7		3	3	7	
临西县	5	3	1		4	3	3	2
广平县	1	2	3	2	4	4	5	1
景　县	1		1	1	1	5	1	1
吴桥县	1	2	6			2	2	1
南皮县	1		2	1	1	2		
青龙满族自治县	2	1	2	1	1	2	2	
隆化县	7	1	3	1	8	1	2	
涿鹿县	3				1	1	2	
磁　县	4	1	5	6	6	1	1	1
平山县	4		1	4	6	3		1
井陉县	1	1	2		1	1	1	1
张北县	4	2	2	1	4	3		

4－34 续表 2

单位：人

地 区	极重度障碍/不能完成			
	残疾一级	残疾二级	残疾三级	残疾四级
总 计	**321**	**52**	**33**	**2**
唐山市丰润区	16	1	2	
石家庄市新华区	7	1	1	
石家庄市长安区	13	4	2	
石家庄市桥东区	15	5	2	1
邯郸市复兴区	6		1	
唐山市古冶区	8			
任丘市	6			
武安市	6	3	1	
辛集市	23	2	4	
深州市	4			
三河市	11		3	
安国市	28	2		
昌黎县	14	4		
永清县	10			
定兴县	4	3		
无极县	4			
望都县	9	1		
魏 县	9	2	1	
威 县	9	2	1	
临西县	8	3	1	
广平县	20	2	3	
景 县	7	2		
吴桥县	2	4	2	
南皮县	4	1		
青龙满族自治县	13	1	2	
隆化县	14	2	1	
涿鹿县	8			
磁 县	20	1	5	1
平山县	11	3	1	
井陉县		2		
张北县	12	1		

4－35　各地区18岁及以上多重残疾人分残疾等级的社会参与状况

单位：人

地　区	无障碍/无适用				轻度障碍			
	残疾一级	残疾二级	残疾三级	残疾四级	残疾一级	残疾二级	残疾三级	残疾四级
总　计	**9**	**3**	**18**	**22**	**48**	**20**	**93**	**74**
唐山市丰润区							5	8
石家庄市新华区			3		2	1	13	13
石家庄市长安区	1		3	6	3	1	4	6
石家庄市桥东区	2		2	8	8	3	4	4
邯郸市复兴区				1			3	
唐山市古冶区				1	2		2	3
任丘市							1	3
武安市					1			
辛集市						4	4	2
深州市					1	1	1	
三河市		1	3	2	2	1	1	
安国市					2		5	1
昌黎县					1		2	
永清县				1	2	1	10	4
定兴县					4		3	3
无极县			1					1
望都县				1	2		2	3
魏　县					3		1	
威　县			1				4	3
临西县					1	2	2	1
广平县					1	1	3	5
景　县					1		1	1
吴桥县						1	2	1
南皮县							2	1
青龙满族自治县						2	7	5
隆化县	6	2	3		4		3	
涿鹿县			2	1	4	1	3	1
磁　县				1	2	1	1	3
平山县					2		1	2
井陉县							1	
张北县							2	

4－35 续表 1

单位：人

地 区	中度障碍				重度障碍			
	残疾一级	残疾二级	残疾三级	残疾四级	残疾一级	残疾二级	残疾三级	残疾四级
总 计	**121**	**67**	**118**	**50**	**204**	**78**	**47**	**8**
唐山市丰润区	6	2	3	2	5	1	1	
石家庄市新华区	9	5	13	4	3	2		
石家庄市长安区	9	2	3	3	5	1		
石家庄市桥东区	4	5	3	1	4	1	2	
邯郸市复兴区	1	1	2	1	3		1	
唐山市古冶区	2	2	3	1	8	2		
任丘市		2	2	1	2	7	3	
武安市	4	3	5	2	12	6	3	1
辛集市	3	2	7	1	10	5	4	
深州市	1		1		1		1	
三河市	2		3		10	3	1	2
安国市	5	5	6	6	19	5	7	2
昌黎县	3	1	3	2	12	3	1	
永清县	2		1	1	4	2		
定兴县	5	3	1	2	3	2	1	
无极县		1			3			
望都县	7	1	2		6	4	1	
魏 县	7	2	8	1	4	2	4	
威 县		1	13	1	6	4	3	
临西县	4	3	3	3	8	3	2	
广平县	3	3	7	2	11	3	3	1
景 县	2	5	1	2	6	1		
吴桥县	1	5	7		3	1	1	
南皮县		1	1	1	3	2		
青龙满族自治县	3	1	5	1	8	4	3	
隆化县	16	2	3	1	5	2	1	
涿鹿县	4		1		1	1	1	
磁 县	10	3	9	9	21	2	1	
平山县	6	2	1	2	11	3		1
井陉县		2	1		1	3	1	
张北县	2	2			6	3	1	1

4－35 续表 2

单位：人

地 区	极重度障碍/不能完成			
	残疾一级	残疾二级	残疾三级	残疾四级
总 计	**181**	**14**	**7**	**1**
唐山市丰润区	11			
石家庄市新华区	4			
石家庄市长安区	1			
石家庄市桥东区	5			
邯郸市复兴区	4			
唐山市古冶区	3			
任丘市	5			
武安市	4	1		
辛集市	18		1	
深州市	3			
三河市	8		1	
安国市	14	1		
昌黎县	2	2		
永清县	13			
定兴县	1			
无极县	2			
望都县	3			
魏 县	8	1	1	
威 县	7	1		
临西县	6	1		
广平县	12	2	2	
景 县	1	2	1	
吴桥县		1		
南皮县	3			
青龙满族自治县	9			
隆化县	6			
涿鹿县	8			
磁 县	2			
平山县	2	1		
井陉县	2		1	1
张北县	14	1		

4－36 各地区视力残疾人分残疾等级的康复形式

单位：人

地 区	机构康复				延伸服务			
	残疾一级	残疾二级	残疾三级	残疾四级	残疾一级	残疾二级	残疾三级	残疾四级
总 计	**92**	**39**	**39**	**483**	**4**	**3**	**2**	**13**
唐山市丰润区	9	2	1	17				
石家庄市新华区	4		2	44				1
石家庄市长安区	1	1	1	20				
石家庄市桥东区	1			9				
邯郸市复兴区	2	1	1	21				
唐山市古冶区	2		3	16				
任丘市	1			13				
武安市	1	1		25				
辛集市				3	1	1		3
深州市	2			14				
三河市	4	4	1	22				
安国市			1	10	1			
昌黎县	6		1	12				
永清县	1		5	23				
定兴县	2	3	1	10				
无极县	3			19				
望都县	5	1	2	25				
魏 县	4	7	3	23				
威 县	3	4	1	11				
临西县	1			8				
广平县	4	3	3	19				
景 县	2	1	3	8		1	1	1
吴桥县	3	1	2	12				
南皮县	1		1	13				1
青龙满族自治县	5	2	1	6				
隆化县	5	2	1	13	1	1	1	6
涿鹿县	3	2	1	22	1			1
磁 县	2	3		10				
平山县	3		3	13				
井陉县	6			7				
张北县	6	1	1	15				

4－36 续表

单位：人

地 区	社区和家庭服务			
	残疾一级	残疾二级	残疾三级	残疾四级
总 计	**44**	**6**	**10**	**53**
唐山市丰润区	5			6
石家庄市新华区				
石家庄市长安区				
石家庄市桥东区	1			
邯郸市复兴区	1			
唐山市古冶区				1
任丘市	1			1
武安市				
辛集市	1	3	3	4
深州市	2	2		2
三河市	4	1	1	4
安国市	3		3	5
昌黎县	5			1
永清县				
定兴县	2			4
无极县	5			1
望都县				
魏 县				
威 县				
临西县	1			
广平县				
景 县	1			
吴桥县				1
南皮县	1		1	14
青龙满族自治县				
隆化县			2	4
涿鹿县	1			2
磁 县	2			
平山县	3			
井陉县	3			2
张北县	2			1

4－37　各地区视力残疾人分残疾等级的康复内容

单位：人

地　区	医疗服务				辅助器具			
	残疾一级	残疾二级	残疾三级	残疾四级	残疾一级	残疾二级	残疾三级	残疾四级
总　计	**92**	**45**	**44**	**492**	**59**	**22**	**22**	**155**
唐山市丰润区	9	2	1	17	3			2
石家庄市新华区	4		2	44	4		2	44
石家庄市长安区	1	1	1	20				
石家庄市桥东区	1			8	2			2
邯郸市复兴区	2	1	1	20	3	1		13
唐山市古冶区	2		3	16	1		1	6
任丘市	1			14				4
武安市	1	1		25				
辛集市		3	2	9	2	4	3	7
深州市	2	1		14	2	2		6
三河市	7	5	2	25	1	1	1	2
安国市			3	12	4		1	2
昌黎县	4		1	12	6			1
永清县	1		5	22			1	5
定兴县	2	3		12	1		1	2
无极县	3			19	8			2
望都县	5	1	2	25				
魏　县	4	7	3	23	4	7	3	18
威　县	3	4	1	11	3	4	1	7
临西县	2			8				1
广平县	4	3	3	19	3	1	2	5
景　县	2	2	4	8	2	1	1	4
吴桥县	3	1	2	11			1	2
南皮县	1		1	14	1		1	4
青龙满族自治县	5	2	1	6				
隆化县	5	2	1	13	1	1	3	10
涿鹿县	2	2	1	20	1			3
磁　县	2	3		10	2			3
平山县	2		3	13	4			
井陉县	6			7				
张北县	6	1	1	15	1			

4－37 续表

单位：人

地　区	康复训练与服务			
	残疾一级	残疾二级	残疾三级	残疾四级
总　计	**43**	**13**	**10**	**115**
唐山市丰润区	2			6
石家庄市新华区	4		2	40
石家庄市长安区				
石家庄市桥东区				1
邯郸市复兴区	1	1		6
唐山市古冶区			1	
任丘市	1			
武安市				1
辛集市	2	2	1	
深州市	1	1		4
三河市	4	1		3
安国市	4		1	2
昌黎县	5			
永清县				4
定兴县	1			
无极县	1			2
望都县				
魏　县				
威　县	3	4	1	8
临西县				
广平县	4	3	3	18
景　县	1	1		
吴桥县				
南皮县				10
青龙满族自治县				
隆化县			1	2
涿鹿县	2			4
磁　县	1			
平山县				
井陉县	4			2
张北县	2			2

4－38 各地区听力残疾人分残疾等级的康复形式

单位：人

地　区	机构康复				延伸服务			
	残疾一级	残疾二级	残疾三级	残疾四级	残疾一级	残疾二级	残疾三级	残疾四级
总　计	**47**	**93**	**432**	**490**	**24**	**9**	**34**	**31**
唐山市丰润区		1	19	34	1			1
石家庄市新华区	2	6	47	104	1			
石家庄市长安区				1				
石家庄市桥东区	1	4	49	152		1	1	1
邯郸市复兴区	1	2	12	9				
唐山市古冶区	1	1	22	27				
任丘市	1	5	23	18				
武安市		4	5	9				
辛集市	1		1	1				
深州市	1	2	12	10			1	
三河市	2	8	28	11				
安国市				2				1
昌黎县	2	5	21	10				
永清县	4	8	30	12	1	1	3	
定兴县								
无极县	3	14	16	17				
望都县	2	3	16	9				
魏　县	3		9	3				
威　县	2		1		19	4	28	24
临西县	2	1	8	4				
广平县			2					
景　县			1					
吴桥县	1	3	11	14				2
南皮县			2	2	1	1	1	
青龙满族自治县	7	11	42	15				
隆化县		9	23	5				1
涿鹿县	5	3	6	1	1	2		
磁　县	5	2	16	15				1
平山县	1	1	9	5				
井陉县								
张北县			1					

4－38 续表

单位：人

地　区	社区和家庭服务			
	残疾一级	残疾二级	残疾三级	残疾四级
总　计	**46**	**90**	**288**	**243**
唐山市丰润区			2	
石家庄市新华区			2	2
石家庄市长安区	1	4	25	81
石家庄市桥东区			3	3
邯郸市复兴区				
唐山市古冶区				
任丘市			4	2
武安市	3	15	17	12
辛集市	3	2	19	7
深州市			1	1
三河市				
安国市	3	4	30	36
昌黎县				
永清县	5	1	1	
定兴县	2	5	24	21
无极县				
望都县	1		1	1
魏　县		3	14	1
威　县			1	2
临西县	3	7	27	16
广平县		1	8	23
景　县	3	5	23	16
吴桥县			1	1
南皮县	3	9	31	
青龙满族自治县		1	1	1
隆化县		1		
涿鹿县	4	11	11	4
磁　县		1	3	3
平山县	2	3	15	5
井陉县	1	4	2	
张北县	12	13	22	5

4－39　各地区听力残疾人分残疾等级的康复内容

单位：人

地　区	医疗服务				辅助器具			
	残疾一级	残疾二级	残疾三级	残疾四级	残疾一级	残疾二级	残疾三级	残疾四级
总　计	**76**	**108**	**479**	**498**	**69**	**148**	**562**	**473**
唐山市丰润区		1	14	19	1		11	22
石家庄市新华区	3	6	47	104	2	6	43	85
石家庄市长安区				1	1	4	25	81
石家庄市桥东区	1	3	49	152	1	4	36	21
邯郸市复兴区		2	9	6	1	1	6	5
唐山市古冶区	1	1	22	26	1	1	21	26
任丘市	1	5	23	16	1	4	23	16
武安市	3	19	22	21	1	19	21	16
辛集市	4	2	20	8	4	2	19	6
深州市			4	3	1	2	13	10
三河市	2	5	18	6		4	12	5
安国市			1	2	3	4	30	35
昌黎县		3	3	4	2	3	19	9
永清县	9	8	32	12	10	8	33	5
定兴县				1	2	5	24	20
无极县	1	3	13	17	2	11	4	
望都县	2	3	16	10	2	3	11	3
魏　县	1		5		2	3	20	4
威　县	20	4	30	26				
临西县	5	7	27	19		1	8	3
广平县						1	10	23
景　县	1	2	12	8	3	5	22	14
吴桥县			4	4	1	3	8	13
南皮县	1	5	17		3	5	17	2
青龙满族自治县	6	9	36	13	7	12	42	16
隆化县		9	22	5		10	23	4
涿鹿县	2	1	1	1	10	14	16	4
磁　县	1		5	4	4	3	16	16
平山县	1	1	9	5	3	4	22	9
井陉县					1	4	2	
张北县	11	9	18	5		2	5	

4－39 续表

单位：人

地区	康复训练与服务			
	残疾一级	残疾二级	残疾三级	残疾四级
总计	**7**	**10**	**42**	**19**
唐山市丰润区				
石家庄市新华区			3	6
石家庄市长安区	1			
石家庄市桥东区	1	2	17	3
邯郸市复兴区				
唐山市古冶区				
任丘市			3	1
武安市				1
辛集市				
深州市				
三河市				
安国市				2
昌黎县				
永清县				
定兴县				
无极县				
望都县				
魏　县				
威　县	1		2	
临西县				
广平县				
景　县				
吴桥县				
南皮县				
青龙满族自治县				
隆化县		1		
涿鹿县		2	1	
磁　县	1		1	1
平山县	2	3	15	5
井陉县				
张北县	1	2		

4－40 各地区言语残疾人分残疾等级的康复形式

单位：人

地 区	机构康复				延伸服务			
	残疾一级	残疾二级	残疾三级	残疾四级	残疾一级	残疾二级	残疾三级	残疾四级
总 计	**6**	**9**	**13**	**11**			**1**	**3**
唐山市丰润区		2						
石家庄市新华区								
石家庄市长安区								
石家庄市桥东区	1							
邯郸市复兴区			1					
唐山市古冶区			1					
任丘市				2				
武安市								
辛集市								
深州市	3		1					
三河市								
安国市		1						
昌黎县								
永清县								
定兴县								
无极县		1	1	4				
望都县								
魏 县				1			1	1
威 县								
临西县	1		2	1				
广平县		2	3	1				1
景 县								
吴桥县		2	1					
南皮县								1
青龙满族自治县			1					
隆化县								
涿鹿县	1		1					
磁 县		1	1					
平山县								
井陉县								
张北县				2				

4－40 续表

单位：人

地 区	社区和家庭服务			
	残疾一级	残疾二级	残疾三级	残疾四级
总 计	**10**	**10**	**23**	**26**
唐山市丰润区				
石家庄市新华区				2
石家庄市长安区			1	
石家庄市桥东区			1	
邯郸市复兴区	1	1		
唐山市古冶区			1	
任丘市		1		2
武安市				1
辛集市		1	1	2
深州市	2		1	
三河市		2		
安国市		1	2	
昌黎县				
永清县	2		3	
定兴县				
无极县				
望都县			1	1
魏 县			3	3
威 县				5
临西县			2	1
广平县				
景 县	1		2	
吴桥县	1			
南皮县	1			
青龙满族自治县		1	1	
隆化县	1			1
涿鹿县	1			
磁 县				3
平山县				3
井陉县		3	1	1
张北县			3	1

4－41 各地区言语残疾人分残疾等级的康复内容

单位：人

地 区	医疗服务				辅助器具			
	残疾一级	残疾二级	残疾三级	残疾四级	残疾一级	残疾二级	残疾三级	残疾四级
总 计	**8**	**8**	**23**	**14**	**2**	**1**	**1**	**1**
唐山市丰润区		1						
石家庄市新华区								
石家庄市长安区								
石家庄市桥东区					1			
邯郸市复兴区								
唐山市古冶区			1					
任丘市		1						
武安市								
辛集市		1	1	2				
深州市	3		1		1			
三河市								
安国市		1						
昌黎县								
永清县								
定兴县								
无极县		1	1	3				
望都县								
魏 县			3	3				
威 县								
临西县	1		4	2				
广平县			3	1		1		
景 县	1		2					
吴桥县	1	1	1					
南皮县	1			1				
青龙满族自治县		1	1				1	
隆化县								
涿鹿县	1		1					
磁 县		1	1					
平山县								
井陉县			1					
张北县			2	2				1

4－41 续表

单位：人

地 区	康复训练与服务			
	残疾一级	残疾二级	残疾三级	残疾四级
总 计	**9**	**14**	**26**	**33**
唐山市丰润区		2		
石家庄市新华区				2
石家庄市长安区			1	
石家庄市桥东区	1		1	
邯郸市复兴区	1	1	1	
唐山市古冶区			2	
任丘市				4
武安市				1
辛集市		1	1	2
深州市	2		1	
三河市		2		
安国市		2	2	
昌黎县				
永清县	2		3	
定兴县				
无极县			1	3
望都县			1	1
魏 县			4	5
威 县				5
临西县			1	1
广平县		1		1
景 县	1		2	
吴桥县		1	1	
南皮县				
青龙满族自治县		1	1	
隆化县	1			1
涿鹿县	1			
磁 县				3
平山县				3
井陉县		3		1
张北县			3	

4－42 各地区肢体残疾人分残疾等级的康复形式

单位：人

地 区	机构康复				延伸服务			
	残疾一级	残疾二级	残疾三级	残疾四级	残疾一级	残疾二级	残疾三级	残疾四级
总 计	**65**	**134**	**278**	**664**	**12**	**32**	**56**	**81**
唐山市丰润区	2	3	15	64				
石家庄市新华区	1	2	11	20				
石家庄市长安区	2	1	2	38				
石家庄市桥东区	1	9	17	51	1	1	1	3
邯郸市复兴区	2	5	10	14		4	4	7
唐山市古冶区	4	7	11	12	1			
任丘市	4	10	19	39		1	1	
武安市		2	8	11		2	2	2
辛集市	4	7	10	34				
深州市	2	2	8	22	4	3	2	
三河市		1		13				6
安国市	1	2	3	14				
昌黎县		1	2	2				
永清县	2	4	8	42				
定兴县	1	4	5	18		1	1	
无极县	3	4	7	19		1		1
望都县		5	11	23			1	2
魏 县	3	2	13	7	3	1	7	9
威 县	1	5	10	12		1		1
临西县	9	10	11	27		1		
广平县	1	4	1	7				
景 县	2	7	13	23		2	3	1
吴桥县		11	20	37		1		4
南皮县	1	3	6	8	1	3	7	6
青龙满族自治县	3	4	19	46				1
隆化县	4	9	23	30		1	4	2
涿鹿县	7	3	9	14	1	4	2	4
磁 县		2	1	6		1	5	1
平山县			3	6	1	2	7	17
井陉县	5	5	1	5				1
张北县			1			2	9	13

4－42 续表

单位：人

地　区	社区和家庭服务			
	残疾一级	残疾二级	残疾三级	残疾四级
总　计	**57**	**119**	**281**	**648**
唐山市丰润区			1	2
石家庄市新华区	1		1	7
石家庄市长安区	2	5	16	37
石家庄市桥东区			1	4
邯郸市复兴区	2	6	16	23
唐山市古冶区		1	6	8
任丘市	4	8	9	3
武安市		2	18	39
辛集市	1	6	10	15
深州市	4	2	11	30
三河市		1	9	58
安国市	3	2	5	15
昌黎县	5	3	10	25
永清县	1	2	12	18
定兴县	2	4	9	10
无极县				1
望都县	3	5	8	30
魏　县	1		3	5
威　县	3	5	10	19
临西县		3	2	1
广平县	3	9	11	36
景　县	1	4	7	2
吴桥县			4	7
南皮县	3	10	18	23
青龙满族自治县		1	3	10
隆化县	1	2	5	14
涿鹿县	2	3	12	43
磁　县	1	6	22	54
平山县	4	13	5	28
井陉县	2	9	26	67
张北县	8	7	11	14

4－43 各地区肢体残疾人分残疾等级的康复内容

单位：人

地 区	医疗服务				辅助器具			
	残疾一级	残疾二级	残疾三级	残疾四级	残疾一级	残疾二级	残疾三级	残疾四级
总 计	**72**	**153**	**304**	**709**	**70**	**140**	**239**	**314**
唐山市丰润区	2	3	14	64				
石家庄市新华区	2	2	12	25		1	3	3
石家庄市长安区	2	2	2	39			3	1
石家庄市桥东区	2	10	17	55	2	9	11	17
邯郸市复兴区	2	9	17	24	4	13	24	22
唐山市古冶区	5	7	10	8	3	6	10	6
任丘市	8	19	27	42	5	14	5	1
武安市		2	11	13		5	14	21
辛集市	4	7	7	38		3	4	4
深州市	5	3	7	22	9	7	19	26
三河市			2	13		2	5	24
安国市		2	2	13	3	1	5	7
昌黎县	2	1	6	9	5	4	8	16
永清县	2	4	8	42			1	1
定兴县	3	3	4	21	3	9	12	17
无极县	2	3	2	11		3	3	5
望都县		4	8	21	2	7	13	32
魏 县	3	2	15	10	7	3	23	21
威 县	1	5	11	12		1	1	2
临西县	8	9	12	26	4	5	2	3
广平县		3	3	8	3	3	4	1
景 县	3	11	15	20	3	11	21	13
吴桥县		11	17	32		1	2	6
南皮县	1	5	8	10	1		1	3
青龙满族自治县	3	4	15	39	3	1	3	6
隆化县	4	10	25	34	4	7	17	6
涿鹿县	5	3	9	15	1	5	5	5
磁 县		1	1	6		2	5	1
平山县	3	7	8	20	4	12	14	43
井陉县				4	3	4	1	1
张北县		1	9	13	1	1		

4－43 续表

单位：人

地区	康复训练与服务			
	残疾一级	残疾二级	残疾三级	残疾四级
总计	**80**	**167**	**374**	**762**
唐山市丰润区			2	2
石家庄市新华区	2	2	12	26
石家庄市长安区	2	5	13	38
石家庄市桥东区	1	5	7	17
邯郸市复兴区	2	7	12	21
唐山市古冶区	3	8	16	12
任丘市	2	7	14	16
武安市		6	27	47
辛集市	4	9	10	17
深州市	10	7	16	40
三河市			3	45
安国市	4	4	5	16
昌黎县	5	4	11	26
永清县	1	2	11	17
定兴县	1	3	7	4
无极县	3	3	3	10
望都县	1	7	8	22
魏　县	5	1	9	13
威　县	3	6	13	22
临西县		1	1	5
广平县	1	8	6	35
景　县	3	9	20	9
吴桥县			5	10
南皮县	3	11	22	24
青龙满族自治县	3	5	17	38
隆化县	3	10	19	31
涿鹿县	4	8	17	48
磁　县	1	6	22	54
平山县	2	6	7	15
井陉县	4	10	26	68
张北县	7	7	13	14

4－44 各地区智力残疾人分残疾等级的康复形式

单位：人

地 区	机构康复				延伸服务			
	残疾一级	残疾二级	残疾三级	残疾四级	残疾一级	残疾二级	残疾三级	残疾四级
总 计	**15**	**16**	**45**	**67**	**2**	**4**	**17**	**16**
唐山市丰润区	1			2				
石家庄市新华区				1				
石家庄市长安区			1					
石家庄市桥东区				1				
邯郸市复兴区	5	4	3	6				
唐山市古冶区		2	4	5				
任丘市			1	2				
武安市			1					1
辛集市	1	1	2	5				
深州市				1	1			
三河市	1	3	5	5				
安国市								1
昌黎县			3	2				1
永清县	3	1	7	2				
定兴县	1			1		1	2	2
无极县			4	1				
望都县				1				
魏 县				11		2	8	2
威 县	1		5	6			4	7
临西县		1	3	4			1	2
广平县								
景 县	1	1	1	3	1			
吴桥县		1		1				
南皮县			1	2				
青龙满族自治县		1						
隆化县				3		1		
涿鹿县	1		2					
磁 县			2	1				
平山县							1	
井陉县				1				
张北县		1					1	

4-44 续表

单位：人

地区	社区和家庭服务			
	残疾一级	残疾二级	残疾三级	残疾四级
总计	**37**	**39**	**150**	**178**
唐山市丰润区			2	5
石家庄市新华区		1	4	15
石家庄市长安区			1	10
石家庄市桥东区		1	1	4
邯郸市复兴区	1		1	
唐山市古冶区				1
任丘市			11	7
武安市	1	4	10	2
辛集市	1			3
深州市	5	3	6	
三河市	2	1	1	1
安国市			5	5
昌黎县			5	11
永清县	2			3
定兴县	1	1	8	5
无极县			11	21
望都县	2	2	9	9
魏　县				
威　县	1		5	4
临西县		1	3	8
广平县	3	5	5	11
景　县	2	2	2	3
吴桥县	3	1	9	
南皮县			14	1
青龙满族自治县	1	2	6	12
隆化县		3	3	5
涿鹿县	1	2	3	3
磁　县		1	8	8
平山县	7	3	5	8
井陉县		1	9	13
张北县	4	5	3	

4－45 各地区智力残疾人分残疾等级的康复内容

单位：人

地区	医疗服务				辅助器具			
	残疾一级	残疾二级	残疾三级	残疾四级	残疾一级	残疾二级	残疾三级	残疾四级
总 计	**17**	**23**	**85**	**109**			**5**	**4**
唐山市丰润区	1			1				
石家庄市新华区		1	4	2				
石家庄市长安区			2	5				1
石家庄市桥东区			1	5				1
邯郸市复兴区	3	1	1					
唐山市古冶区		2	4	5				
任丘市			2	2				
武安市	1	4	11	3				
辛集市			2	5				
深州市	1	1		1				
三河市	2	2	4	5				
安国市			3	4				
昌黎县			7	9			1	
永清县	3	1	7	2				
定兴县	1		2	1				
无极县			5	3			1	
望都县			1	2				
魏 县		1	1	11				
威 县	2		13	15			1	2
临西县		2	6	12				
广平县				2				
景 县	2	3		2				
吴桥县				1			1	
南皮县				1				
青龙满族自治县	1	3	3	3				
隆化县		1	1	5				
涿鹿县								
磁 县			2	1				
平山县							1	
井陉县			3	1				
张北县		1						

4－45 续表

单位：人

地　区	康复训练与服务			
	残疾一级	残疾二级	残疾三级	残疾四级
总　计	**40**	**46**	**169**	**208**
唐山市丰润区			2	6
石家庄市新华区		1	4	16
石家庄市长安区			1	9
石家庄市桥东区		1	1	5
邯郸市复兴区	3	3	3	6
唐山市古冶区		2	4	6
任丘市			10	7
武安市			1	
辛集市	2	1	1	4
深州市	5	2	6	
三河市	1	2	2	1
安国市			5	6
昌黎县			8	14
永清县	2			3
定兴县	1	2	8	7
无极县			13	20
望都县	2	2	8	8
魏　县		1	7	4
威　县	2		14	15
临西县		1	1	3
广平县	3	5	5	11
景　县	2	1	3	4
吴桥县	3	2	8	
南皮县			15	3
青龙满族自治县	1	3	6	11
隆化县		4	3	7
涿鹿县	2	2	5	3
磁　县		1	10	8
平山县	7	3	5	8
井陉县		1	6	13
张北县	4	6	4	

4－46 各地区精神残疾人分残疾等级的康复形式

单位：人

地 区	机构康复				延伸服务			
	残疾一级	残疾二级	残疾三级	残疾四级	残疾一级	残疾二级	残疾三级	残疾四级
总 计	**97**	**46**	**40**	**128**	**1**		**2**	**6**
唐山市丰润区		1		2				
石家庄市新华区	7	2		5				
石家庄市长安区	5		1	4				
石家庄市桥东区	8	4	2	7				2
邯郸市复兴区	1	1	3	2			1	
唐山市古冶区	2	1	1	10				
任丘市	3	2	1	5				
武安市	2		2	2				
辛集市				1				
深州市	4	3	1	2				
三河市	5	4	1	4				
安国市	1		1	6	1		1	2
昌黎县	1	3	2	10				1
永清县	3	1	3	6				
定兴县		1						
无极县	2		1	4				
望都县	5		2	1				
魏 县	7	4	3	2				
威 县	1	1	1	7				
临西县	5	2	1	2				
广平县	3	4	3	4				
景 县	1	2	2					
吴桥县								
南皮县				1				
青龙满族自治县	6		3	4				
隆化县	6		1	7				
涿鹿县	12	3	2	4				
磁 县	2			5				
平山县	2	3	1	11				1
井陉县	1	2	2	5				
张北县	2	2		5				

4－46 续表

单位：人

地区	社区和家庭服务			
	残疾一级	残疾二级	残疾三级	残疾四级
总计	**73**	**33**	**28**	**59**
唐山市丰润区	1		5	8
石家庄市新华区	4	2		
石家庄市长安区	4	3		4
石家庄市桥东区	1		1	2
邯郸市复兴区	2			1
唐山市古冶区				
任丘市				
武安市	3		2	1
辛集市	8	1		3
深州市	1			
三河市	2			2
安国市	1			2
昌黎县				2
永清县	5	2	2	8
定兴县	1	3	2	1
无极县				
望都县	5			
魏　县			1	
威　县	1	1		
临西县	7	1	2	1
广平县			1	
景　县	4	2	2	2
吴桥县	5	2	1	2
南皮县	11	4	3	10
青龙满族自治县				
隆化县	1			
涿鹿县			1	
磁　县	5	7	4	8
平山县		1		2
井陉县				
张北县	1	4	1	

4－47 各地区精神残疾人分残疾等级的康复内容

单位：人

地 区	医疗服务				辅助器具			
	残疾一级	残疾二级	残疾三级	残疾四级	残疾一级	残疾二级	残疾三级	残疾四级
总 计	**146**	**68**	**56**	**174**	**3**	**2**		**2**
唐山市丰润区		1		4				
石家庄市新华区	9	4		5	1	1		
石家庄市长安区	7	3	1	8				
石家庄市桥东区	9	4	3	10				
邯郸市复兴区	3	1	4	3	1			
唐山市古冶区	2	1	1	10				
任丘市	3	2	1	5				
武安市	5		4	3				
辛集市	8	1		4				
深州市	4	3	1	2				
三河市	7	4	1	6				
安国市	2		2	6				
昌黎县	1	3	2	13				1
永清县	6	1	5	11				
定兴县		4		1		1		
无极县	2		1	4				
望都县	10		2	1				
魏 县	7	4	3	2				
威 县	2	2	1	7				
临西县	8	3	3	3				
广平县	3	4	4	4				
景 县	2	2	2	1				
吴桥县	10	4	3	11				
南皮县					1			1
青龙满族自治县	6		3	4				
隆化县	6		1	7				
涿鹿县	12	3	2	4				
磁 县	7	7	4	13				
平山县	2	3		12				
井陉县	1	2	2	5				
张北县	2	2		5				

4－47 续表

单位：人

地 区	康复训练与服务			
	残疾一级	残疾二级	残疾三级	残疾四级
总 计	**60**	**23**	**27**	**60**
唐山市丰润区	1		5	8
石家庄市新华区	9	1		2
石家庄市长安区	7	3	1	7
石家庄市桥东区	1			1
邯郸市复兴区	3		2	
唐山市古冶区				
任丘市				
武安市	4		1	3
辛集市	1			
深州市	1			
三河市	1			
安国市	2		1	5
昌黎县	1	3	2	13
永清县	3	2		3
定兴县	1	1	2	
无极县			1	
望都县				
魏 县			1	
威 县	2	2	1	7
临西县	6			
广平县				
景 县	4	2	4	1
吴桥县	5	2	1	2
南皮县	6	3	2	5
青龙满族自治县	1			
隆化县				
涿鹿县			1	
磁 县				1
平山县		1	1	2
井陉县				
张北县	1	3	1	

4－48　各地区多重残疾人分残疾等级的康复形式

单位：人

地　区	机构康复				延伸服务			
	残疾一级	残疾二级	残疾三级	残疾四级	残疾一级	残疾二级	残疾三级	残疾四级
总　计	**286**	**82**	**156**	**96**	**34**	**13**	**22**	**4**
唐山市丰润区	9	1	6	8				
石家庄市新华区	15	4	26	15				
石家庄市长安区	2	1	3	6				
石家庄市桥东区	20	8	8	13		1		
邯郸市复兴区	7	2	6	1	1			
唐山市古冶区	12	3	5	5				
任丘市	4	5	4	5				
武安市	7	1	1		1			
辛集市	12	5	7	2			2	
深州市	1				1			
三河市	18	4	9	2	1	1	1	1
安国市	21	6	9	4	3	1	3	
昌黎县	7	3	4	2				
永清县	11	2	8	6				
定兴县	3		1	2	1			
无极县	4	1	1	1				
望都县	9		2	4				
魏　县	15	3	4	1	9	2	4	
威　县	7	2	5	1	5	5	10	1
临西县	17	6	5	3			1	
广平县	13	2	6	3	5	1		
景　县	5	2	1	1			1	
吴桥县	2	7	8	1		1		
南皮县	3		1	1	1			
青龙满族自治县	12	3	12	4				
隆化县	16	4	6	1				
涿鹿县	6		3	1	2			
磁　县	16	1	3	1	1			1
平山县	3	2		1		1		1
井陉县	1	1	1	1				
张北县	8	3	1		3			

4-48 续表

单位：人

地区	社区和家庭服务			
	残疾一级	残疾二级	残疾三级	残疾四级
总 计	**299**	**110**	**116**	**58**
唐山市丰润区	14	3	3	2
石家庄市新华区	3	4	3	2
石家庄市长安区	18	3	8	9
石家庄市桥东区	4		4	
邯郸市复兴区	4		1	1
唐山市古冶区	4	1		
任丘市	4	8	2	
武安市	15	9	7	3
辛集市	19	7	7	1
深州市	4	1	3	
三河市	5			1
安国市	19	9	8	5
昌黎县	12	3	2	1
永清县	12	1	3	
定兴县	9	5	6	3
无极县	1			
望都县	9	6	3	
魏 县	4	1	6	
威 县	5	1	7	2
临西县	5	5	1	2
广平县	12	6	9	5
景 县	7	6	1	2
吴桥县	3	1	2	
南皮县	5	4	2	1
青龙满族自治县	9	4	3	2
隆化县	24	4	4	
涿鹿县	10	2	4	1
磁 县	21	5	9	11
平山县	21	3	2	3
井陉县	3	4	4	
张北县	14	4	2	1

4-49 各地区多重残疾人分残疾等级的康复内容

单位：人

地 区	医疗服务				辅助器具			
	残疾一级	残疾二级	残疾三级	残疾四级	残疾一级	残疾二级	残疾三级	残疾四级
总 计	**371**	**115**	**188**	**110**	**178**	**72**	**104**	**46**
唐山市丰润区	8	1	6	7	6	1	2	2
石家庄市新华区	18	7	27	17	8	3	11	7
石家庄市长安区	8	1	6	8	5	2	1	4
石家庄市桥东区	23	9	10	13	18	7	6	5
邯郸市复兴区	7		7	1	3		3	1
唐山市古冶区	11	3	5	4	6		4	2
任丘市	7	11	4	5	2	5	3	
武安市	15	5	8	2	5	5	3	2
辛集市	27	9	9	3	5	2	3	
深州市	1				1	1	1	
三河市	15	3	7		11	2	4	2
安国市	23	9	10	4	14	2	5	1
昌黎县	10	3	4	3	9	4	4	1
永清县	12	2	8	6	1		5	2
定兴县	5	1	2	3	3	5	4	2
无极县	3	1	1	1	3			
望都县	13		2	4	6	3	2	2
魏 县	15	2	6	1	11	4	11	
威 县	12	5	18	3	5	3	3	
临西县	16	11	7	4	6			1
广平县	15	3	7	4	3	4	4	2
景 县	6	4	1	3	4	4		2
吴桥县	1	5	5	1	1	2	2	
南皮县	4	2	1	1	2		1	
青龙满族自治县	17	5	14	4	10	4	7	1
隆化县	27	5	7	1	6	3	7	1
涿鹿县	7		1	1	3	2	6	1
磁 县	23	1	3	3	6	1	1	
平山县	7	2		2	12	3	1	4
井陉县	1	2	1	1	1			
张北县	14	3	1		2			1

4–49 续表

单位：人

地 区	康复训练与服务			
	残疾一级	残疾二级	残疾三级	残疾四级
总 计	**354**	**111**	**146**	**73**
唐山市丰润区	13	2	2	3
石家庄市新华区	12	5	19	10
石家庄市长安区	19	4	9	5
石家庄市桥东区	20	6	9	3
邯郸市复兴区	10	2	1	1
唐山市古冶区	9	1	3	3
任丘市	2	6	2	4
武安市	10	5		1
辛集市	9	6	9	
深州市	5	1	3	
三河市	14	1	3	2
安国市	27	13	11	6
昌黎县	19	6	5	2
永清县	11	1	3	1
定兴县	8	4	4	2
无极县	5	1		
望都县	6	3	2	
魏 县	13	2	5	
威 县	14	4	12	3
临西县	4		1	1
广平县	13	4	6	6
景 县	10	4	3	2
吴桥县	3	2	4	
南皮县	4	2	2	1
青龙满族自治县	7	3	6	4
隆化县	29	7	6	
涿鹿县	10	1		
磁 县	12	5	8	10
平山县	20	2	2	2
井陉县	2	3	4	
张北县	14	5	2	1

4－50 各地区残疾人分城乡、残疾等级的持证情况

地区	持证残疾人			持证残疾人		
				残疾一级		
	合计	城镇	农村	小计	城镇	农村
总计	**861**	**215**	**646**	**191**	**32**	**159**
唐山市丰润区	35	2	33	7		7
石家庄市新华区	20	15	5	3	2	1
石家庄市长安区	39	31	8	7	7	
石家庄市桥东区	49	49		10	10	
邯郸市复兴区	94	53	41	19	7	12
唐山市古冶区	51	38	13	8	3	5
任丘市	14		14	2		2
武安市	34	3	31	4	1	3
辛集市	29	7	22	4		4
深州市	7		7	1		1
三河市	31		31	8		8
安国市	12	2	10	2		2
昌黎县	26	3	23	7	1	6
永清县	16		16	4		4
定兴县	11		11	1		1
无极县	7		7	1		1
望都县	22		22	8		8
魏　县	31		31	8		8
威　县	23		23	5		5
临西县	15		15	6		6
广平县	25		25	10		10
景　县	18	4	14	3		3
吴桥县	10		10	2		2
南皮县	18		18			
青龙满族自治县	16		16	3		3
隆化县	44	6	38	15	1	14
涿鹿县	37	2	35	11		11
磁　县	35		35	9		9
平山县	33		33	6		6
井陉县	20		20	5		5
张北县	39		39	12		12

4－50 续表

地　区	持证残疾人								
	残疾二级			残疾三级			残疾四级		
	小计	城镇	农村	小计	城镇	农村	小计	城镇	农村
总　计	**109**	**23**	**86**	**223**	**60**	**163**	**338**	**100**	**238**
唐山市丰润区				8		8	20	2	18
石家庄市新华区	1	1		3	2	1	13	10	3
石家庄市长安区	2	2		7	7		23	15	8
石家庄市桥东区	6	6		14	14		19	19	
邯郸市复兴区	16	7	9	25	16	9	34	23	11
唐山市古冶区	3	2	1	15	12	3	25	21	4
任丘市	5		5	4		4	3		3
武安市	4		4	12		12	14	2	12
辛集市	5	2	3	11	3	8	9	2	7
深州市	1		1	3		3	2		2
三河市	4		4	3		3	16		16
安国市	1	1		2		2	7	1	6
昌黎县	3		3	6	1	5	10	1	9
永清县	1		1	4		4	7		7
定兴县	3		3	2		2	5		5
无极县				2		2	4		4
望都县	1		1	7		7	6		6
魏　县	2		2	12		12	9		9
威　县	1		1	12		12	5		5
临西县	2		2	2		2	5		5
广平县	5		5	2		2	8		8
景　县	6	1	5	4		4	5	3	2
吴桥县	2		2	3		3	3		3
南皮县				7		7	11		11
青龙满族自治县	4		4	1		1	8		8
隆化县	7	1	6	15	4	11	7		7
涿鹿县	4		4	8	1	7	14	1	13
磁　县	4		4	10		10	12		12
平山县	4		4	4		4	19		19
井陉县	3		3	6		6	6		6
张北县	9		9	9		9	9		9

4－51　6–14岁视力残疾人分年龄、性别、残疾等级的在校生接受义务教育的情况

单位：人

年　龄	残疾人		残疾一级							
			普通教育学校普通班		普通教育学校特教班		特殊教育学校		其他	
	男	女	男	女	男	女	男	女	男	女
总　计	**6**	**4**					**1**			
6岁	1	1								
7岁	2	1								
8岁	1						1			
9岁										
10岁										
11岁										
12岁										
13岁	1	1								
14岁	1	1								

4－51　续表 1

单位：人

年　龄	残疾二级							
	普通教育学校普通班		普通教育学校特教班		特殊教育学校		其他	
	男	女	男	女	男	女	男	女
总　计		**1**						
6岁								
7岁								
8岁								
9岁								
10岁								
11岁								
12岁								
13岁								
14岁		1						

4－51 续表 2

单位：人

年 龄	残疾三级							
	普通教育学校普通班		普通教育学校特教班		特殊教育学校		其他	
	男	女	男	女	男	女	男	女
总 计								
6岁								
7岁								
8岁								
9岁								
10岁								
11岁								
12岁								
13岁								
14岁								

4－51 续表 3

单位：人

年 龄	残疾四级							
	普通教育学校普通班		普通教育学校特教班		特殊教育学校		其他	
	男	女	男	女	男	女	男	女
总 计	**4**	**3**						
6岁	1	1						
7岁	2	1						
8岁								
9岁								
10岁								
11岁								
12岁								
13岁	1	1						
14岁								

4－52　6-14岁听力残疾人分年龄、性别、残疾等级的在校生接受义务教育的情况

单位：人

年　龄	残疾人		残疾一级							
			普通教育学校普通班		普通教育学校特教班		特殊教育学校		其他	
	男	女	男	女	男	女	男	女	男	女
总　计	**5**	**6**								
6岁										
7岁	1									
8岁		1								
9岁	1	2								
10岁										
11岁										
12岁		1								
13岁										
14岁	3	2								

4－52　续表 1

单位：人

年　龄	残疾二级							
	普通教育学校普通班		普通教育学校特教班		特殊教育学校		其他	
	男	女	男	女	男	女	男	女
总　计		**1**						
6岁								
7岁								
8岁								
9岁								
10岁								
11岁								
12岁								
13岁								
14岁		1						

4－52 续表 2

单位：人

年 龄	残疾三级							
	普通教育学校普通班		普通教育学校特教班		特殊教育学校		其他	
	男	女	男	女	男	女	男	女
总 计	**1**	**2**						
6岁								
7岁								
8岁		1						
9岁	1							
10岁								
11岁								
12岁		1						
13岁								
14岁								

4－52 续表 3

单位：人

年 龄	残疾四级							
	普通教育学校普通班		普通教育学校特教班		特殊教育学校		其他	
	男	女	男	女	男	女	男	女
总 计	**2**	**3**						
6岁								
7岁	1							
8岁								
9岁		2						
10岁								
11岁								
12岁								
13岁								
14岁	1	1						

4－53　6–14岁言语残疾人分年龄、性别、残疾等级在校生接受义务教育的情况

单位：人

年　龄	残疾人		残疾一级							
			普通教育学校普通班		普通教育学校特教班		特殊教育学校		其他	
	男	女	男	女	男	女	男	女	男	女
总　计	**7**	**1**								
6岁										
7岁										
8岁	2									
9岁										
10岁										
11岁										
12岁	2	1								
13岁										
14岁	3									

4－53　续表 1

单位：人

年　龄	残疾二级							
	普通教育学校普通班		普通教育学校特教班		特殊教育学校		其他	
	男	女	男	女	男	女	男	女
总　计	**1**							
6岁								
7岁								
8岁	1							
9岁								
10岁								
11岁								
12岁								
13岁								
14岁								

4－53 续表 2

单位：人

年 龄	残疾三级							
	普通教育学校普通班		普通教育学校特教班		特殊教育学校		其他	
	男	女	男	女	男	女	男	女
总 计	**3**							
6岁								
7岁								
8岁	1							
9岁								
10岁								
11岁								
12岁	1							
13岁								
14岁	1							

4－53 续表 3

单位：人

年 龄	残疾四级							
	普通教育学校普通班		普通教育学校特教班		特殊教育学校		其他	
	男	女	男	女	男	女	男	女
总 计	**1**	**1**						
6岁								
7岁								
8岁								
9岁								
10岁								
11岁								
12岁		1						
13岁								
14岁	1							

4－54　6–14岁肢体残疾人分年龄、性别、残疾等级的在校生接受义务教育的情况

单位：人

年　龄	残疾人		残疾一级							
			普通教育学校普通班		普通教育学校特教班		特殊教育学校		其他	
	男	女	男	女	男	女	男	女	男	女
总　计	**25**	**6**							**2**	
6岁	1	1								
7岁	3									
8岁	1								1	
9岁	1	3								
10岁	3								1	
11岁	3	2								
12岁	5									
13岁	2									
14岁	6									

4－54　续表 1

单位：人

年　龄	残疾二级							
	普通教育学校普通班		普通教育学校特教班		特殊教育学校		其他	
	男	女	男	女	男	女	男	女
总　计	**3**		**1**					
6岁								
7岁	1							
8岁								
9岁								
10岁	1							
11岁								
12岁			1					
13岁								
14岁	1							

4－54 续表 2

单位：人

年龄	残疾三级							
	普通教育学校普通班		普通教育学校特教班		特殊教育学校		其他	
	男	女	男	女	男	女	男	女
总计	**4**	**1**						
6岁								
7岁	1							
8岁								
9岁	1	1						
10岁								
11岁	2							
12岁								
13岁								
14岁								

4－54 续表 3

单位：人

年龄	残疾四级							
	普通教育学校普通班		普通教育学校特教班		特殊教育学校		其他	
	男	女	男	女	男	女	男	女
总计	**11**	**4**						
6岁		1						
7岁	1							
8岁								
9岁		1						
10岁	1							
11岁	1	2						
12岁	4							
13岁	2							
14岁	2							

4－55　6-14岁智力残疾人分年龄、性别、残疾等级的在校生接受义务教育的情况

单位：人

年　龄	残疾人		残疾一级							
			普通教育学校普通班		普通教育学校特教班		特殊教育学校		其他	
	男	女	男	女	男	女	男	女	男	女
总　计	**39**	**31**	**2**	**1**						**1**
6岁	5	3								
7岁	5	2								
8岁	1	1								
9岁	3	4								
10岁	3	2	1							
11岁	5	4								
12岁	9		1							
13岁	4	9								1
14岁	4	6		1						

4－55　续表 1

单位：人

年　龄	残疾二级							
	普通教育学校普通班		普通教育学校特教班		特殊教育学校		其他	
	男	女	男	女	男	女	男	女
总　计					**1**			
6岁								
7岁								
8岁								
9岁								
10岁								
11岁								
12岁					1			
13岁								
14岁								

4－55 续表 2

单位：人

年龄	残疾三级							
	普通教育学校普通班		普通教育学校特教班		特殊教育学校		其他	
	男	女	男	女	男	女	男	女
总　计	**7**	**7**			**1**			**1**
6岁								
7岁	2							
8岁		1						
9岁	1	2						
10岁		1						
11岁	3	2						
12岁					1			
13岁		1						
14岁	1							1

4－55 续表 3

单位：人

年龄	残疾四级							
	普通教育学校普通班		普通教育学校特教班		特殊教育学校		其他	
	男	女	男	女	男	女	男	女
总　计	**12**	**4**				**1**	**1**	
6岁	1							
7岁	1					1	1	
8岁	1							
9岁	2	2						
10岁	1							
11岁								
12岁	3							
13岁	2	2						
14岁	1							

4－56　6–14岁精神残疾人分年龄、性别、残疾等级的在校生接受义务教育的情况

单位：人

年　龄	残疾人		残疾一级							
			普通教育学校普通班		普通教育学校特教班		特殊教育学校		其他	
	男	女	男	女	男	女	男	女	男	女
总　计	**2**	**3**								
6岁										
7岁										
8岁										
9岁		1								
10岁										
11岁		1								
12岁										
13岁	1									
14岁	1	1								

4－56　续表 1

单位：人

年　龄	残疾二级							
	普通教育学校普通班		普通教育学校特教班		特殊教育学校		其他	
	男	女	男	女	男	女	男	女
总　计								
6岁								
7岁								
8岁								
9岁								
10岁								
11岁								
12岁								
13岁								
14岁								

4－56 续表 2

单位：人

年 龄	残疾三级							
	普通教育学校普通班		普通教育学校特教班		特殊教育学校		其他	
	男	女	男	女	男	女	男	女
总 计								
6岁								
7岁								
8岁								
9岁								
10岁								
11岁								
12岁								
13岁								
14岁								

4－56 续表 3

单位：人

年 龄	残疾四级							
	普通教育学校普通班		普通教育学校特教班		特殊教育学校		其他	
	男	女	男	女	男	女	男	女
总 计	**1**	**3**						
6岁								
7岁								
8岁								
9岁		1						
10岁								
11岁		1						
12岁								
13岁								
14岁	1	1						

4－57　6–14岁多重残疾人分年龄、性别、残疾等级的接受义务教育的情况

单位：人

年　龄	残疾人		残疾一级							
			普通教育学校普通班		普通教育学校特教班		特殊教育学校		其他	
	男	女	男	女	男	女	男	女	男	女
总　计	**23**	**20**	**1**	**4**			**2**		**1**	**1**
6岁	2						1			
7岁	3	2		1						
8岁	2	1	1							
9岁	1	3		1						
10岁	3	3							1	1
11岁	3	2								
12岁	2	1								
13岁	5	4		2						
14岁	2	4					1			

4－57　续表 1

单位：人

年　龄	残疾二级							
	普通教育学校普通班		普通教育学校特教班		特殊教育学校		其他	
	男	女	男	女	男	女	男	女
总　计	**1**	**2**	**1**			**1**		
6岁								
7岁	1							
8岁								
9岁		1						
10岁								
11岁						1		
12岁								
13岁		1	1					
14岁								

4－57 续表 2

单位：人

年龄	残疾三级							
	普通教育学校普通班		普通教育学校特教班		特殊教育学校		其他	
	男	女	男	女	男	女	男	女
总　计	**1**				**1**			
6岁								
7岁								
8岁								
9岁					1			
10岁								
11岁	1							
12岁								
13岁								
14岁								

4－57 续表 3

单位：人

年龄	残疾四级							
	普通教育学校普通班		普通教育学校特教班		特殊教育学校		其他	
	男	女	男	女	男	女	男	女
总　计	**2**							
6岁								
7岁								
8岁								
9岁								
10岁								
11岁	1							
12岁								
13岁	1							
14岁								

4－58　各地区6–14岁残疾人分城乡、残疾等级的在校生接受义务教育情况

单位：人

地　区	残疾人		残疾一级							
			普通教育学校普通班		普通教育学校特教班		特殊教育学校		其他	
	城镇	农村	城镇	农村	城镇	农村	城镇	农村	城镇	农村
总　计	**16**	**162**		**8**			**1**	**2**		**5**
唐山市丰润区		4		2						
石家庄市新华区	6						1			
石家庄市长安区		1								
石家庄市桥东区	3									
邯郸市复兴区	3	3								
唐山市古冶区	2	2						1		
任丘市		6								
武安市		9								
辛集市		3								
深州市		4								2
三河市		7		1						
安国市		8								
昌黎县		3								
永清县		5		1						
定兴县		3								
无极县		4								
望都县		4								
魏　县		8								
威　县		10								
临西县		11								
广平县		7								
景　县		3								
吴桥县		7		1						
南皮县		13		2						
青龙满族自治县		3								
隆化县		6								
涿鹿县	2	6								
磁　县		5								1
平山县		6		1				1		
井陉县		5								2
张北县		6								

4－58 续表 1

单位：人

地区	残疾二级							
	普通教育学校普通班		普通教育学校特教班		特殊教育学校		其他	
	城镇	农村	城镇	农村	城镇	农村	城镇	农村
总　计		**9**		**2**	**1**	**1**		
唐山市丰润区								
石家庄市新华区								
石家庄市长安区								
石家庄市桥东区								
邯郸市复兴区						1		
唐山市古冶区					1			
任丘市		1						
武安市								
辛集市								
深州市								
三河市		2						
安国市		1						
昌黎县								
永清县								
定兴县								
无极县								
望都县								
魏　县		1						
威　县								
临西县								
广平县								
景　县		1						
吴桥县		1						
南皮县		1						
青龙满族自治县								
隆化县				1				
涿鹿县		1		1				
磁　县								
平山县								
井陉县								
张北县								

4－58 续表 2

单位：人

地区	残疾三级							
	普通教育学校普通班		普通教育学校特教班		特殊教育学校		其他	
	城镇	农村	城镇	农村	城镇	农村	城镇	农村
总　计	**2**	**24**				**2**		**1**
唐山市丰润区								
石家庄市新华区								
石家庄市长安区								
石家庄市桥东区								
邯郸市复兴区	1							
唐山市古冶区								
任丘市		1						1
武安市		2						
辛集市		1						
深州市								
三河市		1				1		
安国市		1						
昌黎县								
永清县		1						
定兴县						1		
无极县								
望都县								
魏　县		1						
威　县		2						
临西县		1						
广平县		3						
景　县								
吴桥县		2						
南皮县		4						
青龙满族自治县		1						
隆化县								
涿鹿县	1	1						
磁　县								
平山县								
井陉县		1						
张北县		1						

4－58 续表 3

单位：人

地区	残疾四级							
	普通教育学校普通班		普通教育学校特教班		特殊教育学校		其他	
	城镇	农村	城镇	农村	城镇	农村	城镇	农村
总　计	**6**	**45**			**1**			**1**
唐山市丰润区		2						
石家庄市新华区	3							
石家庄市长安区		1						
石家庄市桥东区	2							
邯郸市复兴区								
唐山市古冶区					1			
任丘市		3						
武安市		1						
辛集市		1						
深州市								
三河市		1						
安国市		3						
昌黎县		1						
永清县		3						
定兴县		1						
无极县		1						
望都县		3						
魏　县		2						
威　县		3						
临西县		2						
广平县		3						
景　县		1						
吴桥县								
南皮县		3						
青龙满族自治县		1						
隆化县		3						
涿鹿县	1	1						
磁　县		2						
平山县		2						
井陉县								1
张北县		1						

4-59 各地区16岁及以上视力残疾人分城乡的参加社会保险情况

单位：人

地区	残疾人			参加社会保险人数					
				养老保险			医疗保险		
	合计	城镇	农村	小计	城镇	农村	小计	城镇	农村
总　计	**769**	**113**	**656**	**65**	**58**	**7**	**166**	**58**	**108**
唐山市丰润区	39	5	34				36	2	34
石家庄市新华区	47	33	14	19	18	1	18	18	
石家庄市长安区	23	16	7	14	12	2	15	13	2
石家庄市桥东区	11	11		4	4		8	8	
邯郸市复兴区	24	17	7	9	8	1	8	7	1
唐山市古冶区	22	16	6	12	12		9	9	
任丘市	16		16						
武安市	27		27				6		6
辛集市	19	1	18	1	1		1	1	
深州市	22		22						
三河市	40		40				39		39
安国市	22		22	1		1			
昌黎县	25	3	22	2	2				
永清县	26		26						
定兴县	22		22						
无极县	28		28						
望都县	32		32						
魏　县	37		37						
威　县	18		18	1		1			
临西县	10		10						
广平县	29		29						
景　县	18	1	17						
吴桥县	18	1	17						
南皮县	31		31						
青龙满族自治县	14		14						
隆化县	35	1	34	2	1	1	5		5
涿鹿县	31	8	23				20		20
磁　县	17		17						
平山县	22		22						
井陉县	18		18				1		1
张北县	26		26						

4-59 续表

单位：人

地区	参加社会保险人数						未参加		
	工伤保险			失业保险					
	小计	城镇	农村	小计	城镇	农村	小计	城镇	农村
总　计				**1**		**1**	**589**	**44**	**545**
唐山市丰润区							3	3	
石家庄市新华区							26	13	13
石家庄市长安区							8	3	5
石家庄市桥东区							2	2	
邯郸市复兴区							14	8	6
唐山市古冶区							10	4	6
任丘市							16		16
武安市							21		21
辛集市							18		18
深州市							22		22
三河市							1		1
安国市							21		21
昌黎县							23	1	22
永清县							26		26
定兴县							22		22
无极县							28		28
望都县							32		32
魏　县							37		37
威　县							17		17
临西县							10		10
广平县							29		29
景　县							18	1	17
吴桥县							18	1	17
南皮县							31		31
青龙满族自治县							14		14
隆化县				1		1	29		29
涿鹿县							11	8	3
磁　县							17		17
平山县							22		22
井陉县							17		17
张北县							26		26

4-60 各地区16岁及以上听力残疾人分城乡的参加社会保险情况

单位：人

地区	残疾人			参加社会保险人数					
				养老保险			医疗保险		
	合计	城镇	农村	小计	城镇	农村	小计	城镇	农村
总　计	**1816**	**545**	**1271**	**452**	**423**	**29**	**545**	**418**	**127**
唐山市丰润区	58	15	43	17	14	3	52	13	39
石家庄市新华区	164	122	42	100	96	4	99	97	2
石家庄市长安区	112	94	18	85	83	2	85	83	2
石家庄市桥东区	215	215		179	179		181	181	
邯郸市复兴区	23	18	5	17	16	1	14	13	1
唐山市古冶区	51	37	14	34	29	5	21	18	3
任丘市	53		53						
武安市	63		63	4		4	5		5
辛集市	34	2	32	1	1		1	1	
深州市	28		28						
三河市	49		49				40		40
安国市	75	12	63	1		1	2	1	1
昌黎县	38	9	29	7	4	3	6	4	2
永清县	66		66						
定兴县	52		52						
无极县	50		50						
望都县	32		32						
魏　县	33		33	1		1			
威　县	80		80				1		1
临西县	66		66						
广平县	32		32						
景　县	48	4	44				1		1
吴桥县	33	5	28	1		1	1		1
南皮县	50		50	1		1			
青龙满族自治县	78		78	3		3	3		3
隆化县	39	4	35	1	1				
涿鹿县	47	8	39				33	7	26
磁　县	46		46						
平山县	41		41						
井陉县	7		7						
张北县	53		53						

4-60 续表

单位：人

地区	参加社会保险人数						未参加		
	工伤保险			失业保险					
	小计	城镇	农村	小计	城镇	农村	小计	城镇	农村
总　计	**3**	**3**		**4**	**4**		**1242**	**109**	**1133**
唐山市丰润区							4	1	3
石家庄市新华区							60	23	37
石家庄市长安区	1	1		2	2		27	11	16
石家庄市桥东区							34	34	
邯郸市复兴区	1	1					6	2	4
唐山市古冶区	1	1		1	1		17	8	9
任丘市							53		53
武安市							57		57
辛集市							33	1	32
深州市							28		28
三河市							9		9
安国市							72	11	61
昌黎县							31	5	26
永清县							66		66
定兴县							52		52
无极县							50		50
望都县							32		32
魏　县							32		32
威　县							79		79
临西县							66		66
广平县							32		32
景　县							47	4	43
吴桥县							32	5	27
南皮县							49		49
青龙满族自治县							75		75
隆化县				1	1		38	3	35
涿鹿县							14	1	13
磁　县							46		46
平山县							41		41
井陉县							7		7
张北县							53		53

4-61 各地区16岁及以上言语残疾人分城乡的参加社会保险情况

单位：人

地 区	残疾人			参加社会保险人数					
				养老保险			医疗保险		
	合计	城镇	农村	小计	城镇	农村	小计	城镇	农村
总 计	**94**	**9**	**85**	**7**	**6**	**1**	**10**	**6**	**4**
唐山市丰润区	2	1	1	1	1		2	1	1
石家庄市新华区	2	2		2	2		2	2	
石家庄市长安区									
石家庄市桥东区	2	2		2	2		2	2	
邯郸市复兴区	3	1	2				1		1
唐山市古冶区	2	2		1	1		1	1	
任丘市	5		5	1		1			
武安市	1		1						
辛集市	1		1						
深州市	5		5						
三河市									
安国市	2		2						
昌黎县									
永清县	4		4						
定兴县									
无极县	6		6						
望都县	2		2						
魏 县	9		9						
威 县	5		5						
临西县	5		5						
广平县	6		6						
景 县	3		3						
吴桥县	3		3						
南皮县	2		2						
青龙满族自治县	2		2						
隆化县	2		2						
涿鹿县	3	1	2				2		2
磁 县	4		4						
平山县	3		3						
井陉县	5		5						
张北县	5		5						

4-61 续表

单位：人

地 区	参加社会保险人数						未参加		
	工伤保险			失业保险					
	小计	城镇	农村	小计	城镇	农村	小计	城镇	农村
总 计				**1**	**1**		**83**	**3**	**80**
唐山市丰润区									
石家庄市新华区									
石家庄市长安区									
石家庄市桥东区									
邯郸市复兴区							2	1	1
唐山市古冶区				1	1		1	1	
任丘市							4		4
武安市							1		1
辛集市							1		1
深州市							5		5
三河市									
安国市							2		2
昌黎县									
永清县							4		4
定兴县									
无极县							6		6
望都县							2		2
魏 县							9		9
威 县							5		5
临西县							5		5
广平县							6		6
景 县							3		3
吴桥县							3		3
南皮县							2		2
青龙满族自治县							2		2
隆化县							2		2
涿鹿县							1	1	
磁 县							4		4
平山县							3		3
井陉县							5		5
张北县							5		5

4-62 各地区16岁及以上肢体残疾人分城乡的参加社会保险情况

单位：人

地区	残疾人			参加社会保险人数					
				养老保险			医疗保险		
	合计	城镇	农村	小计	城镇	农村	小计	城镇	农村
总　计	**2385**	**350**	**2035**	**216**	**178**	**38**	**517**	**198**	**319**
唐山市丰润区	87	14	73	6	2	4	81	10	71
石家庄市新华区	43	34	9	14	14		19	19	
石家庄市长安区	102	69	33	57	52	5	59	55	4
石家庄市桥东区	88	88		70	70		70	70	
邯郸市复兴区	93	53	40	11	11		15	14	1
唐山市古冶区	50	30	20	24	20	4	14	12	2
任丘市	92		92	1		1			
武安市	84	4	80	2		2	81	4	77
辛集市	86	8	78	8	6	2	7	6	1
深州市	89		89	1		1			
三河市	88		88				76		76
安国市	45	5	40	1	1		4	4	
昌黎县	48	2	46	1		1			
永清县	86		86				1		1
定兴县	55		55						
无极县	35		35						
望都县	84		84	4		4	2		2
魏　县	53		53	1		1			
威　县	64		64	1		1	2		2
临西县	61		61						
广平县	70		70						
景　县	64	13	51						
吴桥县	84	7	77						
南皮县	85		85	1		1			
青龙满族自治县	87		87						
隆化县	94	11	83	4	1	3	8	1	7
涿鹿县	103	12	91	7	1	6	77	3	74
磁　县	98		98				1		1
平山县	85		85	1		1			
井陉县	119		119						
张北县	63		63	1		1			

4-62 续表

单位：人

地 区	参加社会保险人数						未参加		
	工伤保险			失业保险					
	小计	城镇	农村	小计	城镇	农村	小计	城镇	农村
总 计	**13**	**10**	**3**	**18**	**14**	**4**	**1838**	**140**	**1698**
唐山市丰润区							6	4	2
石家庄市新华区							24	15	9
石家庄市长安区	8	7	1	9	7	2	41	13	28
石家庄市桥东区							18	18	
邯郸市复兴区				2	2		76	37	39
唐山市古冶区	3	2	1	3	3		26	10	16
任丘市							91		91
武安市							3		3
辛集市							78	2	76
深州市				1		1	87		87
三河市							12		12
安国市	1	1		2	2		41	1	40
昌黎县							47	2	45
永清县							85		85
定兴县							55		55
无极县							35		35
望都县							79		79
魏 县							52		52
威 县							62		62
临西县							61		61
广平县							70		70
景 县							64	13	51
吴桥县							84	7	77
南皮县	1		1				83		83
青龙满族自治县							87		87
隆化县							85	10	75
涿鹿县				1		1	24	8	16
磁 县							97		97
平山县							84		84
井陉县							119		119
张北县							62		62

4-63 各地区16岁及以上智力残疾人分城乡的参加社会保险情况

单位：人

地区	残疾人			参加社会保险人数					
				养老保险			医疗保险		
	合计	城镇	农村	小计	城镇	农村	小计	城镇	农村
总　计	**404**	**42**	**362**	**13**	**11**	**2**	**28**	**8**	**20**
唐山市丰润区	6		6				5		5
石家庄市新华区	9	7	2	3	2	1	2	2	
石家庄市长安区	12	8	4	3	3		4	4	
石家庄市桥东区	6	6		3	3		1	1	
邯郸市复兴区	18	11	7						
唐山市古冶区	9	8	1	3	3		1	1	
任丘市	13		13						
武安市	14		14						
辛集市	5		5						
深州市	14		14						
三河市	17		17				8		8
安国市	4		4						
昌黎县	14		14						
永清县	17		17						
定兴县	17		17				1		1
无极县	32		32						
望都县	19		19				2		2
魏　县	13		13						
威　县	25		25						
临西县	18		18						
广平县	17		17						
景　县	10	1	9						
吴桥县	10		10						
南皮县	11		11						
青龙满族自治县	14		14						
隆化县	7		7	1		1			
涿鹿县	5	1	4				4		4
磁　县	8		8						
平山县	17		17						
井陉县	12		12						
张北县	11		11						

4-63 续表

单位：人

地区	参加社会保险人数						未参加		
	工伤保险			失业保险					
	小计	城镇	农村	小计	城镇	农村	小计	城镇	农村
总　计							**370**	**30**	**340**
唐山市丰润区							1		1
石家庄市新华区							6	5	1
石家庄市长安区							8	4	4
石家庄市桥东区							3	3	
邯郸市复兴区							18	11	7
唐山市古冶区							6	5	1
任丘市							13		13
武安市							14		14
辛集市							5		5
深州市							14		14
三河市							9		9
安国市							4		4
昌黎县							14		14
永清县							17		17
定兴县							16		16
无极县							32		32
望都县							17		17
魏　县							13		13
威　县							25		25
临西县							18		18
广平县							17		17
景　县							10	1	9
吴桥县							10		10
南皮县							11		11
青龙满族自治县							14		14
隆化县							6		6
涿鹿县							1	1	
磁　县							8		8
平山县							17		1
井陉县							12		
张北县							11		

4-64 各地区16岁及以上精神残疾人分城乡的参加社会保险情况

单位：人

地 区	残疾人			参加社会保险人数					
				养老保险			医疗保险		
	合计	城镇	农村	小计	城镇	农村	小计	城镇	农村
总 计	**505**	**89**	**416**	**53**	**49**	**4**	**100**	**49**	**51**
唐山市丰润区	17	2	15	1	1		15	1	14
石家庄市新华区	20	17	3	5	5		6	6	
石家庄市长安区	21	20	1	15	15		14	14	
石家庄市桥东区	27	27		16	16		17	17	
邯郸市复兴区	11	5	6	1		1	1		1
唐山市古冶区	13	12	1	11	11		10	10	
任丘市	11		11						
武安市	12		12	1		1	1		1
辛集市	13	1	12						
深州市	11		11	1		1			
三河市	17		17				13		13
安国市	15	1	14	1	1		2	1	1
昌黎县	18		18				1		1
永清县	30		30						
定兴县	8		8						
无极县	7		7						
望都县	13		13				2		2
魏 县	17		17				1		1
威 县	12		12						
临西县	20		20						
广平县	15		15						
景 县	15		15						
吴桥县	10		10						
南皮县	27		27						
青龙满族自治县	12		12						
隆化县	15	1	14						
涿鹿县	22	3	19				14		14
磁 县	30		30	1		1	1		1
平山县	21		21				2		2
井陉县	10		10						
张北县	15		15						

4-64 续表

单位：人

地区	参加社会保险人数						未参加		
	工伤保险			失业保险					
	小计	城镇	农村	小计	城镇	农村	小计	城镇	农村
总　计	**1**		**1**	**6**	**5**	**1**	**397**	**34**	**363**
唐山市丰润区							2	1	1
石家庄市新华区				2	2		11	8	3
石家庄市长安区							5	4	1
石家庄市桥东区							10	10	
邯郸市复兴区	1		1	1		1	10	5	5
唐山市古冶区				3	3		2	1	1
任丘市							11		11
武安市							11		11
辛集市							13	1	12
深州市							10		10
三河市							4		4
安国市							13		13
昌黎县							17		17
永清县							30		30
定兴县							8		8
无极县							7		7
望都县							11		11
魏　县							16		16
威　县							12		12
临西县							20		20
广平县							15		15
景　县							15		15
吴桥县							10		10
南皮县							27		27
青龙满族自治县							12		12
隆化县							15	1	14
涿鹿县							8	3	5
磁　县							28		28
平山县							19		19
井陉县							10		10
张北县							15		15

4-65 各地区16岁及以上多重残疾人分城乡的参加社会保险情况

单位：人

地区	残疾人			参加社会保险人数					
				养老保险			医疗保险		
	合计	城镇	农村	小计	城镇	农村	小计	城镇	农村
总　计	**1202**	**199**	**1003**	**123**	**105**	**18**	**221**	**106**	**115**
唐山市丰润区	45	2	43	3	2	1	40	2	38
石家庄市新华区	72	46	26	30	25	5	25	25	
石家庄市长安区	48	37	11	27	25	2	27	25	2
石家庄市桥东区	57	57		38	38		40	40	
邯郸市复兴区	17	14	3	5	5		6	6	
唐山市古冶区	29	18	11	7	6	1	3	3	
任丘市	27		27	1		1	1		1
武安市	42	3	39	2	1	1	14	2	12
辛集市	61	4	57	1		1			
深州市	10		10						
三河市	40		40				34		34
安国市	79	3	76				1	1	
昌黎县	34	2	32	2	2				
永清县	41		41				1		1
定兴县	30		30						
无极县	8		8						
望都县	33		33	1		1	4		4
魏　县	43		43	2		2			
威　县	44		44				1		1
临西县	40		40	1		1	1		1
广平县	60		60						
景　县	25	1	24						
吴桥县	23	1	22						
南皮县	15		15						
青龙满族自治县	49		49	1		1			
隆化县	56	9	47	1	1		2	1	1
涿鹿县	28	2	26				19	1	18
磁　县	66		66				1		1
平山县	35		35	1		1	1		1
井陉县	13		13						
张北县	32		32						

4-65 续表

单位：人

地区	参加社会保险人数						未参加		
	工伤保险			失业保险					
	小计	城镇	农村	小计	城镇	农村	小计	城镇	农村
总计	**1**		**1**	**1**		**1**	**956**	**79**	**877**
唐山市丰润区							5		5
石家庄市新华区							39	18	21
石家庄市长安区							19	10	9
石家庄市桥东区							16	16	
邯郸市复兴区							9	6	3
唐山市古冶区	1		1				21	12	9
任丘市							26		26
武安市							28	1	27
辛集市							60	4	56
深州市							10		10
三河市							6		6
安国市							78	2	76
昌黎县							32		32
永清县							40		40
定兴县							30		30
无极县							8		8
望都县				1		1	29		29
魏　县							41		41
威　县							43		43
临西县							39		39
广平县							60		60
景　县							25	1	24
吴桥县							23	1	22
南皮县							15		15
青龙满族自治县							48		48
隆化县							53	7	46
涿鹿县							9	1	8
磁　县							65		65
平山县							34		34
井陉县							13		13
张北县							32		32

4-66 各地区视力残疾人分城乡、残疾等级的领取低保金和救济情况

单位：人

地区	残疾人		残疾一级				残疾二级			
			领取低保人数		领取过救济人数		领取低保人数		领取过救济人数	
	城镇	农村	城镇	农村	城镇	农村	城镇	农村	城镇	农村
总计	**120**	**668**		**3**	**1**	**19**	**1**		**1**	**7**
唐山市丰润区	5	35		3		3	1		1	
石家庄市新华区	37	14								
石家庄市长安区	16	7								
石家庄市桥东区	11				1					
邯郸市复兴区	18	8								
唐山市古冶区	16	6								
任丘市		16								
武安市		27								
辛集市	1	18								1
深州市		22								
三河市		41				1				
安国市		23				1				
昌黎县	3	22				1				
永清县		29								
定兴县		22				1				
无极县		28								
望都县		33				1				
魏县		37								
威县		19								
临西县		10				2				
广平县		29				1				
景县	1	17				1				
吴桥县	1	18				1				
南皮县		32								
青龙满族自治县		14								
隆化县	1	35				1				3
涿鹿县	10	23				1				2
磁县		17								1
平山县		22								
井陉县		18				2				
张北县		26				2				

4-66 续表

单位：人

地 区	残疾三级				残疾四级			
	领取低保人数		领取过救济人数		领取低保人数		领取过救济人数	
	城镇	农村	城镇	农村	城镇	农村	城镇	农村
总 计				**2**	**7**	**5**	**7**	**15**
唐山市丰润区					1	1		
石家庄市新华区					1			
石家庄市长安区					2		2	
石家庄市桥东区							1	
邯郸市复兴区					1		1	
唐山市古冶区							1	
任丘市								
武安市								
辛集市					1		1	1
深州市								
三河市						1		1
安国市								
昌黎县				1	1			
永清县								
定兴县								
无极县								
望都县								
魏 县								
威 县								
临西县								2
广平县						1		1
景 县							1	1
吴桥县								
南皮县								1
青龙满族自治县								
隆化县						1		5
涿鹿县				1				
磁 县								
平山县								
井陉县						1		2
张北县								1

4-67 各地区听力残疾人分城乡、残疾等级的领取低保金和救济情况

单位：人

地区	残疾人		残疾一级				残疾二级			
			领取低保人数		领取过救济人数		领取低保人数		领取过救济人数	
	城镇	农村	城镇	农村	城镇	农村	城镇	农村	城镇	农村
总计	**546**	**1281**	**2**	**1**	**1**	**4**	**1**	**3**	**2**	**14**
唐山市丰润区	15	43								
石家庄市新华区	122	42	1		1					
石家庄市长安区	94	18	1						1	
石家庄市桥东区	215									
邯郸市复兴区	19	5					1		1	
唐山市古冶区	37	14								
任丘市		53								
武安市		65						1		4
辛集市	2	32								
深州市		28								
三河市		49								
安国市	12	64						1		1
昌黎县	9	29								
永清县		66								
定兴县		52								
无极县		50								
望都县		33								
魏　县		33				1				1
威　县		81								1
临西县		68				1				1
广平县		34								
景　县	4	44								
吴桥县	5	28				1				
南皮县		50								
青龙满族自治县		78								
隆化县	4	35								2
涿鹿县	8	40								
磁　县		46								
平山县		41								1
井陉县		7								2
张北县		53		1		1		1		1

4-67 续表

单位：人

地区	残疾三级				残疾四级			
	领取低保人数		领取过救济人数		领取低保人数		领取过救济人数	
	城镇	农村	城镇	农村	城镇	农村	城镇	农村
总　计	**7**	**4**	**4**	**40**	**12**	**1**	**22**	**11**
唐山市丰润区								1
石家庄市新华区	3	1	1	1	5		5	
石家庄市长安区	1		1		4		12	1
石家庄市桥东区	1		1		1		1	
邯郸市复兴区	1				1		2	
唐山市古冶区					1		1	
任丘市				1				
武安市				1				
辛集市			1	3				
深州市								
三河市								
安国市						1		
昌黎县								
永清县								
定兴县								
无极县								
望都县				1				
魏　县								1
威　县		1		3				
临西县		1		17				5
广平县								1
景　县				1				2
吴桥县								
南皮县								
青龙满族自治县				2				
隆化县	1			6			1	
涿鹿县								
磁　县				2				
平山县								
井陉县								
张北县		1		2				

4-68 各地区言语残疾人分城乡、残疾等级的领取低保金和救济情况

单位：人

地区	残疾人		残疾一级				残疾二级			
			领取低保人数		领取过救济人数		领取低保人数		领取过救济人数	
	城镇	农村	城镇	农村	城镇	农村	城镇	农村	城镇	农村
总　计	**9**	**103**		**1**		**2**				**1**
唐山市丰润区	1	1								1
石家庄市新华区	2									
石家庄市长安区		1								
石家庄市桥东区	2									
邯郸市复兴区	1	2		1		1				
唐山市古冶区	2									
任丘市		5								
武安市		1								
辛集市		4								
深州市		7								
三河市		2								
安国市		4								
昌黎县										
永清县		5								
定兴县										
无极县		6								
望都县		2								
魏　县		9								
威　县		5								
临西县		7				1				
广平县		7								
景　县		3								
吴桥县		4								
南皮县		2								
青龙满族自治县		3								
隆化县		2								
涿鹿县	1	2								
磁　县		5								
平山县		3								
井陉县		5								
张北县		6								

4-68 续表

单位：人

地区	残疾三级				残疾四级			
	领取低保人数		领取过救济人数		领取低保人数		领取过救济人数	
	城镇	农村	城镇	农村	城镇	农村	城镇	农村
总　计				**3**				**1**
唐山市丰润区								
石家庄市新华区								
石家庄市长安区								
石家庄市桥东区								
邯郸市复兴区								
唐山市古冶区								
任丘市								
武安市								
辛集市								
深州市								
三河市								
安国市								
昌黎县								
永清县								
定兴县								
无极县								
望都县								1
魏　县				1				
威　县								
临西县				1				
广平县								
景　县								
吴桥县								
南皮县								
青龙满族自治县								
隆化县								
涿鹿县								
磁　县								
平山县								
井陉县								
张北县				1				

4-69 各地区肢体残疾人分城乡、残疾等级的领取低保金和救济情况

单位：人

地 区	残疾人		残疾一级				残疾二级			
			领取低保人数		领取过救济人数		领取低保人数		领取过救济人数	
	城镇	农村	城镇	农村	城镇	农村	城镇	农村	城镇	农村
总 计	**351**	**2076**	**1**	**4**	**3**	**16**	**9**	**9**	**7**	**30**
唐山市丰润区	14	73								
石家庄市新华区	34	9								
石家庄市长安区	69	34			1		1		2	
石家庄市桥东区	89						3		3	
邯郸市复兴区	53	40	1	1	1	1	3	4		2
唐山市古冶区	30	20		1	1	1				
任丘市		98				1				
武安市	4	82								1
辛集市	8	79				2	1		1	2
深州市		90								
三河市		88								1
安国市	5	40				1		1		1
昌黎县	2	46				1				2
永清县		89								
定兴县		55				1		1		1
无极县		36								1
望都县		88				1		1		2
魏 县		54								
威 县		67								1
临西县		64								2
广平县		72								
景 县	13	52				1				2
吴桥县	7	77								
南皮县		89						1		
青龙满族自治县		87								1
隆化县	11	84				2	1	1	1	3
涿鹿县	12	92		1		1				
磁 县		99								2
平山县		86								
井陉县		121				1				4
张北县		65		1		2				2

4-69 续表

单位：人

地区	残疾三级				残疾四级			
	领取低保人数		领取过救济人数		领取低保人数		领取过救济人数	
	城镇	农村	城镇	农村	城镇	农村	城镇	农村
总　计	**17**	**22**	**13**	**45**	**21**	**37**	**17**	**73**
唐山市丰润区		1		1		2		
石家庄市新华区	1		1		1			
石家庄市长安区	3		6		3	1	6	4
石家庄市桥东区			1		6		5	
邯郸市复兴区	7	1	1	2	6	2	1	
唐山市古冶区	1	2	2	1	1	1	1	1
任丘市								
武安市		1				1	1	1
辛集市		2		4	2	3	2	5
深州市								
三河市		1		2		4		14
安国市				2		6		1
昌黎县		1				1		
永清县				1				2
定兴县						2		3
无极县								1
望都县		1						
魏　县		1						
威　县				2				4
临西县				2		1		1
广平县						2		4
景　县		1		1				
吴桥县	1	1		1	1			
南皮县				2				
青龙满族自治县								2
隆化县	4	1	2	5		2	1	8
涿鹿县		1		4	1			5
磁　县		3		9		8		5
平山县								2
井陉县				1				6
张北县		4		5		1		4

4-70 各地区智力残疾人分城乡、残疾等级的领取低保金和救济情况

单位：人

地　区	残疾人		残疾一级				残疾二级			
			领取低保人数		领取过救济人数		领取低保人数		领取过救济人数	
	城镇	农村	城镇	农村	城镇	农村	城镇	农村	城镇	农村
总　计	**62**	**524**	**1**	**1**	**1**	**9**	**2**	**1**	**3**	**11**
唐山市丰润区		10		1		1				
石家庄市新华区	19	2								
石家庄市长安区	8	4								
石家庄市桥东区	7								1	
邯郸市复兴区	12	8	1		1	3	2		2	1
唐山市古冶区	10	2								
任丘市		21								
武安市		19								
辛集市		13								
深州市		16								
三河市		19						1		2
安国市		11								
昌黎县	1	21								
永清县		18								
定兴县		22								
无极县		37								
望都县		23								
魏　县		23								
威　县		33								
临西县		23								1
广平县		24				1				
景　县	2	14				1				1
吴桥县		15								
南皮县		18								
青龙满族自治县		22								
隆化县	1	14								3
涿鹿县	2	10				1				
磁　县		20								
平山县		24								
井陉县		24								1
张北县		14				2				2

4-70 续表

单位：人

地区	残疾三级				残疾四级			
	领取低保人数		领取过救济人数		领取低保人数		领取过救济人数	
	城镇	农村	城镇	农村	城镇	农村	城镇	农村
总　计	**2**	**5**	**2**	**20**	**6**	**1**	**5**	**10**
唐山市丰润区								
石家庄市新华区								
石家庄市长安区					4		3	1
石家庄市桥东区								
邯郸市复兴区	2	1	2	1	2		2	
唐山市古冶区								
任丘市								
武安市								
辛集市								
深州市								
三河市		1		1				1
安国市								
昌黎县				1				1
永清县								
定兴县				2				
无极县								
望都县				3				1
魏　县								
威　县				4				
临西县								1
广平县								
景　县								
吴桥县								
南皮县				1				
青龙满族自治县								1
隆化县		1						
涿鹿县				1				
磁　县								1
平山县		1		1				1
井陉县		1		5		1		2
张北县								

4-71 各地区精神残疾人分城乡、残疾等级的领取低保金和救济情况

单位：人

地区	残疾人		残疾一级				残疾二级			
			领取低保人数		领取过救济人数		领取低保人数		领取过救济人数	
	城镇	农村	城镇	农村	城镇	农村	城镇	农村	城镇	农村
总　计	**90**	**423**	**6**	**9**	**2**	**32**	**5**	**1**	**5**	**7**
唐山市丰润区	2	15								
石家庄市新华区	17	3					1		1	
石家庄市长安区	20	1	4		1		3		3	
石家庄市桥东区	27		1				1		1	
邯郸市复兴区	5	6		2		2				
唐山市古冶区	13	1								
任丘市		11								
武安市		12		1						
辛集市	1	12				4				
深州市		11		1						
三河市		18		2		2				
安国市	1	14								
昌黎县		19								1
永清县		30				1				
定兴县		8								
无极县		7								
望都县		13				2				
魏　县		17						1		1
威　县		12								
临西县		21				1				
广平县		15								
景　县		15								1
吴桥县		10				1				
南皮县		29		1		1				1
青龙满族自治县		13				3				
隆化县	1	14	1		1	3				
涿鹿县	3	19		1		7				
磁　县		31				4				
平山县		21								
井陉县		10								2
张北县		15		1		1				1

4-71 续表

单位：人

地区	残疾三级				残疾四级			
	领取低保人数		领取过救济人数		领取低保人数		领取过救济人数	
	城镇	农村	城镇	农村	城镇	农村	城镇	农村
总　计	**1**	**2**	**1**	**9**	**3**	**2**	**7**	**13**
唐山市丰润区				1				
石家庄市新华区								
石家庄市长安区	1		1		2		2	
石家庄市桥东区					1		2	
邯郸市复兴区		2		2				
唐山市古冶区							3	
任丘市								
武安市								
辛集市								
深州市								
三河市								
安国市						1		
昌黎县								
永清县								
定兴县								
无极县								
望都县								
魏　县						1		1
威　县								
临西县								
广平县				2				2
景　县				2				
吴桥县								
南皮县								1
青龙满族自治县								
隆化县								2
涿鹿县				1				
磁　县				1				4
平山县								2
井陉县								
张北县								1

4-72 各地区多重残疾人分城乡、残疾等级的领取低保金和救济情况

单位：人

地区	残疾人		残疾一级				残疾二级			
			领取低保人数		领取过救济人数		领取低保人数		领取过救济人数	
	城镇	农村	城镇	农村	城镇	农村	城镇	农村	城镇	农村
总　计	**203**	**1073**	**9**	**17**	**10**	**82**		**3**	**2**	**16**
唐山市丰润区	2	44		1		7				
石家庄市新华区	46	26		1		1				
石家庄市长安区	38	12	3		4					
石家庄市桥东区	58		3		3				1	
邯郸市复兴区	15	8		1	2	1			1	
唐山市古冶区	18	12	2	1	1					
任丘市		32								
武安市	3	41		2		3				
辛集市	4	58				2				
深州市		10								
三河市		43		1		5				1
安国市	3	85		5		6				3
昌黎县	2	32								
永清县		43				1				
定兴县		30		1		1				
无极县		8				1				
望都县		33				1				
魏　县		49								
威　县		51				4				
临西县		45				5				2
广平县		62								
景　县	1	25				2				1
吴桥县	1	24		1				1		1
南皮县		18								1
青龙满族自治县		49				5				
隆化县	10	49	1	1		13		1		2
涿鹿县	2	27				1				
磁　县		69		1		9				2
平山县		37		1		2				
井陉县		15				3				1
张北县		36				9		1		2

4-72 续表

单位：人

地区	残疾三级				残疾四级			
	领取低保人数		领取过救济人数		领取低保人数		领取过救济人数	
	城镇	农村	城镇	农村	城镇	农村	城镇	农村
总　计	**5**	**2**	**6**	**20**	**4**	**3**	**6**	**15**
唐山市丰润区								
石家庄市新华区	1		1		1		1	
石家庄市长安区	1		1	1	1		1	
石家庄市桥东区	2		2		1		2	
邯郸市复兴区			1		1		2	
唐山市古冶区								
任丘市								
武安市								
辛集市	1		1	2				
深州市								
三河市								1
安国市		2		3		1		1
昌黎县				1		1		
永清县								
定兴县				1				
无极县								
望都县								
魏　县								
威　县				3				2
临西县				1				2
广平县								
景　县				1				1
吴桥县				1				
南皮县								1
青龙满族自治县								1
隆化县				1				
涿鹿县								
磁　县				2		1		5
平山县								
井陉县				3				1
张北县								

4－73　各地区残疾人分城乡的曾接受服务或扶助

单位：人次

地　区	合计		医疗服务与救助		辅助器具	
	城镇	农村	城镇	农村	城镇	农村
总　计	**1831**	**8620**	**711**	**3230**	**157**	**662**
唐山市丰润区	44	243	35	154	1	7
石家庄市新华区	399	121	218	61	37	4
石家庄市长安区	320	86	32	7	3	1
石家庄市桥东区	576		220		80	
邯郸市复兴区	133	85	41	26	7	5
唐山市古冶区	143	61	91	28	9	2
任丘市		367		197		46
武安市	11	294	4	33		5
辛集市	22	254	15	155		12
深州市		322		130		49
三河市		524		219		46
安国市	22	292	9	106	1	20
昌黎县	25	359	14	132	4	38
永清县		325		178		23
定兴县		277		111		32
无极县		212		129		10
望都县		254		148		26
魏　县		224		50		
威　县		663		229		75
临西县		699		220		114
广平县		298		57		9
景　县	36	300	11	117	7	52
吴桥县	14	188	3	47		6
南皮县		241		16		
青龙满族自治县		282		162		5
隆化县	37	260	11	41	3	5
涿鹿县	49	285	7	103	5	13
磁　县		349		45		19
平山县		287		154		33
井陉县		249		156		4
张北县		219		19		1

4－73 续表 1

单位：人次

地 区	康复训练与服务		教育费用补助或减免		职业教育与培训	
	城镇	农村	城镇	农村	城镇	农村
总 计	**188**	**848**	**5**	**25**	**2**	**6**
唐山市丰润区	1	1				
石家庄市新华区	78	21				
石家庄市长安区	22	3	1	1		
石家庄市桥东区	66					
邯郸市复兴区	3	1	1			
唐山市古冶区	1					
任丘市		82		2		
武安市	2	8	1	3	1	1
辛集市		8		1		1
深州市		38				
三河市		71		6		1
安国市	1	3				
昌黎县	4	90				2
永清县		15				
定兴县		12				
无极县		25				
望都县		1				
魏 县						
威 县		188		2		
临西县		139		2		
广平县		23				
景 县	6	65				
吴桥县						
南皮县				2		
青龙满族自治县		7				
隆化县	1	3		2	1	
涿鹿县	3	22	2	1		1
磁 县		2				
平山县		12		2		
井陉县		6		1		
张北县		2				

4－73 续表 2

单位：人次

地　区	就业安置或扶持		贫困残疾人救助与扶持		法律援助与服务	
	城镇	农村	城镇	农村	城镇	农村
总　计	**20**	**24**	**97**	**618**	**2**	**21**
唐山市丰润区		1	3	21		
石家庄市新华区	1		3			
石家庄市长安区	11	5	27	8	1	
石家庄市桥东区	3		19		1	
邯郸市复兴区	4		16	5		
唐山市古冶区	1		9	4		
任丘市				4		
武安市				10		1
辛集市			7	26		
深州市		2		10		
三河市		2		34		
安国市		3		32		
昌黎县		2		1		2
永清县		1		5		
定兴县		2		15		6
无极县				3		
望都县		1		9		
魏　县				7		
威　县				119		
临西县				48		
广平县				18		2
景　县			2	15		
吴桥县				4		
南皮县				4		
青龙满族自治县		1		10		
隆化县			8	65		
涿鹿县		3	3	25		10
磁　县				43		
平山县				13		
井陉县		1		36		
张北县				24		

4－73　续表 3

单位：人次

地　区	无障碍设施		信息无障碍		生活服务	
	城镇	农村	城镇	农村	城镇	农村
总　计	**1**	**37**	**2**	**41**	**49**	**319**
唐山市丰润区					1	5
石家庄市新华区					3	
石家庄市长安区			1		31	
石家庄市桥东区	1				6	
邯郸市复兴区						
唐山市古冶区			1			
任丘市						9
武安市				8	1	14
辛集市						
深州市		6				32
三河市		10		1		78
安国市						12
昌黎县		18		26		12
永清县						
定兴县		1		3		27
无极县						4
望都县						1
魏　县						
威　县		1				7
临西县						29
广平县						10
景　县						
吴桥县						6
南皮县				1		1
青龙满族自治县		1				
隆化县				2	3	3
涿鹿县					4	9
磁　县						54
平山县						3
井陉县						3
张北县						

4－73 续表 4

单位：人次

地区	文化服务		其他		未曾接受任何服务或扶助	
	城镇	农村	城镇	农村	城镇	农村
总计	**5**	**64**	**25**	**208**	**567**	**2517**
唐山市丰润区		1			3	53
石家庄市新华区	1				58	35
石家庄市长安区	2		20	2	169	59
石家庄市桥东区			1		179	
邯郸市复兴区	1	1			60	47
唐山市古冶区					31	27
任丘市		7				20
武安市		3		7	2	201
辛集市						51
深州市				6		49
三河市		6		17		33
安国市			3	11	8	105
昌黎县					3	36
永清县				24		79
定兴县		6				62
无极县						41
望都县				1		67
魏　县		1				166
威　县		6		3		33
临西县		25		119		3
广平县		3		1		175
景　县					10	51
吴桥县					11	125
南皮县				1		216
青龙满族自治县						96
隆化县	1			1	9	138
涿鹿县		3	1		24	95
磁　县		1		5		180
平山县		1		1		68
井陉县				9		33
张北县						173

4-74　各地区视力残疾人分城乡的曾接受服务或扶助

单位：人次

地　区	合计		医疗服务与救助		辅助器具	
	城镇	农村	城镇	农村	城镇	农村
总　计	**162**	**930**	**91**	**403**	**22**	**85**
唐山市丰润区	8	44	5	25		2
石家庄市新华区	53	18	35	13	9	2
石家庄市长安区	19	7	1	1		
石家庄市桥东区	16		11		3	
邯郸市复兴区	18	8	15	7		
唐山市古冶区	22	7	16	5	5	1
任丘市		19		14		3
武安市		27				
辛集市	2	29	1	16		7
深州市		66		20		18
三河市		69		29		4
安国市		32		14		3
昌黎县	3	45	3	18		12
永清县		31		3		1
定兴县		25		18		3
无极县		32		22		1
望都县		33		28		
魏　县		37		27		
威　县		57		19		8
临西县		30		10		5
广平县		70		21		1
景　县	2	19	1	11		1
吴桥县	1	19		12		1
南皮县		32		12		
青龙满族自治县		17		6		2
隆化县	1	36		1		
涿鹿县	17	32	3	21	5	8
磁　县		18		1		2
平山县		22		17		
井陉县		23		10		
张北县		26		2		

4-74 续表 1

单位：人次

地 区	康复训练与服务		教育费用补助或减免		职业教育与培训	
	城镇	农村	城镇	农村	城镇	农村
总 计	**8**	**79**	**2**			**1**
唐山市丰润区						
石家庄市新华区	7	2				
石家庄市长安区						
石家庄市桥东区						
邯郸市复兴区						
唐山市古冶区						
任丘市		1				
武安市						
辛集市		2				1
深州市		16				
三河市		1				
安国市		1				
昌黎县		10				
永清县		1				
定兴县						
无极县		3				
望都县						
魏 县						
威 县		17				
临西县		4				
广平县		19				
景 县						
吴桥县						
南皮县						
青龙满族自治县		1				
隆化县						
涿鹿县	1	1	2			
磁 县						
平山县						
井陉县						
张北县						

4-74 续表 2

单位：人次

地区	就业安置或扶持		贫困残疾人救助与扶持		法律援助与服务	
	城镇	农村	城镇	农村	城镇	农村
总　计	**1**	**2**	**9**	**63**	**1**	**3**
唐山市丰润区			2	6		
石家庄市新华区						
石家庄市长安区		1	1			
石家庄市桥东区					1	
邯郸市复兴区	1					
唐山市古冶区			1			
任丘市						
武安市						
辛集市			1	2		
深州市						
三河市				2		
安国市				1		
昌黎县				1		1
永清县						
定兴县				2		
无极县						
望都县						
魏　县						
威　县				12		
临西县				5		
广平县				11		2
景　县			1	2		
吴桥县				1		
南皮县						
青龙满族自治县						
隆化县				8		
涿鹿县			3	1		
磁　县				2		
平山县						
井陉县		1		4		
张北县				3		

4-74 续表 3

单位：人次

地区	无障碍设施		信息无障碍		生活服务	
	城镇	农村	城镇	农村	城镇	农村
总计	**1**	**14**		**1**	**4**	**35**
唐山市丰润区					1	4
石家庄市新华区						
石家庄市长安区					2	
石家庄市桥东区	1					
邯郸市复兴区						
唐山市古冶区						
任丘市						
武安市						
辛集市						
深州市		6				6
三河市		7		1		6
安国市						11
昌黎县						
永清县						
定兴县						
无极县						
望都县						
魏县						
威县		1				
临西县						
广平县						8
景县						
吴桥县						
南皮县						
青龙满族自治县						
隆化县						
涿鹿县					1	
磁县						
平山县						
井陉县						
张北县						

4-74 续表 4

单位：人次

地区	文化服务		其他		未曾接受任何服务或扶助	
	城镇	农村	城镇	农村	城镇	农村
总计	**1**	**2**	**1**	**14**	**21**	**228**
唐山市丰润区		1				6
石家庄市新华区					2	1
石家庄市长安区			1		14	5
石家庄市桥东区						
邯郸市复兴区	1	1			1	
唐山市古冶区						1
任丘市						1
武安市						27
辛集市						1
深州市						
三河市				8		11
安国市						2
昌黎县						3
永清县						26
定兴县						2
无极县						6
望都县						5
魏　县						10
威　县						
临西县				6		
广平县						8
景　县						5
吴桥县					1	5
南皮县						20
青龙满族自治县						8
隆化县					1	27
涿鹿县					2	1
磁　县						13
平山县						5
井陉县						8
张北县						21

4-75 各地区听力残疾人分城乡的曾接受服务或扶助

单位：人次

地　区	合计		医疗服务与救助		辅助器具	
	城镇	农村	城镇	农村	城镇	农村
总　计	**589**	**1728**	**225**	**604**	**34**	**171**
唐山市丰润区	15	45	12	15		2
石家庄市新华区	136	42	97	20	10	
石家庄市长安区	100	18	1			
石家庄市桥东区	228		53		14	
邯郸市复兴区	22	6	7	2	3	2
唐山市古冶区	40	15	37	3	2	1
任丘市		64		40		5
武安市		72		3		1
辛集市	2	34	1	11		1
深州市		81		28		24
三河市		58		39		
安国市	12	65		2	1	
昌黎县	13	83	7	29	4	11
永清县		77		53		11
定兴县		59		13		8
无极县		53		47		3
望都县		37		14		4
魏　县		35		14		
威　县		189		65		16
临西县		204		67		54
广平县		34				3
景　县	4	48	3	12		4
吴桥县	5	33	3	16		5
南皮县		50				
青龙满族自治县		80		67		1
隆化县	4	42	4	5		3
涿鹿县	8	44		7		1
磁　县		54		9		8
平山县		43		17		1
井陉县		9		3		2
张北县		54		3		

4-75 续表 1

单位：人次

地区	康复训练与服务		教育费用补助或减免		职业教育与培训	
	城镇	农村	城镇	农村	城镇	农村
总　计	**5**	**70**				
唐山市丰润区						
石家庄市新华区	4					
石家庄市长安区						
石家庄市桥东区	1					
邯郸市复兴区						
唐山市古冶区						
任丘市						
武安市						
辛集市						
深州市		2				
三河市		2				
安国市						
昌黎县		1				
永清县						
定兴县						
无极县						
望都县						
魏　县						
威　县		49				
临西县		14				
广平县						
景　县						
吴桥县						
南皮县						
青龙满族自治县						
隆化县						
涿鹿县		2				
磁　县						
平山县						
井陉县						
张北县						

4-75 续表 2

单位：人次

地 区	就业安置或扶持		贫困残疾人救助与扶持		法律援助与服务	
	城镇	农村	城镇	农村	城镇	农村
总 计		**4**	**5**	**114**		
唐山市丰润区				1		
石家庄市新华区						
石家庄市长安区			2	1		
石家庄市桥东区			1			
邯郸市复兴区						
唐山市古冶区			1			
任丘市				1		
武安市				3		
辛集市			1	3		
深州市		2		8		
三河市				3		
安国市		1		2		
昌黎县						
永清县						
定兴县						
无极县						
望都县		1		2		
魏 县				3		
威 县				42		
临西县				25		
广平县						
景 县						
吴桥县						
南皮县						
青龙满族自治县				1		
隆化县				9		
涿鹿县				3		
磁 县				2		
平山县				1		
井陉县				2		
张北县				2		

4-75 续表 3

单位：人次

地 区	无障碍设施		信息无障碍		生活服务	
	城镇	农村	城镇	农村	城镇	农村
总 计		**18**		**24**	**10**	**40**
唐山市丰润区						
石家庄市新华区						
石家庄市长安区					10	
石家庄市桥东区						
邯郸市复兴区						
唐山市古冶区						
任丘市						5
武安市						4
辛集市						
深州市						15
三河市		1				4
安国市						
昌黎县		17		23		2
永清县						
定兴县						1
无极县						
望都县						
魏 县						
威 县						2
临西县						6
广平县						
景 县						
吴桥县						
南皮县						
青龙满族自治县						
隆化县				1		
涿鹿县						
磁 县						1
平山县						
井陉县						
张北县						

4-75 续表 4

单位：人次

地 区	文化服务		其他		未曾接受任何服务或扶助	
	城镇	农村	城镇	农村	城镇	农村
总 计		**9**	**14**	**48**	**296**	**626**
唐山市丰润区					3	27
石家庄市新华区					25	22
石家庄市长安区			11		76	17
石家庄市桥东区					159	
邯郸市复兴区					12	2
唐山市古冶区						11
任丘市		5				8
武安市				5		56
辛集市						19
深州市				2		
三河市						9
安国市			3	5	8	55
昌黎县					2	
永清县						13
定兴县						37
无极县						3
望都县				1		15
魏 县						18
威 县						15
临西县		4		34		
广平县						31
景 县					1	32
吴桥县					2	12
南皮县						50
青龙满族自治县						11
隆化县				1		23
涿鹿县					8	31
磁 县						34
平山县						24
井陉县						2
张北县						49

4-76 各地区言语残疾人分城乡的曾接受服务或扶助

单位：人次

地 区	合计		医疗服务与救助		辅助器具	
	城镇	农村	城镇	农村	城镇	农村
总 计	**12**	**134**	**5**	**38**		**5**
唐山市丰润区	1	2	1	1		
石家庄市新华区	2					
石家庄市长安区		1		1		
石家庄市桥东区	4		2			
邯郸市复兴区	2	2	1			
唐山市古冶区	2		1			
任丘市		6		4		
武安市		1				
辛集市		4				
深州市		10		5		
三河市		2				
安国市		4		2		
昌黎县						
永清县		5		1		
定兴县						
无极县		6		3		
望都县		3				
魏 县		9				
威 县		11		2		2
临西县		18		6		1
广平县		8		1		1
景 县		6		3		
吴桥县		4		1		
南皮县		2				
青龙满族自治县		3		1		
隆化县		2				
涿鹿县	1	2				
磁 县		5		1		
平山县		6		2		
井陉县		5		3		
张北县		7		1		1

4-76 续表 1

单位：人次

地 区	康复训练与服务		教育费用补助或减免		职业教育与培训	
	城镇	农村	城镇	农村	城镇	农村
总 计	**3**	**19**				
唐山市丰润区						
石家庄市新华区						
石家庄市长安区						
石家庄市桥东区	2					
邯郸市复兴区	1					
唐山市古冶区						
任丘市		2				
武安市						
辛集市						
深州市		3				
三河市						
安国市						
昌黎县						
永清县						
定兴县						
无极县						
望都县						
魏 县						
威 县		3				
临西县		5				
广平县		1				
景 县		3				
吴桥县						
南皮县						
青龙满族自治县						
隆化县						
涿鹿县						
磁 县						
平山县		2				
井陉县						
张北县						

4-76 续表 2

单位：人次

地区	就业安置或扶持		贫困残疾人救助与扶持		法律援助与服务	
	城镇	农村	城镇	农村	城镇	农村
总计				**7**		
唐山市丰润区				1		
石家庄市新华区						
石家庄市长安区						
石家庄市桥东区						
邯郸市复兴区						
唐山市古冶区						
任丘市						
武安市						
辛集市						
深州市						
三河市						
安国市						
昌黎县						
永清县						
定兴县						
无极县						
望都县				1		
魏县				1		
威县				2		
临西县				2		
广平县						
景县						
吴桥县						
南皮县						
青龙满族自治县						
隆化县						
涿鹿县						
磁县						
平山县						
井陉县						
张北县						

4-76 续表 3

单位：人次

地区	无障碍设施		信息无障碍		生活服务	
	城镇	农村	城镇	农村	城镇	农村
总计						2
唐山市丰润区						
石家庄市新华区						
石家庄市长安区						
石家庄市桥东区						
邯郸市复兴区						
唐山市古冶区						
任丘市						
武安市						
辛集市						
深州市						
三河市						
安国市						
昌黎县						
永清县						
定兴县						
无极县						
望都县						1
魏　县						
威　县						
临西县						
广平县						
景　县						
吴桥县						
南皮县						
青龙满族自治县						
隆化县						
涿鹿县						
磁　县						
平山县						1
井陉县						
张北县						

4-76 续表 4

单位：人次

地 区	文化服务		其他		未曾接受任何服务或扶助	
	城镇	农村	城镇	农村	城镇	农村
总 计		**2**		**2**	**4**	**59**
唐山市丰润区						
石家庄市新华区					2	
石家庄市长安区						
石家庄市桥东区						
邯郸市复兴区						2
唐山市古冶区					1	
任丘市						
武安市						1
辛集市						4
深州市						2
三河市						2
安国市						2
昌黎县						
永清县						4
定兴县						
无极县						3
望都县						1
魏 县						8
威 县		1				1
临西县		1		2		1
广平县						5
景 县						
吴桥县						3
南皮县						2
青龙满族自治县						2
隆化县						2
涿鹿县					1	2
磁 县						4
平山县						1
井陉县						2
张北县						5

4-77 各地区肢体残疾人分城乡的曾接受服务或扶助

单位：人次

地区	合计		医疗服务与救助		辅助器具	
	城镇	农村	城镇	农村	城镇	农村
总　计	**502**	**2927**	**186**	**1223**	**54**	**245**
唐山市丰润区	15	78	13	72	1	1
石家庄市新华区	71	19	33	9	7	1
石家庄市长安区	76	38	3	1		
石家庄市桥东区	163		84		36	
邯郸市复兴区	58	46	6	9	2	3
唐山市古冶区	36	24	22	15	1	
任丘市		188		97		31
武安市	5	103	2	10		
辛集市	12	94	8	67		
深州市		102		51		6
三河市		202		84		32
安国市	6	63	5	34		10
昌黎县	4	89	2	37		7
永清县		110		88		7
定兴县		92		47		15
无极县		51		33		2
望都县		103		85		14
魏　县		54				
威　县		176		58		26
临西县		192		59		29
广平县		78		3		1
景　县	25	134	6	49	6	32
吴桥县	7	77		3		
南皮县		91				
青龙满族自治县		91		62		1
隆化县	12	84			1	
涿鹿县	12	106	2	50		1
磁　县		123		14		
平山县		112		77		24
井陉县		141		106		2
张北县		66		3		

4-77 续表 1

单位：人次

地　区	康复训练与服务		教育费用补助或减免		职业教育与培训	
	城镇	农村	城镇	农村	城镇	农村
总　计	**74**	**363**	**2**	**8**	**1**	
唐山市丰润区	1					
石家庄市新华区	31	9				
石家庄市长安区		1	1			
石家庄市桥东区	30					
邯郸市复兴区	2		1			
唐山市古冶区	1					
任丘市		59		1		
武安市	1	5				
辛集市		4		1		
深州市		2				
三河市		40		4		
安国市	1	2				
昌黎县	2	36				
永清县		10				
定兴县		5				
无极县		12				
望都县		1				
魏　县						
威　县		54		1		
临西县		59				
广平县		1				
景　县	5	45				
吴桥县						
南皮县				1		
青龙满族自治县		3				
隆化县					1	
涿鹿县		9				
磁　县		1				
平山县		1				
井陉县		4				
张北县						

4-77 续表 2

单位：人次

地区	就业安置或扶持		贫困残疾人救助与扶持		法律援助与服务	
	城镇	农村	城镇	农村	城镇	农村
总计	**7**	**7**	**38**	**181**	**1**	**1**
唐山市丰润区				4		
石家庄市新华区						
石家庄市长安区	2	3	9	5	1	
石家庄市桥东区	2		7			
邯郸市复兴区	3		7	4		
唐山市古冶区			5	4		
任丘市						
武安市				2		1
辛集市			4	13		
深州市				1		
三河市		2		13		
安国市		2		9		
昌黎县						
永清县				3		
定兴县				6		
无极县				2		
望都县						
魏　县				1		
威　县				27		
临西县				2		
广平县				5		
景　县			1	5		
吴桥县						
南皮县				2		
青龙满族自治县						
隆化县			5	25		
涿鹿县				10		
磁　县				16		
平山县				3		
井陉县				12		
张北县				7		

4-77 续表 3

单位：人次

地 区	无障碍设施		信息无障碍		生活服务	
	城镇	农村	城镇	农村	城镇	农村
总 计		**1**		**7**	**8**	**89**
唐山市丰润区						1
石家庄市新华区						
石家庄市长安区					8	
石家庄市桥东区						
邯郸市复兴区						
唐山市古冶区						
任丘市						
武安市				6		7
辛集市						
深州市						2
三河市						22
安国市						
昌黎县						
永清县						
定兴县						15
无极县						
望都县						
魏 县						
威 县						2
临西县						7
广平县						1
景 县						
吴桥县						
南皮县				1		1
青龙满族自治县		1				
隆化县						
涿鹿县						
磁 县						29
平山县						
井陉县						2
张北县						

4-77 续表 4

单位：人次

地区	文化服务		其他		未曾接受任何服务或扶助	
	城镇	农村	城镇	农村	城镇	农村
总计		**12**	**4**	**45**	**127**	**745**
唐山市丰润区						
石家庄市新华区						
石家庄市长安区			4	2	48	26
石家庄市桥东区					4	
邯郸市复兴区					37	30
唐山市古冶区					7	5
任丘市						
武安市		2		2	2	68
辛集市						9
深州市				4		36
三河市		1		2		2
安国市				1		5
昌黎县						9
永清县				1		1
定兴县						4
无极县						2
望都县						3
魏县						53
威县		2				6
临西县		4		32		
广平县		3				64
景县					7	3
吴桥县					7	74
南皮县						86
青龙满族自治县						24
隆化县					5	59
涿鹿县					10	36
磁县						63
平山县				1		6
井陉县						15
张北县						56

4–78 各地区智力残疾人分城乡的曾接受服务或扶助

单位：人次

地区	合计		医疗服务与救助		辅助器具	
	城镇	农村	城镇	农村	城镇	农村
总　计	**73**	**710**	**5**	**163**	**1**	**14**
唐山市丰润区		10		1		
石家庄市新华区	19	2				
石家庄市长安区	16	7	1	1		
石家庄市桥东区	7					
邯郸市复兴区	12	8		2		
唐山市古冶区	10	2	2			
任丘市		26		3		
武安市		19				
辛集市		13		2		
深州市		16		6		
三河市		51		19		
安国市		11		1		
昌黎县	1	31		8		
永清县		18		5		
定兴县		32		12		
无极县		46		10		2
望都县		23				
魏　县		23				
威　县		75		29		4
临西县		61		21		1
广平县		24				
景　县	4	28	1	9	1	6
吴桥县		15		1		
南皮县		19		3		
青龙满族自治县		22		1		
隆化县	2	15	1	4		
涿鹿县	2	12		3		
磁　县		24		4		
平山县		27		2		1
井陉县		35		14		
张北县		15		2		

4-78 续表 1

单位：人次

地区	康复训练与服务		教育费用补助或减免		职业教育与培训	
	城镇	农村	城镇	农村	城镇	农村
总　计	**2**	**78**		**11**		
唐山市丰润区						
石家庄市新华区						
石家庄市长安区	1	1		1		
石家庄市桥东区						
邯郸市复兴区						
唐山市古冶区						
任丘市		8		1		
武安市						
辛集市						
深州市						
三河市		10		1		
安国市						
昌黎县		7				
永清县						
定兴县		2				
无极县		4				
望都县						
魏　县						
威　县		19		1		
临西县		15		2		
广平县						
景　县	1	7				
吴桥县						
南皮县				1		
青龙满族自治县						
隆化县		1				
涿鹿县				1		
磁　县		1				
平山县		1		2		
井陉县		1		1		
张北县		1				

4-78 续表 2

单位：人次

地区	就业安置或扶持		贫困残疾人救助与扶持		法律援助与服务	
	城镇	农村	城镇	农村	城镇	农村
总　计	**3**	**1**	**12**	**56**		
唐山市丰润区				1		
石家庄市新华区						
石家庄市长安区	2	1	3	1		
石家庄市桥东区	1		1			
邯郸市复兴区			8	1		
唐山市古冶区						
任丘市				1		
武安市						
辛集市						
深州市						
三河市				5		
安国市						
昌黎县						
永清县						
定兴县				2		
无极县						
望都县				4		
魏　县						
威　县				13		
临西县				2		
广平县				1		
景　县				2		
吴桥县						
南皮县						
青龙满族自治县				4		
隆化县				3		
涿鹿县				2		
磁　县				1		
平山县				2		
井陉县				8		
张北县				3		

4-78 续表 3

单位：人次

地区	无障碍设施		信息无障碍		生活服务	
	城镇	农村	城镇	农村	城镇	农村
总计					**4**	**37**
唐山市丰润区						
石家庄市新华区						
石家庄市长安区					4	
石家庄市桥东区						
邯郸市复兴区						
唐山市古冶区						
任丘市						3
武安市						
辛集市						
深州市						
三河市						13
安国市						
昌黎县						3
永清县						
定兴县						7
无极县						4
望都县						
魏　县						
威　县						1
临西县						3
广平县						
景　县						
吴桥县						
南皮县						
青龙满族自治县						
隆化县						
涿鹿县						
磁　县						2
平山县						
井陉县						1
张北县						

4-78 续表 4

单位：人次

地 区	文化服务		其他		未曾接受任何服务或扶助	
	城镇	农村	城镇	农村	城镇	农村
总 计	**2**	**14**	**1**	**26**	**43**	**310**
唐山市丰润区						8
石家庄市新华区					19	2
石家庄市长安区	1		1		3	2
石家庄市桥东区					5	
邯郸市复兴区					4	5
唐山市古冶区					8	2
任丘市		2				8
武安市						19
辛集市						11
深州市						10
三河市				3		
安国市						10
昌黎县					1	13
永清县						13
定兴县		1				8
无极县						26
望都县						19
魏 县		1				22
威 县		2		2		4
临西县		6		9		2
广平县						23
景 县					1	4
吴桥县						14
南皮县				1		14
青龙满族自治县						17
隆化县	1					7
涿鹿县					2	6
磁 县		1		5		10
平山县		1				18
井陉县				6		4
张北县						9

4–79 各地区精神残疾人分城乡的曾接受服务或扶助

单位：人次

地 区	合计		医疗服务与救助		辅助器具	
	城镇	农村	城镇	农村	城镇	农村
总 计	**158**	**641**	**58**	**232**	**4**	**11**
唐山市丰润区	2	16	2	14		
石家庄市新华区	35	5	12	1	4	1
石家庄市长安区	54	1	17			
石家庄市桥东区	39		21			
邯郸市复兴区	5	6	2	4		
唐山市古冶区	13	1	1			
任丘市		11		11		
武安市		14		10		
辛集市	1	16	1	10		
深州市		32		11		
三河市		47		16		
安国市	1	14	1	8		
昌黎县		39		15		
永清县		35		4		
定兴县		22		3		
无极县		8		7		
望都县		13				
魏 县		17				
威 县		28		9		4
临西县		59		13		3
广平县		18		14		1
景 县		17		12		
吴桥县		15		8		
南皮县		29				
青龙满族自治县		13		1		
隆化县	1	20		14		
涿鹿县	7	55	1	13		2
磁 县		36		3		
平山县		26		15		
井陉县		13		9		
张北县		15		7		

4-79 续表 1

单位：人次

地 区	康复训练与服务		教育费用补助或减免		职业教育与培训	
	城镇	农村	城镇	农村	城镇	农村
总 计	**29**	**70**				**4**
唐山市丰润区						
石家庄市新华区	11	1				
石家庄市长安区	15					
石家庄市桥东区	1					
邯郸市复兴区						
唐山市古冶区						
任丘市						
武安市		1				
辛集市		1				
深州市		11				
三河市		3				1
安国市						
昌黎县		15				2
永清县		3				
定兴县						
无极县		1				
望都县						
魏 县						
威 县		8				
临西县		15				
广平县						
景 县						
吴桥县						
南皮县						
青龙满族自治县						
隆化县						
涿鹿县	2	7				1
磁 县						
平山县		3				
井陉县		1				
张北县						

4-79 续表 2

单位：人次

地 区	就业安置或扶持		贫困残疾人救助与扶持		法律援助与服务	
	城镇	农村	城镇	农村	城镇	农村
总 计	**7**	**7**	**15**	**56**		**15**
唐山市丰润区				1		
石家庄市新华区			2			
石家庄市长安区	6		7			
石家庄市桥东区			4			
邯郸市复兴区						
唐山市古冶区	1		1			
任丘市						
武安市				1		
辛集市				4		
深州市				1		
三河市				5		
安国市				1		
昌黎县		1				
永清县		1		1		
定兴县		2		3		5
无极县						
望都县				1		
魏 县				2		
威 县				3		
临西县				1		
广平县				1		
景 县				2		
吴桥县				1		
南皮县						
青龙满族自治县						
隆化县			1	4		
涿鹿县		3		9		10
磁 县				8		
平山县				2		
井陉县				2		
张北县				3		

4-79 续表 3

单位：人次

地 区	无障碍设施		信息无障碍		生活服务	
	城镇	农村	城镇	农村	城镇	农村
总 计		**1**	**1**	**3**	**13**	**53**
唐山市丰润区						
石家庄市新华区					1	
石家庄市长安区			1		3	
石家庄市桥东区					6	
邯郸市复兴区						
唐山市古冶区						
任丘市						
武安市						
辛集市						
深州市						9
三河市						15
安国市						
昌黎县						2
永清县						
定兴县		1		3		
无极县						
望都县						
魏 县						
威 县						1
临西县						8
广平县						
景 县						
吴桥县						6
南皮县						
青龙满族自治县						
隆化县						2
涿鹿县					3	6
磁 县						4
平山县						
井陉县						
张北县						

4-79 续表 4

单位：人次

地 区	文化服务		其他		未曾接受任何服务或扶助	
	城镇	农村	城镇	农村	城镇	农村
总 计	**1**	**15**	**4**	**39**	**26**	**135**
唐山市丰润区						1
石家庄市新华区					5	2
石家庄市长安区	1		2		2	1
石家庄市桥东区			1		6	
邯郸市复兴区					3	2
唐山市古冶区					10	1
任丘市						
武安市						2
辛集市						1
深州市						
三河市		4		1		2
安国市						5
昌黎县						4
永清县				21		5
定兴县		5				
无极县						
望都县						12
魏 县						15
威 县						3
临西县		3		16		
广平县				1		1
景 县						3
吴桥县						
南皮县						29
青龙满族自治县						12
隆化县						
涿鹿县		3	1			1
磁 县						21
平山县						6
井陉县						1
张北县						5

4-80 各地区多重残疾人分城乡的曾接受服务或扶助

单位：人次

地区	合计		医疗服务与救助		辅助器具	
	城镇	农村	城镇	农村	城镇	农村
总计	**335**	**1550**	**141**	**567**	**42**	**131**
唐山市丰润区	3	48	2	26		2
石家庄市新华区	83	35	41	18	7	
石家庄市长安区	55	14	9	3	3	1
石家庄市桥东区	119		49		27	
邯郸市复兴区	16	9	10	2	2	
唐山市古冶区	20	12	12	5	1	
任丘市		53		28		7
武安市	6	58	2	10		4
辛集市	5	64	4	49		4
深州市		15		9		1
三河市		95		32		10
安国市	3	103	3	45		7
昌黎县	4	72	2	25		8
永清县		49		24		4
定兴县		47		18		6
无极县		16		7		2
望都县		42		21		8
魏县		49		9		
威县		127		47		15
临西县		135		44		21
广平县		66		18		2
景县	1	48		21		9
吴桥县	1	25		6		
南皮县		18		1		
青龙满族自治县		56		24		1
隆化县	17	61	6	17	2	2
涿鹿县	2	34	1	9		1
磁县		89		13		9
平山县		51		24		7
井陉县		23		11		
张北县		36		1		

4-80 续表 1

单位：人次

地　区	康复训练与服务		教育费用补助或减免		职业教育与培训	
	城镇	农村	城镇	农村	城镇	农村
总　计	**67**	**169**	**1**	**6**	**1**	**1**
唐山市丰润区		1				
石家庄市新华区	25	9				
石家庄市长安区	6	1				
石家庄市桥东区	32					
邯郸市复兴区		1				
唐山市古冶区						
任丘市		12				
武安市	1	2	1	3	1	1
辛集市		1				
深州市		4				
三河市		15		1		
安国市						
昌黎县	2	21				
永清县		1				
定兴县		5				
无极县		5				
望都县						
魏　县						
威　县		38				
临西县		27				
广平县		2				
景　县		10				
吴桥县						
南皮县						
青龙满族自治县		3				
隆化县	1	2		2		
涿鹿县		3				
磁　县						
平山县		5				
井陉县						
张北县		1				

4-80 续表 2

单位：人次

地区	就业安置或扶持		贫困残疾人救助与扶持		法律援助与服务	
	城镇	农村	城镇	农村	城镇	农村
总计	**2**	**3**	**18**	**141**		**2**
唐山市丰润区		1	1	7		
石家庄市新华区	1		1			
石家庄市长安区	1		5	1		
石家庄市桥东区			6			
邯郸市复兴区			1			
唐山市古冶区			1			
任丘市				2		
武安市				4		
辛集市			1	4		
深州市						
三河市				6		
安国市				19		
昌黎县		1				1
永清县				1		
定兴县				2		1
无极县				1		
望都县				1		
魏县						
威县				20		
临西县				11		
广平县						
景县				4		
吴桥县				2		
南皮县				2		
青龙满族自治县		1		5		
隆化县			2	16		
涿鹿县						
磁县				14		
平山县				5		
井陉县				8		
张北县				6		

4-80 续表 3

单位：人次

地 区	无障碍设施		信息无障碍		生活服务	
	城镇	农村	城镇	农村	城镇	农村
总 计		**3**	**1**	**6**	**10**	**63**
唐山市丰润区						
石家庄市新华区					2	
石家庄市长安区					4	
石家庄市桥东区						
邯郸市复兴区						
唐山市古冶区			1			
任丘市						1
武安市				2	1	3
辛集市						
深州市						
三河市		2				18
安国市						1
昌黎县		1		3		5
永清县						
定兴县						4
无极县						
望都县						
魏 县						
威 县						1
临西县						5
广平县						1
景 县						
吴桥县						
南皮县						
青龙满族自治县						
隆化县				1	3	1
涿鹿县						3
磁 县						18
平山县						2
井陉县						
张北县						

4-80 续表 4

单位：人次

地　区	文化服务		其他		未曾接受任何服务或扶助	
	城镇	农村	城镇	农村	城镇	农村
总　计	**1**	**10**	**1**	**34**	**50**	**414**
唐山市丰润区						11
石家庄市新华区	1				5	8
石家庄市长安区			1		26	8
石家庄市桥东区					5	
邯郸市复兴区					3	6
唐山市古冶区					5	7
任丘市						3
武安市		1				28
辛集市						6
深州市						1
三河市		1		3		7
安国市				5		26
昌黎县						7
永清县				2		17
定兴县						11
无极县						1
望都县						12
魏　县						40
威　县		1		1		4
临西县		7		20		
广平县						43
景　县					1	4
吴桥县					1	17
南皮县						15
青龙满族自治县						22
隆化县					3	20
涿鹿县					1	18
磁　县						35
平山县						8
井陉县				3		1
张北县						28

4-81 各地区视力残疾人分残疾等级的曾接受服务或扶助

单位：人次

地区	医疗服务与救助				辅助器具			
	残疾一级	残疾二级	残疾三级	残疾四级	残疾一级	残疾二级	残疾三级	残疾四级
总　计	**87**	**34**	**35**	**338**	**23**	**7**	**4**	**73**
唐山市丰润区	10	2	1	17	2			
石家庄市新华区	3		2	43	2			9
石家庄市长安区				2				
石家庄市桥东区	2			9	1			2
邯郸市复兴区	2	1	1	18				
唐山市古冶区	2		3	16	1		1	4
任丘市	1			13				3
武安市								
辛集市	2	3	3	9	2	1	1	3
深州市	3	1		16	4	2		12
三河市	5	5	2	17				4
安国市	2		3	9	1		1	1
昌黎县	10		1	10	6		1	5
永清县	1			2				1
定兴县	4	3	1	10				3
无极县	7			15				1
望都县	5	1	1	21				
魏　县	2	6	2	17				
威　县	3	4	1	11	1	2		5
临西县	2			8				5
广平县	2	2	2	15				1
景　县	1	2	4	5		1		
吴桥县	2		2	8				1
南皮县			1	11				
青龙满族自治县	2		1	3	1			1
隆化县		1						
涿鹿县	5	2	1	16	2	1		10
磁　县				1				2
平山县	4		2	11				
井陉县	5			5				
张北县		1	1					

4－81 续表 1

单位：人次

地区	康复训练与服务				教育费用补助或减免			
	残疾一级	残疾二级	残疾三级	残疾四级	残疾一级	残疾二级	残疾三级	残疾四级
总　计	**14**	**10**	**2**	**61**				**2**
唐山市丰润区								
石家庄市新华区	1			8				
石家庄市长安区								
石家庄市桥东区								
邯郸市复兴区								
唐山市古冶区								
任丘市	1							
武安市								
辛集市		2						
深州市	1	2		13				
三河市		1						
安国市				1				
昌黎县	5			5				
永清县				1				
定兴县								
无极县	1			2				
望都县								
魏　县								
威　县	2	3	1	11				
临西县	1			3				
广平县	2	2	1	14				
景　县								
吴桥县								
南皮县								
青龙满族自治县				1				
隆化县								
涿鹿县				2				2
磁　县								
平山县								
井陉县								
张北县								

4-81 续表 2

单位：人次

地 区	职业教育与培训				就业安置或扶持			
	残疾一级	残疾二级	残疾三级	残疾四级	残疾一级	残疾二级	残疾三级	残疾四级
总 计		**1**			**1**			**2**
唐山市丰润区								
石家庄市新华区								
石家庄市长安区								1
石家庄市桥东区								
邯郸市复兴区					1			
唐山市古冶区								
任丘市								
武安市								
辛集市		1						
深州市								
三河市								
安国市								
昌黎县								
永清县								
定兴县								
无极县								
望都县								
魏 县								
威 县								
临西县								
广平县								
景 县								
吴桥县								
南皮县								
青龙满族自治县								
隆化县								
涿鹿县								
磁 县								
平山县								
井陉县								1
张北县								

4-81 续表 3

单位：人次

地　区	贫困残疾人救助与扶持				法律援助与服务			
	残疾一级	残疾二级	残疾三级	残疾四级	残疾一级	残疾二级	残疾三级	残疾四级
总　计	**22**	**10**	**3**	**37**	**1**		**1**	**2**
唐山市丰润区	4	1		3				
石家庄市新华区								
石家庄市长安区				1				
石家庄市桥东区								1
邯郸市复兴区								
唐山市古冶区				1				
任丘市								
武安市								
辛集市		1		2				
深州市								
三河市	1			1				
安国市	1							
昌黎县	1				1			
永清县								
定兴县	1	1						
无极县								
望都县								
魏　县								
威　县	3	2	1	6				
临西县	2			3				
广平县	1	1	2	7			1	1
景　县	1			2				
吴桥县	1							
南皮县								
青龙满族自治县								
隆化县	1	3		4				
涿鹿县	1			3				
磁　县		1		1				
平山县								
井陉县	2			2				
张北县	2			1				

4-81 续表 4

单位：人次

地区	无障碍设施				信息无障碍			
	残疾一级	残疾二级	残疾三级	残疾四级	残疾一级	残疾二级	残疾三级	残疾四级
总　计	**4**	**1**		**10**				**1**
唐山市丰润区								
石家庄市新华区								
石家庄市长安区								
石家庄市桥东区	1							
邯郸市复兴区								
唐山市古冶区								
任丘市								
武安市								
辛集市								
深州市	3			3				
三河市				7				1
安国市								
昌黎县								
永清县								
定兴县								
无极县								
望都县								
魏　县								
威　县		1						
临西县								
广平县								
景　县								
吴桥县								
南皮县								
青龙满族自治县								
隆化县								
涿鹿县								
磁　县								
平山县								
井陉县								
张北县								

4-81 续表 5

单位：人次

地区	生活服务				文化服务			
	残疾一级	残疾二级	残疾三级	残疾四级	残疾一级	残疾二级	残疾三级	残疾四级
总　计	**6**	**3**	**1**	**29**	**1**			**2**
唐山市丰润区	1			4	1			
石家庄市新华区								
石家庄市长安区				2				
石家庄市桥东区								
邯郸市复兴区								2
唐山市古冶区								
任丘市								
武安市								
辛集市								
深州市	1	1		4				
三河市		1		5				
安国市	3		1	7				
昌黎县								
永清县								
定兴县								
无极县								
望都县								
魏　县								
威　县								
临西县								
广平县	1	1		6				
景　县								
吴桥县								
南皮县								
青龙满族自治县								
隆化县								
涿鹿县				1				
磁　县								
平山县								
井陉县								
张北县								

4-81 续表 6

单位：人次

地 区	其他				未曾接受任何服务或扶助			
	残疾一级	残疾二级	残疾三级	残疾四级	残疾一级	残疾二级	残疾三级	残疾四级
总 计	**2**	**2**		**11**	**40**	**9**	**15**	**185**
唐山市丰润区					1			5
石家庄市新华区					1			2
石家庄市长安区				1	1	1	1	16
石家庄市桥东区								
邯郸市复兴区								1
唐山市古冶区								1
任丘市								1
武安市					1	1		25
辛集市								1
深州市								
三河市	1	2		5	3			8
安国市								2
昌黎县								3
永清县							5	21
定兴县								2
无极县					1			5
望都县							1	4
魏 县					2	1	1	6
威 县								
临西县	1			5				
广平县					2	1	1	4
景 县					1			4
吴桥县					1	1		4
南皮县					2		1	17
青龙满族自治县					3	2		3
隆化县					5		4	19
涿鹿县								3
磁 县					4	2		7
平山县					2		1	2
井陉县					4			4
张北县					6			15

4–82 各地区听力残疾人分残疾等级的曾接受服务或扶助

单位：人次

地 区	医疗服务与救助				辅助器具			
	残疾一级	残疾二级	残疾三级	残疾四级	残疾一级	残疾二级	残疾三级	残疾四级
总 计	**68**	**83**	**360**	**318**	**25**	**27**	**96**	**57**
唐山市丰润区			7	20			1	1
石家庄市新华区	3	2	35	77	1	1	6	2
石家庄市长安区			1					
石家庄市桥东区		3	20	30		1	9	4
邯郸市复兴区		2	3	4	1	1	1	2
唐山市古冶区	1	1	15	23	1			2
任丘市	1	5	19	15		1	3	1
武安市		1	1	1		1		
辛集市	1		8	3			1	
深州市	1	2	14	11	1	1	11	11
三河市	1	6	24	8				
安国市		1		1				1
昌黎县	2	5	20	9	1	3	8	3
永清县	9	6	30	8	4	1	6	
定兴县	1	1	4	7	1	1	4	2
无极县	3	12	15	17		1	2	
望都县		1	7	6	1	1	1	1
魏 县	2	1	11					
威 县	19	2	25	19	6	1	4	5
临西县	5	8	34	20	4	6	29	15
广平县								3
景 县	2	1	6	6			3	1
吴桥县	1	2	8	8	1	2	2	
南皮县								
青龙满族自治县	6	10	38	13	1			
隆化县		2	3	4		2	1	
涿鹿县	4	2		1		1		
磁 县	4	1	2	2	2	1	2	3
平山县	1	2	9	5			1	
井陉县		3				1	1	
张北县	1	1	1					

4－82 续表 1

单位：人次

地区	康复训练与服务				教育费用补助或减免			
	残疾一级	残疾二级	残疾三级	残疾四级	残疾一级	残疾二级	残疾三级	残疾四级
总　计	**15**	**5**	**28**	**27**				
唐山市丰润区								
石家庄市新华区				4				
石家庄市长安区								
石家庄市桥东区			1					
邯郸市复兴区								
唐山市古冶区								
任丘市								
武安市								
辛集市								
深州市	1			1				
三河市		1		1				
安国市								
昌黎县			1					
永清县								
定兴县								
无极县								
望都县								
魏　县								
威　县	12	1	22	14				
临西县	2	2	4	6				
广平县								
景　县								
吴桥县								
南皮县								
青龙满族自治县								
隆化县								
涿鹿县		1		1				
磁　县								
平山县								
井陉县								
张北县								

4-82　续表 2

单位：人次

地　区	职业教育与培训				就业安置或扶持			
	残疾一级	残疾二级	残疾三级	残疾四级	残疾一级	残疾二级	残疾三级	残疾四级
总　计					**1**		**2**	**1**
唐山市丰润区								
石家庄市新华区								
石家庄市长安区								
石家庄市桥东区								
邯郸市复兴区								
唐山市古冶区								
任丘市								
武安市								
辛集市								
深州市							1	1
三河市								
安国市							1	
昌黎县								
永清县								
定兴县								
无极县								
望都县					1			
魏　县								
威　县								
临西县								
广平县								
景　县								
吴桥县								
南皮县								
青龙满族自治县								
隆化县								
涿鹿县								
磁　县								
平山县								
井陉县								
张北县								

4-82 续表 3

单位：人次

地 区	贫困残疾人救助与扶持				法律援助与服务			
	残疾一级	残疾二级	残疾三级	残疾四级	残疾一级	残疾二级	残疾三级	残疾四级
总 计	**17**	**16**	**60**	**26**				
唐山市丰润区				1				
石家庄市新华区								
石家庄市长安区				3				
石家庄市桥东区				1				
邯郸市复兴区								
唐山市古冶区				1				
任丘市			1					
武安市		2	1					
辛集市			4					
深州市			5	3				
三河市			2	1				
安国市		1		1				
昌黎县								
永清县								
定兴县								
无极县								
望都县	1		1					
魏 县	1	1		1				
威 县	14	2	18	8				
临西县	1	1	18	5				
广平县								
景 县								
吴桥县								
南皮县								
青龙满族自治县			1					
隆化县		3	5	1				
涿鹿县		3						
磁 县			2					
平山县		1						
井陉县		2						
张北县			2					

4-82 续表 4

单位：人次

地　区	无障碍设施				信息无障碍			
	残疾一级	残疾二级	残疾三级	残疾四级	残疾一级	残疾二级	残疾三级	残疾四级
总　计		**2**	**10**	**6**	**1**	**4**	**14**	**5**
唐山市丰润区								
石家庄市新华区								
石家庄市长安区								
石家庄市桥东区								
邯郸市复兴区								
唐山市古冶区								
任丘市								
武安市								
辛集市								
深州市								
三河市				1				
安国市								
昌黎县		2	10	5	1	3	14	5
永清县								
定兴县								
无极县								
望都县								
魏　县								
威　县								
临西县								
广平县								
景　县								
吴桥县								
南皮县								
青龙满族自治县								
隆化县						1		
涿鹿县								
磁　县								
平山县								
井陉县								
张北县								

4-82 续表 5

单位：人次

地区	生活服务				文化服务			
	残疾一级	残疾二级	残疾三级	残疾四级	残疾一级	残疾二级	残疾三级	残疾四级
总计	**3**	**5**	**22**	**20**		**3**	**3**	**3**
唐山市丰润区								
石家庄市新华区								
石家庄市长安区			1	9				
石家庄市桥东区								
邯郸市复兴区								
唐山市古冶区								
任丘市			3	2			3	2
武安市	1	1	1	1				
辛集市								
深州市		2	8	5				
三河市		1	2	1				
安国市								
昌黎县			1	1				
永清县								
定兴县	1							
无极县								
望都县								
魏　县								
威　县			1	1				
临西县		1	5			3		1
广平县								
景　县								
吴桥县								
南皮县								
青龙满族自治县								
隆化县								
涿鹿县								
磁　县	1							
平山县								
井陉县								
张北县								

4-82 续表 6

单位：人次

地 区	其他				未曾接受任何服务或扶助			
	残疾一级	残疾二级	残疾三级	残疾四级	残疾一级	残疾二级	残疾三级	残疾四级
总 计	**4**	**10**	**24**	**24**	**45**	**95**	**365**	**417**
唐山市丰润区					1	1	13	15
石家庄市新华区						4	14	29
石家庄市长安区	1	1	2	7		3	22	68
石家庄市桥东区					1	2	31	125
邯郸市复兴区							9	5
唐山市古冶区							7	4
任丘市							5	3
武安市		3	2		2	14	20	20
辛集市					3	2	9	5
深州市		1		1				
三河市					1	2	4	2
安国市		2	3	3	3	1	26	33
昌黎县							1	1
永清县					1	4	4	4
定兴县					1	4	19	13
无极县						2	1	
望都县			1		2	1	8	4
魏 县					1	2	12	3
威 县					2	2	4	7
临西县	3	3	15	13				
广平县						1	10	20
景 县					1	4	18	10
吴桥县						1	4	9
南皮县					4	10	34	2
青龙满族自治县					1	2	5	3
隆化县			1			5	16	2
涿鹿县					6	12	17	4
磁 县					1	2	15	16
平山县					2	2	15	5
井陉县					1		1	
张北县					11	12	21	5

4-83 各地区言语残疾人分残疾等级的曾接受服务或扶助

单位：人次

地 区	医疗服务与救助				辅助器具			
	残疾一级	残疾二级	残疾三级	残疾四级	残疾一级	残疾二级	残疾三级	残疾四级
总 计	**6**	**8**	**15**	**14**		**1**		**4**
唐山市丰润区		2						
石家庄市新华区								
石家庄市长安区			1					
石家庄市桥东区	1		1					
邯郸市复兴区		1						
唐山市古冶区			1					
任丘市		1		3				
武安市								
辛集市								
深州市	3		2					
三河市								
安国市		1	1					
昌黎县								
永清县			1					
定兴县								
无极县			1	2				
望都县								
魏 县								
威 县				2				2
临西县	1		3	2				1
广平县			1			1		
景 县	1		2					
吴桥县		1						
南皮县								
青龙满族自治县		1						
隆化县								
涿鹿县								
磁 县				1				
平山县				2				
井陉县		1	1	1				
张北县				1				1

4－83 续表 1

单位：人次

地　区	康复训练与服务				教育费用补助或减免			
	残疾一级	残疾二级	残疾三级	残疾四级	残疾一级	残疾二级	残疾三级	残疾四级
总　计	**6**	**3**	**6**	**7**				
唐山市丰润区								
石家庄市新华区								
石家庄市长安区								
石家庄市桥东区	1		1					
邯郸市复兴区		1						
唐山市古冶区								
任丘市		1		1				
武安市								
辛集市								
深州市	3							
三河市								
安国市								
昌黎县								
永清县								
定兴县								
无极县								
望都县								
魏　县								
威　县				3				
临西县	1		3	1				
广平县		1						
景　县	1		2					
吴桥县								
南皮县								
青龙满族自治县								
隆化县								
涿鹿县								
磁　县								
平山县				2				
井陉县								
张北县								

4-83 续表 2

单位：人次

地　区	职业教育与培训				就业安置或扶持			
	残疾一级	残疾二级	残疾三级	残疾四级	残疾一级	残疾二级	残疾三级	残疾四级
总　计								
唐山市丰润区								
石家庄市新华区								
石家庄市长安区								
石家庄市桥东区								
邯郸市复兴区								
唐山市古冶区								
任丘市								
武安市								
辛集市								
深州市								
三河市								
安国市								
昌黎县								
永清县								
定兴县								
无极县								
望都县								
魏　县								
威　县								
临西县								
广平县								
景　县								
吴桥县								
南皮县								
青龙满族自治县								
隆化县								
涿鹿县								
磁　县								
平山县								
井陉县								
张北县								

4-83 续表 3

单位：人次

地 区	贫困残疾人救助与扶持				法律援助与服务			
	残疾一级	残疾二级	残疾三级	残疾四级	残疾一级	残疾二级	残疾三级	残疾四级
总 计	**1**	**1**	**2**	**3**				
唐山市丰润区		1						
石家庄市新华区								
石家庄市长安区								
石家庄市桥东区								
邯郸市复兴区								
唐山市古冶区								
任丘市								
武安市								
辛集市								
深州市								
三河市								
安国市								
昌黎县								
永清县								
定兴县								
无极县								
望都县				1				
魏 县			1					
威 县				2				
临西县	1		1					
广平县								
景 县								
吴桥县								
南皮县								
青龙满族自治县								
隆化县								
涿鹿县								
磁 县								
平山县								
井陉县								
张北县								

4-83 续表 4

单位：人次

地 区	无障碍设施				信息无障碍			
	残疾一级	残疾二级	残疾三级	残疾四级	残疾一级	残疾二级	残疾三级	残疾四级
总 计								
唐山市丰润区								
石家庄市新华区								
石家庄市长安区								
石家庄市桥东区								
邯郸市复兴区								
唐山市古冶区								
任丘市								
武安市								
辛集市								
深州市								
三河市								
安国市								
昌黎县								
永清县								
定兴县								
无极县								
望都县								
魏 县								
威 县								
临西县								
广平县								
景 县								
吴桥县								
南皮县								
青龙满族自治县								
隆化县								
涿鹿县								
磁 县								
平山县								
井陉县								
张北县								

4-83 续表 5

单位：人次

地　区	生活服务				文化服务			
	残疾一级	残疾二级	残疾三级	残疾四级	残疾一级	残疾二级	残疾三级	残疾四级
总　计				**2**				**2**
唐山市丰润区								
石家庄市新华区								
石家庄市长安区								
石家庄市桥东区								
邯郸市复兴区								
唐山市古冶区								
任丘市								
武安市								
辛集市								
深州市								
三河市								
安国市								
昌黎县								
永清县								
定兴县								
无极县								
望都县				1				
魏　县								
威　县								1
临西县								1
广平县								
景　县								
吴桥县								
南皮县								
青龙满族自治县								
隆化县								
涿鹿县								
磁　县								
平山县				1				
井陉县								
张北县								

4–83 续表 6

单位：人次

地　区	其他				未曾接受任何服务或扶助			
	残疾一级	残疾二级	残疾三级	残疾四级	残疾一级	残疾二级	残疾三级	残疾四级
总　计			**1**	**1**	**10**	**10**	**21**	**22**
唐山市丰润区								
石家庄市新华区								2
石家庄市长安区								
石家庄市桥东区								
邯郸市复兴区					1		1	
唐山市古冶区							1	
任丘市								
武安市								1
辛集市						1	1	2
深州市					2			
三河市						2		
安国市						1	1	
昌黎县								
永清县					2		2	
定兴县								
无极县						1		2
望都县							1	
魏　县							3	5
威　县								1
临西县			1	1			1	
广平县						1	2	2
景　县								
吴桥县					1	1	1	
南皮县					1			1
青龙满族自治县							2	
隆化县					1			1
涿鹿县					2		1	
磁　县						1	1	2
平山县								1
井陉县						2		
张北县							3	2

4-84　各地区肢体残疾人分残疾等级的曾接受服务或扶助

单位：人次

地　区	医疗服务与救助				辅助器具			
	残疾一级	残疾二级	残疾三级	残疾四级	残疾一级	残疾二级	残疾三级	残疾四级
总　计	**85**	**176**	**341**	**807**	**28**	**63**	**88**	**120**
唐山市丰润区	2	2	16	65		1		1
石家庄市新华区	2	2	12	26	1	1	3	3
石家庄市长安区			2	2				
石家庄市桥东区	2	9	18	55	2	9	9	16
邯郸市复兴区	1	2	4	8	1	1	2	1
唐山市古冶区	5	8	11	13			1	
任丘市	8	19	28	42	4	16	9	2
武安市		1	4	7				
辛集市	5	12	18	40				
深州市	9	4	12	26	2			4
三河市		2	9	73			4	28
安国市	4	4	7	24	3		3	4
昌黎县	3	3	11	22			5	2
永清县	3	6	19	60	1	1	3	2
定兴县	2	8	15	22	2	4	4	5
无极县	3	5	6	19				2
望都县	3	10	20	52	1	2	7	4
魏　县								
威　县	3	11	19	25	1	7	9	9
临西县	8	13	12	26	6	8	5	10
广平县		1		2	1			
景　县	3	12	23	17	2	8	15	13
吴桥县			2	1				
南皮县								
青龙满族自治县	2	5	16	39			1	
隆化县							1	
涿鹿县	5	7	14	26			1	
磁　县	1		3	10				
平山县	5	15	14	43		4	6	14
井陉县	6	13	25	62	1	1		
张北县		2	1					

4－84 续表 1

单位：人次

地区	康复训练与服务				教育费用补助或减免			
	残疾一级	残疾二级	残疾三级	残疾四级	残疾一级	残疾二级	残疾三级	残疾四级
总　计	**31**	**65**	**118**	**223**		**2**	**3**	**5**
唐山市丰润区		1						
石家庄市新华区	2	2	11	25				
石家庄市长安区				1				1
石家庄市桥东区	2	3	6	19				
邯郸市复兴区			1	1			1	
唐山市古冶区				1				
任丘市	6	12	19	22		1		
武安市			3	3				
辛集市	1	1	1	1			1	
深州市	1			1				
三河市			5	35				4
安国市			2	1				
昌黎县	3	3	10	22				
永清县	1	1	4	4				
定兴县		4	1					
无极县	1	1	3	7				
望都县				1				
魏　县								
威　县	3	10	17	24			1	
临西县	7	12	13	27				
广平县		1						
景　县	3	12	19	16				
吴桥县								
南皮县						1		
青龙满族自治县				3				
隆化县								
涿鹿县	1		2	6				
磁　县			1					
平山县				1				
井陉县		2		2				
张北县								

4-84 续表 2

单位：人次

地　区	职业教育与培训				就业安置或扶持			
	残疾一级	残疾二级	残疾三级	残疾四级	残疾一级	残疾二级	残疾三级	残疾四级
总　计				**1**		**2**	**2**	**10**
唐山市丰润区								
石家庄市新华区								
石家庄市长安区						1		4
石家庄市桥东区						1		1
邯郸市复兴区							2	1
唐山市古冶区								
任丘市								
武安市								
辛集市								
深州市								
三河市								2
安国市								2
昌黎县								
永清县								
定兴县								
无极县								
望都县								
魏　县								
威　县								
临西县								
广平县								
景　县								
吴桥县								
南皮县								
青龙满族自治县								
隆化县				1				
涿鹿县								
磁　县								
平山县								
井陉县								
张北县								

4-84 续表 3

单位：人次

地　区	贫困残疾人救助与扶持				法律援助与服务			
	残疾一级	残疾二级	残疾三级	残疾四级	残疾一级	残疾二级	残疾三级	残疾四级
总　计	**16**	**35**	**65**	**103**		**1**	**1**	
唐山市丰润区			1	3				
石家庄市新华区								
石家庄市长安区		1	3	10		1		
石家庄市桥东区		2	1	4				
邯郸市复兴区	3	2	5	1				
唐山市古冶区	2		3	4				
任丘市								
武安市		1	1				1	
辛集市	2	4	4	7				
深州市		1						
三河市		1	1	11				
安国市	1	2	2	4				
昌黎县								
永清县			1	2				
定兴县	1	2		3				
无极县			1	1				
望都县								
魏　县			1					
威　县	1	5	8	13				
临西县				2				
广平县				5				
景　县	1	2	3					
吴桥县								
南皮县			2					
青龙满族自治县								
隆化县	2	5	12	11				
涿鹿县	1		5	4				
磁　县		2	7	7				
平山县				3				
井陉县	1	4	1	6				
张北县	1	1	3	2				

4-84 续表 4

单位：人次

地 区	无障碍设施				信息无障碍			
	残疾一级	残疾二级	残疾三级	残疾四级	残疾一级	残疾二级	残疾三级	残疾四级
总 计				**1**		**1**	**2**	**4**
唐山市丰润区								
石家庄市新华区								
石家庄市长安区								
石家庄市桥东区								
邯郸市复兴区								
唐山市古冶区								
任丘市								
武安市						1	1	4
辛集市								
深州市								
三河市								
安国市								
昌黎县								
永清县								
定兴县								
无极县								
望都县								
魏 县								
威 县								
临西县								
广平县								
景 县								
吴桥县								
南皮县							1	
青龙满族自治县				1				
隆化县								
涿鹿县								
磁 县								
平山县								
井陉县								
张北县								

4-84 续表 5

单位：人次

地　区	生活服务				文化服务			
	残疾一级	残疾二级	残疾三级	残疾四级	残疾一级	残疾二级	残疾三级	残疾四级
总　计	**5**	**7**	**26**	**59**		**2**	**3**	**7**
唐山市丰润区			1					
石家庄市新华区								
石家庄市长安区	1	1	2	4				
石家庄市桥东区								
邯郸市复兴区								
唐山市古冶区								
任丘市								
武安市		1	1	5		1	1	
辛集市								
深州市		1		1				
三河市			2	20				1
安国市								
昌黎县								
永清县								
定兴县	2	1	5	7				
无极县								
望都县								
魏　县								
威　县			1	1			1	1
临西县	1	2	1	3		1	1	2
广平县				1				3
景　县								
吴桥县								
南皮县			1					
青龙满族自治县								
隆化县								
涿鹿县								
磁　县	1	1	11	16				
平山县								
井陉县			1	1				
张北县								

4-84 续表 6

单位：人次

地 区	其他				未曾接受任何服务或扶助			
	残疾一级	残疾二级	残疾三级	残疾四级	残疾一级	残疾二级	残疾三级	残疾四级
总 计	**7**	**7**	**13**	**22**	**38**	**92**	**228**	**514**
唐山市丰润区								
石家庄市新华区								
石家庄市长安区	1	1	2	2	2	3	11	58
石家庄市桥东区						1	1	2
邯郸市复兴区					1	11	21	34
唐山市古冶区							5	7
任丘市								
武安市			1	1		4	23	43
辛集市							2	7
深州市	1		2	1	1	3	8	24
三河市				2				2
安国市				1				5
昌黎县					2	1	1	5
永清县			1				1	
定兴县						1		3
无极县								2
望都县								3
魏 县					7	3	22	21
威 县					1			5
临西县	5	6	7	14				
广平县					3	12	12	37
景 县						1		9
吴桥县						12	22	47
南皮县					5	15	29	37
青龙满族自治县					1		6	17
隆化县					3	7	20	34
涿鹿县					4	3	9	30
磁 县						7	15	41
平山县				1			1	5
井陉县					1	1	2	11
张北县					7	7	17	25

4-85 各地区智力残疾人分残疾等级的曾接受服务或扶助

单位：人次

地 区	医疗服务与救助				辅助器具			
	残疾一级	残疾二级	残疾三级	残疾四级	残疾一级	残疾二级	残疾三级	残疾四级
总 计	**18**	**17**	**61**	**72**	**3**		**5**	**7**
唐山市丰润区				1				
石家庄市新华区								
石家庄市长安区				2				
石家庄市桥东区								
邯郸市复兴区	1	1						
唐山市古冶区				2				
任丘市			2	1				
武安市								
辛集市	1	1						
深州市	2	1	2	1				
三河市	3	4	6	6				
安国市			1					
昌黎县			3	5				
永清县	3	1		1				
定兴县	2	1	6	3				
无极县			8	2			1	1
望都县								
魏 县								
威 县	2		14	13	1		2	1
临西县		2	6	13				1
广平县								
景 县	2	3	1	4	2		1	4
吴桥县		1						
南皮县			3					
青龙满族自治县				1				
隆化县			1	4				
涿鹿县	1			2				
磁 县			4					
平山县	1			1			1	
井陉县			4	10				
张北县		2						

4－85 续表 1

单位：人次

地 区	康复训练与服务				教育费用补助或减免			
	残疾一级	残疾二级	残疾三级	残疾四级	残疾一级	残疾二级	残疾三级	残疾四级
总 计	**5**	**9**	**32**	**34**			**3**	**8**
唐山市丰润区								
石家庄市新华区								
石家庄市长安区				2				1
石家庄市桥东区								
邯郸市复兴区								
唐山市古冶区								
任丘市			6	2				1
武安市								
辛集市								
深州市								
三河市	2	3	2	3			1	
安国市								
昌黎县			3	4				
永清县								
定兴县			1	1				
无极县			3	1				
望都县								
魏 县								
威 县	1		9	9				1
临西县		2	5	8			1	1
广平县								
景 县	2	3	1	2				
吴桥县								
南皮县							1	
青龙满族自治县								
隆化县				1				
涿鹿县								1
磁 县			1					
平山县			1					2
井陉县				1				1
张北县		1						

4-85 续表 2

单位：人次

地 区	职业教育与培训				就业安置或扶持			
	残疾一级	残疾二级	残疾三级	残疾四级	残疾一级	残疾二级	残疾三级	残疾四级
总 计							**1**	**3**
唐山市丰润区								
石家庄市新华区								
石家庄市长安区								3
石家庄市桥东区							1	
邯郸市复兴区								
唐山市古冶区								
任丘市								
武安市								
辛集市								
深州市								
三河市								
安国市								
昌黎县								
永清县								
定兴县								
无极县								
望都县								
魏 县								
威 县								
临西县								
广平县								
景 县								
吴桥县								
南皮县								
青龙满族自治县								
隆化县								
涿鹿县								
磁 县								
平山县								
井陉县								
张北县								

4-85 续表 3

单位：人次

地区	贫困残疾人救助与扶持				法律援助与服务			
	残疾一级	残疾二级	残疾三级	残疾四级	残疾一级	残疾二级	残疾三级	残疾四级
总 计	**9**	**11**	**21**	**27**				
唐山市丰润区	1							
石家庄市新华区								
石家庄市长安区				4				
石家庄市桥东区		1						
邯郸市复兴区	2	2	2	3				
唐山市古冶区								
任丘市				1				
武安市								
辛集市								
深州市								
三河市	1	1	1	2				
安国市								
昌黎县								
永清县								
定兴县			2					
无极县								
望都县			2	2				
魏 县								
威 县	1		5	7				
临西县		1		1				
广平县	1							
景 县	1	1						
吴桥县								
南皮县								
青龙满族自治县			1	3				
隆化县		3						
涿鹿县	1		1					
磁 县				1				
平山县			1	1				
井陉县		1	5	2				
张北县	1	1	1					

4-85 续表 4

单位：人次

地区	无障碍设施				信息无障碍			
	残疾一级	残疾二级	残疾三级	残疾四级	残疾一级	残疾二级	残疾三级	残疾四级
总 计								
唐山市丰润区								
石家庄市新华区								
石家庄市长安区								
石家庄市桥东区								
邯郸市复兴区								
唐山市古冶区								
任丘市								
武安市								
辛集市								
深州市								
三河市								
安国市								
昌黎县								
永清县								
定兴县								
无极县								
望都县								
魏 县								
威 县								
临西县								
广平县								
景 县								
吴桥县								
南皮县								
青龙满族自治县								
隆化县								
涿鹿县								
磁 县								
平山县								
井陉县								
张北县								

4-85 续表 5

单位：人次

地 区	生活服务				文化服务			
	残疾一级	残疾二级	残疾三级	残疾四级	残疾一级	残疾二级	残疾三级	残疾四级
总 计	**4**	**2**	**18**	**17**	**1**	**1**	**5**	**9**
唐山市丰润区								
石家庄市新华区								
石家庄市长安区				4				1
石家庄市桥东区								
邯郸市复兴区								
唐山市古冶区								
任丘市			2	1			1	1
武安市								
辛集市								
深州市								
三河市	3	1	4	5				
安国市								
昌黎县			1	2				
永清县								
定兴县	1	1	5		1			
无极县			3	1				
望都县								
魏 县								1
威 县			1				1	1
临西县				3		1	1	4
广平县								
景 县								
吴桥县								
南皮县								
青龙满族自治县								
隆化县								1
涿鹿县								
磁 县			2				1	
平山县							1	
井陉县				1				
张北县								

4－85 续表 6

单位：人次

地　区	其他				未曾接受任何服务或扶助			
	残疾一级	残疾二级	残疾三级	残疾四级	残疾一级	残疾二级	残疾三级	残疾四级
总　计		**1**	**11**	**15**	**30**	**34**	**129**	**160**
唐山市丰润区							2	6
石家庄市新华区						1	4	16
石家庄市长安区				1			2	3
石家庄市桥东区								5
邯郸市复兴区					3	1	2	3
唐山市古冶区						2	4	4
任丘市							4	4
武安市					1	4	11	3
辛集市					1		2	8
深州市					4	2	4	
三河市			1	2				
安国市							4	6
昌黎县							5	9
永清县					2		7	4
定兴县						1	3	4
无极县							7	19
望都县					2	2	7	8
魏　县						2	8	12
威　县			2					4
临西县			3	6			1	1
广平县					2	5	5	11
景　县					1		2	2
吴桥县					3	1	9	1
南皮县			1				11	3
青龙满族自治县					1	3	5	8
隆化县						1	2	4
涿鹿县					1	2	4	1
磁　县			1	4		1	5	4
平山县					6	3	4	5
井陉县		1	3	2			2	2
张北县					3	3	3	

4-86 各地区精神残疾人分残疾等级的曾接受服务或扶助

单位：人次

地　区	医疗服务与救助				辅助器具			
	残疾一级	残疾二级	残疾三级	残疾四级	残疾一级	残疾二级	残疾三级	残疾四级
总　计	**89**	**47**	**39**	**115**	**9**	**3**	**1**	**2**
唐山市丰润区	1	1	5	9				
石家庄市新华区	8	2		3	5			
石家庄市长安区	7	3	1	6				
石家庄市桥东区	7	3	3	8				
邯郸市复兴区	1	1	3	1				
唐山市古冶区				1				
任丘市	3	2	1	5				
武安市	4		3	3				
辛集市	7	1		3				
深州市	5	3	1	2				
三河市	5	4	1	6				
安国市	2		2	5				
昌黎县	1	2	2	10				
永清县	1		1	2				
定兴县		2		1				
无极县	2		1	4				
望都县								
魏　县								
威　县	2	2		5	1	2		1
临西县	6	2	2	3	1	1	1	
广平县	2	4	4	4				1
景　县	3	3	4	2				
吴桥县	4	2		2				
南皮县								
青龙满族自治县			1					
隆化县	6		1	7				
涿鹿县	10	2	1	1	2			
磁　县		2		1				
平山县		3		12				
井陉县		2	2	5				
张北县	2	1		4				

4－86 续表 1

单位：人次

地 区	康复训练与服务				教育费用补助或减免			
	残疾一级	残疾二级	残疾三级	残疾四级	残疾一级	残疾二级	残疾三级	残疾四级
总 计	**39**	**18**	**7**	**35**				
唐山市丰润区								
石家庄市新华区	7	2		3				
石家庄市长安区	7	2	1	5				
石家庄市桥东区	1							
邯郸市复兴区								
唐山市古冶区								
任丘市								
武安市	1							
辛集市	1							
深州市	5	3	1	2				
三河市	1			2				
安国市								
昌黎县	1	2	2	10				
永清县	1			2				
定兴县								
无极县			1					
望都县								
魏 县								
威 县	2	2		4				
临西县	9	3	1	2				
广平县								
景 县								
吴桥县								
南皮县								
青龙满族自治县								
隆化县								
涿鹿县	3	1	1	4				
磁 县								
平山县		2		1				
井陉县		1						
张北县								

4-86 续表 2

单位：人次

地区	职业教育与培训				就业安置或扶持			
	残疾一级	残疾二级	残疾三级	残疾四级	残疾一级	残疾二级	残疾三级	残疾四级
总计		**2**		**2**	**3**	**3**	**1**	**7**
唐山市丰润区								
石家庄市新华区								
石家庄市长安区					2	1		3
石家庄市桥东区								
邯郸市复兴区								
唐山市古冶区								1
任丘市								
武安市								
辛集市								
深州市								
三河市				1				
安国市								
昌黎县		1		1				1
永清县								1
定兴县						1		1
无极县								
望都县								
魏　县								
威　县								
临西县								
广平县								
景　县								
吴桥县								
南皮县								
青龙满族自治县								
隆化县								
涿鹿县		1			1	1	1	
磁　县								
平山县								
井陉县								
张北县								

4-86　续表 3

单位：人次

地　区	贫困残疾人救助与扶持				法律援助与服务			
	残疾一级	残疾二级	残疾三级	残疾四级	残疾一级	残疾二级	残疾三级	残疾四级
总　计	**31**	**15**	**7**	**18**	**8**	**4**	**2**	**1**
唐山市丰润区			1					
石家庄市新华区	1	1						
石家庄市长安区	3	3	1					
石家庄市桥东区	1		1	2				
邯郸市复兴区								
唐山市古冶区				1				
任丘市								
武安市	1							
辛集市	4							
深州市				1				
三河市	1	3		1				
安国市				1				
昌黎县								
永清县	1							
定兴县	1	1	1		1	3	1	
无极县								
望都县	1							
魏　县		1		1				
威　县				3				
临西县	1							
广平县		1						
景　县		1	1					
吴桥县	1							
南皮县								
青龙满族自治县								
隆化县	3			2				
涿鹿县	7		1	1	7	1	1	1
磁　县	4		1	3				
平山县				2				
井陉县		2						
张北县	1	2						

4-86 续表 4

单位：人次

地 区	无障碍设施				信息无障碍			
	残疾一级	残疾二级	残疾三级	残疾四级	残疾一级	残疾二级	残疾三级	残疾四级
总 计			**1**		**1**	**1**	**1**	**1**
唐山市丰润区								
石家庄市新华区								
石家庄市长安区					1			
石家庄市桥东区								
邯郸市复兴区								
唐山市古冶区								
任丘市								
武安市								
辛集市								
深州市								
三河市								
安国市								
昌黎县								
永清县								
定兴县			1			1	1	1
无极县								
望都县								
魏 县								
威 县								
临西县								
广平县								
景 县								
吴桥县								
南皮县								
青龙满族自治县								
隆化县								
涿鹿县								
磁 县								
平山县								
井陉县								
张北县								

4-86 续表 5

单位：人次

地　区	生活服务				文化服务			
	残疾一级	残疾二级	残疾三级	残疾四级	残疾一级	残疾二级	残疾三级	残疾四级
总　计	**32**	**11**	**6**	**17**	**4**	**6**	**3**	**3**
唐山市丰润区								
石家庄市新华区	1							
石家庄市长安区				3				1
石家庄市桥东区	2	1	1	2				
邯郸市复兴区								
唐山市古冶区								
任丘市								
武安市								
辛集市								
深州市	4	3	1	1				
三河市	5	4	1	5	1	1		2
安国市								
昌黎县				2				
永清县								
定兴县					1	2	2	
无极县								
望都县								
魏　县								
威　县	1							
临西县	6		1	1	1	1	1	
广平县								
景　县								
吴桥县	4	1	1					
南皮县								
青龙满族自治县								
隆化县	2							
涿鹿县	4	1	1	3	1	2		
磁　县	3	1						
平山县								
井陉县								
张北县								

4-86 续表 6

单位：人次

地　区	其他				未曾接受任何服务或扶助			
	残疾一级	残疾二级	残疾三级	残疾四级	残疾一级	残疾二级	残疾三级	残疾四级
总　计	**19**	**6**	**4**	**14**	**57**	**22**	**22**	**60**
唐山市丰润区								1
石家庄市新华区					3	2		2
石家庄市长安区	1			1	2			1
石家庄市桥东区				1	2	1		3
邯郸市复兴区					2		1	2
唐山市古冶区					2	1	1	7
任丘市								
武安市					1		1	
辛集市								1
深州市								
三河市				1	2			
安国市					1			4
昌黎县						1		3
永清县	7	3	3	8			1	4
定兴县								
无极县								
望都县					9		2	1
魏　县					7	3	4	1
威　县							1	2
临西县	10	2	1	3				
广平县		1			1			
景　县					2	1		
吴桥县								
南皮县					11	4	3	11
青龙满族自治县					6		2	4
隆化县								
涿鹿县	1						1	
磁　县					3	5	3	10
平山县					2	1	1	2
井陉县					1			
张北县						3	1	1

4-87 各地区多重残疾人分残疾等级的曾接受服务或扶助

单位：人次

地 区	医疗服务与救助				辅助器具			
	残疾一级	残疾二级	残疾三级	残疾四级	残疾一级	残疾二级	残疾三级	残疾四级
总 计	**327**	**126**	**168**	**87**	**80**	**43**	**34**	**16**
唐山市丰润区	15	2	7	4	2			
石家庄市新华区	16	7	23	13	3		4	
石家庄市长安区	8	1	2	1	3	1		
石家庄市桥东区	21	9	8	11	12	7	4	4
邯郸市复兴区	6	1	3	2			1	1
唐山市古冶区	8	3	4	2		1		
任丘市	6	13	5	4	1	4	2	
武安市	7	3	2		3	1		
辛集市	28	10	12	3	2	1	1	
深州市	5	1	3				1	
三河市	15	5	8	4	5	1	3	1
安国市	24	7	12	5	3	3		1
昌黎县	16	5	4	2	4	3		1
永清县	9	2	8	5	1		3	
定兴县	7	5	3	3	1	2	1	2
无极县	4	1	1	1	2			
望都县	12	4	3	2	2	4	2	
魏 县	3	3	2	1				
威 县	15	7	21	4	4	5	6	
临西县	22	11	6	5	10	5	2	4
广平县	11	1	4	2	2			
景 县	11	6	2	2	6	2		1
吴桥县	1	3	2					
南皮县			1					
青龙满族自治县	8	4	10	2			1	
隆化县	15	3	5		2	1	1	
涿鹿县	8	1		1	1			
磁 县	8	1	2	2	6	1	2	
平山县	14	4	1	5	5	1		1
井陉县	3	3	4	1				
张北县	1							

4－87 续表 1

单位：人次

地　区	康复训练与服务				教育费用补助或减免			
	残疾一级	残疾二级	残疾三级	残疾四级	残疾一级	残疾二级	残疾三级	残疾四级
总　计	**112**	**46**	**52**	**26**	**5**	**2**		
唐山市丰润区				1				
石家庄市新华区	12	2	16	4				
石家庄市长安区	5	1		1				
石家庄市桥东区	16	6	5	5				
邯郸市复兴区		1						
唐山市古冶区								
任丘市	1	7	1	3				
武安市	3				3	1		
辛集市	1							
深州市	2		2					
三河市	9	2	2	2	1			
安国市								
昌黎县	14	5	3	1				
永清县	1							
定兴县	2	2	1					
无极县	4	1						
望都县								
魏　县								
威　县	13	7	15	3				
临西县	12	8	5	2				
广平县	1			1				
景　县	5	2	2	1				
吴桥县								
南皮县								
青龙满族自治县	2	1						
隆化县	2	1			1	1		
涿鹿县	2			1				
磁　县								
平山县	4			1				
井陉县								
张北县	1							

4-87 续表 2

单位：人次

地区	职业教育与培训				就业安置或扶持			
	残疾一级	残疾二级	残疾三级	残疾四级	残疾一级	残疾二级	残疾三级	残疾四级
总计	**2**				**4**		**1**	
唐山市丰润区							1	
石家庄市新华区					1			
石家庄市长安区					1			
石家庄市桥东区								
邯郸市复兴区								
唐山市古冶区								
任丘市								
武安市	2							
辛集市								
深州市								
三河市								
安国市								
昌黎县					1			
永清县								
定兴县								
无极县								
望都县								
魏县								
威县								
临西县								
广平县								
景县								
吴桥县								
南皮县								
青龙满族自治县					1			
隆化县								
涿鹿县								
磁县								
平山县								
井陉县								
张北县								

4-87 续表 3

单位：人次

地 区	贫困残疾人救助与扶持				法律援助与服务			
	残疾一级	残疾二级	残疾三级	残疾四级	残疾一级	残疾二级	残疾三级	残疾四级
总 计	**90**	**23**	**33**	**13**	**2**			
唐山市丰润区	7		1					
石家庄市新华区	1							
石家庄市长安区	4		2					
石家庄市桥东区	2	2	2					
邯郸市复兴区		1						
唐山市古冶区	1							
任丘市	1		1					
武安市	4							
辛集市	2		3					
深州市								
三河市	3	1	1	1				
安国市	9	5	4	1				
昌黎县					1			
永清县	1							
定兴县	1		1		1			
无极县	1							
望都县	1							
魏 县								
威 县	7	2	9	2				
临西县	6	2	1	2				
广平县								
景 县	2	1	1					
吴桥县		1	1					
南皮县		1		1				
青龙满族自治县	3	1		1				
隆化县	14	3	1					
涿鹿县								
磁 县	7	2	1	4				
平山县	4		1					
井陉县	3	1	3	1				
张北县	6							

4-87 续表 4

单位：人次

地区	无障碍设施				信息无障碍			
	残疾一级	残疾二级	残疾三级	残疾四级	残疾一级	残疾二级	残疾三级	残疾四级
总计	**2**		**1**		**3**	**1**	**2**	**1**
唐山市丰润区								
石家庄市新华区								
石家庄市长安区								
石家庄市桥东区								
邯郸市复兴区								
唐山市古冶区							1	
任丘市								
武安市					1	1		
辛集市								
深州市								
三河市	2							
安国市								
昌黎县			1		1		1	1
永清县								
定兴县								
无极县								
望都县								
魏　县								
威　县								
临西县								
广平县								
景　县								
吴桥县								
南皮县								
青龙满族自治县								
隆化县					1			
涿鹿县								
磁　县								
平山县								
井陉县								
张北县								

4-87 续表 5

单位：人次

地 区	生活服务				文化服务			
	残疾一级	残疾二级	残疾三级	残疾四级	残疾一级	残疾二级	残疾三级	残疾四级
总 计	**36**	**13**	**12**	**12**	**6**	**3**	**1**	**1**
唐山市丰润区								
石家庄市新华区	1	1				1		
石家庄市长安区	2		1	1				
石家庄市桥东区								
邯郸市复兴区								
唐山市古冶区								
任丘市		1						
武安市	1	2	1		1			
辛集市								
深州市								
三河市	12	2	3	1	1			
安国市	1							
昌黎县	2	1	1	1				
永清县								
定兴县	1	2	1					
无极县								
望都县								
魏 县								
威 县				1	1			
临西县	1	2	2		3	2	1	1
广平县				1				
景 县								
吴桥县								
南皮县								
青龙满族自治县								
隆化县	3	1						
涿鹿县	2			1				
磁 县	10	1	2	5				
平山县			1	1				
井陉县								
张北县								

4-87 续表 6

单位：人次

地区	其他				未曾接受任何服务或扶助			
	残疾一级	残疾二级	残疾三级	残疾四级	残疾一级	残疾二级	残疾三级	残疾四级
总　计	**19**	**5**	**7**	**4**	**227**	**66**	**109**	**62**
唐山市丰润区					3	2	1	5
石家庄市新华区					2	1	6	4
石家庄市长安区				1	10	3	8	13
石家庄市桥东区					1		2	2
邯郸市复兴区					6		3	
唐山市古冶区					8	1		3
任丘市					2			1
武安市					12	7	6	3
辛集市					2	2	2	
深州市					1			
三河市	2			1	5		2	
安国市	2	2	1		12	5	6	3
昌黎县					3	1	2	1
永清县	2				12	1	3	1
定兴县					6		3	2
无极县					1			
望都县					6	2	2	2
魏　县					25	3	12	
威　县			1		2	1	1	
临西县	12	3	4	1				
广平县					18	8	11	6
景　县					1	2	1	1
吴桥县					4	5	8	1
南皮县					9	3	2	1
青龙满族自治县					11	3	5	3
隆化县					15	3	4	1
涿鹿县					10	1	7	1
磁　县					17	3	8	7
平山县					6	1	1	
井陉县	1		1	1		1		
张北县					17	7	3	1

4－88　各地区残疾人分城乡的主要需求

单位：人次

地　区	合计		医疗服务与救助		辅助器具	
	城镇	农村	城镇	农村	城镇	农村
总　计	**2886**	**14906**	**1075**	**4315**	**525**	**2299**
唐山市丰润区	76	448	22	92	13	58
石家庄市新华区	717	268	243	94	163	55
石家庄市长安区	401	133	115	41	53	11
石家庄市桥东区	777		392		122	
邯郸市复兴区	235	193	74	61	19	21
唐山市古冶区	291	142	109	45	71	29
任丘市		445		210		95
武安市	20	634	5	169	1	69
辛集市	35	511	9	163	6	67
深州市		515		111		111
三河市		759		228		124
安国市	41	527	16	131	13	105
昌黎县	43	480	12	123	13	71
永清县		576		208		102
定兴县		388		85		109
无极县		356		149		38
望都县		513		170		86
魏　县		636		179		141
威　县		793		244		79
临西县		706		229		110
广平县		645		105		59
景　县	61	506	21	153	12	105
吴桥县	22	264	12	124	5	35
南皮县		677		162		103
青龙满族自治县		638		234		119
隆化县	70	579	21	178	17	80
涿鹿县	97	507	24	93	17	91
磁　县		583		125		62
平山县		635		129		123
井陉县		403		95		21
张北县		446		185		20

4－88 续表 1

单位：人次

地区	康复训练与服务		教育费用补助或减免		职业教育与培训	
	城镇	农村	城镇	农村	城镇	农村
总计	**301**	**1677**	**39**	**110**	**8**	**77**
唐山市丰润区	4	27		1		1
石家庄市新华区	119	30	4	1	4	
石家庄市长安区	36	9	15	4		
石家庄市桥东区	70		5		2	
邯郸市复兴区	7	8	14	16	1	1
唐山市古冶区	35	17	1			
任丘市		91		4		1
武安市	2	36		2		4
辛集市	3	46		1	1	5
深州市		92		1		
三河市		45		17		7
安国市	4	44		3		2
昌黎县	4	101		2		3
永清县		80		1		1
定兴县		27		3		5
无极县		63		1		
望都县		12		2		2
魏　县		68		5		3
威　县		168		3		6
临西县		70		5		1
广平县		114		6		6
景　县	2	39		1		2
吴桥县		24		1		
南皮县		54		6		5
青龙满族自治县		98		1		
隆化县	4	62		7		6
涿鹿县	11	57		4		11
磁　县		108		2		1
平山县		25		4		1
井陉县		29		6		
张北县		33				3

4－88 续表 2

单位：人次

地 区	就业安置或扶持		贫困残疾人救助与扶持		法律援助与服务	
	城镇	农村	城镇	农村	城镇	农村
总 计	**90**	**342**	**526**	**4305**	**27**	**79**
唐山市丰润区		5	25	189		5
石家庄市新华区	19	6	113	76		
石家庄市长安区	20	4	73	43	2	1
石家庄市桥东区	16		114		20	
邯郸市复兴区	22	14	65	58		
唐山市古冶区	3	5	38	41	1	
任丘市		7		10		
武安市	3	42	5	141		1
辛集市	1	9	13	198		
深州市		7		115		
三河市		12		209		
安国市	1	10	3	159		2
昌黎县		11	7	133		6
永清县		15		93		
定兴县		5		97		9
无极县		1		71		
望都县		25		162		3
魏 县		28		183		3
威 县		7		233		3
临西县		2		219		3
广平县		9		214		1
景 县		11	17	154		1
吴桥县		2	5	54		1
南皮县		21		211		2
青龙满族自治县				155		3
隆化县		13	19	203	1	6
涿鹿县	5	32	29	144	3	24
磁 县		10		144		4
平山县		18		213		
井陉县		5		185		1
张北县		6		198		

4－88 续表 3

单位：人次

地 区	无障碍设施		信息无障碍		生活服务	
	城镇	农村	城镇	农村	城镇	农村
总 计	**34**	**83**	**8**	**22**	**123**	**1239**
唐山市丰润区					11	67
石家庄市新华区	7				21	5
石家庄市长安区					22	9
石家庄市桥东区	9				20	
邯郸市复兴区	3		2		8	9
唐山市古冶区	12				17	3
任丘市						17
武安市	1	10			3	126
辛集市		1			2	20
深州市		9				67
三河市		5		1		97
安国市		10	1	4	1	36
昌黎县		1	4	3	1	20
永清县				1		13
定兴县		3		3		37
无极县		3		1		23
望都县		17				27
魏 县						24
威 县		8				37
临西县						41
广平县		1				120
景 县					9	36
吴桥县						14
南皮县				1		81
青龙满族自治县						19
隆化县	1	1	1	5	5	12
涿鹿县	1	5		2	3	22
磁 县		3				97
平山县		6				115
井陉县				1		45
张北县						

4－88 续表 4

单位：人次

地 区	文化服务		其他		不选择	
	城镇	农村	城镇	农村	城镇	农村
总 计	**24**	**98**	**4**	**80**	**102**	**180**
唐山市丰润区	1	1				2
石家庄市新华区	12	1			12	
石家庄市长安区	5		4	1	56	10
石家庄市桥东区					7	
邯郸市复兴区				1	20	4
唐山市古冶区	3	1			1	1
任丘市		8		1		1
武安市		3		3		28
辛集市		1				
深州市		2				
三河市		4		10		
安国市	1	5		6	1	10
昌黎县		4			2	2
永清县		7				55
定兴县		1				4
无极县		4		1		1
望都县		3				4
魏 县		2				
威 县		3				2
临西县		4		22		
广平县		10				
景 县		1		3		
吴桥县						9
南皮县		6		12		13
青龙满族自治县		5				4
隆化县	1	3				3
涿鹿县	1	9			3	13
磁 县		9		5		13
平山县		1				
井陉县				15		
张北县						1

4-89 各地区视力残疾人分城乡的主要需求

单位：人次

地 区	合计		医疗服务与救助		辅助器具	
	城镇	农村	城镇	农村	城镇	农村
总 计	**262**	**1599**	**102**	**571**	**54**	**214**
唐山市丰润区	9	70	4	26	1	7
石家庄市新华区	111	41	35	14	30	8
石家庄市长安区	27	13	12	5		
石家庄市桥东区	29		10		6	
邯郸市复兴区	24	16	15	8	2	4
唐山市古冶区	28	14	15	6	8	2
任丘市		23		15		4
武安市		81		27		
辛集市	2	50	1	9	1	12
深州市		66		18		18
三河市		118		38		6
安国市		54		16		3
昌黎县	3	48		19		8
永清县		43		27		7
定兴县		38		19		3
无极县		47		24		10
望都县		73		33		9
魏 县		97		36		28
威 县		57		19		6
临西县		27		10		3
广平县		87		29		1
景 县	3	51	1	15	1	11
吴桥县	1	29	1	15		1
南皮县		94		31		29
青龙满族自治县		33		14		4
隆化县	1	79	1	28		16
涿鹿县	24	43	7	2	5	7
磁 县		40		14		1
平山县		64		18		5
井陉县		50		13		
张北县		53		23		1

4-89 续表 1

单位：人次

地　区	康复训练与服务		教育费用补助或减免		职业教育与培训	
	城镇	农村	城镇	农村	城镇	农村
总　计	**22**	**102**	**2**	**5**	**2**	**1**
唐山市丰润区		2				
石家庄市新华区	19	10	2		1	
石家庄市长安区						
石家庄市桥东区	1				1	
邯郸市复兴区		1				
唐山市古冶区						
任丘市		1				
武安市						
辛集市		3				
深州市		10				
三河市				2		
安国市		1		1		
昌黎县		6				
永清县		5				
定兴县						
无极县		2				
望都县						
魏　县						
威　县		17				
临西县		2				
广平县		25				
景　县		3				
吴桥县						
南皮县		1		1		
青龙满族自治县		3				
隆化县		2		1		1
涿鹿县	2	3				
磁　县						
平山县						
井陉县		1				
张北县		4				

4-89 续表 2

单位：人次

地　区	就业安置或扶持		贫困残疾人救助与扶持		法律援助与服务	
	城镇	农村	城镇	农村	城镇	农村
总　计	**4**	**14**	**45**	**465**		**5**
唐山市丰润区		2	3	25		
石家庄市新华区	2		17	9		
石家庄市长安区		1	5	4		
石家庄市桥东区	1		1			
邯郸市复兴区	1		5	2		
唐山市古冶区			5	6		
任丘市		1		2		
武安市				27		
辛集市				15		
深州市						
三河市		1		24		
安国市				16		
昌黎县			1	8		5
永清县				2		
定兴县				14		
无极县				7		
望都县		1		30		
魏　县				33		
威　县				14		
临西县				10		
广平县		1		21		
景　县		1	1	11		
吴桥县				10		
南皮县				32		
青龙满族自治县				10		
隆化县				30		
涿鹿县		1	7	22		
磁　县		3		16		
平山县				22		
井陉县		2		18		
张北县				25		

4-89 续表 3

单位：人次

地区	无障碍设施		信息无障碍		生活服务	
	城镇	农村	城镇	农村	城镇	农村
总　计	**10**	**27**		**4**	**14**	**174**
唐山市丰润区					1	7
石家庄市新华区	1				3	
石家庄市长安区					7	3
石家庄市桥东区	8				1	
邯郸市复兴区						1
唐山市古冶区						
任丘市						
武安市						27
辛集市		1				10
深州市		9				11
三河市		3				32
安国市		5				12
昌黎县				1		
永清县						1
定兴县						2
无极县		3		1		
望都县						
魏　县						
威　县		1				
临西县						2
广平县						10
景　县						10
吴桥县						1
南皮县						
青龙满族自治县						2
隆化县						1
涿鹿县	1	2		2	2	4
磁　县		3				3
平山县						19
井陉县						16
张北县						

4-89 续表 4

单位：人次

地　区	文化服务		其他		不选择	
	城镇	农村	城镇	农村	城镇	农村
总　计	**1**	**4**	**1**	**9**	**5**	**4**
唐山市丰润区		1				
石家庄市新华区	1					
石家庄市长安区			1		2	
石家庄市桥东区						
邯郸市复兴区					1	
唐山市古冶区						
任丘市						
武安市						
辛集市						
深州市						
三河市		3		9		
安国市						
昌黎县					2	1
永清县						1
定兴县						
无极县						
望都县						
魏　县						
威　县						
临西县						
广平县						
景　县						
吴桥县						2
南皮县						
青龙满族自治县						
隆化县						
涿鹿县						
磁　县						
平山县						
井陉县						
张北县						

4-90 各地区听力残疾人分城乡的主要需求

单位：人次

地 区	合计		医疗服务与救助		辅助器具	
	城镇	农村	城镇	农村	城镇	农村
总 计	**896**	**3167**	**439**	**1004**	**251**	**1037**
唐山市丰润区	35	104	13	27	9	35
石家庄市新华区	280	114	109	42	97	35
石家庄市长安区	110	28	23	6	39	9
石家庄市桥东区	261		208		26	
邯郸市复兴区	19	7	8	3	2	2
唐山市古冶区	81	35	37	14	36	14
任丘市		105		48		47
武安市		195		62		57
辛集市	5	93	2	30	2	31
深州市		84		28		27
三河市		141		41		33
安国市	24	146	12	34	12	55
昌黎县	25	87	9	26	9	27
永清县		124		57		58
定兴县		60		3		50
无极县		63		48		10
望都县		61		28		21
魏 县		91		28		31
威 县		240		80		40
临西县		201		67		56
广平县		102				34
景 县	10	130	4	44	4	44
吴桥县	13	57	3	11	5	23
南皮县		150		50		50
青龙满族自治县		217		66		75
隆化县	11	97	4	32	4	34
涿鹿县	22	102	7	31	6	38
磁 县		90		37		46
平山县		113		6		37
井陉县		17		3		7
张北县		113		52		11

4-90 续表 1

单位：人次

地　区	康复训练与服务		教育费用补助或减免		职业教育与培训	
	城镇	农村	城镇	农村	城镇	农村
总　计	**35**	**70**		**6**	**1**	**2**
唐山市丰润区						
石家庄市新华区	19	1			1	
石家庄市长安区	2					
石家庄市桥东区	13					
邯郸市复兴区						
唐山市古冶区						
任丘市		1				
武安市		1		1		1
辛集市						
深州市		3				
三河市						
安国市		7				
昌黎县		1				
永清县		4				
定兴县						
无极县						
望都县		1				
魏　县						
威　县		38				
临西县		4				
广平县				2		
景　县						
吴桥县						
南皮县		1				
青龙满族自治县		2				
隆化县		1				
涿鹿县	1	4		3		1
磁　县		1				
平山县						
井陉县						
张北县						

4-90 续表 2

单位：人次

地　区	就业安置或扶持		贫困残疾人救助与扶持		法律援助与服务	
	城镇	农村	城镇	农村	城镇	农村
总　计	**4**	**12**	**90**	**816**	**2**	**7**
唐山市丰润区			13	42		
石家庄市新华区	1	1	43	35		
石家庄市长安区	2		9	6	1	
石家庄市桥东区			5		1	
邯郸市复兴区						
唐山市古冶区		1		6		
任丘市						
武安市				18		
辛集市		1	1	31		
深州市				20		
三河市				48		
安国市		1		36		
昌黎县		1	3	22		1
永清县						
定兴县				6		
无极县				5		
望都县		2		7		
魏　县				32		
威　县				80		
临西县				68		
广平县				32		
景　县			2	42		
吴桥县			5	19		
南皮县		4		45		
青龙满族自治县				71		1
隆化县		1	3	27		1
涿鹿县	1		6	21		1
磁　县				3		3
平山县				38		
井陉县				6		
张北县				50		

4-90 续表 3

单位：人次

地区	无障碍设施		信息无障碍		生活服务	
	城镇	农村	城镇	农村	城镇	农村
总计	**8**	**3**	**4**	**7**	**4**	**165**
唐山市丰润区						
石家庄市新华区					1	
石家庄市长安区						
石家庄市桥东区					2	
邯郸市复兴区						
唐山市古冶区	8					
任丘市						4
武安市						55
辛集市						
深州市						5
三河市		1		1		17
安国市				4		4
昌黎县		1	4	1		6
永清县						
定兴县						
无极县						
望都县						
魏县						
威县						1
临西县						6
广平县						32
景县						
吴桥县						
南皮县						
青龙满族自治县						1
隆化县						1
涿鹿县		1			1	1
磁县						
平山县						32
井陉县				1		
张北县						

4-90 续表 4

单位：人次

地　区	文化服务		其他		不选择	
	城镇	农村	城镇	农村	城镇	农村
总　计		**11**		**1**	**58**	**26**
唐山市丰润区						
石家庄市新华区					9	
石家庄市长安区					34	7
石家庄市桥东区					6	
邯郸市复兴区					9	2
唐山市古冶区						
任丘市		4		1		
武安市						
辛集市						
深州市		1				
三河市						
安国市		2				3
昌黎县		1				
永清县						5
定兴县						1
无极县						
望都县						2
魏　县						
威　县						1
临西县						
广平县		2				
景　县						
吴桥县						4
南皮县						
青龙满族自治县						1
隆化县						
涿鹿县		1				
磁　县						
平山县						
井陉县						
张北县						

4-91　各地区言语残疾人分城乡的主要需求

单位：人次

地　区	合计		医疗服务与救助		辅助器具	
	城镇	农村	城镇	农村	城镇	农村
总　计	**20**	**245**	**7**	**67**	**1**	**4**
唐山市丰润区	2	2	1			
石家庄市新华区	4		2			
石家庄市长安区		1				
石家庄市桥东区	4		1		1	
邯郸市复兴区	3	5	1	2		
唐山市古冶区	4		1			
任丘市		13		2		
武安市		3				
辛集市		10		2		
深州市		21		7		
三河市		4				
安国市		11		3		
昌黎县						
永清县		5				
定兴县						
无极县		16		5		
望都县		4				
魏　县		27		9		
威　县		12		4		
临西县		20		7		
广平县		21		5		1
景　县		9		3		1
吴桥县		9		3		
南皮县		6		2		
青龙满族自治县		7		2		1
隆化县		6				
涿鹿县	3	6	1	2		
磁　县		6		1		
平山县		4				
井陉县		6		3		
张北县		11		5		1

4-91 续表 1

单位：人次

地 区	康复训练与服务		教育费用补助或减免		职业教育与培训	
	城镇	农村	城镇	农村	城镇	农村
总 计	**6**	**62**		**2**		**2**
唐山市丰润区		1				
石家庄市新华区						
石家庄市长安区		1				
石家庄市桥东区	2					
邯郸市复兴区	1	1				
唐山市古冶区	2					
任丘市		5				1
武安市		1				
辛集市		4				1
深州市		2				
三河市		2		1		
安国市		3				
昌黎县						
永清县						
定兴县						
无极县		6				
望都县						
魏 县		7				
威 县		4				
临西县		7				
广平县		4		1		
景 县		2				
吴桥县		3				
南皮县						
青龙满族自治县		2				
隆化县		1				
涿鹿县	1					
磁 县		1				
平山县		1				
井陉县						
张北县		4				

4-91 续表 2

单位：人次

地区	就业安置或扶持		贫困残疾人救助与扶持		法律援助与服务	
	城镇	农村	城镇	农村	城镇	农村
总计	**1**	**12**	**4**	**64**		**3**
唐山市丰润区			1	1		
石家庄市新华区			1			
石家庄市长安区						
石家庄市桥东区						
邯郸市复兴区			1	1		
唐山市古冶区	1					
任丘市		3		1		
武安市		1		1		
辛集市				2		
深州市				7		
三河市				1		
安国市				2		
昌黎县						
永清县						
定兴县						
无极县				5		
望都县		1		1		
魏县		1		8		1
威县				4		
临西县				6		
广平县		4		6		
景县				3		
吴桥县						1
南皮县		1		2		1
青龙满族自治县				2		
隆化县				1		
涿鹿县			1	2		
磁县		1		1		
平山县				3		
井陉县				3		
张北县				1		

4-91 续表 3

单位：人次

地区	无障碍设施		信息无障碍		生活服务	
	城镇	农村	城镇	农村	城镇	农村
总计				**2**	**1**	**14**
唐山市丰润区						
石家庄市新华区					1	
石家庄市长安区						
石家庄市桥东区						
邯郸市复兴区						1
唐山市古冶区						
任丘市						1
武安市						
辛集市						
深州市						5
三河市						
安国市						1
昌黎县						
永清县						
定兴县						
无极县						
望都县						1
魏县						
威县						
临西县						
广平县						
景县						
吴桥县						2
南皮县						
青龙满族自治县						
隆化县				2		1
涿鹿县						2
磁县						
平山县						
井陉县						
张北县						

4-91 续表 4

单位：人次

地区	文化服务		其他		不选择	
	城镇	农村	城镇	农村	城镇	农村
总计		**4**		**1**		**8**
唐山市丰润区						
石家庄市新华区						
石家庄市长安区						
石家庄市桥东区						
邯郸市复兴区						
唐山市古冶区						
任丘市						
武安市						
辛集市		1				
深州市						
三河市						
安国市		1		1		
昌黎县						
永清县						5
定兴县						
无极县						
望都县						1
魏　县		1				
威　县						
临西县						
广平县						
景　县						
吴桥县						
南皮县						
青龙满族自治县						
隆化县		1				
涿鹿县						
磁　县						2
平山县						
井陉县						
张北县						

4-92 各地区肢体残疾人分城乡的主要需求

单位：人次

地区	合计		医疗服务与救助		辅助器具	
	城镇	农村	城镇	农村	城镇	农村
总 计	**837**	**5035**	**247**	**1330**	**122**	**670**
唐山市丰润区	23	125	2	8	3	3
石家庄市新华区	96	27	31	9	9	2
石家庄市长安区	110	52	31	15	5	1
石家庄市桥东区	255		87		55	
邯郸市复兴区	129	112	31	27	12	13
唐山市古冶区	73	53	22	13	12	7
任丘市		198		97		33
武安市	12	191	3	20		5
辛集市	17	170	3	56	3	11
深州市		268		44		64
三河市		263		85		63
安国市	10	98	3	26	1	22
昌黎县	6	134	1	27	2	22
永清县		241		85		24
定兴县		151		39		39
无极县		101		31		14
望都县		256		70		45
魏 县		161		32		53
威 县		199		56		14
临西县		191		61		28
广平县		198		24		8
景 县	39	156	13	47	6	31
吴桥县	7	87	7	73		5
南皮县		267		37		17
青龙满族自治县		156		79		17
隆化县	30	212	8	64	9	18
涿鹿县	30	203	5	29	5	28
磁 县		175		9		8
平山县		232		55		62
井陉县		215		50		12
张北县		143		62		1

4-92 续表 1

单位：人次

地区	康复训练与服务		教育费用补助或减免		职业教育与培训	
	城镇	农村	城镇	农村	城镇	农村
总　计	**84**	**755**	**23**	**52**	**2**	**32**
唐山市丰润区	3					
石家庄市新华区	27	7		1		
石家庄市长安区	7	3	6	2		
石家庄市桥东区	19		4			
邯郸市复兴区	4	1	13	14	1	1
唐山市古冶区	14	14				
任丘市		58		2		
武安市		25				
辛集市	2	20		1	1	
深州市		59		1		
三河市		26		12		
安国市	2	13				
昌黎县	1	39				
永清县		54				
定兴县		17				
无极县		21		1		
望都县		9		2		2
魏　县		25		1		
威　县		51		2		4
临西县		26		1		1
广平县		39		2		6
景　县		3		1		2
吴桥县		5				
南皮县		40		3		4
青龙满族自治县		52				
隆化县	1	27		4		2
涿鹿县	4	27		1		8
磁　县		68		1		
平山县		7				
井陉县		10				
张北县		9				2

4-92 续表 2

单位：人次

地区	就业安置或扶持		贫困残疾人救助与扶持		法律援助与服务	
	城镇	农村	城镇	农村	城镇	农村
总计	**42**	**192**	**217**	**1472**	**16**	**29**
唐山市丰润区			5	66		
石家庄市新华区	2		21	8		
石家庄市长安区	10	2	25	20	1	1
石家庄市桥东区	7		66		14	
邯郸市复兴区	15	13	36	35		
唐山市古冶区			18	18		
任丘市		3				
武安市	2	36	4	41		1
辛集市	1	2	7	76		
深州市		7		61		
三河市		4		71		
安国市	1	6	2	27		
昌黎县		2	2	44		
永清县		9		67		
定兴县				36		1
无极县				33		
望都县		19		65		3
魏　县		11		39		
威　县		2		56		1
临西县				53		3
广平县				70		
景　县		10	12	48		1
吴桥县				2		
南皮县		14		87		1
青龙满族自治县				4		1
隆化县		11	10	78	1	4
涿鹿县	4	21	9	60		11
磁　县		2		43		1
平山县		13		78		
井陉县		1		121		
张北县		4		65		

4-92 续表 3

单位：人次

地区	无障碍设施		信息无障碍		生活服务	
	城镇	农村	城镇	农村	城镇	农村
总 计	**11**	**43**	**3**		**44**	**375**
唐山市丰润区					9	48
石家庄市新华区	4				2	
石家庄市长安区					8	5
石家庄市桥东区					3	
邯郸市复兴区	3		2		7	7
唐山市古冶区	2				5	1
任丘市						5
武安市	1	8			2	26
辛集市						4
深州市						31
三河市						2
安国市		2	1			1
昌黎县						
永清县						1
定兴县		2				16
无极县						1
望都县		17				24
魏 县						
威 县		6				7
临西县						7
广平县						46
景 县					8	11
吴桥县						
南皮县						59
青龙满族自治县						1
隆化县	1	1				1
涿鹿县		1				1
磁 县						39
平山县		6				10
井陉县						21
张北县						

4-92 续表 4

单位：人次

地　区	文化服务		其他		不选择	
	城镇	农村	城镇	农村	城镇	农村
总　计	**2**	**17**	**3**	**15**	**21**	**53**
唐山市丰润区	1					
石家庄市新华区						
石家庄市长安区	1		3		13	3
石家庄市桥东区						
邯郸市复兴区					5	1
唐山市古冶区						
任丘市						
武安市		2		3		24
辛集市						
深州市		1				
三河市						
安国市		1				
昌黎县						
永清县						1
定兴县						1
无极县						
望都县						
魏　县						
威　县						
临西县				11		
广平县		3				
景　县		1		1		
吴桥县						2
南皮县		5				
青龙满族自治县						2
隆化县						2
涿鹿县		3			3	13
磁　县						4
平山县		1				
井陉县						
张北县						

4-93 各地区智力残疾人分城乡的主要需求

单位：人次

地 区	合计		医疗服务与救助		辅助器具	
	城镇	农村	城镇	农村	城镇	农村
总 计	**155**	**1176**	**37**	**283**	**2**	**14**
唐山市丰润区		20		3		
石家庄市新华区	51	6	6	2		
石家庄市长安区	24	11	7	4	1	
石家庄市桥东区	16		6			
邯郸市复兴区	21	17	5	8		
唐山市古冶区	25	3	8	1		
任丘市		31		6		
武安市		40		19		
辛集市		26		11		
深州市		16		1		
三河市		55		12		
安国市		26		8		
昌黎县	3	59	1	11		2
永清县		43		9		
定兴县		47		9		
无极县		94		26		3
望都县		31		5		
魏´ 县		67		19		
威 县		98		29		
临西县		69		21		1
广平县		45		6		
景 县	6	40	2	14	1	3
吴桥县		21		2		
南皮县		26		4		1
青龙满族自治县		57		14		
隆化县	3	31		8		1
涿鹿县	6	26	2	7		3
磁 县		43		6		
平山县		59		10		
井陉县		51		6		
张北县		18		2		

4–93 续表 1

单位：人次

地　区	康复训练与服务		教育费用补助或减免		职业教育与培训	
	城镇	农村	城镇	农村	城镇	农村
总　计	**25**	**222**	**4**	**19**	**3**	**17**
唐山市丰润区		5		1		1
石家庄市新华区	8		2		2	
石家庄市长安区	1	1	1	1		
石家庄市桥东区	2				1	
邯郸市复兴区		1				
唐山市古冶区	8		1			
任丘市		11		1		
武安市		1				
辛集市		1				2
深州市						
三河市		8		1		4
安国市		4				1
昌黎县	1	17		1		1
永清县		2				
定兴县		3		2		3
无极县		28				
望都县		1				
魏　县		15				1
威　县		16		1		2
临西县		4		4		
广平县		17		1		
景　县	2	9				
吴桥县		2				
南皮县		3				
青龙满族自治县		18		1		
隆化县	1	10				1
涿鹿县	2	6				1
磁　县		16				
平山县		7		3		
井陉县		13		2		
张北县		3				

4-93 续表 2

单位：人次

地 区	就业安置或扶持		贫困残疾人救助与扶持		法律援助与服务	
	城镇	农村	城镇	农村	城镇	农村
总 计	**15**	**35**	**31**	**340**		**5**
唐山市丰润区		3		6		
石家庄市新华区	6	1	4	1		
石家庄市长安区	4		5	4		
石家庄市桥东区			4			
邯郸市复兴区	4		12	7		
唐山市古冶区	1		4	1		
任丘市				3		
武安市				19		
辛集市		3		6		
深州市				15		
三河市		5		12		
安国市				5		1
昌黎县		3		12		
永清县		2		11		
定兴县		2		19		1
无极县		1		8		
望都县				22		
魏 县		6		17		2
威 县		3		29		1
临西县				20		
广平县		1		15		
景 县			1	10		
吴桥县		1		12		
南皮县				5		
青龙满族自治县				15		
隆化县				8		
涿鹿县		1	1	5		
磁 县		1		9		
平山县		1		17		
井陉县		1		14		
张北县				13		

4-93 续表 3

单位：人次

地区	无障碍设施		信息无障碍		生活服务	
	城镇	农村	城镇	农村	城镇	农村
总计		**1**		**1**	**19**	**153**
唐山市丰润区						
石家庄市新华区					11	2
石家庄市长安区					3	1
石家庄市桥东区					3	
邯郸市复兴区						
唐山市古冶区						
任丘市						5
武安市						1
辛集市						3
深州市						
三河市		1				12
安国市						6
昌黎县					1	9
永清县				1		10
定兴县						6
无极县						22
望都县						
魏　县						6
威　县						15
临西县						16
广平县						
景　县						2
吴桥县						3
南皮县						1
青龙满族自治县						4
隆化县					1	1
涿鹿县						3
磁　县						
平山县						21
井陉县						4
张北县						

4-93 续表 4

单位：人次

地 区	文化服务		其他		不选择	
	城镇	农村	城镇	农村	城镇	农村
总 计	**16**	**42**		**22**	**3**	**22**
唐山市丰润区						1
石家庄市新华区	10				2	
石家庄市长安区	2					
石家庄市桥东区						
邯郸市复兴区				1		
唐山市古冶区	2				1	1
任丘市		4				1
武安市						
辛集市						
深州市						
三河市						
安国市		1				
昌黎县		2				1
永清县		6				2
定兴县						2
无极县		4		1		1
望都县		3				
魏 县		1				
威 县		2				
临西县		2		1		
广平县		5				
景 县				2		
吴桥县						1
南皮县				1		11
青龙满族自治县		4				1
隆化县	1	2				
涿鹿县	1					
磁 县		6		5		
平山县						
井陉县				11		
张北县						

4–94　各地区精神残疾人分城乡的主要需求

单位：人次

地　区	合计		医疗服务与救助		辅助器具	
	城镇	农村	城镇	农村	城镇	农村
总　计	**225**	**1042**	**79**	**325**	**11**	**7**
唐山市丰润区	3	35	1	9		1
石家庄市新华区	49	8	15	3	5	
石家庄市长安区	60	2	19	1		
石家庄市桥东区	55		25			
邯郸市复兴区	11	14	4	5		1
唐山市古冶区	34	2	12	1	6	
任丘市		12		11		
武安市		25		12		
辛集市	2	23	1	11		
深州市		33		11		
三河市		54		18		
安国市	1	16		4		
昌黎县		57		19		1
永清县		30				
定兴县		22		3		
无极县		15		7		
望都县		22		10		
魏　县		49		16		1
威　县		34		11		
临西县		63		20		
广平县		34		14		
景　县		45		9		
吴桥县		22		2		
南皮县		87		27		
青龙满族自治县		38		12		
隆化县	1	32		14		
涿鹿县	9	57	2	5		3
磁　县		89		29		
平山县		63		20		
井陉县		30		10		
张北县		29		11		

4-94 续表 1

单位：人次

地区	康复训练与服务		教育费用补助或减免		职业教育与培训	
	城镇	农村	城镇	农村	城镇	农村
总　计	**42**	**109**	**5**	**7**		**9**
唐山市丰润区	1	7				
石家庄市新华区	13	1				
石家庄市长安区	16		5			
石家庄市桥东区	5					
邯郸市复兴区				1		
唐山市古冶区	6					
任丘市						
武安市		1				
辛集市		1				
深州市		11				
三河市						1
安国市		1				
昌黎县		15		1		1
永清县						
定兴县						2
无极县		1				
望都县						
魏　县		2				
威　县		10				
临西县		10				
广平县		1				
景　县		14				
吴桥县		9				
南皮县		3		1		1
青龙满族自治县		2				
隆化县						
涿鹿县	1	11				1
磁　县				1		1
平山县		6				1
井陉县		2		3		
张北县		1				1

4-94 续表 2

单位：人次

地 区	就业安置或扶持		贫困残疾人救助与扶持		法律援助与服务	
	城镇	农村	城镇	农村	城镇	农村
总 计	**17**	**25**	**46**	**320**	**4**	**22**
唐山市丰润区			1	13		3
石家庄市新华区	7	2	7	2		
石家庄市长安区	4		14	1		
石家庄市桥东区	4		12		1	
邯郸市复兴区	1	1	4	5		
唐山市古冶区	1		3			
任丘市				1		
武安市				9		
辛集市			1	11		
深州市				3		
三河市				17		
安国市				6		
昌黎县		2		18		
永清县						
定兴县				2		7
无极县				7		
望都县				12		
魏 县		6		15		
威 县				11		
临西县				21		
广平县		2		12		1
景 县				15		
吴桥县				3		
南皮县				26		
青龙满族自治县				13		1
隆化县			1	14		
涿鹿县		6	3	10	3	9
磁 县		1		29		
平山县		2		20		
井陉县		1		10		1
张北县		2		14		

4-94 续表 3

单位：人次

地 区	无障碍设施		信息无障碍		生活服务	
	城镇	农村	城镇	农村	城镇	农村
总 计		**2**		**3**	**14**	**144**
唐山市丰润区						1
石家庄市新华区					1	
石家庄市长安区						
石家庄市桥东区					7	
邯郸市复兴区					1	
唐山市古冶区					5	1
任丘市						
武安市						3
辛集市						
深州市						8
三河市						17
安国市						
昌黎县						
永清县						
定兴县		1		2		4
无极县						
望都县						
魏 县						9
威 县		1				
临西县						3
广平县						4
景 县						7
吴桥县						8
南皮县				1		17
青龙满族自治县						9
隆化县						4
涿鹿县						7
磁 县						25
平山县						14
井陉县						3
张北县						

4-94 续表 4

单位：人次

地　区	文化服务		其他		不选择	
	城镇	农村	城镇	农村	城镇	农村
总　计	**4**	**13**		**20**	**3**	**36**
唐山市丰润区						1
石家庄市新华区	1					
石家庄市长安区	2					
石家庄市桥东区					1	
邯郸市复兴区					1	1
唐山市古冶区	1					
任丘市						
武安市						
辛集市						
深州市						
三河市		1				
安国市				2	1	3
昌黎县						
永清县						30
定兴县		1				
无极县						
望都县						
魏　县						
威　县						1
临西县		1		8		
广平县						
景　县						
吴桥县						
南皮县		1		10		
青龙满族自治县		1				
隆化县						
涿鹿县		5				
磁　县		3				
平山县						
井陉县						
张北县						

4–95 各地区多重残疾人分城乡的主要需求

单位：人次

地 区	合计		医疗服务与救助		辅助器具	
	城镇	农村	城镇	农村	城镇	农村
总 计	**491**	**2642**	**164**	**735**	**84**	**353**
唐山市丰润区	4	92	1	19		12
石家庄市新华区	126	72	45	24	22	10
石家庄市长安区	70	26	23	10	8	1
石家庄市桥东区	157		55		34	
邯郸市复兴区	28	22	10	8	3	1
唐山市古冶区	46	35	14	10	9	6
任丘市		63		31		11
武安市	8	99	2	29	1	7
辛集市	9	139	2	44		13
深州市		27		2		2
三河市		124		34		22
安国市	6	176	1	40		25
昌黎县	6	95	1	21	2	11
永清县		90		30		13
定兴县		70		12		17
无极县		20		8		1
望都县		66		24		11
魏 县		144		39		28
威 县		153		45		19
临西县		135		43		22
广平县		158		27		15
景 县	3	75	1	21		15
吴桥县	1	39	1	18		6
南皮县		47		11		6
青龙满族自治县		130		47		22
隆化县	24	122	8	32	4	11
涿鹿县	3	70		17	1	12
磁 县		140		29		7
平山县		100		20		19
井陉县		34		10		2
张北县		79		30		6

4-95 续表 1

单位：人次

地　区	康复训练与服务		教育费用补助或减免		职业教育与培训	
	城镇	农村	城镇	农村	城镇	农村
总　计	**87**	**357**	**5**	**19**		**14**
唐山市丰润区		12				
石家庄市新华区	33	11				
石家庄市长安区	10	4	3	1		
石家庄市桥东区	28		1			
邯郸市复兴区	2	4	1	1		
唐山市古冶区	5	3				
任丘市		15		1		
武安市	2	7		1		3
辛集市	1	17				2
深州市		7				
三河市		9		1		2
安国市	2	15		2		1
昌黎县	2	23				1
永清县		15		1		1
定兴县		7		1		
无极县		5				
望都县		1				
魏　县		19		4		2
威　县		32				
临西县		17				
广平县		28				
景　县		8				
吴桥县		5		1		
南皮县		6		1		
青龙满族自治县		19				
隆化县	2	21		2		2
涿鹿县		6				
磁　县		22				
平山县		4		1		
井陉县		3		1		
张北县		12				

4–95 续表 2

单位：人次

地 区	就业安置或扶持		贫困残疾人救助与扶持		法律援助与服务	
	城镇	农村	城镇	农村	城镇	农村
总 计	**7**	**52**	**93**	**828**	**5**	**8**
唐山市丰润区			2	36		2
石家庄市新华区	1	2	20	21		
石家庄市长安区		1	15	8		
石家庄市桥东区	4		26		4	
邯郸市复兴区	1		7	8		
唐山市古冶区		4	8	10	1	
任丘市				3		
武安市	1	5	1	26		
辛集市		3	4	57		
深州市				9		
三河市		2		36		
安国市		3	1	67		1
昌黎县		3	1	29		
永清县		4		13		
定兴县		3		20		
无极县				6		
望都县		2		25		
魏 县		4		39		
威 县		2		39		1
临西县		2		41		
广平县		1		58		
景 县			1	25		
吴桥县		1		8		
南皮县		2		14		
青龙满族自治县				40		
隆化县		1	5	45		1
涿鹿县		3	2	24		3
磁 县		2		43		
平山县		2		35		
井陉县				13		
张北县				30		

4–95　续表 3

单位：人次

地　区	无障碍设施		信息无障碍		生活服务	
	城镇	农村	城镇	农村	城镇	农村
总　计	**5**	**7**	**1**	**5**	**27**	**214**
唐山市丰润区					1	11
石家庄市新华区	2				2	3
石家庄市长安区					4	
石家庄市桥东区	1				4	
邯郸市复兴区						
唐山市古冶区	2				7	1
任丘市						2
武安市		2			1	14
辛集市					2	3
深州市						7
三河市						17
安国市		3			1	12
昌黎县				1		5
永清县						1
定兴县				1		9
无极县						
望都县						2
魏　县						9
威　县						14
临西县						7
广平县		1				28
景　县					1	6
吴桥县						
南皮县						4
青龙满族自治县						2
隆化县			1	3	4	3
涿鹿县		1				4
磁　县						30
平山县						19
井陉县						1
张北县						

4-95 续表 4

单位：人次

地　区	文化服务		其他		不选择	
	城镇	农村	城镇	农村	城镇	农村
总　计	**1**	**7**		**12**	**12**	**31**
唐山市丰润区						
石家庄市新华区		1			1	
石家庄市长安区				1	7	
石家庄市桥东区						
邯郸市复兴区					4	
唐山市古冶区		1				
任丘市						
武安市		1				4
辛集市						
深州市						
三河市				1		
安国市	1			3		4
昌黎县		1				
永清县		1				11
定兴县						
无极县						
望都县						1
魏　县						
威　县		1				
临西县		1		2		
广平县						
景　县						
吴桥县						
南皮县				1		2
青龙满族自治县						
隆化县						1
涿鹿县						
磁　县						7
平山县						
井陉县				4		
张北县						1

4-96 各地区视力残疾人分残疾等级的主要需求

单位：人次

地区	医疗服务与救助				辅助器具			
	残疾一级	残疾二级	残疾三级	残疾四级	残疾一级	残疾二级	残疾三级	残疾四级
总 计	**92**	**39**	**43**	**499**	**51**	**17**	**20**	**180**
唐山市丰润区	9	2	1	18	5			3
石家庄市新华区	4		2	43	1		2	35
石家庄市长安区	1	1	1	14				
石家庄市桥东区	1			9	1			5
邯郸市复兴区	2	1	1	19	1	1		4
唐山市古冶区	2		3	16	2		1	7
任丘市	1			14				4
武安市	1	1		25				
辛集市		1		9	2	2	3	6
深州市	2			16	4	2		12
三河市	6	5	1	26	1		1	4
安国市			2	14	2			1
昌黎县	6		1	12	4			4
永清县	1		5	21			1	6
定兴县	3	3	1	12			1	2
无极县	4			20	8			2
望都县	5	1	2	25		1		8
魏 县	3	7	3	23	3	7	2	16
威 县	3	4	1	11	1	1		4
临西县	2			8				3
广平县	4	3	3	19		1		
景 县	2	2	4	8	3		2	7
吴桥县	2		2	12			1	
南皮县	1		2	28	2		2	25
青龙满族自治县	5	2	1	6	3	1		
隆化县	6	2	3	18	1	1	4	10
涿鹿县				9	2			10
磁 县	2	3		9				1
平山县	2		3	13	4			1
井陉县	6			7				
张北县	6	1	1	15	1			

4-96 续表 1

单位：人次

地区	康复训练与服务				教育费用补助或减免			
	残疾一级	残疾二级	残疾三级	残疾四级	残疾一级	残疾二级	残疾三级	残疾四级
总　计	**16**	**9**	**3**	**96**	**1**	**1**		**5**
唐山市丰润区				2				
石家庄市新华区	2			27	1			1
石家庄市长安区								
石家庄市桥东区				1				
邯郸市复兴区				1				
唐山市古冶区								
任丘市	1							
武安市								
辛集市		2		1				
深州市				10				
三河市						1		1
安国市				1				1
昌黎县	3			3				
永清县	1			4				
定兴县								
无极县				2				
望都县								
魏　县								
威　县	2	4	1	10				
临西县				2				
广平县	4	3	2	16				
景　县				3				
吴桥县								
南皮县				1				1
青龙满族自治县	1			2				
隆化县				2				1
涿鹿县				5				
磁　县								
平山县								
井陉县				1				
张北县	2			2				

4-96 续表 2

单位：人次

地　区	职业教育与培训				就业安置或扶持			
	残疾一级	残疾二级	残疾三级	残疾四级	残疾一级	残疾二级	残疾三级	残疾四级
总　计				**3**	**2**	**2**	**1**	**13**
唐山市丰润区								2
石家庄市新华区				1				2
石家庄市长安区								1
石家庄市桥东区				1				1
邯郸市复兴区								1
唐山市古冶区								
任丘市								1
武安市								
辛集市								
深州市								
三河市							1	
安国市								
昌黎县								
永清县								
定兴县								
无极县								
望都县								1
魏　县								
威　县								
临西县								
广平县								1
景　县						1		
吴桥县								
南皮县								
青龙满族自治县								
隆化县				1				
涿鹿县								1
磁　县					1	1		1
平山县								
井陉县					1			1
张北县								

4-96 续表 3

单位：人次

地 区	贫困残疾人救助与扶持				法律援助与服务			
	残疾一级	残疾二级	残疾三级	残疾四级	残疾一级	残疾二级	残疾三级	残疾四级
总 计	**111**	**37**	**38**	**324**	**3**			**2**
唐山市丰润区	12	2	1	13				
石家庄市新华区	3		2	21				
石家庄市长安区	1			8				
石家庄市桥东区	1							
邯郸市复兴区	2	1		4				
唐山市古冶区			2	9				
任丘市	2							
武安市	1	1		25				
辛集市	2	3	3	7				
深州市								
三河市	6	3	2	13				
安国市	4		2	10				
昌黎县	4		1	4	3			2
永清县				2				
定兴县	3	3	1	7				
无极县	6			1				
望都县	5	1	2	22				
魏 县	4	6	2	21				
威 县	3	2	1	8				
临西县	2			8				
广平县	3	2	3	13				
景 县	2	2	4	4				
吴桥县	3		1	6				
南皮县	2		2	28				
青龙满族自治县	4	2		4				
隆化县	5	3	4	18				
涿鹿县	4	2	1	22				
磁 县	4	3		9				
平山县	6		3	13				
井陉县	9			9				
张北县	8	1	1	15				

4-96　续表 4

单位：人次

地　区	无障碍设施				信息无障碍			
	残疾一级	残疾二级	残疾三级	残疾四级	残疾一级	残疾二级	残疾三级	残疾四级
总　计	**16**	**3**	**1**	**17**	**4**			
唐山市丰润区								
石家庄市新华区				1				
石家庄市长安区								
石家庄市桥东区	2			6				
邯郸市复兴区								
唐山市古冶区								
任丘市								
武安市								
辛集市				1				
深州市	4	2		3				
三河市				3				
安国市	3		1	1				
昌黎县					1			
永清县								
定兴县								
无极县	3				1			
望都县								
魏　县								
威　县		1						
临西县								
广平县								
景　县								
吴桥县								
南皮县								
青龙满族自治县								
隆化县								
涿鹿县	1			2	2			
磁　县	3							
平山县								
井陉县								
张北县								

4-96 续表 5

单位：人次

地区	生活服务				文化服务			
	残疾一级	残疾二级	残疾三级	残疾四级	残疾一级	残疾二级	残疾三级	残疾四级
总　计	**46**	**9**	**15**	**118**	**1**	**1**		**3**
唐山市丰润区	3			5				1
石家庄市新华区	1			2				1
石家庄市长安区	1	1		8				
石家庄市桥东区	1							
邯郸市复兴区	1							
唐山市古冶区								
任丘市								
武安市	1	1		25				
辛集市	2	1	3	4				
深州市	2	2		7				
三河市	8	3	1	20	1	1		1
安国市	2		3	7				
昌黎县								
永清县				1				
定兴县	1			1				
无极县								
望都县								
魏　县								
威　县								
临西县	2							
广平县	1		1	8				
景　县	2	1	2	5				
吴桥县				1				
南皮县								
青龙满族自治县	1		1					
隆化县	1							
涿鹿县	1		1	4				
磁　县	1			2				
平山县	5		3	11				
井陉县	9			7				
张北县								

4-96 续表 6

单位：人次

地区	其他				不选择			
	残疾一级	残疾二级	残疾三级	残疾四级	残疾一级	残疾二级	残疾三级	残疾四级
总　计		**1**		**9**	**2**	**1**		**6**
唐山市丰润区								
石家庄市新华区								
石家庄市长安区				1				2
石家庄市桥东区								
邯郸市复兴区								1
唐山市古冶区								
任丘市								
武安市								
辛集市								
深州市								
三河市		1		8				
安国市								
昌黎县					2			1
永清县								1
定兴县								
无极县								
望都县								
魏　县								
威　县								
临西县								
广平县								
景　县								
吴桥县						1		1
南皮县								
青龙满族自治县								
隆化县								
涿鹿县								
磁　县								
平山县								
井陉县								
张北县								

4-97　各地区听力残疾人分残疾等级的主要需求

单位：人次

地　区	医疗服务与救助				辅助器具			
	残疾一级	残疾二级	残疾三级	残疾四级	残疾一级	残疾二级	残疾三级	残疾四级
总　计	**93**	**157**	**610**	**583**	**83**	**149**	**589**	**467**
唐山市丰润区			14	26	1		16	27
石家庄市新华区	2	5	44	100	2	4	42	84
石家庄市长安区		1	9	19	1	4	10	33
石家庄市桥东区	1	4	50	153		3	11	12
邯郸市复兴区		1	7	3			2	2
唐山市古冶区	1	1	22	27	1	1	22	26
任丘市	1	5	23	19	1	4	23	19
武安市	2	19	21	20	1	19	22	15
辛集市	4	2	18	8	4	2	20	7
深州市	1	2	14	11	1	2	13	11
三河市	1	6	25	9	1	7	17	8
安国市	2	4	17	23	3	3	29	32
昌黎县	2	5	18	10	2	4	20	10
永清县	9	6	32	10	9	7	33	9
定兴县			2	1	2	5	24	19
无极县	3	13	15	17	1	5	3	1
望都县	1	3	14	10	1	3	10	7
魏　县	2	1	21	4	3	3	21	4
威　县	21	4	29	26	11	2	12	15
临西县	5	8	34	20	4	6	27	19
广平县						1	10	23
景　县	3	5	24	16	3	5	24	16
吴桥县		1	7	6	1	1	12	14
南皮县	4	10	34	2	4	10	34	2
青龙满族自治县	5	11	38	12	7	11	42	15
隆化县		9	21	6		10	23	5
涿鹿县	7	13	15	3	10	14	16	4
磁　县	4	3	16	14	5	3	19	19
平山县		1	2	3	3	3	23	8
井陉县		1	2		1	4	2	
张北县	12	13	22	5		3	7	1

4－97　续表 1

单位：人次

地　区	康复训练与服务				教育费用补助或减免			
	残疾一级	残疾二级	残疾三级	残疾四级	残疾一级	残疾二级	残疾三级	残疾四级
总　计	**15**	**9**	**38**	**43**		**3**	**2**	**1**
唐山市丰润区								
石家庄市新华区			2	18				
石家庄市长安区			2					
石家庄市桥东区		3	4	6				
邯郸市复兴区								
唐山市古冶区								
任丘市				1				
武安市				1				1
辛集市								
深州市	1		1	1				
三河市								
安国市			4	3				
昌黎县			1					
永清县	1	1	2					
定兴县								
无极县								
望都县				1				
魏　县								
威　县	10	2	15	11				
临西县			3	1				
广平县							2	
景　县								
吴桥县								
南皮县			1					
青龙满族自治县	1		1					
隆化县		1						
涿鹿县	1	2	2			3		
磁　县	1							
平山县								
井陉县								
张北县								

4-97 续表 2

单位：人次

地 区	职业教育与培训				就业安置或扶持			
	残疾一级	残疾二级	残疾三级	残疾四级	残疾一级	残疾二级	残疾三级	残疾四级
总 计		**1**		**2**	**5**	**2**	**6**	**3**
唐山市丰润区								
石家庄市新华区				1			2	
石家庄市长安区							1	1
石家庄市桥东区								
邯郸市复兴区								
唐山市古冶区					1			
任丘市								
武安市				1				
辛集市					1			
深州市								
三河市								
安国市								1
昌黎县					1			
永清县								
定兴县								
无极县								
望都县					1	1		
魏 县								
威 县								
临西县								
广平县								
景 县								
吴桥县								
南皮县					1		2	1
青龙满族自治县								
隆化县						1		
涿鹿县		1					1	
磁 县								
平山县								
井陉县								
张北县								

4-97 续表 3

单位：人次

地 区	贫困残疾人救助与扶持				法律援助与服务			
	残疾一级	残疾二级	残疾三级	残疾四级	残疾一级	残疾二级	残疾三级	残疾四级
总 计	**83**	**105**	**421**	**297**	**1**		**4**	**4**
唐山市丰润区	1	1	21	32				
石家庄市新华区	2	2	24	50				
石家庄市长安区	1	1	3	10	1			
石家庄市桥东区		1	1	3				1
邯郸市复兴区								
唐山市古冶区			5	1				
任丘市								
武安市	3	2	4	9				
辛集市	3	2	19	8				
深州市		1	11	8				
三河市	2	8	28	10				
安国市	1	3	12	20				
昌黎县	1	2	13	9			1	
永清县								
定兴县	2		1	3				
无极县		1	2	2				
望都县	3		4					
魏 县	3	3	22	4				
威 县	21	4	29	26				
临西县	5	8	35	20				
广平县		1	8	23				
景 县	3	5	22	14				
吴桥县	1	2	10	11				
南皮县	3	10	31	1				
青龙满族自治县	6	12	39	14			1	
隆化县		6	19	5				1
涿鹿县	7	10	8	2			1	
磁 县			1	2			1	2
平山县	3	4	24	7				
井陉县		4	2					
张北县	12	12	23	3				

4-97 续表 4

单位：人次

地区	无障碍设施				信息无障碍			
	残疾一级	残疾二级	残疾三级	残疾四级	残疾一级	残疾二级	残疾三级	残疾四级
总　计		**2**	**4**	**5**	**1**	**2**	**5**	**3**
唐山市丰润区								
石家庄市新华区								
石家庄市长安区								
石家庄市桥东区								
邯郸市复兴区								
唐山市古冶区			4	4				
任丘市								
武安市								
辛集市								
深州市								
三河市				1			1	
安国市							1	3
昌黎县		1				2	3	
永清县								
定兴县								
无极县								
望都县								
魏　县								
威　县								
临西县								
广平县								
景　县								
吴桥县								
南皮县								
青龙满族自治县								
隆化县								
涿鹿县		1						
磁　县								
平山县								
井陉县					1			
张北县								

4-97 续表 5

单位：人次

地 区	生活服务				文化服务			
	残疾一级	残疾二级	残疾三级	残疾四级	残疾一级	残疾二级	残疾三级	残疾四级
总 计	**7**	**28**	**74**	**60**			**9**	**2**
唐山市丰润区								
石家庄市新华区			1					
石家庄市长安区								
石家庄市桥东区			1	1				
邯郸市复兴区								
唐山市古冶区								
任丘市			3	1			3	1
武安市	3	17	19	16				
辛集市								
深州市		1	2	2			1	
三河市	1	2	10	4				
安国市			1	3			1	1
昌黎县		1	5				1	
永清县								
定兴县								
无极县								
望都县								
魏 县								
威 县			1					
临西县		1	5					
广平县		1	8	23			2	
景 县								
吴桥县								
南皮县								
青龙满族自治县			1					
隆化县		1						
涿鹿县				2			1	
磁 县								
平山县	3	4	17	8				
井陉县								
张北县								

4-97 续表 6

单位：人次

地区	其他				不选择			
	残疾一级	残疾二级	残疾三级	残疾四级	残疾一级	残疾二级	残疾三级	残疾四级
总　计			**1**		**2**	**6**	**19**	**57**
唐山市丰润区								
石家庄市新华区						1	3	5
石家庄市长安区							7	34
石家庄市桥东区						1	2	3
邯郸市复兴区					1	1	4	5
唐山市古冶区								
任丘市			1					
武安市								
辛集市								
深州市								
三河市								
安国市								3
昌黎县								
永清县					1	2		2
定兴县								1
无极县								
望都县							2	
魏　县								
威　县							1	
临西县								
广平县								
景　县								
吴桥县						1		3
南皮县								
青龙满族自治县								1
隆化县								
涿鹿县								
磁　县								
平山县								
井陉县								
张北县								

4–98　各地区言语残疾人分残疾等级的主要需求

单位：人次

地　区	医疗服务与救助				辅助器具			
	残疾一级	残疾二级	残疾三级	残疾四级	残疾一级	残疾二级	残疾三级	残疾四级
总　计	**13**	**11**	**28**	**22**	**2**	**1**	**1**	**1**
唐山市丰润区		1						
石家庄市新华区				2				
石家庄市长安区								
石家庄市桥东区	1				1			
邯郸市复兴区	1	1	1					
唐山市古冶区			1					
任丘市		1		1				
武安市								
辛集市		1	1					
深州市	5		2					
三河市								
安国市		1	2					
昌黎县								
永清县								
定兴县								
无极县		1	1	3				
望都县								
魏　县			4	5				
威　县				4				
临西县	1		4	2				
广平县		1	3	1		1		
景　县	1		2		1			
吴桥县	1	1	1					
南皮县	1			1				
青龙满族自治县		1	1				1	
隆化县								
涿鹿县	2		1					
磁　县		1						
平山县								
井陉县		1	1	1				
张北县			3	2				1

4-98 续表 1

单位：人次

地 区	康复训练与服务				教育费用补助或减免			
	残疾一级	残疾二级	残疾三级	残疾四级	残疾一级	残疾二级	残疾三级	残疾四级
总　计	**7**	**13**	**22**	**26**		**1**	**1**	
唐山市丰润区		1						
石家庄市新华区								
石家庄市长安区			1					
石家庄市桥东区	1		1					
邯郸市复兴区	1	1						
唐山市古冶区			2					
任丘市		1		4				
武安市				1				
辛集市		1	1	2				
深州市	2							
三河市		2				1		
安国市		2	1					
昌黎县								
永清县								
定兴县								
无极县		1	1	4				
望都县								
魏　县			3	4				
威　县				4				
临西县	1		4	2				
广平县		1	1	2			1	
景　县			2					
吴桥县		2	1					
南皮县								
青龙满族自治县		1	1					
隆化县	1							
涿鹿县	1							
磁　县				1				
平山县				1				
井陉县								
张北县			3	1				

4-98 续表 2

单位：人次

地区	职业教育与培训				就业安置或扶持			
	残疾一级	残疾二级	残疾三级	残疾四级	残疾一级	残疾二级	残疾三级	残疾四级
总 计				**2**		**1**	**4**	**8**
唐山市丰润区								
石家庄市新华区								
石家庄市长安区								
石家庄市桥东区								
邯郸市复兴区								
唐山市古冶区							1	
任丘市				1				3
武安市								1
辛集市				1				
深州市								
三河市								
安国市								
昌黎县								
永清县								
定兴县								
无极县								
望都县								1
魏 县							1	
威 县								
临西县								
广平县						1	2	1
景 县								
吴桥县								
南皮县								1
青龙满族自治县								
隆化县								
涿鹿县								
磁 县								1
平山县								
井陉县								
张北县								

4-98 续表 3

单位：人次

地 区	贫困残疾人救助与扶持				法律援助与服务			
	残疾一级	残疾二级	残疾三级	残疾四级	残疾一级	残疾二级	残疾三级	残疾四级
总 计	**11**	**13**	**17**	**27**	**1**		**1**	**1**
唐山市丰润区		2						
石家庄市新华区				1				
石家庄市长安区								
石家庄市桥东区								
邯郸市复兴区		1	1					
唐山市古冶区								
任丘市				1				
武安市				1				
辛集市		1		1				
深州市	5		2					
三河市		1						
安国市		2						
昌黎县								
永清县								
定兴县								
无极县		1	1	3				
望都县				1				
魏 县			4	4				1
威 县				4				
临西县	1		3	2				
广平县		2	2	2				
景 县	1		2					
吴桥县							1	
南皮县	1			1	1			
青龙满族自治县		1	1					
隆化县	1							
涿鹿县	2		1					
磁 县				1				
平山县				3				
井陉县		2		1				
张北县				1				

4-98 续表 4

单位：人次

地 区	无障碍设施				信息无障碍			
	残疾一级	残疾二级	残疾三级	残疾四级	残疾一级	残疾二级	残疾三级	残疾四级
总 计					**1**			**1**
唐山市丰润区								
石家庄市新华区								
石家庄市长安区								
石家庄市桥东区								
邯郸市复兴区								
唐山市古冶区								
任丘市								
武安市								
辛集市								
深州市								
三河市								
安国市								
昌黎县								
永清县								
定兴县								
无极县								
望都县								
魏 县								
威 县								
临西县								
广平县								
景 县								
吴桥县								
南皮县								
青龙满族自治县								
隆化县					1			1
涿鹿县								
磁 县								
平山县								
井陉县								
张北县								

4–98 续表 5

单位：人次

地　区	生活服务				文化服务			
	残疾一级	残疾二级	残疾三级	残疾四级	残疾一级	残疾二级	残疾三级	残疾四级
总　计	**5**	**3**	**4**	**3**			**2**	**2**
唐山市丰润区								
石家庄市新华区				1				
石家庄市长安区								
石家庄市桥东区								
邯郸市复兴区			1					
唐山市古冶区								
任丘市		1						
武安市								
辛集市							1	
深州市	3		2					
三河市								
安国市		1					1	
昌黎县								
永清县								
定兴县								
无极县								
望都县				1				
魏　县								1
威　县								
临西县								
广平县								
景　县								
吴桥县	1	1						
南皮县								
青龙满族自治县								
隆化县				1				1
涿鹿县	1		1					
磁　县								
平山县								
井陉县								
张北县								

4-100 续表 2

单位：人次

地 区	职业教育与培训				就业安置或扶持			
	残疾一级	残疾二级	残疾三级	残疾四级	残疾一级	残疾二级	残疾三级	残疾四级
总 计	**3**	**4**	**3**	**10**	**2**	**5**	**19**	**24**
唐山市丰润区			1					3
石家庄市新华区				2		1	4	2
石家庄市长安区								4
石家庄市桥东区				1				
邯郸市复兴区								4
唐山市古冶区								1
任丘市								
武安市								
辛集市	2				1	1		1
深州市								
三河市		2		2		1	2	2
安国市				1				
昌黎县				1			3	
永清县					1		1	
定兴县		1	1	1		1	1	
无极县								1
望都县								
魏 县		1					5	1
威 县			1	1				3
临西县								
广平县						1		
景 县								
吴桥县							1	
南皮县								
青龙满族自治县								
隆化县				1				
涿鹿县	1							1
磁 县								1
平山县							1	
井陉县							1	
张北县								

4-100 续表 3

单位：人次

地区	贫困残疾人救助与扶持				法律援助与服务			
	残疾一级	残疾二级	残疾三级	残疾四级	残疾一级	残疾二级	残疾三级	残疾四级
总　计	**44**	**49**	**147**	**131**			**2**	**3**
唐山市丰润区			2	4				
石家庄市新华区			2	3				
石家庄市长安区			2	7				
石家庄市桥东区		1	1	2				
邯郸市复兴区	6	4	3	6				
唐山市古冶区		2	2	1				
任丘市			1	2				
武安市	1	4	11	3				
辛集市	1	1		4				
深州市	5	3	6	1				
三河市	2	1	5	4				
安国市			2	3			1	
昌黎县			7	5				
永清县	3	1	5	2				
定兴县	2	2	8	7			1	
无极县			3	5				
望都县	2	2	8	10				
魏　县		1	7	9				2
威　县	2		14	13				1
临西县		2	7	11				
广平县	3	4	4	4				
景　县	3	2	2	4				
吴桥县	3	1	8					
南皮县			5					
青龙满族自治县	1	3	4	7				
隆化县		4	3	1				
涿鹿县		2	1	3				
磁　县			6	3				
平山县	6	3	5	3				
井陉县		1	9	4				
张北县	4	5	4					

4-100 续表 4

单位：人次

地区	无障碍设施				信息无障碍			
	残疾一级	残疾二级	残疾三级	残疾四级	残疾一级	残疾二级	残疾三级	残疾四级
总 计			**1**				**1**	
唐山市丰润区								
石家庄市新华区								
石家庄市长安区								
石家庄市桥东区								
邯郸市复兴区								
唐山市古冶区								
任丘市								
武安市								
辛集市								
深州市								
三河市			1					
安国市								
昌黎县								
永清县							1	
定兴县								
无极县								
望都县								
魏 县								
威 县								
临西县								
广平县								
景 县								
吴桥县								
南皮县								
青龙满族自治县								
隆化县								
涿鹿县								
磁 县								
平山县								
井陉县								
张北县								

4-100 续表 5

单位：人次

地　区	生活服务				文化服务			
	残疾一级	残疾二级	残疾三级	残疾四级	残疾一级	残疾二级	残疾三级	残疾四级
总　计	**17**	**13**	**60**	**82**	**1**	**1**	**13**	**43**
唐山市丰润区								
石家庄市新华区		1	3	9				10
石家庄市长安区				4				2
石家庄市桥东区				3				
邯郸市复兴区								
唐山市古冶区							1	1
任丘市			3	2			2	2
武安市			1					
辛集市	1			2				
深州市								
三河市	3	3	3	3				
安国市			3	3			1	
昌黎县			4	6				2
永清县	2		4	4			3	3
定兴县	1	1	4					
无极县			8	14				4
望都县					1		1	1
魏　县			4	2				1
威　县	2		8	5				2
临西县		1	4	11			1	1
广平县								5
景　县		1	1					
吴桥县	1	1	1					
南皮县			1					
青龙满族自治县			1	3			1	3
隆化县				2		1		2
涿鹿县		2		1			1	
磁　县							2	4
平山县	7	3	5	6				
井陉县			2	2				
张北县								

4-100 续表 6

单位：人次

地 区	其他				不选择			
	残疾一级	残疾二级	残疾三级	残疾四级	残疾一级	残疾二级	残疾三级	残疾四级
总 计	**2**	**1**	**11**	**8**	**1**		**12**	**12**
唐山市丰润区								1
石家庄市新华区								2
石家庄市长安区								
石家庄市桥东区								
邯郸市复兴区			1					
唐山市古冶区							1	1
任丘市								1
武安市								
辛集市								
深州市								
三河市								
安国市								
昌黎县								1
永清县					1			1
定兴县							1	1
无极县				1				1
望都县								
魏 县								
威 县								
临西县				1				
广平县								
景 县	2							
吴桥县								1
南皮县			1				10	1
青龙满族自治县								1
隆化县								
涿鹿县								
磁 县			3	2				
平山县								
井陉县		1	6	4				
张北县								

4-101 各地区精神残疾人分残疾等级的主要需求

单位：人次

地 区	医疗服务与救助				辅助器具			
	残疾一级	残疾二级	残疾三级	残疾四级	残疾一级	残疾二级	残疾三级	残疾四级
总 计	**131**	**64**	**55**	**154**	**10**	**1**	**1**	**6**
唐山市丰润区	1	1	3	5				1
石家庄市新华区	10	3		5	5			
石家庄市长安区	9	3		8				
石家庄市桥东区	8	4	3	10				
邯郸市复兴区	3	1	4	1	1			
唐山市古冶区	1	1	1	10	1		1	4
任丘市	3	2	1	5				
武安市	5		4	3				
辛集市	7	1		4				
深州市	5	3	1	2				
三河市	7	4	1	6				
安国市	2		1	1				
昌黎县	1	3	2	13		1		
永清县								
定兴县		1	1	1				
无极县	2		1	4				
望都县	7		2	1				
魏 县	7	4	4	1	1			
威 县	2	2	1	6				
临西县	11	3	3	3				
广平县	2	4	4	4				
景 县	3	2	3	1				
吴桥县	1	1						
南皮县	10	3	3	11				
青龙满族自治县	5		3	4				
隆化县	6		1	7				
涿鹿县	2	1	1	3	2			1
磁 县	6	7	4	12				
平山县	2	4	1	13				
井陉县	1	2	2	5				
张北县	2	4		5				

4-101 续表 1

单位：人次

地 区	康复训练与服务				教育费用补助或减免			
	残疾一级	残疾二级	残疾三级	残疾四级	残疾一级	残疾二级	残疾三级	残疾四级
总 计	**52**	**27**	**21**	**51**	**1**	**2**	**2**	**7**
唐山市丰润区		1	1	6				
石家庄市新华区	7	2		5				
石家庄市长安区	7	3	1	5	1	1	1	2
石家庄市桥东区	2		1	2				
邯郸市复兴区							1	
唐山市古冶区	2	1	1	2				
任丘市								
武安市			1					
辛集市	1							
深州市	5	3	1	2				
三河市								
安国市				1				
昌黎县	1	2	2	10				1
永清县								
定兴县								
无极县			1					
望都县								
魏 县			2					
威 县	1	2	1	6				
临西县	6	1	1	2				
广平县		1						
景 县	4	4	4	2				
吴桥县	4	2	1	2				
南皮县	1	1	1					1
青龙满族自治县	1			1				
隆化县								
涿鹿县	9	2	1					
磁 县								1
平山县		2		4				
井陉县			1	1		1		2
张北县	1							

4–101 续表 2

单位：人次

地 区	职业教育与培训				就业安置或扶持			
	残疾一级	残疾二级	残疾三级	残疾四级	残疾一级	残疾二级	残疾三级	残疾四级
总 计	**1**	**2**		**6**	**14**	**5**	**4**	**19**
唐山市丰润区								
石家庄市新华区					4	3		2
石家庄市长安区								4
石家庄市桥东区					2			2
邯郸市复兴区					1		1	
唐山市古冶区					1			
任丘市								
武安市								
辛集市								
深州市								
三河市				1				
安国市								
昌黎县		1						2
永清县								
定兴县		1		1				
无极县								
望都县								
魏 县					1	1	2	2
威 县								
临西县								
广平县								2
景 县								
吴桥县								
南皮县				1				
青龙满族自治县								
隆化县								
涿鹿县					5		1	
磁 县				1				1
平山县				1				2
井陉县						1		
张北县				1				2

4-101 续表 3

单位：人次

地区	贫困残疾人救助与扶持				法律援助与服务			
	残疾一级	残疾二级	残疾三级	残疾四级	残疾一级	残疾二级	残疾三级	残疾四级
总 计	**128**	**61**	**52**	**125**	**7**	**6**	**4**	**9**
唐山市丰润区	1	1	4	8			1	2
石家庄市新华区	4	3		2				
石家庄市长安区	9	2	1	3				
石家庄市桥东区	4	3	1	4				1
邯郸市复兴区	3	1	4	1				
唐山市古冶区	1			2				
任丘市				1				
武安市	4		3	2				
辛集市	7	1		4				
深州市	2	1						
三河市	7	4	1	5				
安国市	1		2	3				
昌黎县	1	2	2	13				
永清县								
定兴县		2			1	4	1	1
无极县	2		1	4				
望都县	10		1	1				
魏 县	6	4	3	2				
威 县	2	2	1	6				
临西县	12	3	3	3				
广平县	2	3	4	3				1
景 县	5	4	4	2				
吴桥县	3							
南皮县	11	4	3	8				
青龙满族自治县	6		3	4	1			
隆化县	7		1	7				
涿鹿县	5	3	2	3	5	2	2	3
磁 县	7	6	4	12				
平山县	2	4	1	13				
井陉县	1	2	2	5				1
张北县	3	6	1	4				

4-101 续表 4

单位：人次

地区	无障碍设施				信息无障碍			
	残疾一级	残疾二级	残疾三级	残疾四级	残疾一级	残疾二级	残疾三级	残疾四级
总　计	**1**		**1**		**1**	**1**		**1**
唐山市丰润区								
石家庄市新华区								
石家庄市长安区								
石家庄市桥东区								
邯郸市复兴区								
唐山市古冶区								
任丘市								
武安市								
辛集市								
深州市								
三河市								
安国市								
昌黎县								
永清县								
定兴县			1		1	1		
无极县								
望都县								
魏　县								
威　县	1							
临西县								
广平县								
景　县								
吴桥县								
南皮县								1
青龙满族自治县								
隆化县								
涿鹿县								
磁　县								
平山县								
井陉县								
张北县								

4-101 续表 5

单位：人次

地区	生活服务				文化服务			
	残疾一级	残疾二级	残疾三级	残疾四级	残疾一级	残疾二级	残疾三级	残疾四级
总　计	**59**	**27**	**25**	**47**	**6**	**5**		**6**
唐山市丰润区			1					
石家庄市新华区				1		1		
石家庄市长安区								2
石家庄市桥东区	3	1	1	2				
邯郸市复兴区			1					
唐山市古冶区				6		1		
任丘市								
武安市	2			1				
辛集市								
深州市	3	2	1	2				
三河市	7	4	1	5				1
安国市								
昌黎县								
永清县								
定兴县		2	2		1			
无极县								
望都县								
魏　县	4	3	1	1				
威　县								
临西县	3				1			
广平县		1	3					
景　县	3	2	1	1				
吴桥县	5	2	1					
南皮县	8	3	1	5				1
青龙满族自治县	4		3	2	1			
隆化县	3			1				
涿鹿县	4		2	1	3	1		1
磁　县	7	5	4	9		2		1
平山县	2	2	1	9				
井陉县	1		1	1				
张北县								

4-101 续表 6

单位：人次

地 区	其他				不选择			
	残疾一级	残疾二级	残疾三级	残疾四级	残疾一级	残疾二级	残疾三级	残疾四级
总 计	**7**	**3**	**3**	**7**	**8**	**3**	**6**	**22**
唐山市丰润区							1	
石家庄市新华区								
石家庄市长安区								
石家庄市桥东区								1
邯郸市复兴区								2
唐山市古冶区								
任丘市								
武安市								
辛集市								
深州市								
三河市								
安国市	1			1				4
昌黎县								
永清县					8	3	5	14
定兴县								
无极县								
望都县								
魏 县								
威 县								1
临西县	3	2	2	1				
广平县								
景 县								
吴桥县								
南皮县	3	1	1	5				
青龙满族自治县								
隆化县								
涿鹿县								
磁 县								
平山县								
井陉县								
张北县								

4-102 各地区多重残疾人分残疾等级的主要需求

单位：人次

地 区	医疗服务与救助				辅助器具			
	残疾一级	残疾二级	残疾三级	残疾四级	残疾一级	残疾二级	残疾三级	残疾四级
总 计	**423**	**152**	**211**	**113**	**187**	**85**	**116**	**49**
唐山市丰润区	11	2	2	5	7	1	2	2
石家庄市新华区	18	6	28	17	10	4	13	5
石家庄市长安区	15	3	8	7	6	2		1
石家庄市桥东区	23	9	10	13	17	7	5	5
邯郸市复兴区	12	1	4	1	3		1	
唐山市古冶区	13	4	4	3	7	2	4	2
任丘市	8	13	5	5	2	5	4	
武安市	16	5	7	3		2	4	2
辛集市	23	10	10	3	5	3	4	1
深州市	2					1	1	
三河市	17	5	8	4	11	2	5	4
安国市	17	9	12	3	15	2	7	1
昌黎县	13	4	4	1	5	2	4	2
永清县	14	2	8	6	5	1	4	3
定兴县	4	2	2	4	5	5	3	4
无极县	5	1	1	1	1			
望都县	12	4	4	4	3	4	2	2
魏 县	22	5	11	1	12	4	11	1
威 县	16	8	17	4	6	5	8	
临西县	21	11	6	5	12	4	2	4
广平县	13	3	7	4	6	4	4	1
景 县	9	7	3	3	5	8	1	1
吴桥县	2	7	9	1	2	1	3	
南皮县	5	3	2	1	2	2	1	1
青龙满族自治县	20	6	15	6	11	3	7	1
隆化县	26	5	8	1	4	4	7	
涿鹿县	9	1	6	1	5	1	6	1
磁 县	22		4	3	3	2	2	
平山县	12	5	1	2	11	3	1	4
井陉县	2	5	2	1	1	1		
张北县	21	6	3		5			1

4－102 续表 1

单位：人次

地区	康复训练与服务				教育费用补助或减免			
	残疾一级	残疾二级	残疾三级	残疾四级	残疾一级	残疾二级	残疾三级	残疾四级
总　计	**233**	**82**	**89**	**40**	**15**	**3**	**5**	**1**
唐山市丰润区	9	1		2				
石家庄市新华区	13	5	18	8				
石家庄市长安区	7	3	3	1	3		1	
石家庄市桥东区	17	3	5	3			1	
邯郸市复兴区	4	1	1		1		1	
唐山市古冶区	5	1	1	1				
任丘市	3	8	1	3				1
武安市	8	1			1			
辛集市	8	8	2					
深州市	3	1	3					
三河市	7	1	1		1			
安国市	9	6	1	1		1	1	
昌黎县	15	5	4	1				
永清县	9	1	3	2	1			
定兴县	3	3	1		1			
无极县	4	1						
望都县			1					
魏　县	13	2	4		3	1		
威　县	12	6	12	2				
临西县	8	4	4	1				
广平县	16	5	3	4				
景　县	6	1	1					
吴桥县	2	1	2		1			
南皮县	4		1	1	1			
青龙满族自治县	6	3	6	4				
隆化县	17	4	2		1	1		
涿鹿县	5	1						
磁　县	8	2	7	5				
平山县	3	1			1			
井陉县	1		2				1	
张北县	8	3		1				

4-102 续表 2

单位：人次

地 区	职业教育与培训				就业安置或扶持			
	残疾一级	残疾二级	残疾三级	残疾四级	残疾一级	残疾二级	残疾三级	残疾四级
总 计	**10**	**1**	**1**	**2**	**31**	**7**	**15**	**6**
唐山市丰润区								
石家庄市新华区								3
石家庄市长安区							1	
石家庄市桥东区					1		3	
邯郸市复兴区								1
唐山市古冶区					4			
任丘市								
武安市	2	1			5	1		
辛集市	1		1		1		2	
深州市								
三河市	2				2			
安国市				1		2	1	
昌黎县				1	3			
永清县	1				2	1		1
定兴县					1		2	
无极县								
望都县					2			
魏 县	2				3		1	
威 县							2	
临西县						1	1	
广平县						1		
景 县								
吴桥县					1			
南皮县					2			
青龙满族自治县								
隆化县	2				1			
涿鹿县					2		1	
磁 县					1			1
平山县						1	1	
井陉县								
张北县								

4-102 续表 3

单位：人次

地　区	贫困残疾人救助与扶持				法律援助与服务			
	残疾一级	残疾二级	残疾三级	残疾四级	残疾一级	残疾二级	残疾三级	残疾四级
总　计	**467**	**148**	**208**	**98**	**5**		**2**	**6**
唐山市丰润区	20	3	7	8	2			
石家庄市新华区	7	7	16	11				
石家庄市长安区	9	2	7	5				
石家庄市桥东区	9	5	6	6			1	3
邯郸市复兴区	10	2	2	1				
唐山市古冶区	9	1	3	5				1
任丘市	1		2					
武安市	17	4	5	1				
辛集市	30	12	16	3				
深州市	5	1	3					
三河市	18	5	9	4				
安国市	37	13	11	7	1			
昌黎县	17	6	5	2				
永清县	6	3	3	1				
定兴县	10	1	6	3				
无极县	4	1	1					
望都县	15	6	3	1				
魏　县	20	5	13	1				
威　县	12	4	19	4				1
临西县	20	11	5	5				
广平县	28	8	15	7				
景　县	12	8	3	3				
吴桥县	3	2	3					
南皮县	5	4	3	2				
青龙满族自治县	19	6	11	4				
隆化县	35	6	8	1			1	
涿鹿县	17	1	7	1	2			1
磁　县	26	4	8	5				
平山县	23	6	1	5				
井陉县	3	5	4	1				
张北县	20	6	3	1				

4-102 续表 4

单位：人次

地 区	无障碍设施				信息无障碍			
	残疾一级	残疾二级	残疾三级	残疾四级	残疾一级	残疾二级	残疾三级	残疾四级
总 计	**7**	**1**	**3**	**1**	**6**			
唐山市丰润区								
石家庄市新华区	1		1					
石家庄市长安区								
石家庄市桥东区	1							
邯郸市复兴区								
唐山市古冶区		1	1					
任丘市								
武安市	2							
辛集市								
深州市								
三河市								
安国市	2			1				
昌黎县					1			
永清县								
定兴县					1			
无极县								
望都县								
魏 县								
威 县								
临西县								
广平县			1					
景 县								
吴桥县								
南皮县								
青龙满族自治县								
隆化县					4			
涿鹿县	1							
磁 县								
平山县								
井陉县								
张北县								

4-102 续表 5

单位：人次

地 区	生活服务				文化服务			
	残疾一级	残疾二级	残疾三级	残疾四级	残疾一级	残疾二级	残疾三级	残疾四级
总 计	**121**	**28**	**61**	**31**	**5**	**1**		**2**
唐山市丰润区	4	2	2	4				
石家庄市新华区	2		2	1				1
石家庄市长安区	2		1	1				
石家庄市桥东区	1	1		2				
邯郸市复兴区								
唐山市古冶区	5	2		1	1			
任丘市		1	1					
武安市	3	4	5	3	1			
辛集市	3		2					
深州市	5		2					
三河市	10	2	5					
安国市	4	2	6	1				1
昌黎县	2		1	2	1			
永清县	1				1			
定兴县	4	2	3					
无极县								
望都县			1	1				
魏 县	7		2					
威 县	5		8	1		1		
临西县	2	2	3		1			
广平县	10	5	8	5				
景 县	4		1	2				
吴桥县								
南皮县	2	1	1					
青龙满族自治县	2							
隆化县	5	1		1				
涿鹿县	4							
磁 县	21	1	4	4				
平山县	13	2	2	2				
井陉县			1					
张北县								

4-102 续表 6

单位：人次

地区	其他				不选择			
	残疾一级	残疾二级	残疾三级	残疾四级	残疾一级	残疾二级	残疾三级	残疾四级
总　计	**4**	**3**	**2**	**3**	**21**	**5**	**10**	**7**
唐山市丰润区								
石家庄市新华区							1	
石家庄市长安区				1	3		1	3
石家庄市桥东区								
邯郸市复兴区							3	1
唐山市古冶区								
任丘市								
武安市					1	3		
辛集市								
深州市								
三河市	1							
安国市	1	1		1	1	1	2	
昌黎县								
永清县					8		3	
定兴县								
无极县								
望都县					1			
魏　县								
威　县								
临西县	2							
广平县								
景　县								
吴桥县								
南皮县			1		2			
青龙满族自治县								
隆化县					1			
涿鹿县								
磁　县					4			3
平山县								
井陉县		2	1	1				
张北县						1		

第五部分　社区和住户基本情况

5－1 调查社区基本情况

地区	调查社区个数(个)			社区人口情况		社区残疾人情况(人)			
	合计	居委会	村委会	户数(户)	人口数(人)	残疾人数	持证残疾人数	享受定期救助人数	享受临时救助人数
总　计	**248**	**42**	**206**	**166453**	**557199**	**21438**	**5989**	**2191**	**2576**
唐山市丰润区	8	2	6	5137	17431	916	327	72	2
石家庄市新华区	8	6	2	7785	25415	224	127	36	58
石家庄市长安区	8	6	2	9866	31140	1373	305	99	74
石家庄市桥东区	8	8		15071	60382	1871	439	142	75
邯郸市复兴区	8	6	2	9055	28880	795	183	99	72
唐山市古冶区	8	6	2	8898	25742	442	294	99	43
任丘市	8		8	2632	10257	599	45	6	78
武安市	8	1	7	22060	57420	1392	841	544	130
辛集市	8	1	7	4170	15478	677	111	42	70
深州市	8		8	2654	9898	539	55	7	9
三河市	8		8	2260	8757	402	97	43	48
安国市	8	1	7	7836	25624	1473	164	169	181
昌黎县	8	1	7	10582	26071	812	200	48	107
永清县	8		8	2373	9425	174	43	27	59
定兴县	8		8	4223	17787	624	46	34	14
无极县	8		8	5671	21295	797	134	32	28
望都县	8		8	3974	15826	833	132	34	34
魏　县	8		8	2450	11091	320	124	11	32
威　县	8		8	2087	8244	589	60	9	145
临西县	8		8	2111	8389	416	106	23	64
广平县	8		8	2899	12555	628	495	29	75
景　县	8	1	7	1563	6316	256	97	39	180
吴桥县	8	1	7	2739	7232	296	51	42	83
南皮县	8		8	2862	11890	425	140	28	75
青龙满族自治县	8		8	3368	10982	550	264	54	308
隆化县	8	1	7	4619	13959	900	143	96	95
涿鹿县	8	1	7	3957	11252	627	311	209	108
磁　县	8		8	3283	13582	763	125	39	113
平山县	8		8	2252	8893	510	223	35	36
井陉县	8		8	5293	18221	920	217	28	105
张北县	8		8	2723	7765	295	90	16	75

5－1 续表

单位：个

地 区	社区残疾人基层建设情况				
	有残疾人协会(小组)的社区	有残疾人专职委员会的社区	有康复站的社区	有社区康复协调员的社区	有无障碍设施的社区
总 计	**150**	**130**	**73**	**97**	**19**
唐山市丰润区	1	1			
石家庄市新华区	7	7	5	3	1
石家庄市长安区	8	8	6	6	3
石家庄市桥东区	8	8	8	8	8
邯郸市复兴区	8	8	2	3	4
唐山市古冶区	2	2			1
任丘市	8	8		8	
武安市	8	8	1	1	1
辛集市	5	5	2	2	
深州市					
三河市	8	8	8	3	
安国市	1	3			
昌黎县					
永清县	4	4			
定兴县	2	3		2	
无极县	8	8			
望都县					
魏 县	8	3	8	8	
威 县	7	8		8	
临西县	8	2	2	7	
广平县	8				
景 县					
吴桥县	4	6	8	8	
南皮县			4	4	
青龙满族自治县	8	8	7	8	
隆化县		1			
涿鹿县	2	2			1
磁 县	5	5	5	6	
平山县	6	6	4	4	
井陉县	8	8	3	8	
张北县	8				

5－2　各地区调查社区公共服务机构的覆盖情况

单位：个

地　区	距离法律服务所(司法所)				距离特教学校(班)			
	0公里	1－2公里	3－5公里	5公里以上	0公里	1－2公里	3－5公里	5公里以上
总　计	**36**	**83**	**78**	**51**	**5**	**20**	**31**	**192**
唐山市丰润区	2	2	4			2		6
石家庄市新华区	3	3	1	1		1		7
石家庄市长安区	1	6		1		2	1	5
石家庄市桥东区	8				3	3	2	
邯郸市复兴区	1	5	1	1		2	5	1
唐山市古冶区	1	5	1	1		2	2	4
任丘市		5	2	1				8
武安市		3	4	1		1	1	6
辛集市	1	3	1	3			2	6
深州市		1	5	2				8
三河市	1	1	3	3				8
安国市	1	3	3	1			2	6
昌黎县	1	3	3	1		1	2	5
永清县		2	5	1				8
定兴县		2	4	2				8
无极县	2	2	3	1			1	7
望都县	2	2	3	1			3	5
魏　县	2	3	3					8
威　县		5	1	2	1	1	1	5
临西县	1	4	3				1	7
广平县	1	5	2					8
景　县	1		1	6	1		1	6
吴桥县	1	2	4	1				8
南皮县	1		4	3				8
青龙满族自治县	1		1	6				8
隆化县		4	2	2		2		6
涿鹿县	1	4	3			1	2	5
磁　县		2	5	1			3	5
平山县		2	3	3			1	7
井陉县	2	4	2			2	1	5
张北县	1		1	6				8

5－2 续表

单位：个

地 区	距离文化活动站				距离卫生室			
	0公里	1－2公里	3－5公里	5公里以上	0公里	1－2公里	3－5公里	5公里以上
总 计	**118**	**40**	**34**	**56**	**218**	**23**	**3**	**4**
唐山市丰润区	6		2		8			
石家庄市新华区	6			2	4	2		2
石家庄市长安区	6	1		1	7	1		
石家庄市桥东区	8				8			
邯郸市复兴区	6	1		1	7	1		
唐山市古冶区	6	2			7	1		
任丘市	1	4	2	1	8			
武安市	1	1	1	5	7	1		
辛集市	4		1	3	8			
深州市	2			6	8			
三河市	7	1			7	1		
安国市	5			3	8			
昌黎县	4	1	2	1	8			
永清县	5	1		2	7	1		
定兴县	2	2	3	1	7	1		
无极县	4	1	2	1	8			
望都县	2	2	3	1	8			
魏 县	3	3	1	1	8			
威 县	8				8			
临西县	1	3	2	2	7	1		
广平县	1	5	2		8			
景 县	8				8			
吴桥县	1	3	3	1	6	1	1	
南皮县				8	7			1
青龙满族自治县	1			7	7		1	
隆化县		4	1	3	4	4		
涿鹿县	8				8			
磁 县	2	2	4		8			
平山县		2	4	2		6	1	1
井陉县	8				8			
张北县	2	1	1	4	6	2		

5－2a　各地区调查城镇社区公共服务机构的覆盖情况

单位：个

地　区	距离法律服务所(司法所)				距离特教学校(班)			
	0公里	1－2公里	3－5公里	5公里以上	0公里	1－2公里	3－5公里	5公里以上
总　计	**17**	**21**	**3**	**1**	**4**	**16**	**10**	**12**
唐山市丰润区	2					2		
石家庄市新华区	1	3	1	1		1		5
石家庄市长安区	1	5				2	1	3
石家庄市桥东区	8				3	3	2	
邯郸市复兴区	1	4	1			2	4	
唐山市古冶区	1	5				2	2	2
任丘市								
武安市		1				1		
辛集市		1					1	
深州市								
三河市								
安国市		1						1
昌黎县	1					1		
永清县								
定兴县								
无极县								
望都县								
魏　县								
威　县								
临西县								
广平县								
景　县	1				1			
吴桥县			1					1
南皮县								
青龙满族自治县								
隆化县		1				1		
涿鹿县	1					1		
磁　县								
平山县								
井陉县								
张北县								

5－2a 续表

单位：个

地　区	距离文化活动站				距离卫生室			
	0公里	1－2公里	3－5公里	5公里以上	0公里	1－2公里	3－5公里	5公里以上
总　计	**35**	**4**		**3**	**34**	**5**	**1**	**2**
唐山市丰润区	2				2			
石家庄市新华区	4			2	2	2		2
石家庄市长安区	5			1	5	1		
石家庄市桥东区	8				8			
邯郸市复兴区	5	1			5	1		
唐山市古冶区	6				6			
任丘市								
武安市		1				1		
辛集市	1				1			
深州市								
三河市								
安国市	1				1			
昌黎县	1				1			
永清县								
定兴县								
无极县								
望都县								
魏　县								
威　县								
临西县								
广平县								
景　县	1				1			
吴桥县		1					1	
南皮县								
青龙满族自治县								
隆化县		1			1			
涿鹿县	1				1			
磁　县								
平山县								
井陉县								
张北县								

5－2b 各地区调查农村社区公共服务机构的覆盖情况

单位：个

地区	距离法律服务所(司法所)				距离特教学校(班)			
	0公里	1－2公里	3－5公里	5公里以上	0公里	1－2公里	3－5公里	5公里以上
总　计	**19**	**62**	**75**	**50**	**1**	**4**	**21**	**180**
唐山市丰润区		2	4					6
石家庄市新华区	2							2
石家庄市长安区		1		1				2
石家庄市桥东区								
邯郸市复兴区		1		1			1	1
唐山市古冶区			1	1				2
任丘市		5	2	1				8
武安市		2	4	1			1	6
辛集市	1	2	1	3			1	6
深州市		1	5	2				8
三河市	1	1	3	3				8
安国市	1	2	3	1			2	5
昌黎县		3	3	1			2	5
永清县		2	5	1				8
定兴县		2	4	2				8
无极县	2	2	3	1			1	7
望都县	2	2	3	1			3	5
魏　县	2	3	3					8
威　县		5	1	2	1	1	1	5
临西县	1	4	3				1	7
广平县	1	5	2					8
景　县			1	6			1	6
吴桥县	1	2	3	1				7
南皮县	1		4	3				8
青龙满族自治县	1		1	6				8
隆化县		3	2	2		1		6
涿鹿县		4	3				2	5
磁　县		2	5	1			3	5
平山县		2	3	3			1	7
井陉县	2	4	2			2	1	5
张北县	1		1	6				8

5－2b 续表

单位：个

地 区	距离文化活动站				距离卫生室			
	0公里	1－2公里	3－5公里	5公里以上	0公里	1－2公里	3－5公里	5公里以上
总 计	**83**	**36**	**34**	**53**	**184**	**18**	**2**	**2**
唐山市丰润区	4		2		6			
石家庄市新华区	2				2			
石家庄市长安区	1	1			2			
石家庄市桥东区								
邯郸市复兴区	1			1	2			
唐山市古冶区		2			1	1		
任丘市	1	4	2	1	8			
武安市	1		1	5	7			
辛集市	3		1	3	7			
深州市	2			6	8			
三河市	7	1			7	1		
安国市	4			3	7			
昌黎县	3	1	2	1	7			
永清县	5	1		2	7	1		
定兴县	2	2	3	1	7	1		
无极县	4	1	2	1	8			
望都县	2	2	3	1	8			
魏 县	3	3	1	1	8			
威 县	8				8			
临西县	1	3	2	2	7	1		
广平县	1	5	2		8			
景 县	7				7			
吴桥县	1	2	3	1	6	1		
南皮县				8	7			1
青龙满族自治县	1			7	7		1	
隆化县		3	1	3	3	4		
涿鹿县	7				7			
磁 县	2	2	4		8			
平山县		2	4	2		6	1	1
井陉县	8				8			
张北县	2	1	1	4	6	2		

5－3 调查农村社区的收入水平与公共服务机构覆盖情况

单位：个、人

2005年本村人均收入	社区个数	社区享受定期救助人数	社区享受临时救助人数	距离法律服务所(司法所)			
				0公里	1－2公里	3－5公里	5公里以上
总 计	**206**	**1060**	**2091**	**19**	**62**	**75**	**50**
1000元以下	12	39	240	1	2	5	4
1000-1500元	21	150	285	1	7	9	4
1500-2000元	15	129	196		6	2	7
2000-2500元	35	120	335	6	8	12	9
2500-3000元	26	136	281	3	6	9	8
3000-3500元	32	129	289		10	16	6
3500-4000元	29	193	307	3	10	10	6
4000-4500元	19	77	99	3	7	7	2
4500-5000元	10	59	38	2	3	3	2
5000元以上	7	28	21		3	2	2

5－3 续表 1

单位：个

2005年本村人均收入	距离特教学校(班)				距离文化活动站			
	0公里	1－2公里	3－5公里	5公里以上	0公里	1－2公里	3－5公里	5公里以上
总 计	**1**	**4**	**21**	**180**	**83**	**36**	**34**	**53**
1000元以下			2	10	1	2	5	4
1000-1500元			2	19	10	4		7
1500-2000元	1			14	2	6	1	6
2000-2500元		1	2	32	14	4	8	9
2500-3000元			4	22	11	2	6	7
3000-3500元		1	3	28	8	10	7	7
3500-4000元			4	25	14	5	3	7
4000-4500元		2		17	13	2	1	3
4500-5000元			2	8	4	1	3	2
5000元以上			2	5	6			1

5－3 续表 2

单位：个

2005年本村人均收入	距离卫生室			
	0公里	1－2公里	3－5公里	5公里以上
总 计	**184**	**18**	**2**	**2**
1000元以下	12			
1000-1500元	16	4	1	
1500-2000元	11	3		1
2000-2500元	28	5	1	1
2500-3000元	23	3		
3000-3500元	31	1		
3500-4000元	29			
4000-4500元	18	1		
4500-5000元	10			
5000元以上	6	1		

5－4 各地区调查户2005年人均收入

地区	总人口（人）	总户数（户）	2005年度调查户人均收入（元）	按人均收入分组的户数（户）			
				0－683元	684－944元	945－2000元	2001－3000元
总计	**104169**	**31203**	**3337**	**2255**	**1064**	**9637**	**5584**
唐山市丰润区	3359	1132	4705	37	19	194	186
石家庄市新华区	3453	1088	7412	6	2	90	123
石家庄市长安区	3410	1161	8015	1	2	15	59
石家庄市桥东区	3389	1189	6189	1	1	35	132
邯郸市复兴区	3339	1080	5301	23	17	127	133
唐山市古冶区	3424	1185	5057	49	13	121	164
任丘市	3508	973	3939	16	6	150	221
武安市	3359	893	3453	80	26	273	178
辛集市	3412	956	3569	19	20	189	232
深州市	3406	1113	2972	53	17	332	283
三河市	3520	977	4647	14	3	144	152
安国市	3429	966	3318	39	29	310	198
昌黎县	3204	1064	3892	41	23	283	187
永清县	3418	934	3135	24	13	289	216
定兴县	3242	952	2668	40	29	344	221
无极县	3218	868	2715	29	29	353	217
望都县	3448	931	2332	79	41	405	209
魏　县	3432	777	1368	126	95	447	77
威　县	3307	1049	2322	105	40	429	234
临西县	3112	851	2561	55	36	287	247
广平县	3577	867	1566	177	101	407	93
景　县	3149	1044	2751	68	22	375	227
吴桥县	3131	986	2732	33	14	373	274
南皮县	3476	994	1888	142	66	477	141
青龙满族自治县	3224	908	1727	223	69	380	105
隆化县	3075	965	2500	90	35	416	138
涿鹿县	3615	1299	2140	180	77	583	198
磁　县	3441	919	1830	114	70	468	142
平山县	3462	996	1718	233	86	410	121
井陉县	3453	969	2390	62	33	435	225
张北县	3177	1117	2383	96	30	496	251

5－4 续表

地 区	按人均收入分组的户数（户）						
	3001－4000元	4001－5000元	5001－6000元	6001－7000元	7001－10000元	10001－20000元	20000元以上
总 计	**4125**	**2617**	**1412**	**1086**	**2046**	**1216**	**161**
唐山市丰润区	201	131	35	86	138	97	8
石家庄市新华区	122	94	118	55	193	250	35
石家庄市长安区	86	94	143	121	327	279	34
石家庄市桥东区	159	161	178	102	275	133	12
邯郸市复兴区	140	138	102	83	183	113	21
唐山市古冶区	189	153	149	61	179	97	10
任丘市	274	157	35	41	57	15	1
武安市	128	76	35	21	40	28	8
辛集市	185	126	74	57	43	10	1
深州市	182	121	56	23	36	9	1
三河市	184	189	79	64	109	31	8
安国市	138	71	37	50	67	25	2
昌黎县	187	125	34	63	83	32	6
永清县	181	109	36	32	25	6	3
定兴县	149	72	27	18	40	9	3
无极县	116	49	25	13	22	13	2
望都县	112	44	12	10	15	4	
魏 县	21	5	2		2	2	
威 县	131	62	19	12	14	2	1
临西县	119	45	33	15	8	6	
广平县	43	22	13	7	3	1	
景 县	176	98	25	20	20	13	
吴桥县	149	73	31	21	15	3	
南皮县	79	64	14	3	8		
青龙满族自治县	66	34	9	10	9	2	1
隆化县	107	74	22	30	40	13	
涿鹿县	110	49	25	25	40	12	
磁 县	60	32	6	12	11	3	1
平山县	66	38	10	10	20	1	1
井陉县	102	61	17	11	15	7	1
张北县	163	50	11	10	9		1

5－4a 各地区城镇调查户2005年人均收入

地 区	总人口（人）	总户数（户）	2005年度调查户人均收入（元）	按人均收入分组的户数（户）			
				0－683元	684－944元	945－2000元	2001－3000元
总 计	**17800**	**6193**	**6812**	**16**	**15**	**308**	**586**
唐山市丰润区	820	314	8116	1		5	16
石家庄市新华区	2563	868	8707			39	68
石家庄市长安区	2561	926	8827		1	5	29
石家庄市桥东区	3389	1189	6189	1	1	35	132
邯郸市复兴区	2519	892	6236	1	8	54	102
唐山市古冶区	2563	898	5893	3	2	37	108
任丘市							
武安市	411	110	6991			7	18
辛集市	448	145	5486			1	7
深州市							
三河市							
安国市	432	141	6660			2	7
昌黎县	433	148	6353			10	7
永清县							
定兴县							
无极县							
望都县							
魏 县							
威 县							
临西县							
广平县							
景 县	421	120	3782	2	1	24	30
吴桥县	414	126	3779	2		26	21
南皮县							
青龙满族自治县							
隆化县	376	125	3943	5	2	38	13
涿鹿县	450	191	5086	1		25	28
磁 县							
平山县							
井陉县							
张北县							

5－4a 续表

地区	按人均收入分组的户数（户）						
	3001－4000元	4001－5000元	5001－6000元	6001－7000元	7001－10000元	10001－20000元	20000元以上
总　计	**775**	**717**	**756**	**557**	**1348**	**992**	**123**
唐山市丰润区	36	30	23	38	81	79	5
石家庄市新华区	80	69	103	50	178	247	34
石家庄市长安区	41	52	118	105	288	253	34
石家庄市桥东区	159	161	178	102	275	133	12
邯郸市复兴区	117	117	97	82	182	111	21
唐山市古冶区	146	129	140	57	172	94	10
任丘市							
武安市	14	15	7	8	20	19	2
辛集市	24	29	33	27	20	4	
深州市							
三河市							
安国市	14	15	17	29	42	14	1
昌黎县	30	26	10	16	31	14	4
永清县							
定兴县							
无极县							
望都县							
魏　县							
威　县							
临西县							
广平县							
景　县	26	16	2	7	7	5	
吴桥县	33	19	5	13	6	1	
南皮县							
青龙满族自治县							
隆化县	16	17	6	6	14	8	
涿鹿县	39	22	17	17	32	10	
磁　县							
平山县							
井陉县							
张北县							

5－4b 各地区农村调查户2005年人均收入

地 区	总人口（人）	总户数（户）	2005年度调查户人均收入（元）	按人均收入分组的户数（户）			
				0－683元	684－944元	945－2000元	2001－3000元
总 计	**86369**	**25010**	**2620**	**2239**	**1049**	**9329**	**4998**
唐山市丰润区	2539	818	3603	36	19	189	170
石家庄市新华区	890	220	3683	6	2	51	55
石家庄市长安区	849	235	5566	1	1	10	30
石家庄市桥东区							
邯郸市复兴区	820	188	2429	22	9	73	31
唐山市古冶区	861	287	2569	46	11	84	56
任丘市	3508	973	3939	16	6	150	221
武安市	2948	783	2960	80	26	266	160
辛集市	2964	811	3279	19	20	188	225
深州市	3406	1113	2972	53	17	332	283
三河市	3520	977	4647	14	3	144	152
安国市	2997	825	2836	39	29	308	191
昌黎县	2771	916	3507	41	23	273	180
永清县	3418	934	3135	24	13	289	216
定兴县	3242	952	2668	40	29	344	221
无极县	3218	868	2715	29	29	353	217
望都县	3448	931	2332	79	41	405	209
魏 县	3432	777	1368	126	95	447	77
威 县	3307	1049	2322	105	40	429	234
临西县	3112	851	2561	55	36	287	247
广平县	3577	867	1566	177	101	407	93
景 县	2728	924	2592	66	21	351	197
吴桥县	2717	860	2573	31	14	347	253
南皮县	3476	994	1888	142	66	477	141
青龙满族自治县	3224	908	1727	223	69	380	105
隆化县	2699	840	2299	85	33	378	125
涿鹿县	3165	1108	1721	179	77	558	170
磁 县	3441	919	1830	114	70	468	142
平山县	3462	996	1718	233	86	410	121
井陉县	3453	969	2390	62	33	435	225
张北县	3177	1117	2383	96	30	496	251

5－4b 续表

地 区	按人均收入分组的户数（户）						
	3001－4000元	4001－5000元	5001－6000元	6001－7000元	7001－10000元	10001－20000元	20000元以上
总 计	**3350**	**1900**	**656**	**529**	**698**	**224**	**38**
唐山市丰润区	165	101	12	48	57	18	3
石家庄市新华区	42	25	15	5	15	3	1
石家庄市长安区	45	42	25	16	39	26	
石家庄市桥东区							
邯郸市复兴区	23	21	5	1	1	2	
唐山市古冶区	43	24	9	4	7	3	
任丘市	274	157	35	41	57	15	1
武安市	114	61	28	13	20	9	6
辛集市	161	97	41	30	23	6	1
深州市	182	121	56	23	36	9	1
三河市	184	189	79	64	109	31	8
安国市	124	56	20	21	25	11	1
昌黎县	157	99	24	47	52	18	2
永清县	181	109	36	32	25	6	3
定兴县	149	72	27	18	40	9	3
无极县	116	49	25	13	22	13	2
望都县	112	44	12	10	15	4	
魏 县	21	5	2		2	2	
威 县	131	62	19	12	14	2	1
临西县	119	45	33	15	8	6	
广平县	43	22	13	7	3	1	
景 县	150	82	23	13	13	8	
吴桥县	116	54	26	8	9	2	
南皮县	79	64	14	3	8		
青龙满族自治县	66	34	9	10	9	2	1
隆化县	91	57	16	24	26	5	
涿鹿县	71	27	8	8	8	2	
磁 县	60	32	6	12	11	3	1
平山县	66	38	10	10	20	1	1
井陉县	102	61	17	11	15	7	1
张北县	163	50	11	10	9		1

5－5 各地区有残疾人调查户2005年人均收入

地　区	有残疾人的调查户（户）	有残疾人调查户总人口数（人）	残疾人总数（人）	2005年度有残疾人的调查户人均收入（元）	按人均收入分组的户数（户）			
					0－683元	684－944元	945－2000元	2001－3000元
总　计	**6504**	**23059**	**7529**	**2699**	**923**	**382**	**2318**	**1031**
唐山市丰润区	218	682	260	3204	20	11	65	44
石家庄市新华区	308	1055	373	6202	6	2	34	43
石家庄市长安区	280	929	322	6376		1	9	25
石家庄市桥东区	324	972	409	5747			13	45
邯郸市复兴区	176	689	200	3508	12	10	34	25
唐山市古冶区	159	469	181	4359	12	6	20	27
任丘市	201	754	236	3424	12	4	58	45
武安市	214	837	254	2212	35	12	81	46
辛集市	202	749	232	2696	11	13	61	59
深州市	167	541	184	2396	19	3	68	38
三河市	229	878	260	3544	7	3	64	49
安国市	219	808	262	2554	23	15	93	36
昌黎县	159	490	186	3168	18	7	61	28
永清县	244	916	280	2441	18	6	105	53
定兴县	163	601	189	2045	15	14	73	40
无极县	155	612	172	2042	8	14	83	29
望都县	203	779	225	1980	29	19	99	31
魏　县	190	862	222	1132	62	25	87	12
威　县	240	744	268	1806	48	17	115	32
临西县	208	758	238	2026	25	17	82	54
广平县	213	935	243	1238	69	36	84	17
景　县	169	539	191	2020	32	4	76	27
吴桥县	173	570	190	2060	17	9	91	36
南皮县	213	818	238	1537	50	15	108	20
青龙满族自治县	222	804	266	1416	81	21	81	23
隆化县	220	737	261	1923	39	12	118	18
涿鹿县	219	648	251	1629	62	17	88	22
磁　县	237	897	287	1407	55	28	112	25
平山县	208	777	234	1351	76	21	74	20
井陉县	173	681	200	2005	25	10	80	34
张北县	198	528	215	1853	37	10	101	28

5－5 续表

地 区	按人均收入分组的户数（户）						
	3001－4000元	4001－5000元	5001－6000元	6001－7000元	7001－10000元	10001－20000元	20000元以上
总 计	**595**	**376**	**245**	**166**	**277**	**173**	**18**
唐山市丰润区	32	14	6	6	10	10	
石家庄市新华区	36	27	43	15	45	51	6
石家庄市长安区	33	32	38	35	60	45	2
石家庄市桥东区	45	37	51	34	67	25	7
邯郸市复兴区	26	26	13	6	19	5	
唐山市古冶区	20	18	14	10	22	10	
任丘市	44	18	6	3	6	4	1
武安市	21	9	6	2	1	1	
辛集市	25	17	9	5	1	1	
深州市	17	11	6	2	3		
三河市	40	29	15	11	9	2	
安国市	23	15	1	4	5	4	
昌黎县	13	14	3	1	6	7	1
永清县	30	20	4	6	2		
定兴县	10	8		1	1		1
无极县	14	2	1	2	1	1	
望都县	15	6	1	1	2		
魏 县	3	1					
威 县	17	6	3	1		1	
临西县	21	8	1				
广平县	4	3					
景 县	15	10	3	1	1		
吴桥县	9	5		3	2	1	
南皮县	11	8			1		
青龙满族自治县	5	3	2	5	1		
隆化县	12	6	1	5	5	4	
涿鹿县	12	5	7	3	3		
磁 县	8	5	1	2	1		
平山县	6	6	2		3		
井陉县	10	5	6	2		1	
张北县	18	2	2				

5－5a　各地区城镇有残疾人调查户2005年人均收入

地　区	有残疾人的调查户（户）	有残疾人调查户总人口数（人）	残疾人总数（人）	2005年度有残疾人的调查户人均收入（元）	按人均收入分组的户数（户）			
					0－683元	684－944元	945－2000元	2001－3000元
总　计	**1171**	**3602**	**1381**	**6068**	**7**	**7**	**72**	**149**
唐山市丰润区	34	94	39	7104	1		1	3
石家庄市新华区	228	714	277	7512			12	27
石家庄市长安区	217	648	245	7374			3	12
石家庄市桥东区	324	972	409	5747			13	45
邯郸市复兴区	114	387	123	4741		5	8	18
唐山市古冶区	112	338	126	5294			6	22
任丘市								
武安市	7	25	7	5100				3
辛集市	15	48	16	4892				3
深州市								
三河市								
安国市	16	50	21	5728			1	1
昌黎县	16	58	17	5500			1	2
永清县								
定兴县								
无极县								
望都县								
魏　县								
威　县								
临西县								
广平县								
景　县	19	65	21	2865	2		6	3
吴桥县	14	50	14	2722	1		5	2
南皮县								
青龙满族自治县								
隆化县	24	82	28	3159	3	2	8	3
涿鹿县	31	71	38	4042			8	5
磁　县								
平山县								
井陉县								
张北县								

5－5a 续表

地 区	按人均收入分组的户数（户）						
	3001－4000元	4001－5000元	5001－6000元	6001－7000元	7001－10000元	10001－20000元	20000元以上
总 计	**147**	**131**	**159**	**113**	**223**	**149**	**14**
唐山市丰润区	3	3	5	3	7	8	
石家庄市新华区	23	19	37	13	42	50	5
石家庄市长安区	14	21	31	34	57	43	2
石家庄市桥东区	45	37	51	34	67	25	7
邯郸市复兴区	22	19	12	6	19	5	
唐山市古冶区	17	15	13	9	20	10	
任丘市							
武安市	1		1	1		1	
辛集市	5	1	2	3		1	
深州市							
三河市							
安国市	2	4		3	3	2	
昌黎县	3	4		1	3	2	
永清县							
定兴县							
无极县							
望都县							
魏 县							
威 县							
临西县							
广平县							
景 县	3	2	2	1			
吴桥县	3	2		1			
南皮县							
青龙满族自治县							
隆化县	1	1		2	2	2	
涿鹿县	5	3	5	2	3		
磁 县							
平山县							
井陉县							
张北县							

5－5b 各地区农村有残疾人调查户2005年人均收入

地 区	有残疾人的调查户（户）	有残疾人调查户总人口数（人）	残疾人总数（人）	2005年度有残疾人的调查户人均收入（元）	按人均收入分组的户数（户）			
					0－683元	684－944元	945－2000元	2001－3000元
总 计	**5333**	**19457**	**6148**	**2075**	**916**	**375**	**2246**	**882**
唐山市丰润区	184	588	221	2580	19	11	64	41
石家庄市新华区	80	341	96	3459	6	2	22	16
石家庄市长安区	63	281	77	4075		1	6	13
石家庄市桥东区								
邯郸市复兴区	62	302	77	1928	12	5	26	7
唐山市古冶区	47	131	55	1946	12	6	14	5
任丘市	201	754	236	3424	12	4	58	45
武安市	207	812	247	2123	35	12	81	43
辛集市	187	701	216	2546	11	13	61	56
深州市	167	541	184	2396	19	3	68	38
三河市	229	878	260	3544	7	3	64	49
安国市	203	758	241	2345	23	15	92	35
昌黎县	143	432	169	2855	18	7	60	26
永清县	244	916	280	2441	18	6	105	53
定兴县	163	601	189	2045	15	14	73	40
无极县	155	612	172	2042	8	14	83	29
望都县	203	779	225	1980	29	19	99	31
魏 县	190	862	222	1132	62	25	87	12
威 县	240	744	268	1806	48	17	115	32
临西县	208	758	238	2026	25	17	82	54
广平县	213	935	243	1238	69	36	84	17
景 县	150	474	170	1905	30	4	70	24
吴桥县	159	520	176	1997	16	9	86	34
南皮县	213	818	238	1537	50	15	108	20
青龙满族自治县	222	804	266	1416	81	21	81	23
隆化县	196	655	233	1768	36	10	110	15
涿鹿县	188	577	213	1332	62	17	80	17
磁 县	237	897	287	1407	55	28	112	25
平山县	208	777	234	1351	76	21	74	20
井陉县	173	681	200	2005	25	10	80	34
张北县	198	528	215	1853	37	10	101	28

5－5b 续表

地 区	按人均收入分组的户数（户）						
	3001－4000元	4001－5000元	5001－6000元	6001－7000元	7001－10000元	10001－20000元	20000元以上
总 计	**448**	**245**	**86**	**53**	**54**	**24**	**4**
唐山市丰润区	29	11	1	3	3	2	
石家庄市新华区	13	8	6	2	3	1	1
石家庄市长安区	19	11	7	1	3	2	
石家庄市桥东区							
邯郸市复兴区	4	7	1				
唐山市古冶区	3	3	1	1	2		
任丘市	44	18	6	3	6	4	1
武安市	20	9	5	1	1		
辛集市	20	16	7	2	1		
深州市	17	11	6	2	3		
三河市	40	29	15	11	9	2	
安国市	21	11	1	1	2	2	
昌黎县	10	10	3		3	5	1
永清县	30	20	4	6	2		
定兴县	10	8		1	1		1
无极县	14	2	1	2	1	1	
望都县	15	6	1	1	2		
魏 县	3	1					
威 县	17	6	3	1		1	
临西县	21	8	1				
广平县	4	3					
景 县	12	8	1		1		
吴桥县	6	3		2	2	1	
南皮县	11	8			1		
青龙满族自治县	5	3	2	5	1		
隆化县	11	5	1	3	3	2	
涿鹿县	7	2	2	1			
磁 县	8	5	1	2	1		
平山县	6	6	2		3		
井陉县	10	5	6	2		1	
张北县	18	2	2				

5-6 各地区调查户的住房状况

地区	总户数(户)	人均住房面积(平方米)	住房结构(户)				
			钢筋混凝土	混合结构	砖木结构	木、竹、草结构	其他
总计	**31203**	**27.39**	**740**	**11512**	**17960**	**132**	**859**
唐山市丰润区	1132	23.64	1	318	813		
石家庄市新华区	1088	25.66		1008	80		
石家庄市长安区	1161	26.05	59	1055	47		
石家庄市桥东区	1189	21.52	3	1186			
邯郸市复兴区	1080	25.67	22	1022	36		
唐山市古冶区	1185	19.85	109	724	352		
任丘市	973	25.17	2	183	788		
武安市	893	38.02	93	480	319		1
辛集市	956	27.77	2	953	1		
深州市	1113	30.16	1	217	895		
三河市	977	27.59	7	37	932		1
安国市	966	29.48		529	437		
昌黎县	1064	26.20	253	78	733		
永清县	934	27.96			934		
定兴县	952	28.67	2	285	651	2	12
无极县	868	30.30		524	343		1
望都县	931	29.27	5	226	692	7	1
魏　县	777	20.68		83	664	1	29
威　县	1049	28.00	9	123	831	1	85
临西县	851	33.71	3	146	687		15
广平县	867	25.11	2	73	792		
景　县	1044	35.54	10	133	791	1	109
吴桥县	986	26.05	11	7	968		
南皮县	994	23.25	3	35	929	1	26
青龙满族自治县	908	18.59	4	104	799	1	
隆化县	965	22.19	8	242	644	66	5
涿鹿县	1299	40.92	2	112	908	28	249
磁　县	919	28.12		368	551		
平山县	996	27.41	12	445	349	24	166
井陉县	969	35.45	117	815	32		5
张北县	1117	20.36		1	962		154

5-6 续表

地 区	住房来源(户)			
	自有	租赁	借用	其他来源
总　计	**29844**	**880**	**456**	**23**
唐山市丰润区	1098	29	5	
石家庄市新华区	967	104	17	
石家庄市长安区	989	153	19	
石家庄市桥东区	980	180	28	1
邯郸市复兴区	1032	40	4	4
唐山市古冶区	1040	135	9	1
任丘市	952	10	11	
武安市	857	12	21	3
辛集市	927	23	5	1
深州市	1111		2	
三河市	964	6	6	1
安国市	942	2	21	1
昌黎县	1028	18	17	1
永清县	927	2	5	
定兴县	923	5	24	
无极县	867		1	
望都县	900	8	23	
魏　县	774	1	2	
威　县	1025		24	
临西县	823	4	23	1
广平县	864		3	
景　县	1011	20	11	2
吴桥县	982	1	3	
南皮县	984	1	8	1
青龙满族自治县	872	5	31	
隆化县	853	95	17	
涿鹿县	1271	10	17	1
磁　县	890	4	24	1
平山县	953	2	38	3
井陉县	951	5	13	
张北县	1087	5	24	1

5-6a 各地区城镇调查户的住房状况

地 区	总户数(户)	人均住房面积(平方米)	住房结构(户)				
			钢筋混凝土	混合结构	砖木结构	木、竹、草结构	其他
总 计	**6193**	**24.32**	**375**	**5294**	**513**	**6**	**5**
唐山市丰润区	314	21.37	1	313			
石家庄市新华区	868	23.57		868			
石家庄市长安区	926	24.69	48	878			
石家庄市桥东区	1189	21.52	3	1186			
邯郸市复兴区	892	24.57		892			
唐山市古冶区	898	18.17	108	723	67		
任丘市							
武安市	110	52.21	76	32	2		
辛集市	145	26.10		145			
深州市							
三河市							
安国市	141	42.85		141			
昌黎县	148	26.28	124	23	1		
永清县							
定兴县							
无极县							
望都县							
魏 县							
威 县							
临西县							
广平县							
景 县	120	27.43	10	11	95		4
吴桥县	126	26.47	1		125		
南皮县							
青龙满族自治县							
隆化县	125	21.17	3	35	81	6	
涿鹿县	191	37.20	1	47	142		1
磁 县							
平山县							
井陉县							
张北县							

附录 5

第二次全国残疾人抽样调查《住户调查表》填写说明

一、《住户调查表》填写方法

《住户调查表》由调查员根据申报人的回答，如实填写。

（一）《住户调查表》的填写方法有两种：有标准答案的栏目，根据实际情况圈填；没有标准答案的栏目，用文字或阿拉伯数字据实填写。

（二）《住户调查表》以户为单位填写，每页可填写 4 人，超过 4 人的家庭户酌情增加调查表。增加的调查表只填写“H1.本户编号”和按人填报的栏目“R1－R15”以及表下方有关内容，不再填写其他按户填报的栏目“H2—H9”。增加的调查表要与首页表顺序保存，不要分开，以防散乱，发生差错。超过 9 人的家庭户分为两户进行填报，其中一户按新增户处理。

（三）调查表填写错误的更改方法。如果文字或数字填写错误，必须用直尺将错误的地方用双线划去。横行书写的，用双横线划去，在划线的上方另行填写；竖行填写的，用双竖线划去，在划线的右侧另行填写；圈填错误的，应将错圈序码连同文字答案用双横线划去，再据实圈填。

（四）表内每个栏目下边的小方格是编码格，调查员不得填写。

二、《住户调查表》填写注意事项

（一）调查表的栏目使用钢笔或签字笔填写，字迹要端正清楚。必须用国家统一规范的简化字书写，不得使用同音异体字和繁体字。阿拉伯数字必须按“0123456789”的正体书写。

（二）在调查登记家庭户中每个人的情况时，要力争与本人见面，无特殊情况，不得由他人代替申报。

（三）调查员应对被调查户申报的情况保密，不得对外提供。

（四）《调查底册》和家庭《户口簿》仅供调查时参考，不得照抄。

三、《住户调查表》的填写顺序

《住户调查表》要逐人逐栏进行询问填写，不得漏填或错填。《住户调查表》填写的顺序是：

第一步，填写左上角的“本户地址”和“H1.本户编号”。

第二步，填写按人填报的栏目 R1－R14，按户主、配偶、子女等顺序逐人逐项登记（“R15.属于何种残疾”暂不圈填，待医生检查评定后再圈填），并以本人登记的顺序作为“本人行号”。

第三步，填写按户填报的栏目，包括“H2.本户登记人数”、“H4.本户住房建筑面积”、“H5.本户住房建筑结构”、“H6.本户住房来源”、“H7.上年度本户全部收入”、“H8.本户拥有的主要家电”、“H9.本户月均生活用电量”。（“H3.本户残疾人数”暂不填写，待医生检查评定后再填写）。

第四步，与被调查户核对主要情况无误后，请家庭的主要申报人在表下方签名或盖章，调查员填写表下方的“本户共___页，本页是第___页”，然后签字并填写填报日期；“装订页码第___页”待本调查小区调查表装订成册后再填写。

第五步，根据医生检查的定性结果，填写“R15.属于何种残疾”，并据此填写本户户记录中的“H3.本户残疾人数”。

第六步，“备注”栏分为两部分填写。左栏属于规定的填写内容，包括本户见面人数，0～6 岁儿童姓名，疑似残疾人的姓名和残疾类别；右栏填写调查中发现的特殊情况。

四、《住户调查表》指标解释

第二次全国残疾人抽样调查的标准时间为：2006 年 4 月 1 日 0 时。此次调查的数据是反映标准时间点的人口状况。2006 年 4 月 1 日 0 时之前出生的人需要登记，之后出生的人则不登记；2006 年 4 月 1 日 0 时之前死亡的人不登记，之后死亡的人需要登记。准确地把握标准时间是防止重复登记和漏登记的重要措施。

（一）按人填报的栏目共有 15 个

R1.姓名：竖行填写本人的正式姓名，无正式姓名的，可填写乳名、小名或某某氏；未取名的婴儿可填写“未取名”。

R2.与户主的关系：指户内各成员与户主之间的关系，并不是指户内各成员与申报人之间的关系。

1.户主。表内所填写的第一人必须是户主。如果户主外出半年以上，按照调查对象标准规定，其不属于本调查小区的调查对象，则由本户另确定一位新的户主，并作为第一人填写，其他成员按照与新户主的关系据实圈填。一户中只能有一位户主。

2.配偶。户主的配偶指户主的妻子或丈夫，必须填在第二格。一户中只能有一个人填为户主的配偶。

3.子女。包括户主的儿子、女儿、儿媳、女婿，一般应按照年龄大小顺序填写。

4.孙子女。包括户主的孙子、孙女、孙媳、孙婿、重孙子女、重孙媳、重孙婿及外孙、重外孙子女等。

5.父母。包括户主的父亲、母亲、公公、婆婆、岳父、岳母、继父、继母。

6.祖父母。包括户主的祖父母、外祖父、外祖母、曾祖父、曾祖母、继祖父、继祖母。

7.兄弟姐妹。包括户主和配偶的兄弟姐妹、表兄弟姐妹等。

8.其他。指上述家庭成员之外的其他人员，如朋友、同事、同学、同乡、保姆等均圈填此项。

R3.性别：根据被调查人的性别据实圈填。

R4.出生年月：被调查人的出生年月按公历用阿拉伯数字填写；只知农历的，按农历月份+1 视为公历填写。从出生日期到调查的标准时间为止，满 12 个月的算一周岁（即使少一天也不算一周岁），不满 12 个月的婴儿填写为 0 周岁。

R5.民族：指被调查人的民族成份。要按《各民族名称一览表》据实竖行填写，要填写全称而不要写简称。父母不是同一民族的，其不满 18 周岁的子女，民族未定的，由父母商定，选填父亲或母亲一方的民族；已满 18 周岁的子女，是填报父亲还是母亲的民族，由本人决定。如果确实有新出现的民族，则据实填报，在备注栏说明；外国人加入中国籍的，其本人的民族和我国某一民族相同，就填报这一民族，例如朝鲜人加入中国籍的，即填朝鲜族；没有相同民族的，按外国人加入中国籍填写，填报为“入籍”。

R6.户口登记状况：指被调查人的常住户口登记状况，设有四个标准答案，即为本次调查对象的四款人。

根据国务院批准的《第二次全国残疾人抽样调查方案》规定，“此次调查的对象是具有中华人民共和国国籍，并居住在被抽中调查小区内常住的人。调查采用按常住人口登记的原则，以户为单位填报，只调查家庭户，不调查集体户。单身居住独自生活的也作为一个家庭进行登记。本次不调查中国人民解放军现役军人和武装警察（包括部队管理的离退休干部）。”

确定被调查人是否属于本次调查的对象，关键是准确掌握调查的空间标准和时间标准。

空间标准：指户口是否在“本乡、镇、街道”所辖的地理区域。

时间标准：指常住本调查小区时间连续“半年”。

本次调查规定的连续“半年”是指从 2005 年 10 月 1 日 0 时到 2006 年 4 月 1 日 0 时。对于在本调查小区居住并从事商业、手工业、服务业、建筑业等活动的人，偶尔返回户口登记地或临时外出探亲访友（包括春节返乡探亲）、出差，判断其在本调查小区居住的时间和离开常住户口登记地的时间时，都不应扣除偶尔返回或临时外出的时间。

调查员可按以下四个标准答案根据调查对象的实际情况圈填。

1.住本调查小区，户口在本乡、镇、街道；

2.住本调查小区半年以上，户口在外乡、镇、街道；

3.住本调查小区不满半年，离开户口所在地半年以上；

4.住本调查小区，户口待定。

第一款人：包括两种情况，一是常住户口在本乡、镇、街道，居住在本调查小区的人；二是常住户口在本乡、镇、街道，但是人离开本乡、镇、街道不满半年的人（包括调查时临时出国考察、学习和旅游等情况不满半年的人）。

常住户口在本户、外出（离开本乡、镇、街道）已超过半年的人，不属于本调查小区的调查对象。

第二款人：是指调查时已在本调查小区常住时间半年以上，但常住户口在其他乡、镇、街道的人。

第三款人：是指调查时在本调查小区常住时间虽然不满半年，常住户口在其他乡、镇、街道，但已离开常住户口登记地半年以上的人。

第四款人：是指调查时居住在本调查小区，在任何地方都没有登记常住户口的人（包括手持户口迁移证、退伍证、出生证、劳改释放证等尚未办理常住户口登记手续的人）。填报此款人的直接跳问 R8。

本次调查对以下情况作了特殊规定：

1.高中及高中以下在校住宿的学生，凡是经常回家的（例如周六、日回家），本次调查规定按调查对象第一款人进行登记。

2.婚嫁、搬迁到本调查小区的人或户，即使来本调查小区居住不满半年而户口在外乡、镇、街道，但因其具有长期居住的意义，本次调查规定按调查对象第一款人进行登记。

3.凡是户口在集体户、人在家庭户居住的人，本次调查规定按调查对象第一款人在被调查户进行登记。

R7.户口性质：指被调查人的常住户口性质，按户口簿上常住户口性质据实圈填。取消了农业户口和非农业户口的地区，按照取消前的户口性质圈填。农民进城已办理了小城镇户口的，也圈填“2.非农业”；在“R6.户口登记状况”中填报为“4.住本调查小区，户口待定”的人不填报本栏。

R8、R9 两栏限 6 岁及以上的人填报。

R8.是否识字：指被调查人是否达到国务院规定的脱盲标准（城市居民和乡、镇企业职工识字 2000 个，乡村居民识字 1500 个）。调查登记时可询问是否具有阅读通俗书报刊或写便条、简单书信的能力。凡具有简单读写能力的人，圈填“1.是”，没有达到脱盲标准的人，则圈填“2.否”。圈填“2.否”的人，不再填报“R9.受教育程度”，跳问“R10、婚姻状况”。

R9.受教育程度：指本人接受国内外教育的最高学历。通过自学或成人学历教育经国家统一考试合格的，可分别归入相应的受教育程度。

1.未上过学。指被调查人识字，但从未接受过国家或其他办学机构实施的各级各类学校教育。参加过各种扫盲班或成人识字班的人，也圈填此项。

2.小学。指接受的最高一级教育为小学，无论其是在校、毕业、肄业或辍学均圈填此项。只读过私塾的也填报此项。

3.初中。指接受的最高一级教育为初中，无论其是在校、毕业、肄业或辍学均圈填此项。技工学校相当于初中的也圈填此项。

4.高中。指接受的最高一级教育为普通高中、职业高中，无论其是在校、毕业、肄业或辍学均圈填此项。

5.中专。指接受的最高一级教育为中等专业学校，无论其是在校、毕业、肄业或辍学均圈填此项。

6.大学专科。指接受的最高一级教育为大学专科。在普通高等学校学习大学专科的，无论其在校、毕业、肄业或辍学均圈填此项。

凡在国家授权承认学历的广播电视大学、职工大学、高等院校举办的函授大学、夜大学和其他形式的大学，按教育部颁布的大学专科教学大纲进行授课的，其毕业生圈填此项；其肄业生、在校生按原有受教育程度圈填。

通过自学，经国家统一举办的考试，并取得大学专科毕业证书的，也圈填此项标准答案。

7.大学本科。指接受的最高一级教育为大学本科。在普通高等学校学习大学本科的，无论其是在校、毕业、肄业或辍学均圈填此项。

凡在国家授权承认学历的广播电视大学、职工大学、高等院校举办的函授大学、夜大学和其他形式的大学，按教育部颁布的大学本科教学大纲进行授课的，其毕业生圈填此项；其肄业生、在校生按原有受教育程度圈填。

通过自学和进修大学课程，经国家统一举办的考试，并取得大学本科毕业证书的，也圈填此项标准答案。

8.研究生。指接受的最高一级教育为硕士、博士研究生，无论其是在校、毕业、肄业或辍学均圈填此项。

在职接受研究生教育的，其毕业生圈填此项，肄业生和在校生按原有受教育程度圈填。

凡是没有按教育部的教学大纲培训或只学单科的人，不能圈填“大学专科”、“大学本科”或“研究生”，一律按照原有受教育程度圈填。

R10-R14 栏限 15 岁及以上的人填报。

R10.婚姻状况：指被调查人在调查标准时间的实际婚姻状况。

1.未婚。指从未结过婚的人。

2.初婚有配偶。指本人有配偶，且属于第一次婚姻的人。对于没有办理结婚登记而未婚同居的人，按其申报的圈填。

3.再婚有配偶。指本人有配偶，但属于第二次及以上婚姻的人。

4.离婚。指夫妻间已办理了离婚手续，并在调查标准时间仍未再结婚的人。未办理离婚手续，而长期分居，不圈填此项，而应圈填“2.初婚有配偶”或“3.再婚有配偶”。

5.丧偶。指夫妇一方丧亡，在调查标准时间时还没有再结婚的人。

R11.当前是否有工作：指被调查人在调查标准时间前一周（即 2006 年 3 月 25—31 日），是否从事过不少于一小时有收入的社会劳动。工作时间不足一小时的，应视为无工作。填报无工作的则不再询问职业栏目，直接跳填“R13.当前未工作状况”。

有收入是指在该周内曾经得到或能够得到工资或家庭收益等，包括现金和实物收入。农民在承包的土地上劳动应视为有收入的工作；家庭成员在自家经营的商店、门市部、工厂劳动，既使没有任何收入，也应视同为有收入工作。

在职休假、培训学习、临时停工和季节性歇业而未工作，也视为当前有工作，包括如因生病或受伤而短期休息、休假和休养的人；脱产学习的人；由于天气原因、季节或电力故障、原料或燃料短缺等原因临时停工的人；从事季节性工作，正值歇业的人等。

R12.职业：指本人所从事的社会劳动工作种类。要求必须填写工作单位全称和所做的具体工作。

填写职业要注意以下几点：

1.填写职业要具体、详细。既要填写工作单位全称，也要填写具体做什么工作。例如“北京重型机床厂钳工”、“北京市公交总公司司机”等，不能笼统地填写“工人”；机关工作人员不能笼统填写“干部”，应填写其工作单位全称和职业，例如“北京市统计局主任科员”、“中国科学院工程师”等；农民不能笼统地填写“农民”或“种地”，而应具体填写为“粮农”、“菜农”或者“养鸡”等。

2.具有中级以上技术职称的行政领导人员，应按行政领导职务填写其职业；同时担任党和行政职务的领导干部，应按主要职务填写职业。

3.工种尚未确定，暂时又无具体工作的，可填“工种未定”。

4.农村就业人口中，凡在乡镇或村办企业中有比较固定的工作，既使在调查标准时间前一周干的是农活，仍要填报其比较固定的职业。

5.调查标准时间前一周内同时从事一种以上工作的，按所从事时间最长的工作种类填写；不能确定时间长短的，按其经济收入较多的工作填写。

6.没有固定性工作的个体经营者，进城务工经商和农闲时进行其他经济活动的人，企业停工停产自某出路从事一些临时性工作的职工，填写调查标准时间前一周主要从事的具体工作。

脱产进入学校学习者，不填职业栏，而应填写“R13.当前未工作状况”栏。

R13.当前未工作状况：此栏限十五岁及十五岁以上当前没有工作的人填写。

1.在校学生。指正在接受各级各类学校教育并有学籍的人。

2.离退休。指已办理离休、退休手续，依靠领取离退休金生活的人。离休、退休后又参加社会劳动并取得报酬的人，应视为有工作，不应圈填此项。

3.料理家务。主要从事家务劳动，且没有劳动收入的人圈填。离退休人员参加部分家务劳动的则不填此栏。农村中既料理家务又务农或从事家庭副业的人，应按在业人口填写职业，不应圈填此栏。

4.丧失劳动能力。指因心理、生理残疾和疾病等原因，在现有劳动条件下丧失了从事劳动的能力、不能参加社会劳动的人。也包括年老体弱生活不能自理的人员。但不包括领取退休金的人员。

5.毕业后未工作。指从学校毕业后从未工作过的人。

6.因单位原因失去原工作。指用人单位或雇主提出与劳动者本人中断劳动关系而失去原工作的人。包括：被原单位辞退、除名、开除的人；劳动合同到期后单位不同意续签劳动合同的人；因单位破产而失去工作的人；未办理正式退休手续的“内退”人员；仍与原工作单位保留劳动关系的下岗人员。

7.因本人原因失去原工作。指本人因各种原因提出与单位中断劳动关系而离开原工作岗位的人。包括辞职的人和劳动合同到期后本人不同意与单位继续签订劳动合同的人。

8.承包土地被征用。指本人承包或转包、租用集体或他人的土地，被有关部门和单位依据土地征用制度的规定征作公益性用地而失去工作。受雇在别人承包的土地上工作，因该土地被征用而失去工作的人，不圈此项，而应圈填“6、因单位原因失去原工作”。

9.其他。除以上八种人之外的未工作人口，圈填为“其他”。

R14.未工作者主要生活来源：根据被调查人情况据实圈填。如果同时有多项生活费来源，则选择其中最主要一项标准答案圈填。

1.离退休金。指办理了离休、退休手续的人，从原工作单位或社会保险部门领取的离退休生活费。

2.领取基本生活费。为了保证基本生活水平而领取的生活费。包括：企业下岗、内退职工领取的基本生活费，失业救济金；民政部门发放给烈军属的生活抚恤金，发给五保户和残疾人的生活补助费，以及发给城镇低收入户的最低生活保障金等。

3.家庭其他成员供养。指被调查人依靠家庭其他成员的经济收入生活。单独生活、由本家庭户外的其他亲属供养的也圈填此项。

4.财产性收入。指以资金储蓄、借贷入股以及财产经营、租赁等所取得的利息、股息、红利、租金等财产性收入生活。

5.保险收入。指主要靠从保险公司领取保险金生活。

6.其他。除以上几种情况之外的其他生活费来源。

R15.定性结果：此栏待医生对残疾人检查定性以后再由调查员填写。如果是残疾人，属于哪类残疾，就圈填哪类残疾；如果被调查人具有多种残疾现象，就圈填“7、多重残疾”；没有残疾的人不填报此栏。

（二）按户填报的栏目

按户填报的栏目共有9个。其中H1为本户编号，根据调查底册的序号填写；H2和H3应与本户人记录中的有关栏目合计数相符；H4—H9栏与人记录栏目无关，是以户为单位填报的项目。

H1.本户编号：按《调查底册》序号填写“H1 本户编号”。

在登记时，如果发现《调查底册》中某户为空户，则将本小区的最后一户前移，使用该户的“本户编号”；如果某户中实际居住着两户，其中一户使用原来的“本户编号”，另一户的“本户编号”续在本调查小区所有户编号的最后，按顺序编写户编号；居住三户或以上的，依次类推（上述户编号的改动须经调查队负责调查的副队长核定后进行，防止错乱）。

H2.本户登记人数：在本户调查登记的人数,应与人记录的合计人数一致。

H3.本户残疾人数：根据人记录的“R15.属于何种残疾”的定性结果，分男、女性别的残疾人数填写。

H4.本户住房　建筑面积：本户住房的建筑面积按住房的外墙计算。

1.知道建筑面积的可直接填报；不知道住房建筑面积，只知道使用面积的，则可使用公式换算：

建筑面积＝使用面积（包括扩建的使用面积）÷0.7

2.住旅馆或租借房屋的常住户，一律按现住房的实际情况填写其住房面积。

3.居住在工作场所的户，住房面积应该填写其居住房间的建筑面积。

4.合住在同一所住房里的住户，其建筑面积为各户所独立使用的房间面积加上公共使用面积（包括厨房、厕所、门厅、阳台等）的一部分；两户合用的面积，各按二分之一计算，三户合用的面积，各按三分之一计算；以此类推。

5.属于本小区调查对象，但居无定所的常住户（如进城的流动人口）睡在桥下、公园和车站等地方的人，其住房面积填“0”平方米。

H5.本户住房建筑结构：指本户住房建筑的结构（指承重结构，如承重墙、梁、柱等）所用的建筑材料。本栏目设有五个标准答案。

1.钢筋混凝土：指承重的主要构件是用钢筋混凝土建造的住房。包括薄壳结构、大模板现浇结构及使用滑模、升板等建造的钢筋混凝土结构的房屋。

2.混合结构：指承重的主要构件是用钢筋混凝土和砖、木建造的房屋。如一幢房屋的梁是用钢筋混凝土制成，以砖墙为承重墙，或者梁使用木材建造，柱是使用钢筋混凝土。

3.砖木结构：是指承重的主要构件是砖和木材。如一幢房屋是木制房架、砖墙、木柱建造的。

4.木、竹、草结构：指房屋的主要建筑材料为木、竹、草。如一幢房屋是木（竹）制房架、草顶。

5.其他：不属于上述结构类型的房屋都归此类。如砖拱结构、窑洞、蒙古包等。

H6.本户住房来源：指本户获取住房的途径，包括拥有全部产权或部分产权。本栏目设有四个标准答案，可根据住房的拥有情况，据实圈填。

1.自有：指本户住房的产权属于本户私人所有。既包括城镇和农村中私人自建的房屋，也包括私人从单位或房地产开发单位购买的房屋，还包括继承的私有遗产房等情况。

2.租赁：指本户住房属于交纳房租费后获有使用权。既包括由单位作为福利分配给本单位职工、产权归单位所有、个人交纳少量房租费的住房，也包括从市场上租用的房屋。

3.借用：指不用交房租费，临时借住单位或亲朋好友的房屋。

4.其他：指不属于以上几种房屋产权性质的住房，圈填此项。

H7.上年度本户全部收入：指被调查户2005年度全部经济收入，包括工薪收入、经营性净收入、财产性收入、转移性收入（如保险、奖金、抚恤金、资助、出租房收入等）。农村的全部收入包括各种农作物、养殖等实物收获，并要将实物折算成人民币，根据全户所有人的合计收入是多少就填报多少。但是，家中雇佣保姆和非亲属的经济收入不包括在内。

对亲属供养情况收入的计算，如果供养人与被供养人在同一户居住，供养费不计入总收入；如果不在同一户，供养费应计入被供养人所在户的总收入中。

H8.本户拥有的主要家电：本栏属于多选栏目，共列出五种家庭常用的主要电器名称。可根据被调查户拥有（指拥有所有权或使用权）并能使用的家用电器分别圈填。彩色电视机，不包括黑白电视机；电冰箱包括单门、双门和多门的；洗衣机包括全自动和半自动（含双缸和单缸的）；电话包括有线电话和无线电话（手机）；电脑指电子计算机。

H9.本户月均生活用电量：根据本户的月平均用电量填报。如果只知道用电费用，可根据当地每度电价换算成用电度数。

附录 7

第二次全国残疾人抽样调查《残疾人调查表》填写说明

一、填写注意事项

（一）《残疾人调查表》由医生填写，填表人员要严格按照规定填写，保证本表的工整与清洁。

（二）本表要求使用铅笔填写，字迹要端正清楚，不得潦草模糊。不得用同音异体字；简化字必须按国家公布的《简化字总表》书写；阿拉伯数字必须按“0 1 2 3 4 5 6 7 8 9”的正体书写，不得用自由体。

（三）填表人员根据评定结果填写表中相关项目，不能遗漏。

（四）填表人员要对被调查的残疾人及家庭申报的情况严格保密，不得对外提供。

二、填写顺序

依据诊断情况完成《残疾评定记录表》的填报后，再开始填报《残疾人调查表》，填写要逐项进行，不得漏填或重复。填写顺序如下：

第一步：《残疾人调查表》的上沿部分“本户编号”、“本人行号”、“本户住址”和“残疾人姓名”、“性别”、“年龄”、“户主姓名”等项均对照《残疾评定记录表》的上沿内容。

第二步：本表中“C1.残疾类别”、“C2.残疾等级”、“C3.残疾发现时间”和“C4.致残主要原因”等按诊断残疾的实际情况填写。

第三步：遇到两种或两种以上残疾人，即多重残疾则复选填报。

第四步：“T1.残疾人活动和参与评定”、“T2.康复建议”、“T3.是否持有残疾人证”、“T4.接受教育情况”、“T5.社会保障情况”、“T6.曾接受何种服务或辅助”及“T7.本人主要需求”等逐项询问判断填写，遇多重残疾由最后诊断确诊某种残疾的医生填写。

第五步：本表下沿部分，完成逐项填写后，“本户包括住户调查表”、“医生”、“申报人”及“填报日期”均按《残疾评定记录表》的下沿内容填写完整。

另外，本表每个项目下面的方格为编码格，填写人员不得填写，由专业编码人员处理。

三、填写说明

C1.残疾类别

分为视力残疾、听力残疾、言语残疾、肢体残疾、智力残疾和精神残疾等六类。填表时在诊断确定为残疾后，请在残疾类别的左面编号上圈填，如多重残疾，则复选。例如，诊断为“视力残疾”，应圈填为（1.）视力残疾。

C2.残疾等级

各类残疾均分为四个等级。填表时，请在相应的残疾等级编号上圈填。例如：诊断为听力三级，应圈填为（3.）三级。

C3.残疾发现时间

残疾发生时间是指发现残疾或出现残疾的年份，如“1999 年”。针对 0～6 岁的儿童来说，是指发现残疾的时间；而针对其他人则为出现残疾的时间。填表时，请将残疾发现时间填在年前面的横线上。

C4.致残主要原因（选择主要致残原因不超过两项）

致残主要原因是指导致主要致残的原因，选择主要致残原因不超过两项。填表时请在相应项目前的编号上圈填。如填表人的致残原因在表中没有列出，请在“其他”前的编号上圈填。按照不同类别分为以下几类：

视力残疾

01.遗传、先天异常或发育障碍	05.角膜病	09.弱视
02.白内障	06.视神经病变	10.外伤
03.青光眼	07.视网膜、色素膜病变	11.中毒
04.沙眼	08.屈光不正	12.其他
		13.原因不明

听力残疾

01.遗传	06.中耳炎	11.药物中毒
02.母孕期病毒感染	07.老年性耳聋	12.创伤或意外伤害
03.传染性疾病	08.早产和低体重	13.噪声和爆震
04.自身免疫缺陷性疾病	09. 新生儿窒息	14.其他
05.全身性疾病	10. 高胆红素血症	15.原因不明

言语残疾

01.唐氏综合征	08.脑出血	15.脊髓侧索硬化
02.脑性瘫痪	09.脑炎	16.脑外伤
03.新生儿病理性黄疸	10.脑囊虫病	17.产伤
04.早产、低体重和过期产	11.喉、舌疾病术后	18.孤独症
05.腭裂	12.听力障碍	19.癫痫
06.智力低下	13.帕金森氏病	20.CO 中毒
07.脑梗死	14.多发性硬化	21.其他
		22.原因不明

肢体残疾

01.脑性瘫痪	08.肿瘤	15.脑外伤
02.发育畸形	09.骨关节病	16.其他外伤
03.侏儒症	10.地方病	17.结核性感染
04.其他先天性或发育性障碍	11.脊髓疾病	18.化脓性感染
05.脊髓灰质炎	12.工伤	19.中毒
06.脑血管疾病	13.交通事故	20.其他
07.周围血管疾病	14.脊髓损伤	21.原因不明

智力残疾

01.遗传	07.发育畸形	13.其他外伤
02.脑疾病	08.营养不良	14.中毒与过敏反应
03.内分泌障碍	09.母孕期外伤及物理伤害	15.不良社会文化因素
04.惊厥性疾病	10.产伤	16.其他
05.新生儿窒息	11.工伤	17.原因不明
06.早产、低体重和过期产	12.交通事故	

精神残疾

01.痴呆	06.分裂情感性障碍	11.人格障碍
02.其它器质性精神障碍	07.其它精神病性障碍	12.孤独症
03.使用精神活性物质所致的障碍	08.心境障碍	13.癫痫
04.精神分裂症	09.神经症性障碍	14.其他
05.妄想性障碍	10.行为综合征	15.原因不明

T1.残疾人活动和参与评定（18 岁以上填报）

T1.残疾人活动和参与评定（18 岁以上填报）					
理解和交流	身体移动	生活自理	与人相处	生活活动	社会参与
1.无障碍/无适用 2.轻度障碍 3.中度障碍 4.重度障碍 5.极重度障碍/不能完成	1.无障碍/无适用 2.轻度障碍 3.中度障碍 4.重度障碍 5.极重度障碍/不能完成	1.无障碍/无适用 2.轻度障碍 3.中度障碍 4.重度障碍 5.极重度障碍/不能完成	1.无障碍/无适用 2.轻度障碍 3.中度障碍 4.重度障碍 5.极重度障碍/不能完成	1.无障碍/无适用 2.轻度障碍 3.中度障碍 4.重度障碍 5.极重度障碍/不能完成	1.无障碍/无适用 2.轻度障碍 3.中度障碍 4.重度障碍 5.极重度障碍/不能完成

活动是由个体执行一项任务或行动，它代表了功能的个体方面。当个体在进行活动时可能遇到的困难，即是活动受限制，它根据完成活动时的质和量从轻微到严重偏差的变化范围。

参与是指投入到一种生活情景中，它代表了功能的社会方面，是衡量残疾程度的重要指标。

分六大类:理解和交流、身体移动、生活自理、与人相处、生活活动和社会参与。其中各类均有五种程度：无障碍、轻度障碍、中度障碍、重度障碍、极重度障碍。填表时请依据《残疾评定记录表》结果在相应项目前的数值上圈填。

T2.今后康复建议

康复形式：即残疾人实现康复的基本途径，包括以下三种：机构康复，延伸服务（上门服务），社区、家庭康复。

1.机构康复：指在康复中心、综合医院设置的康复科室等机构中，以门诊和住院的形式提供的康复服务途径。

2.延伸服务（上门服务）：延伸服务是指由康复机构派专业人员到实地，为康复对象提供专业性康复服务的途径。

3.社区和家庭康复：社区、家庭康复是指在社区和家庭为残疾人采取的康复措施，这些措施是利用和依靠社区和家庭的人力资源而进行的，包括依靠残疾人及其家庭成员和社会。

康复内容

指实现残疾人康复的方法或手段，包括：医疗服务、辅助器具、康复训练与服务等。

康复形式仅能选择其中一项圈填。选择康复形式后，康复内容至少选择一项圈填。填表时请在相应项目前的编号上圈填。

T3.是否持有残疾人证

指被调查人是否持有当地残联核发的残疾人证。填表时请在相应项目前的编号上圈填。

T4.接受义务教育情况(在校生填报)

1.普通教育学校普通班：指在普通义务教育学校随班就读。

2.普通教育学校特教班：指在普通义务教育学校专门为视力、听力言语、智力残疾和多重残疾人开办的特殊教育班中接受教育。

3.特殊教育学校：指在专门为视力、听力言语、智力残疾和多重残疾人开办的提供义务教育的学校。

4.其他：指通过社区服务、送教上门等多种形式接受教育。

填表时请在相应项目前的编号上圈填。

T5.社会保障情况

指被调查人是否纳入了社会保险、当地居民最低生活保障或集中供养、五保供养、临时救济、定期补助、残联系统专项补助等社会保障范围。

1.参加社会保险情况：指调查时被调查人是否参加了养老、医疗、工伤、失业等社会保险。此栏至少填写一项。

2.是否领取低保金：指调查时被调查人是否被纳入当地居民最低生活保障范围领取最低生活保障金。

3.是否领取过救济：指被调查人在调查标准时间前一年（即2005年4月1日至2006年4月1日）内是否享受当地民政、残联等部门所给予的集中供养、五保供养、临时救济、定期补助、残联系统专项补助等。

填表时请在相应项目前的编号上圈填。

T6.曾接受过何种服务或扶助(填报最主要三项)

指被调查人曾经接受过的当地残联、民政或其他部门、组织提供的康复、教育、就业、生活等方面的服务或扶助。选最主要的三项圈填。填表时请在相应项目前的编号上圈填。

01.医疗服务与救助：医疗服务指通过医院或专门医疗机构采用手术或其他诊断形式帮助残疾人恢复或补偿功能，提高生活自理和社会适应能力等。

医疗救助：指政府和社会对因病而无经济能力进行治疗的贫困残疾人实施专项医疗帮助和支持的行为。在农村开展新型农村合作医疗的地区，资助残疾人缴纳个人应负担的全部或部分资金，参加当地合作医疗，享受合作医疗待遇；因患大病经合作医疗补助后个人负担医疗费用过高的，再给予补助；尚未开展新型农村合作医疗的地区，对因患病难以负担费用的残疾人，给予适当医疗救助；对患国家所规定的特种传染病的残疾人，其救治费用按有关规定给予补助。在城市，通过发动社会力量资助、城市医疗救助基金给予适当补助、医疗机构自愿减免有关费用等多种形式对患病而无力承担治疗费用的贫困残疾人给予医疗救助。

02.辅助器具：（在我国习惯称为残疾人用品用具），是指供残疾人个人使用的能够补偿、减轻或替代因残疾造成的身体功能缺失或障碍的产品和器械。

用于肢体残疾人的辅助器具有：假肢、轮椅、手摇轮椅车、电动动轮、机动轮椅车、助行架、腋杖、肘杖、多脚手杖、单脚手杖、握笔器、取物器、穿衣辅助、用餐辅助、刷牙辅助、梳头辅具等；用于听力残疾人的辅助器具有：助听器、语言训练器、骨导电话、闪光门铃等；用于视力残疾人的辅助器具有：助视器、电子语音报时器、盲文写字板、盲文打字机、盲文阅读器、盲杖等。

03.康复训练与服务：指残联、卫生或其他部门为残疾人及其亲友提供的包括肢残人功能、智残人能力、盲人行走导向、聋儿听力语言、助视器配用、精神病防治康复等多方面的培训、训练指导、康复护理、心理疏导、残疾预防知识普及、健康教育、科学与安全意识宣传及相关的咨询转介等多种康复训练与服务。

04.教育费用补助或减免(6岁以上填报)：指政府、教育部门、残联系统或其他部门，组织减免残疾人或其子女就学的费用或提供的补助金。

05.职业教育与培训(12 岁以上填报)：残疾人或其子女在各级各类职业学校或培训机构中接受学历教育（包括初等、中等和高等职业教育）或短期的职业培训。

06.就业安置与扶持(16岁以上填报)：指残疾人就业服务机构或其他社会机构提供的职业指导、就业安置或扶持扶助等服务。

07.贫困残疾人救助与扶持：

救助是指纳入当地居民最低生活保障或享受集中供养、五保供养、临时救济、定期补助、残联系统专项补助等。

扶持是指各级政府扶贫办、妇联、共青团、残联及社会团体等有关部门或信用社、扶贫社等开展的帮助贫困残疾人筹措资金、落实优惠政策、选项目、学技术等多种形式的带动贫困残疾人脱贫活动，包括扶贫经济实体、扶贫基地辐射带动到户；党员、干部、助残志愿者结对包户帮带活动；残疾人联合会利用康复扶贫贷款开展残疾人专项扶贫活动等。

08.法律援助与服务：指各级政府法律援助机构、各级司法行政部门、各级残疾人维权机构、公证机构和基层法律服务机构、律师、民间法律援助组织、法律专业网站和志愿者等为残疾人提供的免费法律服务、贫困残疾人诉讼费或其他费用减免缓、法律咨询、转介服务和法律帮助等。

09.无障碍设施：指为保障残疾人、老年人、伤病人、儿童和其他社会成员的通行安全和使用便利，在道路、公共建筑、居住建筑和居住区等建设工程中配套建设的服务设施。

10.信息无障碍：指公共传媒应使残疾人能够无障碍地获得信息，进行交流，如影视作品、电视节目的字幕和解说，电视手语，盲人有声读物，针对不同障碍的残疾人开发适合不同需要的通信技术和产品等。

11.生活服务：指社区组织、志愿者等为残疾人提供的不定期的日常生活服务，如日常家务的协助、代办等。

12.文化服务：指各级政府文化行政部门、各文化机构、基层组织、社会团体、志愿者等为残疾人提供或组织的旨在解决残疾人精神文化需求、提高残疾人素质的各项文化艺术活动及相应服务。如送书上门，爱心赠书，盲文及有声读物的借阅，参与社会文化活动时享受的便利、优惠服务等。

13.其他：除以上十四种之外的服务或扶助，圈填为“其他”。

14.未曾接受过何种服务或扶助。

T7.本人主要需求

指被调查人需要的康复、教育、就业、生活等方面的服务或扶助，选最主要的三项圈填。指标解释参见T6。填表时请在相应项目前的编号上圈填。

附录 8

第二次全国残疾人抽样调查社区（村、居委会）调查表

表　　号：残调 3 表
制表机关：第二次全国残疾人抽样调查办公室
批准机关：国家统计局
批准文号：国统函【2005】227 号
有效期截止时间：2006 年 6 月 30 日

地　址：＿＿＿＿省（自治区.直辖市）＿＿＿＿县（市.区）＿＿＿＿乡（镇.街道）＿＿＿＿社区（村、居委会）

地址码：□□　□□　□□　□

一、类别	二、总户数	三、总人口数	残疾人情况				残疾人组织情况		十、社区内无障碍设施
			四、残疾人数	五、持证残疾人数	六、享受定期救助人数	七、享受临时救助人数	八、残疾人协会（小组）	九、残疾人专职委员	
1. 社区（居委会） 2.村委会 □	＿＿＿＿户 □□□□□	＿＿＿＿人 □□□□□	＿＿＿人 □□□	＿＿＿人 □□□	＿＿＿人 □□□	＿＿＿人 □□□	1.有 2.无 □	1.有 2.无 □	1.有 2.无 □

十一、康复站	十二、社区康复协调员	各项公共服务机构覆盖情况（距本社区、村委会公里数）				十七、上年度本村人均收入
		十三、法律服务所（司法所）	十四、特教学校（班）	十五、文化活动站（室）	十六、卫生室（所、站）	
1.有 2.无 □	1.有 2.无 □	＿＿＿＿公里 □□	＿＿＿＿公里 □□	＿＿＿＿公里 □□	＿＿＿＿公里 □□	＿＿＿＿元 □□□□□

填表人（签字）：＿＿＿＿＿＿

填报时间：＿＿＿＿年＿＿＿月＿＿＿日

附录 9

第二次全国残疾人抽样调查《社区（村、居委会）调查表》填写说明

《第二次全国残疾人抽样调查社区（村、居委会）调查表》(简称《社区调查表》)，是为了获取调查小区所在社区的有关基础数据而制定的。数据可以反映残疾人生活的环境与条件，是本次调查数据的重要组成部分。

本表的填写要求:

一、本表以被抽中调查小区所在的社区（居委会）或村委会为单位，由陪调组组长负责收集资料，并在调查队长的指导下填报。

二、表中第十栏只由社区（居委会）填报，第十七栏只由村委会填报，其余项目栏社区（居委会）和村委会都填报。

三、指标解释:

1.“总户数”、“总人口数”，为 2005 年末社区（村、居委会）所辖范围内的常住人口统计数（如果确实没有常住人口数据，才能使用其他人口数据填报）。

2.“残疾人数”，为社区和村委会掌握的残疾人数（包括持证残疾人和无证的残疾人）。

3.“持证残疾人数”，指社区和村委会掌握的持有残联系统发放的残疾证的人数。

4.“享受定期救助人数”，指上一年度民政、残联等部门给予的居民最低生活保障、集中供养、五保供养等定期性救助人数。

5.“享受临时救助人数”，指上一年度民政、残联等部门给予的临时性费用减免、临时救济等形式的救助人数。

6.“社区内无障碍设施”，是本社区范围内是否设有坡道、盲道等无障碍设施。

7.“残疾人康复站”，指社区（村、居委会）依托社区服务中心学校、幼儿园、福利企业事业单位、工疗站、残疾人活动场所的等现有机构和设施，建立的满足残疾人全面康复需求的社区康复站。

8.“社区康复协调员” 指社区（村、居委会）配备的专（兼）职人员，可会同社区卫生服务机构调查康复需求，建立康复服务档案，向残疾人提供康复服务信息和转介服务，协调组织社区内有关机构、人员为残疾人提供康复服务和相应支持。

9.“卫生室（所、站）”，在农村指卫生室（所、站），在城市指社区卫生服务中心（站）。

四、“十三”至“十六”栏是指本社区（村、居委会）距最近的、可使用或能提供服务的各项公共服务机构的公里数。凡是本社区（村、居委会）范围内有的，填写“0”公里；若周围没有或不知道，则填写“无”。

附录 10

河北省第二次全国残疾人抽样调查实施方案

经国务院批准的第二次全国残疾人抽样调查工作已全面启动。全国调查样本设计总量为 260 万人，在第二次全国残疾人抽样调查一级样本单位抽取工作会议上，我省被抽中 31 个县（市、区），调查样本总量约 10 万人，将涉及 124 个乡、镇和街道办事处。根据第二次全国残疾人抽样调查工作的总体安排，我省第二次全国残疾人抽样调查工作与各省、市、自治区同步，分三个阶段进行：2004 年 12 月至 2006 年 3 月 31 日以前为调查准备阶段；2006 年 4 月 1 日至 5 月底为现场调查阶段；2006 年 6 月至 2007 年 12 月底为数据处理、汇总、数据分析、课题研究、总结表彰阶段。为确保我省第二次全国残疾人抽样调查工作按时、保质、保量地顺利完成，按照第二次全国残疾人抽样调查办公室工作会议精神和实施方案的要求，结合我省的实际情况，现编制出我省第二次全国残疾人抽样调查工作实施方案。

一、调查准备阶段

（一）建立领导小组和工作机构

省第二次全国残疾人抽样调查领导小组和工作办公室，2005 年 3 月成立，抽样调查办公室人员 4 月初集中办公。

各市第二次全国残疾人抽样调查领导小组和工作办公室 2005 年 5 月底前全部成立。

被抽中县（区、市）残疾人抽样调查领导小组及工作办公室，8 月底全部成立，办公室同时集中办公。

市和被抽中的县（市、区）残疾人抽样调查领导小组的组成单位、规格，按省政府办公厅《关于做好第二次全国残疾人抽样调查的通知》要求和省的模式组建；各级残疾人抽样调查办公室人员组成除同级残联抽出必要的人员外，必须从统计、卫生、民政部门抽调业务骨干参加，以便做好大量专业性、技术性工作。

市级领导小组和办公室统称为：×××市残疾人抽样调查领导小组；×××市残疾人抽样调查办公室；县（市、区）领导小组和办公室统称为：×××县（市、区）残疾人抽样调查领导小组；×××县（市、区）残疾人抽样调查办公室。各级领导小组负责本地区的残疾人抽样调查领导工作；各级残疾人抽样调查办公室负责本地区残疾人抽样调查的组织与实施工作。

2005 年，市、县（区）抽样调查办公室的主要工作是制订工作计划、编报调查工作经费预算，配合省调查办公室完成乡级、村级和调查小区三级抽样框的编制和样本单位的抽取，抽调人员成立调查队准备参加省里组织的有关调查试点和培训等工作。

（二）编制县级单位分层抽样框

2005 年 5 月 10 日前编制完成本省县级单位分层抽样框，报送国家抽调办审核。2005 年 6 月派员参加全国抽样调查办公室举办的抽样技术培训班，共同抽取县级样本单位。

编制县级单位分层抽样框，借鉴国家统计局 1%人口抽样调查分层方法和抽样框，科学、合理设计分层。使用资料为 2004 年底公安部门人口统计资料分县（市、区）的总户数、总人口，按《第二次全国残疾人抽样调查县级单位分层抽样框报表》填报。

（三）抽取二级以下样本单位

1. 省抽样调查办公室在国家残疾人抽样调查办公室指导下于 2005 年 11 月底前完成抽取二级以下样本单位。省抽样调查办公室参照国家抽样方案，结合我省实际情况于 2005 年 7 月底前制订出省抽样实施方案，报国家抽样调查办公室审批。

2. 第二级抽样：2005 年 9 月底前完成被抽中县（市、区）中乡级样本抽取工作。二级样本的抽取方法：先由被抽中县（市、区）收集本地乡级单位资料。并按省抽样方案要求编制乡级单位分层抽样框上报省，省抽样调查办公室抽取乡级样本，下发至县（市、区）。

3. 第三级抽样：2005 年 10 月底前完成被抽中乡级单位中村级样本的抽取工作。三级样本抽取方法：由被抽中县（市、区）收集被抽中乡级单位的全部村级单位实际人口资料，编制村级单位抽样框，一并上报省，省抽样办抽取村级样本，下发至县（市、区），如果被抽中乡级单位同时包含居委会和村委会，应按居委会和村委会再分层，根据人口数编制分层抽样框。

4. 第四级抽样：2005 年 11 月底前完成被抽中村级单位中抽取调查小区样本的工作。被抽中县（市、区）对被抽中的村级单位划分小区，编号上报省，由省抽样调查办公室按照编号随机抽取调查小区，下发至县（市、区）。

5. 省抽样调查办公室于 2005 年 12 月底前根据编码细则编制二级以下被抽中单位的地址码，上报全国抽调办。

（四）抽样评价

2005 年 12 月底前完成评价本省抽样效果（包括分层效果），上报全国抽样调查办公室。

（五）抽样工作要求

抽样设计和样本抽取是一项技术性较强的工作。参照国家的抽样方案，结合省情，科学地设计我省的抽样方案，按照随机原则严谨地抽取各级样本，保证样本的合理分布。

1. 各设区市抽样调查办公室及被抽中的县（市、区）抽样调查办，抓紧协调本地统计部门，请他们派有抽样经验的专业人员，为编制抽样实施方案和抽取第二级、三级、四级样本单位做好各方面的准备工作。协助省抽取各级样本单位和抽样的评价工作。

2. 按照国家抽样方案规定的方法和国家分配我省的样本量，科学地设计我省的抽样实施方案。

3. 各级抽样框资料须经审核无误后使用，防止因数据错误导致样本抽偏。

4. 严格遵守抽样方案要求，保证样本抽取工作的质量。各级样本确定数不得随意变动。

5. 县级样本经全国与省抽样调查办公室共同抽取后，确有特殊情况需要调整，须报请全国抽样调查办公室审批。

（六）组派业务骨干参加国家试点与培训

1. 2005 年 8 月底前，按国家抽样调查办要求，组派我省业务骨干参加国家级试点。通过参加国家级试点达到锻炼我省骨干队伍，了解调查过程，熟悉组织大型调查的方法。

2. 组派我省业务骨干参加 2005 年 10 月至 11 月国家培训班。参加人员：省主管业务的负责人、调查骨干、各科医生和统计员通过参加听课、讨论、试填和考试后，将作为我省的培训教员，承担省内被抽中县（市、区）调查队的培训任务。

（七）组建调查队

每个被抽中的县（市、区）各组建残疾人抽样调查队一个，2005 年 12 月底前完成调查队的人员的选调和组建工作。调查队规定 25 人，其中：具有高中文化程度的调查员 14 人，熟悉统计业务的统计员 1 人，具有 5 年以上临床经验，大学学历的眼科、耳鼻喉科、外科（或骨科）、儿科、神经内科、精神科的医生 7 人，正副队长 3 人（其中医务副队长一名、调查副队长一名），负责本县（市、区）的全部现场调查工作。

（八）省级试点与培训

2005 年 12 月底前做好培训和试点的各项准备工作，确保两项工作按时完成。计划分两批进行，第一批 2006 年 1 月底前完成；第二批在 2006 年 2 月底前完成。

1. 参加培训人员：市级抽样调查办负责人和主管调查业务的负责人各一名，县级抽样调查办公室主要负责人和主管抽样调查业务的负责人各一名，抽中县（市、区）调查队全体人员。

2. 培训和试点目的：熟悉掌握调查全过程的业务知识和组织大型调查的方法，为 2006 年 4 月 1 日入户现场调查顺利完成，打下良好基础。

（九）调查前摸底

做好调查前的摸底登记造册工作，是保证搞好入户调查登记的重要基础工作。

各抽中县（市、区）调查前摸底登记造册，要在2006年3月20日之前完成，并于2006年3月20日前，将辖区内抽中的调查小区摸底、汇总数据报省，省2006年3月25日前汇总上报全国抽样调查办公室。

为保证摸底质量，要加强与当地街道、村、居委会和派出所的联系，取得基层组织的领导与支持。要组织熟悉本调查小区的调查员和该小区的陪调员完成底册编制工作，重点是掌握本调查小区的范围、界线和属于调查对象的户数、人数，特别是疑似残疾人数，编制好调查底册。

各市要根据摸底出现的问题，采取有效措施，重点抓好薄弱县（市、区）的调查准备工作。

二、现场调查阶段

现场调查登记是获取原始数据的重要阶段。一切准备工作都是为了取得准确的原始的数据，各级抽样调查办公室都要组织人员到调查现场进行检查和指导，及时发现和解决问题，以保证调查工作的质量，顺利完成调查任务。

（一）调查的标准时间

确定标准时间的作用：一是从时间上保证被调查者不重不漏；二是调查数据反映的是这一时点的人口数量和各种特征的现实状况。调查的标准时间为2006年4月1日0时。

（二）现场调查登记时间

全国的现场调查登记时间为2006年4月1日至5月15日。

（三）现场调查登记工作

各调查队负责全部现场调查登记工作。

1. 调查员入户：第一步，调查员分组，根据调查底册入户调查，填写《住户调查表》；第二步，根据残疾人筛查标准逐人进行筛查，与疑似残疾人预约医生检查的时间（要最大限度提高与被调查人的见面率）。

2. 医生进行残疾评定：医生根据调查员提供的疑似残疾人和0~6岁儿童名单，采取设站或入户的方法进行检查评定；评定为残疾人的填写《残疾人调查表》。

3. 自查、互查与复查：每天登记的调查表，当天调查员要进行自查；组和组之间要进行交叉互查；调查队副队长要按比例抽查，如需重新入户核查的，要及时发现问题，进行短线反馈。

4. 议查：每个调查小区对住户调查结束后，调查副队长要组织召开座谈会或其它方式进行议查，重点是对疑似残疾人的议查，弥补见面率低、疑似残疾人易漏的问题。如果议查出有疑问的人或户，需重新入户核查。

（四）验收

1. 验收内容：一是调查数据质量（准确性、符合逻辑关系）；二是调查表的填写质量（清楚、整洁）。

2. 验收方式：逐级验收。由调查队逐个对每个调查小区的调查表进行质量验收；由县级抽样调查办公室随机抽取一定比例的调查小区（整群）进行验收；由市级抽样调查办公室随机抽取一定比例的调查小区（整群）进行验收；由省级抽样调查办公室随机抽取一定比例的调查小区（整群）进行验收。

按照规定的抽查验收标准，凡抽查不合格的单位，则须返工重做。

三、数据处理、汇总、分析、总结表彰阶段

（一）逐级快速汇总

省残疾人抽样调查办公室在现场调查工作完成后，即开展调查数据的快速汇总工作。各级汇总必须确保数据质量。

2006年6月15日前以被抽中县（市、区）为单位，按照快速汇总的要求，以调查小区为单位装订调查表，填写调查小区的封面，进行过录和汇总。2006年6月20日前将调查小区封面数据进行审核汇总报省抽样调查办公室。

2006年6月底前省对县级快速汇总数据进行审核、验收和汇总，报国家残调办。

（二）事后质量抽查

省抽样调查办公室在现场调查登记工作全部结束以后，按照国家的统一规定，封存原调查表，开展事后质量抽查。

国家残疾人抽样调查办公室于2006年7月份组织核查队，对我省抽查3~4个调查小区，用于评价全国的调查质量，不作为评价省调查误差的依据。

省抽样调查办公室于2006年7月份也要抽调业务好、素质高的调查员组成核查队，在31个被抽中县（市、区）中随机抽查调查小区2~3个，掌握本省的调查误差。事后质量抽查于2006年7月底前完成。

（三）数据质量评估

省抽样调查办公室将对主要调查数据进行量化的质量评估，说明调查数据的变化趋势，是否反映了实际情况；根据调查误差、抽样误差，评估各方面因素对调查主要数据的影响方向和大小；确定误差区间，对调查的主要数据（残疾人比例、分类残疾人比例）采用点估计时，取值应反映本省的实际情况。此项工作于2006年8月10日前完成。

（四）发布主要调查数据公报

快速汇总的调查数据结果以公报形式公布，国家拟于2006年11月发布全国残疾人抽样调查主要数据公报。

我省在国家公报发布之后，比照国家调查公报的格式，于2006年12月份发布本省残疾人调查数据公报。

国家公报未发布之前，省、市、县（市、区）一律不得对外提供调查有关数据。

（五）编码

调查表经验收合格后，省抽样调查办公室统一组织15~20人进行培训，而后利用两个月的时间，于2006年8月底前完成编码工作。

（六）计算机数据处理

我省残疾人抽样调查数据处理工作，拟委托省计算中心承担，负责组织数据处理的全部工作（包括数据的录入、编辑、净化、汇总和相应的程序开发、数据库建设等）。省抽样调查办公室负责与省计算中心进行业务协调和配合。2006年8月底前将编码验收合格的调查表移交省计算中心。

原始调查表录入期间，省抽样调查办公室负责派业务骨干跟班录入、现场答疑，并根据复录结果进行质量验收。协调省计算中心按照国家统一规定的格式于2007年5月底前完成对汇总数据的编印出版。

（七）数据的开发与建立数据库

数据开发是整个调查取得成果的最重要阶段。根据计算机汇总数据，设立研究课题，充分发挥调查数据的作用和时效性，为政府部门、科研机构和社会公众做好服务。

1. 省抽样调查办公室参考国家设立的研究课题，结合我省的特点制定研究课题，组织有关部门、残联业务部门、大专院校和研究机构的专业人员进行专题分析研究。

2. 省抽样调查办公室组织论文、论著的选写和编撰工作，选派有关人员参加全国召开的残疾人抽样调查数据分析研讨会。

3. 根据本次调查数据，将建立我省残疾人数据微观库和宏观库，以便于从事残疾人工作需要，搞好残疾人数据的经常性开发与服务。

（八）调查工作总结

各市及被抽中县（市、区），都要在本级所承担的任务基本完成后，搞好本地抽样调查的业务技术总结和工作总结。按省的统一要求评选出先进调查队、先进个人，评选结果和总结报告一并报省残疾人抽样调查办公室。省残疾人抽样调查领导小组将在2007年12月底前召开全省第二次全国残疾人抽样调查总结表彰会。

四、汇总要求

全国残疾人抽样调查是一项技术性很强的大型社会调查，也是一项复杂的系统工程。为了保证各方案、标准、细则得到科学、准确地实施，全面做好这次残疾人抽样调查工作，特别要求几点：

1. 各市、各被抽中县（市、区），要树立全省、全国一盘棋的思想。要按照国家和省的统一布署、统一要求、统一标准、统一时间进度开展工作。任何一个调查点的工作做不好，都将会影响到全省和国家的调查质量。

2. 加强质量控制。根据各阶段抽样调查工作的要求，各市及被抽中县（市、区）要结合本地的实际情况，有针对性地采取有效措施，确保每个环节调查工作的质量。

3. 加强汇报制度，做到及时沟通。省将按照全国抽样调查办公室要求，在各项工作的不同阶段，规定汇报内容和汇报时间，各市抽样调查办要按要求汇报，以便省及时掌握各地的工作进度和情况。遇有不清楚或决定不了的问题要及时与省沟通、请示，以取得正确的指导，以防出现技术性问题，特别要防止出现系统性错误，造成大的影响。

4. 建立简报交流制度，互相学习和促进。根据抽样调查各项工作的进展情况，省抽样调查办公室将不定期印发简报，通报各市和被抽中县（市、区）的经验、做法及存在的问题，以达到交流促进、共同做好残疾人抽样调查工作的目的。

各市抽样调查办公室对本市被抽中县（市、区），在调查和组织过程中，如有技术和组织方面的疑难问题要及时帮助加以解决。省抽样调查办也将积极给予指导和协助。

附录 11

河北省第二次全国残疾人抽样调查领导小组成员名单

组　长	柳宝全	省残联主席　省政府副省长
副组长	赵国昌	省残联副主席 省政府常务副秘书长
	杨生春	省残联副理事长
	周立军	省统计局副局长
	陈先琴	省民政厅副厅长
	李建国	省卫生厅副厅长
	郭秀堂	省财政厅副厅长
	曹爱平	省公安厅副厅长
成　员	吕新斌	省委宣传部宣传处副处长
	耿彦君	省教育厅基础教育处处长
	杨　林	省发展和改革委员会社会发展处调研员
	刘　跃	省劳动和社会保障厅工伤保险处处长
	江建明	省卫生厅医政处处长
	刘振琦	省统计局人口社科处副处长
	冯建凯	省财政厅社会保障处副处长
	王成林	省人口和计划生育委员会发展规划处助理调研员
	赵夫连	省老龄委副处长
	付东辉	团省委宣传部副部长

河北省第二次全国残疾人抽样调查办公室人员名单

主　　任	杨生春	省残联副理事长
常务副主任	李运谦	省残联企管中心主任
副 主 任	卢连才	省残联办公室主任
	王成福	省残联维权部副处级干事
	江建明	省卫生厅医政处处长
	刘振琦	省统计局人口和社会科技处副处长
	冯素珍	省民政厅社会福利处副处级干部

工 作 人 员　于锡亭　罗中秋　李亚洁　张子玉　刘德双　于　尧　张　哲　孟丽娟　刘军霞
程晓蓓　聂朝阳　郝玉华　林振福　李震中　刘丽君　葛俊恒　荣　红　崔利军

附录 12

河北省第二次全国残疾人抽样调查设区市、样本县（市、区）领导小组，办公室，调查队名单

石家庄市

领导小组	组　　长	马玉文	市政府副市长
	副 组 长	刘占军	市政府办公厅副秘书长
		龙启允	市残联副理事长
		戴贻辉	市统计局副局长
		刘瑞山	市民政局副局长
		王彦勤	市财政局副局长
		纪根庄	市公安局副局长
		李淑琴	市卫生局副局长
	成　　员	刘海双	市委宣传部
		宋保来	市教育局
		李振章	市发改委
		周赤兵	市劳动社会保障局
		卜保鹏	市卫生局
		郝秀梅	市统计局
		刘文玲	市财政局
		高建峰	市计生委
		王亚丽	团市委
办 公 室	主　　任	龙启允	市残联副理事长
	副 主 任	杨向东	市残联组联部
		卜保鹏	市卫生局医政处
		郝秀梅	市统计局人口处副处长

石家庄市新华区

领导小组	组　　长	杨玉珠	区政府副区长
	副 组 长	梁宝堂	区政府办公室主任
		李新爱	区残联理事长
		潘志勇	区政府地方志办公室主任
		李陆军	区统计局副局长
		雷　刚	区民政局副局长
		韩玉同	区卫生局副局长
		刘青春	区财政局副局长
		周志刚	区公安分局副局长
		韩书河	区残联副理事长
办 公 室	主　　任	李新爱	区残联理事长

	副主任	雷　刚	区民政局副局长
		韩玉同	区卫生局副局长
		韩书河	区残联副理事长
调查队	队　长	李新爱	区残疾理事长
	副队长	韩书河	区残联副理事长
		韩玉同	区卫生局副局长
		李陆军	区统计局副局长
	成　员	田　博　杜朝辉　田　檀　许丽娟　王爱军　段东平　路惠君　高宏伟 崔　平　付　刚　赵　烁　姜　河　王瑜娟　吴　涛　孙书章　陈金泉 王　峥　梁占良　董雪梅　周淑芬　冯双春　杨二军　赵　焱	

石家庄市长安区

领导小组	组　长	党惠建	区政府副区长
	副组长	许　光	区政府办公室主任
		刘会琴	区残联副理事长
		陈洪英	区统计局主任科员
		邢培信	区民政局副局长
		梁世赞	区卫生局副局长
		金梅芳	区财政局副局长
		刘子君	区公安分局副局长
办公室	主　任	刘会琴	区残联副理事长
	副主任	王桂祥	区残联办公室主任
调查队	队　长	李晓茹	区残联理事长
	副队长	梁世赞	区卫生局副局长
		陈洪英	区统计局副局长
	成　员	梅颖辉　付　荣　李政辉　董建路　高　洁　耿韶辉　张素辉　马秀茹 刘会琴　魏明利　范世忠　王桂祥　曹雪峰　张景华　芦卫国　梁璀瑜 邓永红　王　浩　王　英　范学正　王美凤　吴建英	

石家庄市桥东区

领导小组	组　长	胡月平	区政府副区长
	副组长	闫玉杰	区政府办公室副主任
		刘广臣	区残联理事长
		吕云霞	区统计局副局长
		胡玉俊	区民政局副局长
		赵　刚	区卫生局副局长
		张金生	区财政局副局长
		崔少波	区公安分局副局长
办公室	主　任	贾幸迎	区残联副理事长
	副主任	冯庆福	区统计局副局长
		胡玉俊	区民政局副局长
		赵　刚	区卫生局副局长

调查队	队　长	贾幸迎	区残联副理事长
	副队长	赵　刚	区卫生局副局长
		吕云霞	区统计局副局长
	成　员	谷胜利　杨书芳　崔　鹏　温　转　张　岩　穆　宽　庞静丽　王红英 姚任毅　赵向红　张石岩　郭聪恩　谈永庭　冯志刚　王君平　郭银花 马蕴霞　王素珍　冯玉民　张　然　解　菁　卞秀珍	

辛集市

领导小组	组　长	赵　泊	辛集市政府副市长
	副组长	王全福	辛集市政府办公室副主任
		崔明志	辛集市残联副理事长
		李宪峰	辛集市统计局副局长
		李建设	辛集市民政局副局长
		张丽萍	辛集市财政局副局长
		温　祥	辛集市公安局副政委
		刘永奇	辛集市卫生局纪检书记
办公室	主　任	崔明志	辛集市残联副理事长
	副主任	杨丽君	辛集市残联科员
调查队	队　长	崔明志	辛集市残联副理事长
	副队长	寇冠军	辛集市统计局副局长
		赵济民	辛集市卫生局副局长
	成　员	范　燕　张玉华　王艳超　种永先　李建辉　韩　敏　骆建刚　张跃轩 冯兰斌　崔　佳　潘中友　张大愣　王　超　李占军　赵树尊　赵艳丽 范泽英　侯占林　顾兰彦　高　玲　魏　兵	

石家庄市无极县

领导小组	组　长	常志卷	县政府副县长
	副组长	杨志强	县政府办公室副主任
		杨二明	县民政局副局长
		成　实	县统计局副局长
		刘玉刚	县卫生局副局长
		张　力	县财政局副局长
		白联营	县残联理事长
		许书保	县公安局副局长
办公室	主　任	白联营	县残联理事长
	副主任	刘玉刚	县卫生局副局长
		杨二明	县民政局副局长
		成　实	县统计局副局长
调查队	队　长	白联营	县残联理事长
	副队长	刘玉刚	县卫生局副局长
	成　员	卢济强　朱翠卓　吕彦双　司翠权　孟红霞　刘义平　刘胜辉　赵立军 袁彦祥　田建彬　张从丽　袁剑波　李　强　李月罗　张亚斌　闫敬哲	

赵翠霞　石进双　蒲双利　袁景强　刘晓军　李翠兰

石家庄市平山县

领导小组	组　长	韩晓瑞	县政府副县长
	副组长	李获平	县政府办公室副主任
		杨美平	县残联理事长
		韩士贵	县统计局副局长
		李庆华	县民政局副局长
		范湘源	县卫生局副局长
		崔志林	县公安局副局长
办公室	主　任	杨美平	县残联理事长
	副主任	杨志广	县残联副理事长
		韩士贵	县统计局副局长
		范湘源	县卫生局副局长
调查队	队　长	杨美平	县残联理事长
	副队长	韩士贵	县统计局副局长
		范湘源	县卫生局副局长
		杨志广	县残联副理事长
	成　员	王国军　梁瑞明　刘锡霞　李梅巧　刘素芹　赵永朝　商素彦　马新平 杨　洁　李英霄　郝增录　范艳丽　杨素平　焦堂云　杨华伟　孟振方 侯　娴　杨丽彦　谷雪平　阎细红　杜　丽	

石家庄市井陉县

领导小组	组　长	郑正茂	县政府副县长
	组　长	白占文	县政府办副主任
		程国平	县残联理事长
		陈贵荣	县统计局副局长
		高金武	县民政局副局长
		吴海明	县卫生局副局长
		吕巧来	县财政局副局长
		冯　艳	县公安局副局长
办公室	主　任	程国平	县残联理事长
调查队	队　长	霍明义	县残联书记
	副队长	吴海明	县卫生局副局长
		王锁柱	县统计局普查主任
	成　员	刘贵生　刘彦辉　董志文　申伟娜　陈保生　翟明霞　赵　然　张和平 高洁明　王军花　高立春　潘宪丽　李海龙　仇利强　梁志军　蒋玉亭 刘海霞　吕国川　宋二茹　周海斌　李鹏飞　吕丽芳　张花平　王润生	

唐山市

领导小组	组　长	董宝泉	市政府副市长、市残疾人工作协调委员会主任
	副组长	刘殿索	市政府办公厅副主任

		杜世华	市残联副理事长
		齐宝存	市统计局副局长
		杨建明	市民政局副局长
		张贺珍	市卫生局副局长
		孟德增	市财政局副局长
		艾文庆	市公安局副局长
办公室	主　任	杜世华	市残联副理事长
	副主任	王洪山	市残联组联部部长
	成　员	王星辉	市残联组联部科员

唐山市丰润区

领导小组	组　长	孟文红	区政府副区长　区残疾人工作协调委员会主席
	副组长	魏春华	区政府办公室副主任
		王凤良	区残联副理事长
		杨国福	区统计局副局长
		周玉军	区民政局副局长
		王家臣	区财政局副局长
		侯广旺	区卫生局副局长
		高长正	区公安分局副局长
	成　员	谷士友	区教育局
		李建海	区发展计划局
		刘顺义	区劳动社会保障局
		赵佳龙	区卫生局
		魏守岭	区统计局
		张玉德	区委宣传部
		王泽昆	区计生局
		席艳君	区团委
		李秀清	区财政局
办公室	主　任	王凤良	区残联副理事长
	副主任	赵佳龙	区卫生局医政科科长
		魏守岭	区统计局综合科科长
		刘振才	区民政局社会事务管理科科长
		贾凤敏	区残联康复科负责人
调查队	队　长	杨秀琴	区残联理事长
	副队长	王凤良	区残联副理事长
		杨国福	区统计局副局长
		侯广旺	区卫生局副局长
	成　员	张秀华　霍金霞　赵　新　贾文彩　王秋风　王春华　王小贺　吕维宝　高晓玲　吕东东　魏守岭　李术丰　刘振才　张金生　韩永安　李文成　王　超　卢志军　张小军　张洪云　彭彦成　张秀环	

唐山市古冶区

领导小组	组　　长	刘绍辉	区委常委、常务副区长
	副 组 长	牛京利	区政府办公室副主任
		朱亚文	区残联理事长
		牟占山	区统计局副局长
		王静春	区民政局副局长
		张东林	区卫生局副局长
		李建华	区财政局副局长
		张瑞明	区公安分局副局长
办 公 室	主　　任	张秀文	区残联副理事长
	副 主 任	毕会兰	区残联办公室主任
		朱艳洁	区卫生局医政科科长
		张连荣	区统计局综合科科长
		岳子龙	区民政局社会福利事务科科员
调 查 队	队　　长	朱亚文	区残联理事长
	副 队 长	王玉军	区统计局城调办主任
		张秀文	区残联副理事长
		刘　春	区卫生局办公室工作人员
	成　　员	王国生　张淑玲　王立强　刘　扬　王淑玲　于宝顺　康春霞　孙　静 宋景春　陈素云　张淑琴　闫　伟　韩立伟　田燕伟　吴立乐　李金红 宋萍萍　董宏杰　潘自清　朱浩健　申金珠　杨艳霞	

秦皇岛市

领导小组	组　　长	刘景旺	市政府副市长
	副 组 长	马　壮	市政府副秘书长
		崔建国	市残联副理事长
		黄汝新	市统计局副局长
		陈泽旭	市民政局副局长
		任春振	市卫生局副局长
		程　浩	市财政局副局长
		刘　杰	市公安局副局长
	成　　员	郭大冬	市委宣传部
		邬建光	市教育局
		王秀荣	市发改委
		艾蕙生	市劳动和社会保障局
		李昊平	市卫生局
		杨素玲	市统计局
		刘卫东	市财政局
		戴玉梅	市计生委
		李　合	市老龄委
		肖起彪	团市委
办 公 室	主　　任	崔建国	市残联副理事长

	常务副主任	许凤云	市残联组联维权部主任
	副 主 任	李昊平	市卫生局医政科科长
		杨素玲	市统计局综合科科长
		杨 奎	市残联办公室副主任

昌黎县

领导小组	组 长	才子佳	县政府副县长
	副 组 长	费来文	县政府办公室主任
		赵洪新	县残联理事长
		王敏中	县统计局副局长
		曾宪成	县民政局副局长
		高志民	县卫生局副局长
		李振富	县财政局副局长
		齐树林	县公安局政治处主任
		朱金生	县残联副理事长
	成 员	马永杰	县委宣传部理论科科长
		高光谱	县教育局教育股股长
		孙克礼	县发展计划局综合科科长
		刘 峰	县人事劳动局和社会保障局工伤保险股股长
		闫有利	县卫生局医政股股长
		马永辉	县统计局综合股股长
		赵永明	县财政局预算股股长
		卢志良	县计生局规划统计股股长
		李晓斌	县老龄委办公室主任
		牛东伟	团县委办公室副主任
办 公 室	主 任	朱金生	县残联副理事长
	副 主 任	王敏中	县统计局副局长
		朱希英	县残疾人康复部主任
		闫有利	县卫生局 医政股股长
调 查 队	队 长	赵洪新	县残联理事长
	副 队 长	朱金生	县残联副理事长
		高志民	县卫生局副局长
		王敏中	县统计局副局长
	成 员	马永辉 闫有利 张绍全 苑 学 李 美 刘晓燕 赵 勇 杨令军 朱希英 田济民 张 浩 陈 辉 郭秀连 严亮花 白艳茹 张 静 王秀梅 刘雅安 刘 芳 姜 言 田 伟 王 丽	

青龙满族自治县

领导小组	组 长	高 峰	县政府副县长
	副 组 长	黄文超	县政府办公室主任
		刘友仁	县残联理事长
		王海龙	县公安局副局长

		赵文相	县财政局副局长
		刘春荣	县卫生局副局长
		杨兴复	县民政局副局长
		杨　利	县统计局副局长
办公室	**主　任**	刘友仁	县残联理事长
	副主任	陈友银	县残联副理事长
		杨　利	县统计局副局长
		陈文明	县卫生局医政股股长
调查队	**队　长**	刘友仁	县残联理事长
	副队长	杨　利	县统计局副局长
		陈文明	县卫生局医政股股长
	成　员	贾兴仲　张玉祥　孟宪江　王晓君　李玉松　勾建成　苗翠艳　李　波 于江春　吕俊青　潘全义　王春飞　李建立　姜维荣　高庆泽　王景富 王晓兰　刘克永　张　杰　庞正生　宋　超　刑海秀　勾建成	

邯郸市

领导小组	**组　长**	彭学增	市政府副市长
	副组长	暴邯生	市政府办公厅副秘书长
		马世忠	市残联副理事长
		任建平	市统计局副局长
		周海平	市卫生局副局长
		宋文玉	市民政局副局长
		李曙光	市财政局副局长
		王　军	市公安局副局长
办公室	**主　任**	马世忠	市残联副理事长
	副主任	冯刘廷	市残联康复部主任
		王俊华	市卫生局医政处处长
		张中国	市统计局人口社会科技处处长
		赵志斌	市民政局社会福利处副处长

邯郸市复兴区

领导小组	**组　长**	韩银成	区政府副区长
	副组长	李庆林	区政府办公室接待科副科长
		岳红军	区委宣传部副部长
		芦　诚	区残联理事长
		李建华	区统计局副局长
		张玉花	区卫生局副局长
		刘金生	区民政局副局长
		王红卫	区财政局副局长
		张德春	区公安分局副局长
	成　员	王守富	彭家寨乡政府乡长

		靳 萍	大院街道办事处主任
		赵子恒	庞村街道办事处主任
		弓树山	化林街道办事处主任
		耿 伟	百家街道办事处主任
		付奎芳	石化街道办事处主任
		候润杰	胜利桥街道办事处主任
		孙爱荣	2672街道办事处主任
		陈素丽	区统计局科员
		黄林霞	区卫生局科员
		刘会先	区财政局科员
办公室	**主 任**	芦 诚	区残联理事长
	副主任	李建华	区统计局副局长
		张玉花	区卫生局副局长
		刘金生	区民政局副局长
	成 员	陈素丽	区统计局科员
		黄林霞	区卫生局科员
		马 媛	区残联科员
调查队	**队 长**	芦 诚	区残联理事长
	副队长	张明江	区残联副理事长
		李建华	区统计局副局长
		张玉花	区卫生局副局长
	成 员	王照雷 侯翠霞 吴恩海 郭丽娜 孟宏江 张运波 王旭东 杨海利 马 媛 葛丽芳 于忠法 张海波 何 佳 朱 娜 于树平 张 弘 靳晓丽 武韶刚 杨秀娟 侯翠荣 连 丽	

武安市

领导小组	**组 长**	赵振有	市政府副市长
	副组长	高更月	市政府办公室副主任
	成 员	赵金昌	市残联理事长
		马双平	市统计局副局长
		杨建元	市民政局副局长
		刘爱民	市卫生局副书记
		李炳安	市财政局副局长
		宋会仁	市公安局副书记
办公室	**主 任**	王新书	市残联副理事长
	副主任	石长青	市残联康复科科长
		李跃林	市统计局统计科科长
		刘 静	市民政局办公室副主任
调查队	**队 长**	赵金昌	市残联理事长
	副队长	马双平	市统计局副局长

郝 军 市卫生局医政科科长

成 员 石长青 孟 朋 房志勇 冯利方 张秀芳 刘苏的 李维强 王冠鹏 韩蔚林 赵对庭 张 娟 王艳红 刘 静 白 娟 梁海峰 路小兰 王爱如 周海柱 常诗书 何素艳 李跃林 孙生江

魏 县

领导小组 组 长 高绪朝 县政府副县长

副组长 连卫强 县政府商贸科科长

申书章 县残联理事长

康秀恒 县统计局副局长

李泽民 县民政局副局长

郭 勇 县卫生局医政科科长

江会林 县财政局副局长

孙会彬 县公安局副局长

办公室 主 任 申书章 县残联理事长

副主任 康秀恒 县统计局副局长

李泽民 县民政局副局长

郭 勇 县卫生局医政科科长

调查队 队 长 申书章 县残联理事长

副队长 孙志华 县残联副理事长

郭 勇 县卫生局医政科科长

康秀恒 县统计局副局长

成 员 张洪伟 杨 静 田利娟 薛秀丽 韩运兰 申建海 李小霞 王永强 杜艳红 刘利辉 杨俊芳 王俊山 翟俊良 申玉河 刘丽华 施银梅 李学孔 连俊英 赵艳飞 段秀萍 魏雪芹 李丽红

磁 县

领导小组 组 长 王建中 县政府副县长

副组长 杜文晓 县政府办公室副局级干部

曹刚然 县残联理事长

成 员 殷卫平 县统计局

杜金平 县民政局

袁勇峰 县财政局

韩继山 县公安局

郭素云 县残联

赵建军 县委宣传部

王有林 县卫生局

贺永平 县残联

办公室 主 任 郭素云 县残联副理事长

副主任 贺永平 县残联劳动服务所所长

侯玉峰 县统计局农调队副队长

卢彩霞 县卫生局医政股副股长

郭志刚 县民政局

调查队	队　长	曹刚然	县残联理事长
	副队长	贺永平	县残联劳动服务所所长
		侯玉峰	县统计局农调队副队长
		卢彩霞	县卫生局医政股副股长
	成　员	王丽霞　吕怀智　李书林　李玉荣　王丽霞　郭志刚　郝晓伟　王振青 侯希风　朱希兰　李玲玲　贾俊峰　冯　斌　蔡文强　杨志红　李　灿 唐红彬　韩　刚　陈文娜　赵国强　邵锋玲	

广平县

领导小组	组　长	宁海芳	县政府副县长
	副组长	夏文清	县政府办公室副主任
		朱喜顺	县残联理事长
		王玉梅	县统计局副局长
		刘良臣	县民政局副局长
		武英伟	县卫生局副局长
		高子原	县财政局副局长
		裴合芳	县公安局副局长
办公室	主　任	张献志	县残联副理事长
	副主任	王玉梅	县统计局副局长
		刘良臣	县民政局副局长
		武英伟	县卫生局副局长
调查队	队　长	朱喜顺	县残联理事长
	副队长	王玉梅	县统计局副局长
		武英伟	县卫生局副局长
	成　员	于贵福　刘利峰　刘书霞　张爱峰　赵清娥　张丽芬　赵广帅　陈海勇 赵晓东　逯海臣　单好清　张明超　岳素芳　焦　芳　贾书彬　逯希民 郭振良　史焕龙　梁春芳　张　磊　李士军　丁　莉	

邢台市

领导小组	组　长	任保伦	市政府副市长
	副组长	范经信	市政府办公室调研员
		王禄群	市统计局副局长
		郭淼鑫	市民政局副局长
		张通洲	市卫生局副局长
		王素平	市财政局副局长
		吴　力	市公安局副局长
		杜素辰	市残联副理事长
	成　员	路少何	市委宣传部
		翟风国	市教育局
		乔景华	市发展和改革委员会
		张俊强	市劳动和社会保障局
		王子平	市卫生局

		曹振华	市统计局
		李何成	市财政局
		李景春	市人口和计划生育委员会
		刘雪芳	市老龄委
		徐军岭	团市委
办公室	**主任**	杜素辰	市残联副理事长
	副主任	刘红	市残联办公室主任
		王子平	市卫生局医政科科长
		曹振华	市统计局人口社科普查中心主任
		张长青	市民政局社会福利和事务科科长

临西县

领导小组	**组长**	杨正学	县政府副县长
	副组长	崔书昌	县人防办主任
		周秀英	县残联理事长
	成员	王继强	县委宣传部
		孙先太	县统计局
		张廷博	县卫生局
		孙通国	县财政局
		王步强	县教育局
		汪兰菊	县人劳社保局
		党爱国	县公安局
		郭玉荣	县民政局
		徐子强	县民政局
办公室	**主任**	周秀英	县残联理事长
	副主任	孙先太	县统计局副局长
		张廷博	县卫生局副局长
		徐子强	县安办副主任
调查队	**队长**	周秀英	县残联理事长
	副队长	孙先太	县统计局副局长
		尹更云	县卫生局医政股股长

成员 乔元瑞 刘桂珑 李芳 陈祖学 刘德敏 司敬伦 于春成 陈守辉 王新征 张福涛 李爱玉 汪洋 李广荣 马长山 陈世玉 鲍振学 志强 任春海 张中军 张子文 刘志华 孙凤侠

威县

领导小组	**组长**	赫青栋	县政府副县长
	副组长	张恒杰	县残联理事长
		李现良	县残联副理事长
	成员	刘子海	县卫生局副局长
		董奎廷	县统计局副局长
办公室	**主任**	李现良	县残联副理事长

		王培银	县残联副科级干部
调查队	队　长	张恒杰	县残联理事长
	副队长	董奎廷	县统计局副局长
		刘子海	县卫生局副局长
		王培银	县残联副科级干部
	成　员	谷　鹏　朱　珊　王　乐　刘云桥　李成国　杨登召　罗忠辉　徐春玲 宋贵彩　张兰春　宋占相　朱彦春　武连恩　刘雪平　赵　莉　孙怀恩 武庆延　张电学　王霞如　张国林　李朝红	

保定市

领导小组	组　长	李国英	市政府副市长
	副组长	葛荣亚	市政府副秘书长
		刘铁山	市残联理事长
		王星亮	市公安局常务副局长
		李凤江	市统计局副局长
		常　良	市民政局副局长
		杨　瑛	市卫生局副局长
		陈树村	市财政局副局长
		郑章雨	市残联副理事长
	成　员	冯燕青	市卫生局处长
		王政元	市统计局科员
		李庚福	市民政事务处处长
		李金菊	市财政局社保处处长
		胡　浩	市委宣传部副处长
办公室	主　任	郑章雨	市残联副理事长
	副主任	岳久耕	市残联组联部主任
		李金菊	市财政局社保处处长
		冯燕表	市卫生局处长
		王政元	市统计局科员

安国市

领导小组	组　长	张彦安	市政府副市长
	副组长	佟士彬	市政府办公室副主任
		吕　伟	市民政局局长
		冯英杰	市统计局局长
		孙建民	市卫生局局长
		匙子明	市财政局局长
		徐耀凯	市电视局局长
		刘树章	市残联理事长
办公室	主　任	邢占芬	市残联副理事长
	副主任	刘淑哲	市统计局副局长
		许树立	市民政局副局长

		郑　芳	市卫生局副局长
调查队	队　长	刘树章	市残联理事长
	副队长	邢占芬	市残联副理事长
		郑　芳	市卫生局副局长
		焦丽英	市统计局科长
	成　员	王志辉　谢树峰　王　强　王　峰　李树辉　李　唯　刘　影　纪　斐 白　强　李　磊　杨　志　米振辉　徐秀敏　焦　影　胡建敏　孙振辉 宋小娜　张立伟　王树兴　李建军　王淑兰　李建峰　郑丽敏	

定兴县

领导小组	组　长	穆启文	县政府副县长
	副组长	叶同庆	县人防办副主任
		薛　贵	县残联理事长
		佟　槐	县财政局副局长
		张　俊	县卫生局副局长
		张秋生	县统计局副局长
		李建华	县民政局副局长
		张文新	县残联副理事长
	成　员	孙　强	县委宣传部
		高进录	县教育局
		杜　强	县计划局
		吴秀梅	县人事劳动和社会保障局
		马荣明	县卫生局
		田秀波	县统计局
		刘春林	县财政局
		杨跃明	县计生局
		耿宏程	团县委
办公室	主　任	张文新	县残联副理事长
	副主任	赵九明	县残联教就部主任
		田秀波	县统计局综合股股长
		马荣明	县卫生局医政股股长
调查队	队　长	薛　贵	县残联理事长
	副队长	张　俊	县卫生局副局长
		张秋生	县统计局副局长
	成　员	田秀波　张文新　梁建华　赵九明　李晓东　王华龙　史秀芬　李淑芹 李红英　薛丽娇　杨　茜　田　朴　张学贵　王建忠　李淑芬　张培荣 张树华　佘春桥　唐　力　王家顺　苑保东　田志敏	

望都县

领导小组	组　长	许喜林	县政府副县长

	副组长	谷双志	县政府办公室副主任
		冯兰祥	县残联理事长
		王建林	县公安局副局长
		孙志杰	县民政局副局长
		孙建业	县卫生局副局长
		李云奇	县财政局副局长
		苏占启	县残联副理事长
		姜凯华	县统计局副主任科员
办公室	主　任	苏占启	县残联副理事长
调查队	队　长	冯兰祥	县残联理事长
	副队长	孙建业	县卫生局副局长
		姜凯华	县统计局副主任科员
	成　员	刘　青　刘素卓　刘彩娟　王爱茹　贾庆英　张占海　韩文彩　谭海峰 赵红茹　李红茹　李林月　孙耀辉　孙旗子　孙锁柱　马宝顺　丁国忠 韩万成　杨建平　苏军娣　安山坡　苏占启　牟国顺　游海水	

张家口市

领导小组	组　长	杨玉成	市人民政府副市长、市残联主席
	副组长	马旭东	市人民政府副秘书长、市残联副主席
		郭　彦	市残联副主席、理事长
		胡万库	市残联调研员
		刘海洋	市统计局副局长
		高振山	市民政局副局长
		王守安	市卫生局副局长
	成　员	刘森财	市文明办协调科
		杨杰然	市发展改革委员会社会科
		付德清	市教育局基础教育科
		胡　贵	市公安局户政处
		韩开全	市财政局社保资金审核中心
		王　兵	市劳动局职介中心
		韩文慧	市人口计划委员会办公室
		任兴华	团市委宣传部
		白彦玲	市妇联宣传部
		时维金	市残联组织联络部
办公室	主　任	胡万库	市残联调研员
	副主任	时维金	市残联组联部副主任

张北县

领导小组	组　长	靳　彬	县政府副县长
	副组长	王　宏	县政府办公室副主任
		闫世琴	县委宣传部副部长
		刘庆玉	县残联理事长

		岳　玉	县民政局副局长
		田进宝	县统计局副书记
		戴德清	县卫生局副局长
		郝继斌	县财政局副局长
		刘　旭	县公安局副局长
		郭凤英	县发改局副局长
办公室	主　任	刘庆玉	县残联理事长
	副主任	李　方	县财政局预算股股长
		刘国华	县卫生局科长
		胡长宏	县民政局办公室主任
		袁　秀	县统计局干部
		于小丽	残联干部
调查队	队　长	刘庆玉	县残联理事长
	副队长	田进宝	县统计局副书记
		岳　玉	县民政局副局长
		刘国华	县卫生局副局长
	成　员	于小丽　袁　秀　霍守会　李　岩　戈录芳　武　运　薛　军　孙海晟 李海娜　武彦来　王占福　苑占全　张学武　左巨才　杜占江　胡万俊 李　英　李世茂　史　峰　刘　启　马　广　赵素梅	

涿鹿县

领导小组	组　长	张志福	县政府副县长
	副组长	方向东	县政府办公室副主任
		张　政	县残联理事长
		孙桂林	县统计局副局长
	成　员	闫德顺	县民政局副局长
		杜　友	县卫生局副书记
		周智勇	县财政局副局长
		王鹿云	县公安局副局长
		武登喜	县广电局副局长
		杨立新	县教育局副局长
		赫占祥	县人事劳动和社会保障局副局长
		张彦辉	团县委副书记
		郭建平	县妇联副主席
办公室	主　任	张　政	县残联理事长
	副主任	沈宏伟	县残联组联部主任
		杜　友	县卫生局副书记
		孙桂林	县统计局副局长
调查队	队　长	张　政	县残联理事长
	副队长	王桂雄	县卫生局副局长
		刘晓军	县统计局副局长
	成　员	马玉飞　沈宏伟　殷利华　杨军平　张　剑　王其军　韩志花　单国治	

郭仲明 吕胜海 郝富娥 杨光海 栗志云 刘纪兰 张辉香 范红芳
陈 胜 张建国 杨 生 高印智 薄德峰 陈向阳

承德市

领导小组	组　长	王 克	市政府副市长
	副组长	赵纯洁	市政府副秘书长
		秦宝才	市统计局副局长
		范希国	市民政局副局长
		侯留全	市卫生局副局长
		王承华	市财政局副局长
		王玉洁	市公安局副局长
		李海强	市残联副理事长
	成　员	宋子建	市委宣传部
		郭常森	市教育局
		郑 民	市发展和改革委员会
		高秀兰	市劳动和社会保障局
		屈 民	市卫生局
		杨 旸	市统计局
		杨近明	市财政局
		于春勇	市人口和计划生育委员会
		谢兆昌	市老龄委
		李 伟	团市委
办公室	主　任	李海强	市残联副理事长
	副主任	屈 民	市卫生局医政科科长
		杨 旸	市统计局社会科科长
		王 雷	市民政局社会福利科科长
		安永卫	市残联组联维权部负责人
		孙国利	市残联组联维权部副主任

隆化县

领导小组	组　长	李 悦	县政府副县长
	副组长	赵小玉	县政府办公室副主任
		曹广忠	县残联理事长
		崔英杰	县统计局副局长
		张 勇	县民政局副局长
		王庆华	县卫生局党委书记、副局长
		徐 伟	县财政局总会计师
		薛文忠	县公安局副局长
	成　员	刘世龙	县委宣传部宣传科科长
		尉 中	县教育体育局教育办公室主任
		刘金良	县发展计划局综合科科长
		王志峰	县人事劳动和社会保障局工资股副股长

		冯　仁	县卫生局医政股股长
		付艳秋	县统计局综合股股长
		张贵明	县财政局社会保障股股长
		白国义	县计划生育局发展规划股股长
		陈鲜梅	县老龄办公室副主任
		陈秀东	团县委组宣部部长
办公室	**主　任**	曹广忠	县残联理事长
	副主任	冯　仁	县卫生局医政股股长
		付艳秋	县统计局综合股股长
		孙希华	县民政局社会事务及福利股股长
		张淑敏	县残联办公室主任
调查队	**队　长**	曹广忠	县残联理事长
	副队长	崔英杰	县统计局副局长
		王庆华	县卫生局副局长
		张　勇	县民政局副局长
	成　员	张国才　丁艳红　张永强　冯婉英　杨建军　屈晓璐　王宏伟　陶立华 董志宏　辛淑平　段桂良　闫翠红　杜敬东　张利军　车文乔　王宏伟 王振雄　李金霞　张淑敏　张敬华　李庆林	

廊坊市

领导小组	**组　长**	刘智广	市政府副市长
	副组长	闫树军	市政府副秘书长
		陈立国	市残联理事长
		王东升	市统计局副局长
		孙志海	市民政局副局长
		王福霞	市卫生局副局长
		张毅明	市财政局副局长
		李晓峰	市公安局副局长
	成　员	李占良	市委宣传部宣教科副科长
		韩运霞	市教育局教育科副科长
		谭福华	市发展和改革委员会社会发展科科长
		王建军	市劳动和社会保障局保险科科长
		徐浩然	团市委组宣部部长
		朱文广	市卫生局医政科科长
		杨雅清	市统计局社会科科长
		董文友	市财政局社保科主任科员
		路广博	市人口和计划生育委员会发展规划科副科长
		刘会国	市老龄委副科长
办公室	**主　任**	刘兰明	市残联副理事长
	常务副主任	刘建军	市残联组联部主任
	副主任	朱文广	市卫生局医政科科长
		杨雅清	市统计局社会科科长

		王爱云	市残联宣文部副主任
		田　玉	市民政局社会福利科科长

三河市

领导小组	组　长	张占更	市政府副市长
	副组长	李立峰	市政府办公室副主任
		张义强	市残联理事长
		邢劭祥	市公安局主任科员
		崔上奇	市统计局副局长
		陈秀萍	市财政局副局长
		朱文忠	市卫生局副局长
		贾连军	市民政局纪检组长
办公室	主　任	李立峰	市政府办公室副主任
	常务副主任	张卫芳	市残联副理事长
	副主任	任国庆	市卫生局医政科科长
		赵晓红	市统计局城市经济调查队队长
		赵振发	市民政局社会事务股股长
调查队	队　长	张义强	市残联理事长
	副队长	崔上奇	市统计局副局长
		张卫芳	市残联副理事长
		李　利	市卫生局医政科科员
	成　员	付雅轩　王建军　贺玉红　李晓民　信宝燕　姜　琦　王玉成　赵秀伟	
		李春雨　秦晓军　李文超　黄秀春　赵晓红　梁玉光　张泉山　黄春健	
		赵春雨　邓长仁　李　岩　王景连　赵文华　唐国栋　吴春艳　李　方	
		吕淑兰　马翠侠　屈　扬　马建红	

永清县

领导小组	组　长	范玉芳	县政府副县长
	副组长	杨常山	县政府办公室副主任
		张渭健	县残联理事长
		丁志燕	县统计局副局长
		马泽禄	县卫生局副局长
		刘　靖	县财政局副局长
		于美英	县公安局副局长
		纪清华	县广播电视局副局长
		殷慧萍	县民政局工会主席
	成　员	焦　通	县委宣传部宣教组组长
		贾敬贤	县教育局教育股股长
		杨继荣	县发展计划局综合股股长
		邵立营	县人事劳动和社会保障局保险所所长
		伊文娜	团县委组宣部部长
		孙　武	县卫生局医政股股长

		刘　军	县统计局城调队副队长
		乔德庆	县财政局社保股股长
		赵金国	县计生局统计股股长
		宋元中	县老干部局办公室主任
		彭　玲	县民政局社会福利股股长
办公室	**主　任**	廉贺武	县残联副理事长
	副主任	孙　武	县卫生局医政股股长
		刘　军	县统计局城调队副队长
		彭　玲	县民政局社会福利股股长
		杨金环	县残联办公室副主任
调查队	**队　长**	张渭健	县残联理事长
	副队长	刘　军	县统计局城调队队长
		马泽禄	县卫生局副局长
	成　员	邓伯刚　刘　亮　朱法友　祁惠民　赵淑凤　王春宵　张　彬　孙树宇 杨建辉　杨金环　朱志强　张国建　郭永志　高永强　朱燕杰　刘鹤飞 江晓红　李颖涛　陶中莲　王炳永　彭　倩　董永安	

沧州市

领导小组	**组　长**	匡洪治	市政府副市长
	副组长	米金生	市政府副秘书长
		苏立明	市残联副理事长
		薛春恒	市统计局副局长
		田汝湛	市民政局副局长
		刘均亮	市卫生局副局长
		张淑萍	市财政局副局长
		时长增	市公安局副局长
办公室	**主　任**	苏立明	市残联副理事长
	副主任	宋海旺	市残联组联部主任
		于汝峰	市卫生局医政科科长
		杨福强	市统计局人口和社会科技科科长
		孙世贵	市民政局社会福利科科长
		李金共	市残联维权部正科级干事

任丘市

领导小组	**组　长**	孟亚非	市政府副市长
	副组长	崔德强	市政府办公室副主任
		高双旺	市残联副理事长
		李大仓	市统计局纪检组长
		张根红	市民政局副局长
		高洪岭	市卫生局副局长
		郝　霞	市财政局副局长
		柴章印	市公安局副局长

办公室	**主任**	高双旺	市残联副理事长
	副主任	姚振臣	市残联副科级工会主席
		景连香	市卫生局医政科科长
		李宝峰	市统计局普查中心主任
		刘平常	市民政局优抚科科长
调查队	**队长**	高双旺	市残联副理事长
	副队长	景连香	市卫生局医政科科长
		李宝峰	市统计局普查中心主任
	成员	许　丽　刘秀芳　黄　楠　黄瑞茶　王长胜　王山苓　荣银銮　栗凤仙 张建申　王玉朋　郭满意　刘　开　王春强　姚玉良　商旭东　马宝元 董佐辉　苏琳琳　王丽玲　王　霞　郭英华　于　磊	

吴桥县

领导小组	**组长**	邢浦忠	县政府副县长
	副组长	李　军	县政府办公室副主任
	成员	苏凤忠	县财政局副局长
		赵二九	县公安局副局长
		齐广希	县统计局副局长
		王兴斌	县民政局纪检组长
		张洪奎	县卫生局党组成员
		梁立山	县委宣传部副部长
		陈学正	县广播局副局长
		刘瑞霞	县团委副书记
		王书岭	县人事劳动社会保障局副局长
		郭爱民	县教育局党组成员
办公室	**主任**	陈新华	县残联副理事长
调查队	**队长**	陈新华	县残联副理事长
	副队长	王卫华	县统计局办公室主任
		李国森	县卫生局股长
	成员	韩明华　牟立新　刘凤桐　王洪庆　刘淑凤　戚金亮　杨建昌　郭　丽 李庆丰　孙建强　张国臣　谢红梅　杨志明　谢荣敏　田金青　刘占友 周　敏　徐双红　牟淑娟　梁金勇　李　梅　刘怀玉	

南皮县

领导小组	**组长**	常青山	县政府副县长
	副组长	苑国军	县政府办公室主任科员
		李耀亭	县残联理事长
		崔万龙	县统计局副局长
		刘晓明	县民政局副局长
		钱小杰	县卫生局副局长
		孟庆忠	县财政局副局长
		李金亮	县公安局副局长

办公室	主　任	张金彪	县残联副理事长
	副主任	王立成	县卫生局医政股长
		张　强	县统计局股长
		梅维德	县民政局副主任科员
		张　辉	县残联康复部主任
调查队	队　长	李耀亭	县残联理事长
	副队长	张金彪	县残联副理事长
		王连芳	县统计局副主任科员
		肖俊龙	县卫生局
	成　员	候树通　薛凤霞　刘　佳　高新亮　邢家伟　杨文达　高春花　薛淑贞 张　辉　孔德良　钱敬才　周　伟　潘兴怀　柳振青　冯金英　张满仓 张　涛　李国锋　王凤英　刘普光　孙贵彬　李思广	

衡水市

领导小组成	组　长	邹立基	市政府副市长
	副组长	商家荣	市政府副秘书长
		多竹泉	市残联副理事长
		赵同凯	市统计局副局长
		袁庆喜	市民政局副局长
		戴泉友	市卫生局副局长
		王世强	市财政局副局长
		杜亚力	市公安局副局长
办公室	主　任	多竹泉	市残联副理事长
	副主任	何彦瑞	市统计局科技科科长
		刘海河	市卫生局医政科科长
		高剑侠	市民政局社会事务科科长
		吴广彦	市残疾人劳动就业服务部

深州市

领导小组	组　长	刘俊檩	市政府副市长
	副组长	陈志景	市政府办公室副主任
		马瑜瑜	市残联理事长
		李民虎	市统计局副局长
		李建华	市民政局副局长
		张忠朝	市卫生局副局长
		刘广乾	市财政局副局长
		张　民	市公安局副局长
办公室	主　任	马瑜瑜	市残联理事长
	副主任	李民虎	市统计局副局长
		李建华	市民政局副局长
		张忠朝	市卫生局副局长
调查队	队　长	马瑜瑜	市残联理事长

	副队长	李民虎	市统计局副局长
		张忠朝	市卫生局副局长
	成　员	苏卫卫　王双亭　董江鹤　吕永深　李　楠　刘山华　耿江桥　李世学 常伟宁　尹梅芝　张艳朵　祁彦彬　贺世光　王永存　刘秀省　刘　霞 韩立敬　黄颖哲　李　梅　王连凤　张文久　张秋祥	

景　县

领导小组	组　长	左俊勇	县政府副县长
	副组长	陈玉峰	县政府办公室副主任
		付玉新	县残联副理事长
		王兰忠	县统计局副局长
		许建明	县民政局副局长
		郑文玉	县卫生局副局长
		卢战芳	县财政局副局长
		杨文庄	县公安局副局长
办公室	主　任	付玉新	县残联付理事长
	副主任	胡志勇	县统计局普查中心副主任
		胡景义	县卫生局医政股股长
		苏学军	县民政局社会救济股长
		李国华	县残联就业部主任
调查队	队　长	付玉新	县残联副理事长
	副队长	郑文玉	县卫生局副局长
		王兰忠	县统计局副局长
	成　员	冯曙光　王　涛　王　震　苏静静　孙　洁　李崇英　张迎新　王瞳镇 曹旺东　李　鹏　李国华　李焕芝　赵玉文　刘玉平　孙俊兰　刘　敬 杜新华　李振营　秦　莹　张　磊　宋顺新　宋智勇　王华洁	